贵博学人丛书
Series Achievements of Guizhou Provincial Museum Scholars

贵州省博物馆 编

贵州村寨保护实录

吴正光 著

文物出版社

图书在版编目（CIP）数据

贵州村寨保护实录 / 吴正光著 ; 贵州省博物馆编
. -- 北京 : 文物出版社, 2023.12
（贵州省博物馆学人丛书）
ISBN 978-7-5010-8318-3

Ⅰ. ①贵… Ⅱ. ①吴… ②贵… Ⅲ. ①少数民族－村落－保护－贵州－文集 Ⅳ. ①K928.5-53

中国国家版本馆CIP数据核字(2023)第245984号

贵州村寨保护实录

著　　者：吴正光
编　　者：贵州省博物馆

责任编辑：张晓曦
责任印制：王　芳

出版发行：文物出版社
社　　址：北京市东城区东直门内北小街2号楼
邮　　编：100007
网　　址：http://www.wenwu.com
经　　销：新华书店
印　　刷：北京荣宝艺品印刷有限公司
开　　本：787mm × 1092mm　1/16
印　　张：21
版　　次：2023年12月第1版
印　　次：2023年12月第1次印刷
书　　号：ISBN 978-7-5010-8318-3
定　　价：180.00元

吴正光，笔名巴娄，湖南凤凰乡下苗族人。1963年毕业于中央民族学院历史系。历任贵州省文化厅文物处处长、省抢救民族文物办公室主任、省博物馆馆长，文博研究馆员。出版著作（含合著及主编）主要有：《贵州侗寨鼓楼风雨桥》《侗寨鼓楼研究》《郎德上寨的苗文化》《青岩镇的建筑文化》《凤凰勾良的苗文化》《玛瑙山官田寨》《贵州抗战史迹巡礼》（以上贵州人民出版社）；《带你走进博物馆·郎德苗寨博物馆》《带你走进博物馆·青龙洞民族建筑博物馆》《带你走进博物馆·飞云崖民族节日博物馆》《带你走进博物馆·周逸群故居》《飞云崖民族节日博物馆三十年》（以上文物出版社）；《西南民居·苗族民居》《屋里屋外话苗家》《十进侗寨》《喝喜酒》《中华遗产·乡土建筑·镇远》（以上清华大学出版社）；《沃野耕耘——贵州民族文化遗产研究》《雪泥鸿爪》（以上学苑出版社）；《贵州古建筑》（贵州美术出版社）；《中国古建筑文化之旅·贵州》（知识产权出版社）；《中华古村落·贵州卷》（江苏凤凰教育出版社）；《贵州的桥》（贵州科技出版社）；《五彩黔艺话生肖》（贵州大学出版社）。1982年获省政府授予的先进文物工作者奖；1985年获文化部授予的文物博物馆系统先进工作者奖；1991年获中国少数民族文化艺术基金会授予的优秀组织奖。事迹在《贵州日报》《贵州商报》《贵阳日报》《北京日报》《光明日报》《中国文物报》和《山花》《藏天下》《文物工作》《中国民族》《中外文化交流》以及贵州人民广播电台、贵阳电视台、中央电视台《东方时空·东方之子》作过介绍。

总序

光阴荏苒，70 华诞。

2023 年，贵州省博物馆创建 70 周年。在这 70 年艰苦奋斗的过程中，一代又一代的博物馆工作者不辞辛劳，不计名利，跋山涉水，常年奔波，足音似乎还回响在黔中大地的崇山峻岭间。他们开展了大量田野调查、考古发掘、文物征集、标本采集等工作，积累了五万余件藏品、数十万件标本。这些丰厚的资源为我馆充分发挥社会公共职能奠定了良好基础。贵州省博物馆的人才队伍建设层层推进，所涉学科门类由少及多。至今，专业技术人员在考古学、历史学、民族学、人类学等学科均有一定建树。

科学研究是博物馆的主要职能之一，值此建馆 70 华诞之际，本着“回顾贵州省博物馆学术历程，展现贵州省博物馆学人风采”的宗旨，特设立“贵博学人丛书”。该丛书主要选录本馆离退休学人在各自专业领域的论著，一方面向他们数十年的辛勤耕耘致以敬意，另一方面希望能通过丛书的出版，回顾贵州省博物馆积淀的学术研究成果，为喜爱博物馆的广大群众提供弥足珍贵的文化大餐，再者也为青年俊彦树立榜样，为贵州省博物馆的长远建设添注能量。

让我们的贵州省博物馆更加辉煌!

编者

2022 年 1 月 9 日

序一：思有条理　情有独钟

“村超”，乡村足球超级联赛的简称。它从多个角度印证了吴正光先生新著《贵州村寨保护实录》之乡村文化精神。

2023 年 5 月 13 日，榕江（三宝侗寨）和美乡村足球超级联赛在贵州榕江城北新区体育馆举行开幕式，现场万余人观看开幕式表演和足球比赛。“国脚”范志毅抵达榕江，和当地少数民族同胞一起跳多耶舞，感受“村超”人民的热情。新华社 6 月 27 日报道说，一个个精彩的进球、一份份接地气的当地美食、一场场神秘古朴的非遗展演，让“村超”火爆出圈、火遍全网、火出国门。截至目前，相关内容全平台浏览量超过 200 亿次。

看到贵州榕江、侗寨、多耶舞等熟悉的词语，我想起了 39 年前的冬天。当时，我们来自北京、武汉等地的文教、新闻工作者，随已是文物专家的吴正光，踩着冰雪，足迹遍及黎（平）、从（江）、榕（江），考察侗寨鼓楼、风雨桥。

本书作者吴正光在贵州从事民族文化遗产保护研究工作 50 余年，数十次深入侗族村寨调查，每次都有日记。这是很少有人能做到的。在他和他的同事们的推动下，“增冲鼓楼”“地坪风雨桥”，早已成了全国重点文物保护单位；“侗族大歌”，也已成了世界非物质文化遗产；一批侗族村寨，进入了《世界文化遗产预备名单》。

贵州保护民族村寨，在全国处于领先地位，客观上与“乡村振兴战略”相契合，为进一步做好文化旅游工作创造了先机。“村超”的精神，是民族文化中“比赛意识”的张扬。

贵州率先开展民族村寨保护工作，不仅有实践经验，也有理论指导，并非碰巧般地“中彩”。回首几十年的人生旅程，吴正光感受最深的就是农村文化。在贵州，农村文化的精华是民族文化。吴正光 1938 年出生于湖南凤凰苗族家庭，就读中央民族大学（前称中央民族学院）时专攻民族史与民族学，1963 年大学毕业，主动要求到贵州，对平生所从事的志业殚精竭虑。我注意到，吴正光对贵州民族文化的了解，对保护民族村寨、开展文化旅游所做的工作，比谁都多，故能出版著作 20 多本。这次在文物出版社出版《贵州村寨保护实录》，不仅了却了吴正光的一桩心愿，也是他有生之年为贵州乡村文化“鼓与呼”的又一声呐喊。

读到这里，读者也许要问：你对吴正光怎么那么了解呢？正如上文所说，39 年前，1984 年冬天，我到贵州采访，在考察山寨，具体讲在考察山寨文物保护工作中认识了苗族知识分子、全国文物博物馆系统先进工作者吴正光，通过他直接参与保护少数民族村寨文化的公益活动。每次与我见面、通信、通电话、交往、在报上发表文章，吴正光都会在日记本上简单记载，从而印证我国文化事业的前进足迹。他的日记留下我们工作、成长的印记，一记就是 30 多年，涉及我即有 258 天。而这 30 多年正是我不记日记的时期。

可以想象，当我看到老吴一个字、一个字地从纸质笔记中搜出关联词语，形成电子文件给我时，我被震撼了，我的眼睛湿润了。这个文件，像是一面多棱镜，映照出时代变化中以媒体为“媒”，两代知识分子的互鉴、共进。纯客观、极简单的流水账，不啻一段大历史的横剖面。

根据当时《光明日报》编委会的要求，总编室每天组稿都在头版头条上下足功夫。吸引尽可能多的知识分子关注跟进，有思想学术建树，有文化积累价值，这样的好稿才能上头版头条。

1995 年 5 月，本报特约作者吴正光寄给我一则消息，我看后认为这则消息可以引领一个全新的新闻品种——学术性、思想性新闻。经过贵州记者站核实采访，我请示社领导，社领导同意发头版头条，于 5 月 21 日配 3 幅图片在一版头条见报。这则消息是《世界罕见的重大科学发现——贵州龙化石被认定》，同时以副标题说明贵州龙产生于二亿四千万年前的三叠纪，属爬行动物。为表示我的负责，我破例用真名写了一篇不到 200 字的编余随笔《生物“龙”非精神“龙”》刊登在消息下面。全文为：“细读这则消息，颇多没想到之处。这里报道的龙，是比人们熟知的恐龙早一亿几千万年的古生物，它与几千年文明史中我们民族传说的精神上的‘龙’有着质的区别。这次鉴定的贵州龙化石，个体最大的长 33 厘米，宽 7.6 厘米。而《辞海》称，古生物学上所指的龙是‘巨大’的。那是因为其时未见贵州龙化石。从科学价值上衡量，这一消息应发头版头条。另一个没想到的是：这些化石也遭到过盗挖。恐龙蛋当初遭劫殷鉴不远，愿贵州龙的保护、开发、利用能有新纪录。”

消息见报后，在亚洲乃至国际古生物研究界，卷起了一股“龙卷风”。此后，新华社、美联社、法新社、路透社、共同社及《人民日报》、中央电视台、中央人民广播电台等国内外几十家新闻媒体，发出了近 70 条消息，对贵州龙动物群给予全面报道。在三叠纪海相地层安安静静埋藏了两亿多年的贵州龙，在古生物界引起巨澜。

我在随笔里警示的现象还是出现了，有文物贩子悄悄来到稿子里写到的绿荫村收购贵州龙化石，刺激村民们纷纷到山上乱挖滥采，导致贵州龙化石果真遭到极大破坏。

在吴正光的协调下，贵州省召开了由省内外40多家部门和单位代表出席的研讨会，特邀请我出席并发言。研讨会研究了围绕“贵州龙”引发的保护、研究、宣传、展示、利用、开发等一系列工作。贵州省为打击“贵州龙”化石盗挖、走私开展专项整治，使破坏行为有所收敛。

就这一话题，吴正光曾对我说，报道从正反两个方面证明媒体既要敢于监督，又要高度自律，科学价值要说透，同时避免诱导盗挖。我们一起感叹：媒体和实际工作者要多交流！乡村文化宣传大有学问！

绿荫村的故事，涉及自然遗产，但如何组织村民保护利用好这些遗产，则浸透满满的乡村文化意识。

吴正光先生的新著，内容主要是20世纪80年代迄今的乡村文化遗产保护、研究工作。它的基础，是吴正光在繁忙的工作中利用休息时间为报纸杂志写作的800多篇文章。目前入书的仅是其中的180多篇。这是文化研究的奇迹。其中的成功秘诀，就是思有条理、情有独钟。

吴正光先生为文化文物事业贡献了20多部著作。本书是在此成绩之上的繁枝硕果。谨代表广大读者表达热烈祝贺和诚挚祝福，祝吴正光先生身健笔健，安康长寿！

《光明日报》原总编辑　何东平

2023年夏于北京

序二：先行之功　在在留痕

老友吴正光先生编排《贵州村寨保护实录》，执意邀我作序，称此书预计为其出版的最后一本书，要留一纪念。我不敢推辞。

与正光先生相识于20世纪80年代，初无多深印象，只觉得他说话率直无拘，稍有霸气，不时有意无意会“刺刺”人。接触稍多后，才逐渐形成全新认识。他处事有方，纳入目标的事项总办得有声有色，联系媒体及时跟进，形成广泛社会影响。惊异于他对工作安排的精细，曾见他为接待国内外著名文物专家考察的日程安排，每天从早到晚一环环以分钟计。最受震动的一次，是听他讲述月夜下在郎德苗寨吊脚楼上，两位苗族妇女向他劝酒，执碗长歌，苗音悠扬，他将歌词一句句翻译出来：

> 巴娄啊，我们好比一片树叶，不晓得被哪阵风吹到你家门口，请你不要把我们扫出去，麻烦你把我们扫进来，扫进你家灶膛，我们煮饭给你吃；我们好比一颗石子，不晓得被哪股水冲到你家门口，请你不要把我们踢出去，麻烦你把我们踢进来，踢进你家院坝，我们铺路让你踩。

歌词念完，他已目光飘曳，双眼噙泪。觉得那一刻，他神思已去到月色朦胧下的苗乡。如此一位真性情的苗家汉子，从此令人刮目相看。

以后见面，我便心悦诚服称呼他“巴娄”。“巴娄”是苗语，本意是尊称伯伯，我更以之表达由衷的敬重。

《贵州村寨保护实录》，筛选了1980年以来“巴娄”在保护传统村寨文化方面所撰写的田野调查与保护思考文章，以及在媒体上发表的相关报道。村寨文化保护，现在是全社会关注的热门话题。但40年前，却少有人问津。“巴娄”从那个时期开始，便把村寨文化保护纳入自己关注的目标，成为文物界大力倡导和积极保护村寨文化的先行者。

新中国的文物保护工作很早已大受重视，但作为传统文化遗产重要组成部分的村寨文化，却囿于非物质性或“年代不够”等认识误区，长时间并未明确列入文物保护范畴。

20世纪90年代后期此项工作才提上日程，至2003年，建设部和国家文物局公布第一批历史文化名镇名村，其中名镇仅10个，名村仅12个，不能不说是大遗憾。在高速发展的现代化进程中，已有大量优秀村寨文化项目转瞬间被迅速破坏掉或丢失掉。

“巴娄”出生于湘西苗族村寨，在浓浓的乡村文化氛围中长大，血液中浸透了村寨文化基因。从中央民族学院（今称中央民族大学）毕业后，主动要求到贵州，立志从事地方民族研究。80年代初，开始负责贵州省文化厅的文物管理工作，如鱼得水，开始不断跋涉于不同的民族村寨，调查记录各样特色文化。1983年首倡建立“苗村侗寨保护区”，以及民族村寨“露天博物馆”。推动省文化厅于1984年发布《关于调查保护民族村寨的通知》。继而省人大又制定相关法规，使村寨文化保护明令成为贵州文物管理工作的重要环节。他多次邀请国家文物局领导、专家来贵州考察民族村寨，邀请中央民族学院、中国人民大学、上海同济大学、天津南开大学等著名大学师生到贵州参与村寨文化研究保护工作，在全国文物界产生很大影响。现在回头看，“巴娄”的先行之功，不仅仅体现在个人持续的探索实践中，更在于不断将其观念和思维传递给他人，改变固有的认识误区，促进一项事业蓬勃发展。《贵州村寨保护实录》以40余年行程留痕，记录了一位先行者的足迹与功德。

全书选录的文章和报道，只是他全部相关文字的一小部分，但已经包含非常丰富的资料和信息，稍览书上所列三板块目录就足以令人起敬。“巴娄”是个记忆力极佳、十分勤于观察、十分勤于思考的人，与他一起出差的同行晚辈，多有共识——既乐意与他同行，又害怕与他同行。乐意同行，因随时可以学到东西，凡遇有关民族民俗、地方历史、古村古建的大小遗迹，他张口即解释得清清楚楚；害怕同行，是他冷不丁会冒出一个问题发问，同行者回答不出自觉尴尬。书中丰富信息，皆出自他积年田野调查所获，涉及面自当蔚为大观。他在广泛调查基础上撰写的文章，除大量散见于报纸杂志外，还撰写过有关苗族文化、侗族文化、民族婚俗、名镇名村文化等方面的专著。有兴趣的读者，值得找来读读，尤其是其中的《屋里屋外话苗家》《十进侗寨》《喝喜酒》《沃野耕耘》等书，必定受益匪浅。

“巴娄”积累的资料，堪称一座巨大的信息库，更难得的是收纳管理完全数字化。本书从800多篇相关文字中挑选出180多篇，包括40多年前开始刊登于报刊的各种实地调查文字、保护思考文字、宣传报道文字，从选到编，他只用了一个月时间。一位85岁老人，精力之充沛，电脑之娴熟，让人不得不佩服之至。

“巴娄”的文字与其人一样有特点，我最喜欢他文风的质朴、无华饰、接地气，让人读着感到轻松、亲切。特别想给拿到这本书的读者推荐，先读读其中的《附录一》。那是1981年6月他第一次到黔东南的榕江、从江、黎平三县侗族村寨调查的日记。读后可能会让你顿生全新感观，也会不由自主为他点赞。这些日记都是每天走了很多路，见了很多人，看了很多事之后写下的。仅看文字量和内容细节，就知道全过程是如何的用心、细心、热心和费心！那可不是一般人容易办到的。

坐车或步行，要记下途经的一个个地名；路边遇到石碑，要抄录下全部碑文；进寨记下石板路有多宽，多长，何时修成；到人家户遇到唱侗歌的小姑娘，要分别记下姓名、年龄，哪怕只有十二三岁，还要问清几岁学唱歌，都跟谁学；访侗家歌师，要记下一个后生需学会多少歌才能与异性交往，一首歌有多少句，一句有多少字，所教琵琶歌有哪些类，怎样唱；住村民家，要记下房屋建筑结构，炉灶的砌筑方法，如何待客吃饭，如何喝酒，还要记下交给房东多少粮票，多少伙食费。调查侗戏，要记下每个区有几个戏班，多少戏台，台下各设多少观众座位，一座寨子有几个戏班，如何组建，一个戏班多少人，乐队多少人，有哪些乐器，各几件，每类演出服装各多少套。

调查侗族大歌，要记下某寨有多少歌队，每队多少人，其中男子歌队领唱者谁，高音者谁，成员谁谁，各多少岁。女子歌队领唱者谁，高音者谁，成员谁谁。替歌队照相，要记下每个歌手的姓名、年龄、住处、何时开始学唱歌。记各样节日、各样礼俗，记一户人家种粮种经济作物的收成，记村寨鼓楼、桥梁、吊脚楼、戏台、水碓、圣母祠、水井等等建筑。凡所见所想，可谓无所不记，无记不详。40年后一页页翻看，可不是一段无比珍贵的生活气息、浓浓的鲜活历史？看看前人当年这样的记录文字，你是否悟到一点如何认真做事的道理？

“巴娄”的日记，不间断持续数十年。手写日记交给年轻人转为电子文档后，开始用电脑写日记。几年前，贵州省博物馆曾将他担任馆长至退休期间的日记，内部编印成册。其实我一直认为他所有日记都应得到妥善收存，那是贵州文化史大有价值的资料，较之如今颇得重视的口述史，实在系统精细太多。这样的日记可是十分罕有。

“巴娄”说这是他最后一本书，我立马请他打住，因为他头脑中还保存有许多宝贵记忆。期待他以轻松笔调，将曾经身边的趣人趣事慢慢写下来，那又是一种历史，还蕴含不少老辈人的生活智慧。惟望悠悠闲闲写，万不能再过劳累。

贵州省文物考古研究所原所长　梁太鹤

2023年秋于贵阳

目录

前言 …… 1

·田野调查录·

传统节日 …… 4

苗族的“跳花节” …… 4

讨姨妈菜 …… 6

布依族村民爱“赶桥” …… 7

清水江畔的苗族龙船廊 …… 7

农历二月的民族节日 …… 8

“三月三”民俗种种 …… 10

闲话“四月八” …… 11

苗族的“妇女节” …… 13

苗族的“跳圆” …… 15

苗寨的“吃新节” …… 17

吃“春社饭”　喝“滚山酒” …… 18

“名列前茅”古风存 …… 19

贵州的节日文化 …… 21

文化娱乐 …… 24

通知斗牛的“火牌” …… 24

侗族村寨戏班多 …… 25

我省少数民族民间文化活动组织蓬勃发展 …… 25

都柳江畔的侗族歌队 …… 25

铜鼓坪上“踩铜鼓” …… 27

苗族的鼓笙文化……………………………………………………28

婚恋习俗 ……………………………………………………31
苗家婚礼三部曲……………………………………………………31
仡佬族的“打亲敬酒”……………………………………………33
悲剧当作喜剧演的“射背牌”……………………………………34
贵州的婚恋文化……………………………………………………35

侗寨标志 ……………………………………………………38
侗寨鼓楼戏楼迅速恢复发展………………………………………38
侗寨鼓楼……………………………………………………………39
侗寨风雨桥…………………………………………………………40
侗寨鼓楼酷似一棵大杉树…………………………………………42
肇兴鼓楼群…………………………………………………………43
侗寨凉亭……………………………………………………………44

村寨礼俗 ……………………………………………………48
侗寨接客礼仪………………………………………………………48
桃花源遗风今犹存…………………………………………………49
苗岭山区的寨门文化………………………………………………50
苗村侗寨的井文化…………………………………………………52
苗寨礼俗……………………………………………………………54

崇拜文化 ……………………………………………………58
苗寨的桥……………………………………………………………58
贵州高原的鸟文化…………………………………………………59
苗岭“鱼文化”……………………………………………………61
苗民族的牛文化……………………………………………………62
彝族土司建筑的虎文化……………………………………………64

传统民俗 ……………………………………………………67
“苗族东来说”的民俗见证………………………………………67
苗族的无限数——十二……………………………………………68

苗岭的山路风情……69
苗岭古老的语言符号——“打标”……70

环境保护 ……71
苗岭山区的保寨树……71
清江苗岭的树文化……72
善待自然人长寿……74

民居建筑 ……77
苗岭山区的美人靠……77
苗寨屋檐下……78
建筑物上的大白菜与老南瓜……79
建筑上的蝙蝠、大象与猴子……81
苗岭山区的吊脚楼……84
侗族的居住文化……88
布依族住水头……92
仡佬住在岩旮旯……95
水族的干栏建筑……99

屯堡文化 ……104
“屯堡人”文化圈……104
初识“云山屯”……105
六百年屯堡文化的遗存……107

服装头饰 ……111
苗族服饰中的仿生学……111
贵州民族服饰文化……115

贮粮方式 ……118
独特的瑶族粮仓……118
丰富多样的贵州粮仓……119

摩崖石刻 ……122
贵州古代的环保碑……122

贵州崖壁书画大观………………………………………………… 124
历史上的“龙源”本意……………………………………………… 127

传统工艺 ………………………………………………………… 133
贵州的造纸文化…………………………………………………… 133
白皮纸中的苗文化………………………………………………… 135
水族的金石文化…………………………………………………… 137
石刻精品“太平缸” ……………………………………………… 139

·保护思考录·

保护民族村寨 …………………………………………………… 144
关于民族村寨保护工作的调查报告
——兼谈露天民族民俗博物馆的建设……………………… 144
贵州民族村寨的保护与开发……………………………………… 148
优秀传统与时代精神相结合的成功实例………………………… 152
开放式保护民族村寨的实践与收获……………………………… 156
保护民族村寨是弘扬民族文化的根本…………………………… 157
民族村寨不是出土文物
——兼论开放式保护民族村寨……………………………… 162
创办民族文化保护利用示范区的构想…………………………… 164
依法依规保持村镇博物馆的历史风貌…………………………… 167
保护民族村寨　守住民族之魂
——保护利用郎德上寨苗族传统文化的启示……………… 171
保护村寨遗产　助推脱贫致富…………………………………… 173

开展文化旅游 …………………………………………………… 176
贵州民族文化旅游资源及特点…………………………………… 176
建立具有民族特色的贵州文化旅游史迹网……………………… 180
别有情趣的文化旅游……………………………………………… 182

妥善处理关系 …………………………………………………… 187
文化保护与旅游开发协调发展的成功实例……………………… 187

妥善处理村寨保护与旅游开发问题…………………………… 189

· 媒体传播录 ·

保护村寨文物 ………………………………………………… 194
我省各地采取积极措施保护少数民族历史文物……………… 194
贵州开展民族村寨调查保护工作……………………………… 194
从江县公布三个民族保护村寨………………………………… 195
丹寨县石桥白皮纸作坊列为文物保护单位…………………… 195
贵州省人大常委会公布文物保护管理办法…………………… 196
贵州开展民族文物工作成绩斐然……………………………… 196
国家拨巨款维修大屯彝族土司庄园…………………………… 197
全国人大常委聂大江畅谈我省民族文物保护工作…………… 197
国家文物局负责人赞扬我省民族文物保护工作……………… 198
贵州文物保护居全国先进行列………………………………… 199
国家文物局再度拨款维修刘氏庄园…………………………… 200
我省又有两处民俗文物建筑申报国保单位…………………… 200
贵州立法保护民族村寨显成效………………………………… 201

开展学术研究 ………………………………………………… 203
丹寨县编写出一份民俗调查报告……………………………… 203
为探索侗寨鼓楼和花桥奥秘　我省将召开学术讨论会……… 203
一些专家赞扬我省调查保护民族村寨………………………… 203
首都部分专家学者谈贵州民族文物保护工作………………… 204
《侗寨鼓楼研究》即将出版…………………………………… 205
有关专家就我省博物馆事业开展可行性论证
建议在旅游线上建立多种类型的专题博物馆………………… 205
我省开展民族节日文化研究…………………………………… 206
著名古建筑学家来我省考察讲学……………………………… 207
我省10种文物图书面世……………………………………… 207
我省完成《中国民族民俗文物辞典》撰写任务……………… 208
我省民俗文物登录《中国民族建筑》………………………… 208
《中国民族民俗文物辞典》问世　贵州条目居全国之首…… 208

考察民族村寨 …………………………………………… 210
振兴民族文化　争取智力支边
贵州邀请专家学者考察民族文物………………………… 210
中央民族学院学生来我省民族村寨实习………………… 211
人大文博班赴黔实习　既采集文物又撰写了论文……… 211
同济大学师生赴黔测绘民族村寨建筑…………………… 212
京津高校师生来黔考察民族村寨文物…………………… 213

抢救乡村文物 …………………………………………… 214
贵州积极开展民俗文物调查征集工作…………………… 214
贵州开展抢救民族文物活动……………………………… 214
省财政拨专款征集苗族服饰……………………………… 214
贵州建成苗族服饰库……………………………………… 215
贵州文物部门积极抢救非物质文化遗产………………… 216

举办专题展览 …………………………………………… 218
“贵州侗族建筑及风情展览”在京举行闭幕座谈会…… 218
上海青年宫邀请“侗展”赴沪展出……………………… 218
我省在旅游线上举办专题文物展览……………………… 218
我省民族节日文化表演队为首都国庆助兴……………… 219
贵州美酒令人醉　侗歌苗舞更醉人
——“贵州民族节日文化展览”在京纪实之一………… 219
黔中歌舞动京城　域内域外传美名
——“贵州民族节日文化展览”在京纪实之二………… 220
紫禁城内度佳节　乡音乡情更撩人
——“贵州民族节日文化展览”在京纪实之三………… 220
贵州将推出系列民俗文物展览…………………………… 222
贵州举办少数民族服饰展览……………………………… 222
贵州民族节日展览应邀赴美……………………………… 222
贵州民族文化代表团将举办汇报展览…………………… 223
苗家儿女载誉归…………………………………………… 223
“你们的展览和演出使四国艺术节达到高潮”
——“四国艺术节”纪实之一…………………………… 225

"美国观众为精美的苗族服饰所倾倒"
——"四国艺术节"纪实之二…………………………… 226
"在中国，苗族青年是唱着歌长大的"
——"四国艺术节"纪实之三…………………………… 227
"我们的故乡在中国"
——"四国艺术节"纪实之四…………………………… 228
"朋友给我两份爱　我给朋友三份爱"
——"四国艺术节"纪实之五…………………………… 228

建立专题馆室 …………………………………………… 231
我省筹办一批民族民俗博物馆………………………… 231
贵州民族村寨博物馆受到观众好评…………………… 231
贵州开放一批专题博物馆……………………………… 232
在旅游线上建立专题博物馆
代表当代中国民族地区发展博物馆事业的方向……………… 232
游客如织的飞云崖民族节日博物馆…………………… 233
贵州系列博物馆"八五"又添新成员………………… 233
贵州高原54个博物馆年接待观众200万人次 ………… 234
受到称赞的贵州系列博物馆…………………………… 234
乌江水电开发公司资助乌江博物馆建设……………… 236
青龙洞民族建筑博物馆改陈完毕……………………… 236
贵州民族婚俗博物馆旧貌换新颜……………………… 236
我省四十二个专题博物馆陈列室被《中国博物馆志》收录… 237
黔东南初步建成民族文化旅游线……………………… 238

关注郎德现象 …………………………………………… 241
郎德苗寨欢度"鼓社节" ……………………………… 241
郎德苗寨欢度"苗年" ………………………………… 241
郎德苗寨发展民俗旅游………………………………… 242
郎德苗寨获"中国民间艺术之乡"称号……………… 243
郎德苗寨开放十年硕果满枝…………………………… 243
"郎德开放成就展"将在省博物馆亮相……………… 244
"郎德开放成就展"在筑展出………………………… 244

国家文物局关注郎德现象…………………………………… 245
郎德苗寨博物馆建成苗文化之窗…………………………… 246
一位人类学教授评说郎德苗寨博物馆……………………… 246
郎德制定乡规民约保护生态环境…………………………… 247
郎德上寨成为民俗教学科研基地…………………………… 248
贵州郎德上寨扩展文物保护范围发掘文化旅游资源………… 248

拓宽保护视野 ………………………………………………… 251
世界罕见的重大科学发现
——贵州龙化石被认定………………………………… 251
贵州龙化石考察研究纪实…………………………………… 252
贵州采取措施保护开发龙化石……………………………… 254
贵州龙化石向世人展示……………………………………… 256

附录 …………………………………………………………… 259
附录一：1981年6月2～21日的《侗寨调查日记》…………… 259
附录二：与村寨保护有关的要事记………………………… 298

后记 …………………………………………………………… 309

前言

2018 年 4 月 24 日的《中国文物报》，以《复兴乡村文化　实现乡村振兴》为题，发表王玮、季晨、黄阳三位同志的文章称：“20 世纪 80 年代初，贵州省文物局吴正光先生就提议建立村寨博物馆，使经济上贫困而文化上富有的少数民族地区，可以将遗产保护和旅游发展联系起来。在 20 世纪 80 年代中期到 90 年代初期，贵州省文化部门组织建设了一批露天村寨博物馆。”

在贵州着手筹建村寨博物馆时，中国历史博物馆研究员、中国民族学会理事、中国民族博物馆筹备领导小组成员宋兆麟先生，给笔者来信鼓励：“利用原有村寨筹建一批露天博物馆，这个主意太高明了！它以较少的钱办较大的事，既体谅国家的困难，又急抢救文物之所急，还将保存文物、科学研究和发展旅游结合起来，我敢断言，此举是民族学研究和民族博物馆事业发展的新趋势、新尝试，一定会引起国内外学者和旅行家的极大兴趣。”

我一生在贵州省文化部门工作，全身心地参与了村寨文化的保护活动，并从 1980 年起，在报纸杂志上发表了 800 多篇与保护、研究、宣传村寨文化有关的文字。为方便关心贵州的人士了解贵州保护村寨文化的梗概，筛选 180 多篇汇集成册，取名《贵州村寨保护实录》，分为调查、研究、宣传三大块。第一块，《田野调查录》，记录村寨文化的方方面面，读者看后，会对贵州心生好感，印证保护村寨文化的必要性。第二块，《保护思考录》，包括为什么要保护村寨文化，怎样保护村寨文化以及保护村寨文化取得的成绩。第三块，《媒体传播录》，反映贵州村寨文化的保护历程，具有史料价值。在 1980 年以来的工作日记中，有许多与保护村寨文化有关的内容，节选部分，作为附录，供读者参考。

我已退休 25 年，自知来日不多，趁贵州省博物馆隆重庆祝创建 70 周年为离退休老同志出版著作的良机，挑选部分关于保护村寨的资料怡赠后人，以不枉在乡村文化极为丰厚的贵州快乐地耕耘了一辈子。

吴正光

2023 年秋于贵阳

田野调查录

传统节日

苗族的“跳花节”

对于居住在贵州西部地区的苗族同胞来说，最隆重的民族节日要算“跳花节”（图一）了。

跳花，有的地方又叫跳场、采花、跳圆，名称略有差异，时间也不尽相同：有的地方是阴历二三月间“跳桃花”；有的地方推迟到插秧上坎以后“跳端午花”；有的地方在六七月间“跳稻花”。不论名称、时间、地点怎样不同，活动内容基本上还是一致的。大体说来，都有升花、跳花、转花、卸花、献花、还花这样几个步骤。至于跳花节的来历，有人说与正月“跳坡”有关。这一带有个风俗：正月初，苗家姑娘成群结队相约到寨子附近的山坡上，围着篝火做针线、唱山歌，等待着什么人的到来。

图一　规模盛大的跳花节场面

其他寨子的青年，寻着袅袅青烟，吹着欢快的芦笙，三五成群地来到山坡上，同姑娘们对歌。有情人，通过接触，初建感情。

春节过后，大地回春，百花盛开，人们涌出苗寨，汇集到传统的花场上，开展各种文化和交际活动。这就是苗族同胞代代相传的跳花节。

跳花节这天，姑娘们把最漂亮的衣服穿出来，好像是要在众人面前有意显示自己的手艺，作为勤劳、智慧的象征。各式各样的百褶裙上，精心地绣满了五颜六色的图案和花纹。一队一队的姑娘，迈着苗家少女独有的步伐，在人群中穿梭往来，花裙随着步子合拍地左右摆动，一闪一闪的，十分引人注目。苗家后生身着节日服装——黑白相间的肥短大褂罩在身上，腰间紧束一根很长的绣花腰带，上下打量，肩宽腰窄，分外精神。他们吹着芦笙、箫笛，吸引着一群小孩，簇拥着进入花场。

花场是块宽敞的大坝，或一片较为平坦的山坡。花场中央竖着一根用粗大的楠竹或不大的杉树做成的花竿。它是由德高望重的老人在爆竹声中立起来的。立竿的时候，老人们在前，芦笙手跟后，围着花竿转圈，竿在热烈的气氛中竖起。花竿上系着一束红彩带，或一匹红绸子，这就是举场瞩目的“花”。那鲜艳夺目的红“花”，在微风中悠然飘扬，与芦笙上的彩带交相辉映，十分壮观。苗族青年围着花竿表演贵州西部独具一格的芦笙舞。他们时而前后翻滚（图二），时而头手倒立，笙音始终保持不断。技艺高超的青年，吹着芦笙，爬上花竿，把花取下，全场为之喝彩，跳花达到高潮。

图二　身手不凡的青年表演技巧芦笙舞

这一天，未婚的青年男女，情绪格外热烈。他们利用跳花这个机会，寻找正月跳坡或在别的场合结识的朋友，倾诉爱慕之情。到了情投意合的时候，互赠礼品，作为信物。双方的关系，就这样有趣地明确下来。因此，这天青年男女特别开心。

而上了年纪的老人，则提着披红挂绿的鸟笼，蹲坐在山坡上，彼此欣赏在鸟笼中上下跳跃的小鸟，聆听成百只画眉的悦耳歌声，倒也其乐无穷。

虽说跳花是苗族人民的盛大节日，但在旧社会，往往成为反动统治阶级抓兵派款、敲诈勒索和制造民族纠纷的场所，许多花场被迫辗转迁移。新中国成立以后，党和人民政府尊重少数民族的风俗习惯，多方支持苗族人民跳花。有的地方，在土地改革的时候，特意留下花坡，作为固定的跳花场所。但在“文化大革命”中，跳花节被作为“四旧”取缔了。三中全会以来，落实党的民族政策，苗族人民喜爱的传统节日——跳花节，获得了新生。

（原文载于《贵州青年》1980 年第 11 期）

讨姨妈菜

居住在贵州黔南布依族苗族自治州境内的苗族同胞，在百花盛开的阴历三月三，度过了传统的民族节日——“讨姨妈菜”节。

“讨姨妈菜”，苗语叫“卧若摘”，意为“讨清明菜”。清明节前后，这一带有一种叫清明菜的野菜破土而出，人们都爱摘来做“清明粑”。姑娘们个个是摘菜能手，自然成了笨手笨脚的小伙子们“讨菜”的对象。由于当地群众都喜欢称姑娘为“姨妈”，于是，便把“讨清明菜”亲切地叫做“讨姨妈菜”。

“讨姨妈菜”这天，日上三竿时，姑娘们都穿上盛装，用精巧的篾篓提上一份上好的饭菜，来到传统的“跳花场”上。饭是白里带绿的糯米饭，上面覆盖着腊肉、香肠、鸡蛋之类，这就是“姨妈菜”。跟踪而来的后生们，有的吹着系红绸的葫芦笙，有的骑着挂响铃的山地马，在“跳花场”上开始表演摔跤、赛马。然后，芦笙手和姑娘们结队吹芦笙、跳芦笙和踩芦笙。但见男女青年分别排成两个弧圈，男在外圈，边吹边跳，女在内圈，合着芦笙的节奏翩翩起舞，朝反时针方向转圈。吹完一曲又一曲，直到尽兴方休。此时夜幕降临，后生们便向姑娘们讨“姨妈菜”。月光下，男女青年们一堆堆，一群群，边吃边唱，倾诉爱慕之情。互相中意后，就互赠礼品，作为信物，结成终身伴侣。

由于民族政策进一步落实和农副业生产进一步发展，今年家家糯米白，户户腊肉香，就是清明菜也比往年长得好。姑娘们篾篓里的“姨妈菜”更丰盛，后生们吹呀跳呀更欢腾。

（原文载于《中国财贸报》1981 年 5 月 15 日）

布依族村民爱“赶桥”

布依族习惯住水边。贵州涟江、蒙江、曹渡河、打狗河、独水河、打邦河、北盘江、南盘江两岸，是布依族人民世代聚居的地方。有河便有桥，布依族和桥是不可分的。许多传统的节日集会，都叫做“赶桥”。

“赶桥”这天，人们汇集到桥上、河边，唱歌、赛马，开展社交活动。“除夕夜想初一天，难等天亮到河边；天亮河边得见妹，见妹一眼心头甜。”“这边没有那边高，两边拉来搭座桥；哥拿烟杆当桥墩，妹将丝帕搭成桥。”这些民歌生动地表现出布依族男女青年在“赶桥”中相互爱慕之情。

3年前，一座雄伟壮观的公路大桥建成了，它横跨涟江，连接王佑、断杉两个区，沟通惠水、长顺两个县，布依族村民在这里兴起了一个“董朗大桥场”。每年在这里欢度“六月六”。青年们来到桥上、河边对歌，成为“六月六”歌节的一个新的活动点。今年“六月六”，贵州省、黔南布依族苗族自治州、惠水县的文化、民族部门在这里联合举办民歌调演，财贸部门同时举行物资交流会，吸引了成千上万的观光者。

（原文载于《中国财贸报》1981年8月15日）

清水江畔的苗族龙船廊

清水江流经台江、施秉这一段，以施洞口为中心，在上下30千米的范围内，有个独特的苗族文化圈。其特点是每年农历五月二十五至二十七日，两岸苗族同胞便如痴如醉地划一种整木刳成的独木龙舟。龙舟的形状、竞渡的方式、胜负观念等等，都与汉族地区的龙舟竞渡不同。关于龙舟竞渡由来的传说也与汉族地区及其他民族地区不一样。围绕龙舟竞渡所开展的祭祖、省亲、跳笙、游方、赛马、牛牛等一系列民族文化活动所反映的苗族社会结构及文化心态，具有很高的研究价值。有些民族文化研究者将这个独特的苗族文化圈称之为“苗族独木舟文化圈”。

其中，有40多条母船，80多条子船，合计120多条独木龙船。划船时将两条子船分别绑在母船两侧，水手们一脚踏在子船上，一脚踏在母船上，挺起胸脯站着划。母船前方安装彩绘龙头，龙头上别出心裁地安有一对巨大的木制水牛角。“牛龙”的出现，表明祖祖辈辈以农耕为生的苗族村民对耕田犁地的牛及呼风唤雨的龙的崇拜。为妥善保护这种世上少有独木龙舟，苗族村民们在清水江畔的高地上修建了40多座船廊。龙船挂桨上水后，被架空覆置在船廊里。每座船廊长约30米。比24米许的母船长数

图三　清水江畔的苗族龙船廊

米。船廊上盖小青瓦，不雕不绘，朴实无华。船廊附近，一般都有几棵古老的“保寨树”。江边几棵高高的古树，树下一座长长的船廊，廊内静静地躺着一大二小三条独木船（图三），这就是苗岭山下、清水江畔“苗族独木龙舟文化圈”的标志。

清水江畔的苗族船廊是一种结构并不复杂的公共建筑物，但在这种建筑物的里里外外却蕴藏着苗族文化的丰富内容。为方便人们研究这个文化圈内的苗族风情，文物部门将利用施洞口街上的一座古建筑建立一座别具一格的民族民俗博物馆——苗族独木龙舟博物馆。

（原文载于《贵阳晚报》1989 年 10 月 5 日）

农历二月的民族节日

在春暖花开的仲春二月，贵州各族人民的传统节日活动，除延续正月间的部分内容外，又增添了许多新项目。在东南部的苗村侗寨，此时已临近春耕时节。因此，节日活动内容多与备耕相关。黎平、从江、三穗等地侗族过“春社节”，镇远苗族“讨树秧”，集会买卖农具和树苗。为方便生产与生活，必须在春耕大忙之前抓紧修桥补路。于是，施秉、台江、剑河等地苗族过“架桥节”“敬桥节”“晾桥节”，三穗的苗族和侗族过桥头“土地会”，兴高采烈地开展架桥、补桥、祭桥（图四）等活动。

俗话说，“修桥补路，子孙无数”。人们利用“修阴功”“积阴德”的传统理念鼓励踊跃架桥，并由此形成别具一格的贵州高原桥文化。

在贵州各族人民心目中，桥不仅是水上交通设施，还是有灵之物。特别是那些被视为“阴桥”的水上建筑，其社会功能尤为奇特。村民认为，架在交通要道的“保爷桥”，可让无子者获子，有病者祛病，小孩茁壮成长，老人健康长寿。

图四　二月初二虔诚祭桥

对于那些有实用功能的古桥，除在二月初二对其隆重祭祀、精心修补外，有的还在其旁架设两根杉木，称为架“帮桥”。据称为首架设古桥的人家福气大，人们想通过架设“帮桥”沾点光。这类桥梁两端，通常建有土地庙，种有“保寨树”。村民认为，桥、庙、树都是吉祥物，善待它们，好处多多，这从一个侧面反映人与自然的关系。

“二月二”又被称为“龙抬头”。民间相传，这天是龙欲升天而开始活动的日子。《说文解字》认为，龙乃鳞虫之长，能幽能有，能巨能细，能长能短，春分而登天，秋分而潜渊。二月初二“龙抬头”，为求风调雨顺，雷山、镇远、松桃等地苗族过“拉龙节”“招龙节”“接龙节”，虔诚地把呼风唤雨的“龙王”请到寨中来。

阴历二月，苗侗民族节日较多，其他民族较少。在众多的苗族传统节日中，金沙石场“赶苗场”与众不同。石场本是汉族住地，何以成为“苗场”地点？相传古代某年二月初三苗族接亲过石场，汉族有人不让过，因此发生纠纷。后来经过调解，双方言归于好。为消除民族隔阂，增进民族团结，苗汉两族民众议定，每年这一天，相聚于石场。是日，苗族青年跳花择偶，两族群众互通有无，各得其所，皆大欢喜，称“赶苗场”。

（原文载于《贵州日报》1995 年 3 月 2 日）

“三月三”民俗种种

多民族的贵州，每年有不同名称的传统节日 130 多个。由于长期以来各族人民交错杂居，风俗习惯互相渗透，许多传统节日很难确定为哪个民族所独有。比如“三月三”，不仅苗族同胞过，侗族、布依族、彝族、仡佬族，甚至与上述兄弟民族杂居的汉族，也过“三月三”。虽然过节时间都是阴历三月初三，名称不尽相同。此乃活动内容有别使然。

苗族青年多在春暖花开的阳春三月开展跳芦笙舞、唱“游方歌”等谈情说爱活动，遂将“三月三”称为“跳花节”“月亮场”“赶花厂”“踩花山”。是时，身着节日盛装的青年男女，携带用蒿菜、甜藤等野生植物与糯米掺和制成的“粑粑”上山游玩，互相索取、赠送，表达爱慕之情，故又将“三月三”称为“讨蒿菜粑”“讨甜藤粑”。

布依族普遍过“三月三”，其主要活动是男女对歌。有的地方，在可以开亲的男女青年之间开展饶有风趣的对“丢花包”活动，遂将“三月三”称为“丢花包”。

侗族青年除在“三月三”中开展对歌活动外，特别有趣的是镇远报京一带的侗族姑娘，将洗干净的葱葱蒜蒜装在小巧玲珑的竹篮里，兴高采烈地等待心上人向她讨要葱蒜、篮子（图五），将“三月三”称为“讨葱讨蒜”“讨菜篮子”。不是心上人，

图五　“三月三”，等待心上人来讨葱蒜（胡弘提供）

姑娘舍不得给；若无人问津，显得更难堪。“三月三”，对于侗族姑娘来说，既是一个激动人心的良机，又是一次极为严峻的考验。

彝族和仡佬族村民，多以美味佳肴祭祖先，祭土地，祭森林，祭山神，虔诚祈祷风调雨顺、人寿年丰。遵义、仁怀等地的仡佬族，在过“三月三”时，开展富于民族特色的“打篾鸡蛋”“跳踩堂舞”等活动。

与上述兄弟民族杂居的部分汉族群众，用上坟祭祖和吃红鸡蛋等方式送走“三月三”。

同许多传统节日一样，通过种种活动，采取种种方式，求爱情，求长寿，求丰收，是“三月三”的主旋律。

（原文载于《长江日报》1992 年 4 月 5 日）

闲话“四月八”

“四月八”是苗族同胞的重要节日之一。是日，操川滇黔方言的苗族同胞，群集贵阳市区喷水池，吹笙奏笛，纵情歌唱；操黔东方言的苗族同胞齐汇黔中名胜飞云崖（图六），跳笙对歌，赛马斗雀；操湘西方言的苗族同胞，在湘黔交界的蓼皋镇、山江镇、落潮井、大兴场等地轮流开展打花鼓、上刀梯、耍狮子、唱山歌等活动。从前，其地苗族同胞过“四月八”有固定地点，名称就叫“四月八”，位于湖南凤凰与贵州松桃交界处，今地名犹存，且苗汉同称。由于“四月八”在苗族社会中占有非同凡响的地位，故被在中央民族学院学习和工作的各路苗族师生员工定为每年必过的盛大节日。届时，该院特地为苗族师生放假一天，让他们与在京的苗族同胞共度佳节。

关于“四月八”的传说，湘黔交界地与贵阳附近大致相同，都与历史上的民族英雄有关。但黄平一带则不然。其说有二：一说飞云崖原为潘姓苗民之地，后来在此建庙，为答谢潘姓苗族同胞，庙内和尚每年阴历四月初八邀请潘家来庙唱歌跳舞，并设宴款待，逐渐形成有数万人参加的节日集会。一说四月初八是太子下凡做斗的日子，为让耕牛过好自己的生日，人们给其休息一天，并“省嘴待牛”，人喝稀饭，牛吃干饭，而且还是精心蒸煮、最为可口的花糯米饭！

后一种传说，特别是过节的心态和方法，与布依族、壮族、侗族、瑶族、水族、仡佬族等极为相似。由于与牛有关，便将此节称为“牛王节”“洗牛身”“祭牛魂”“敬牛王菩萨”。耕牛多为儿童放牧，亦称“牧童节”。又由于节期恰逢插秧伊始，故又称“开秧节”。

图六 “四月八”时的飞云崖民族节日博物馆

仡佬族也过“牛王节”，但时间不是四月初八，而是十月初一。国外尼泊尔人亦过“牛王节”，视牛为“国兽”，奉其为神灵。每年8月，举国上下，欢度牛节，持续8天。

“四月八”不只是苗族的节日。从前，汉族地区也过“四月八”。北方民间传说，古人在狩猎中捕获一头野母牛，家养后，于四月初八生下一头公牛犊，长大为人耕田犁地，是为耕牛之始祖。于是，四月八便是“牛祖”的生日，称为“牛王诞”。每逢“牛王诞”，养牛人家，让牛歇一天，喂之以精料，并祭拜“牛神”。这个风俗，后来慢慢改变了，淘汰了，以至于许多人不知道汉族只知道少数民族有过“四月八”的习惯。类似的文化现象还有许多，无不生动说明，中华民族文化是一脉相承的。

（原文载于《贵州日报》1993年6月3日）

苗族的“妇女节”

每当春暖花开、万物复苏之际，苗族妇女都要欢聚一堂，开展采集、捕捞、祭祀、会餐、省亲、访友、踩鼓、跳笙、对歌、联谊等活动，欢度具有悠久历史的“妇女节”。

各地苗族“妇女节”名称不尽相同。操湘西方言的苗族同胞叫“农垌”，直译为“吃垌”，意译为“过女能人节”；操黔东方言的苗族同胞叫“鲁嘎良”，直译为“吃姊妹饭”，也称“姊妹节”；操川滇黔方言的苗族同胞叫“窝若吉”，直译为“摘吉菜”，也称“采菜节”。

东风送暖，大地回春，湘西、黔东一带苗族妇女，以家族为单位，或以自然村寨为单位，在一名德高望重的老年妇女的带领下，上山“农垌”，集体野炊。贵州中部的惠水、长顺、平塘一带苗族妇女，在阴历三月中旬，身着节日盛装，带上节日食品，云集跳花场上，与异性对歌、跳笙，把事前备好的糯米饭、煎鸡蛋等美味佳肴赠给心上人。由于节日活动的主体是未曾出嫁的妇女，故又称“玩姨妈坡”。苗岭腹地、雷公山下、清水江畔的“吃姊妹饭”，内容更为丰富，传说也很生动：春天来了，春风无情地将姑娘们细心纺出的棉纱一次次吹断。姑娘们无心待在家纺纱，相邀上山打野菜，下河捞鱼虾，玩得十分开心。晚上回家，担心老人责怪，称病躺在床上。老人找到姜央（苗族始祖）求医，姜央开了一个处方——把姑娘们撮来的鱼虾做成好菜，打来的野菜与糯米一起蒸成花米饭，然后告诉四邻：“吃了花米饭，蚊子不咬人。”姜央说：“只要有人来讨花米饭，姑娘们的病自然会好。”老人听了姜央的话，果然灵验，姑娘们的“病”全好了，一个个找到了称心如意的婆家。

其地苗胞“吃姊妹饭”，有的在阴历二月中旬，有的在三月中旬。时间虽然不同，内容大体一样。是日一早，姑娘们以及回家省亲的姑妈们，下河捕鱼捞虾，也可在任何人家的田中捕捞。午后，家家户户蒸花糯米饭。傍晚时分，姑娘、姑妈们，穿着盛装，佩戴银饰，围着木鼓跳舞（图七）。舞毕，按照不同年龄档次，分别在“姑娘头”家的火塘边“打平伙”。事前，她们将糯米、鸡蛋、鱼虾、腊肉等食品送到“姑娘头”家，由其母亲或祖母代为操办。吃“姊妹饭”时，也由老人分发，每种食品人各一份，绝无厚此薄彼。入夜，早在林中等候多时的外寨青年，陆续来到游方场上，寻机向姑娘们“讨姊妹饭”。姑娘们披着月色，一人一包“姊妹饭”，提到游方场上。遇到不中意的人，多少给一点，通常拳头大一团，有时只给拇指大一点——这纯属戏谑。见了那个人，一包全给了。小伙子得了“姊妹饭”，并不意味着得了姑娘的心。是喜是忧，要背着姑娘打开看时才清楚。

原来，“姊妹饭”里藏有“情书”：一些奇奇怪怪的语言符号。若是松毛，表示

图七　吃“姊妹饭”，跳木鼓舞（部江、施炳摄）

愿意交往，回礼时请给一支丝线；若是刺条，请给一包绣花针；若是树叶，请给几尺布；若是一个树钩，表示愿意深交；若是两个树钩，表示愿意成婚；若是一个树杈或几个辣椒，示意告吹！

游方场上唱游方歌，讨“姊妹饭”，寨中兄弟必须回避。其实，他们早已外出，到别的寨子开展同样活动去了。

当天晚上，寨内中老年人，待在家里吃喝，不去妨碍他人。家庭主妇，随时准备迎接不速之客。说不定什么时候，一个肩披渔网、头戴破笠、脸画“花猫”的男人出现在门口。他是谁？她知道。这化装来讨“姊妹饭”的人，多为已成家的中年男子，也有五六十岁的老人。他们和她们，在儿孙们兴高采烈“吃姊妹饭”时，借机回到了难以忘怀的青少年时代。

虽说“吃姊妹饭”是妇女们的节日，但如今已演变成这一地区的全民性活动。附近汉族群众，乃至国家干部，也有前来助兴，向姑娘姑妈们“讨姊妹饭”的。这个古老的民族节日，经过长期发展，已成增进民族团结、密切干群关系的一种有趣的社会活动。

（原文载于《贵州日报》1994年4月21日）

苗族的“跳圆”

“跳圆”是苗族社会具有悠久历史的一种传统文化、交际活动。因为众人身着节日盛装，围成圆圈跳舞（图八），故有此名。有的地方称为“跳花”“采花”“跳厂”“跳场”。如果“花场”设于山洞口或山洞内，则称之为“跳洞”。

正月初八，我陪一位在我母校中央民族大学留学的韩国女孩，驱车前往龙里看“跳圆”。车外一队队身着苗族节日盛装的男女青年，令人诧异不已：小伙子的挑花衣裙，竟比姑娘的还艳丽！他们的挑花披肩、挑花围腰、挑花围裙，红得耀眼，鲜得夺目。胸前颈上，佩戴银饰，闪闪发光，叮当作响。如果不是头发短一点，几乎让人误判性别。

车在弯弯曲曲的山间公路上费力地攀登了一个多钟头，我们终于接近了“跳圆”地，在新西兰援建的一片广阔牧场上，聚集好几万人，远远望去，像个偌大的花园。身着各色服装的人群，酷似簇簇鲜花，满坡万紫千红，壮观极了。我们走走停停，恨不得把眼前所有的一切全都摄入镜头。

日近中天，来人依然络绎不绝，形同条条彩河，汇入“跳圆”漩涡。这天天气特好，天边飘着白云，一派高原春光，场边路旁，人们三三两两，宽衣解带，梳妆打扮。看得出来，其家离此很远，为了赶路方便，将盛装打包背上，到了花场附近，方才开包打扮。我们征得同意，给一对已经打扮停当、手持长管芦笙的少年反复拍照后，问其花衣是谁做的，回答都是“我家妈”。别的地方，苗族后生在节日集会上佩戴的花

图八　苗族“跳圆”

带、荷包、鞋垫、背扇之类绣品，一定是意中人赠送的恋爱信物。可这里却不同，不知为什么。

民族服饰是民族文化的重要表征之一，男女装束是第二性征的重要组成部分。有论者说，姑娘着意打扮是为博得异性的欢心。古人称“女为悦己者容”。苗族民间也有“姑娘不会绣花，长大难找婆家”的说法。确实如此，苗族群众历来把姑娘的穿着看成测量智商的“证书”，进入人生的“文凭”。在情场角逐中，服装占有很大的优势，这在任何地方任何民族都是如此。有人把女性比男性更注重打扮归因于“女性地位低于男性”，认为是“父权制的产物”，如果此说成立，那么，龙里一带的苗族妇女，地位是否与男子同等，甚至还要高些？

我们很难就此得出结论，但有一点可以肯定，即未婚青年在“跳圆节”上竭力“包装”自己，是为寻偶求爱服务的。他们希望通过“跳圆”找到如意配偶，他们及其家人愿意为此付出昂贵的代价。

坐在“花场”边上，我们细细观察，但见人们一堆一堆，几个打扮一个，似乎为人打扮者比被人打扮者心情还激动。那天，县里在此组织芦笙比赛，拟在这里建立“芦笙之乡”。比赛紧张进行，观者看得入神。突然，一位少年的银饰坠落了。他的母亲不顾一切，冲进场内，迅速捡起银饰，为其儿子戴上。儿子边吹边跳，其母跟着转圈，引得哄堂大笑。在这位母亲看来，比赛名次并不重要，重要的是儿子在“跳圆节”上的形象。她的举动无疑是为了娶得一个好儿媳。我们由此可以看出，寻求爱情、繁衍后代，是“跳圆”追求的重要目标。

当活动主持人在芦笙比赛结束后大声宣布“斗牛开始，欢迎观看”时，便有大批人马争先恐后奔赴斗牛场。身着盛装的男女青年，没有一个退场，他们全部留下，围成一个圆圈。男的吹笙在前，女的跳舞跟后，持续很长时间。成百支芦笙一齐登场，舞者如痴如醉，观者如堵如塞，那难以言状的热烈场面真比先前的芦笙比赛还动人。

我们跟到斗牛场，观众摩肩接踵，挤得水泄不通，但看其穿着，很难区分他到底是苗族、汉族或者是布依族。斗牛极富刺激性，男女老少都爱看。贵州有些地方集体公养水牯牛，其牛不事耕耘，专门用于打架，斗牛胜负，牵动每位村民的心，将其视为荣辱、凶吉、兴衰、丰歉的象征。但此地不同，牵来准备格斗的水牯牛，都是农户私养的耕牛，不是集体饲养的斗牛，因此，虽然牵来几十头，观者上万人，但商量来商量去，终未达成协议，让人一饱眼福。

为什么？

爱惜牛！

爱牛是每个农耕民族共有的美德。

有人问一老者："不打架，牵来做哪样？"老者说："看看样子也好哇！"原来，看看牛的样子，也是一种享受，这大概与蒙古族牧民看马具有同样的心态。如果说，北方蒙古族有个"马文化"的话，那么，南方苗族则有个"牛文化"。生活在苗岭山区的苗族农民格外爱牛，逢年过节敬牛，与祭祖同等重要。先祭祖先、敬耕牛，家人才能用餐。过"四月八"时，人喝稀饭，牛吃干饭，而且还是精心制作的花糯米饭。相传这天是太子下凡做牛的日子，故将"四月八"称为"牛王节"。是日，让牛休息一天，并为其洗澡，称为"洗牛身"。

在苗岭山区，牛被人们神化了。《水牛斗老虎》的故事家喻户晓。水牛战胜了老虎，水牛是大哥，老虎是兄弟。在苗民的心目中，牛是人类的保护神。因此，腰门的门斗要做成牛角形；大门的连楹也要做成牛角形。苗民认为，有牛把门，安然无恙。

在苗岭"牛文化圈"中，牛被人们美化了。在用蜡染、刺绣、挑花、织锦等传统工艺制成的民族服装上，无处没有牛的身影。牛在服装上变成了花的图案。在五花八门的"水牛花"中，有写实的，有写意的；有大胆变形的，有极度简化的。比如用三个逗点或一个U形符号便代表牛。前者为牛漩，后者为牛角。牛漩形木梳，牛角形银冠，是最受苗族姑娘喜欢的装饰物。

在"跳圆"场上，我们借机访问了一些中老年人，得知当地苗族群众在延续数天的"跳圆"期间，各家各户遵循祖规，要开展祭祖、祭神、祭山、祭树、祭水、祭桥、祭田、祭牛等活动，据说如此，无子者可以生子，有病者可以除病，老年人可以增寿，全苗寨可获丰收。

（原文载于《民族》1994年第6期）

苗寨的"吃新节"

普天之下，大凡过节都要好生吃一顿，贵州民间叫"打牙祭"。而苗族同胞几乎就把"吃"作为过节的同义语，诸如"吃年"（即过年），"吃鼓"（即"吃鼓藏"，旧译"吃牯脏"）"吃新""吃姊妹饭"等等。其中"吃新"不仅生动有趣，而且具有科学价值。

"吃新"又叫"吃新节""尝新节""吃秧苞""吃新米"……名称虽大同小异，"吃"法却各具特色。居住在湘黔边境武陵山区、沅江上游古称"五溪"地区的苗族同胞，在早稻成熟、开镰收割的农历六月过"吃新节"。"吃"的真正是香喷喷的新米饭。有趣的是，家中如果来了客人，主妇有意在新米中放进一把陈年旧谷，同新米

图九 “吃新节”摘下的谷穗被作为供品悬挂在祖灵前

一起煮熟待客。客人享用这种新米饭时，不得不边吃边拣谷子，连声叹道：“你家谷子好多啊！”主人闻言大喜，连声道谢：“借你的贵言！借你的贵言！”村民认为，“谷子多”是大好事，表明家有余粮。

居住在苗岭南麓都柳江畔的苗族同胞过“吃新节”，在吃“香糯米”饭时，还要同时吃新苞谷、新辣椒、新豇豆，特别是新苋菜等新鲜蔬菜，尽情享受收获的喜悦。

各地苗族同胞过“吃新节”，都要开展丰富多彩的文化娱乐活动，诸如打花鼓、荡秋千、吹芦笙、对山歌以及赛马、斗牛、斗雀等等。郎德上寨过“吃新节”，强烈吸引中外游人。

郎德上寨苗族同胞，在水稻发育孕穗的农历六月头卯过“吃新节”。是日，家家户户备办香、纸、鱼、肉等祭品，竞相外出祭田，并从田中摘取秧苞，回家蒸熟“尝新”。品尝之前，细数谷粒，如发现谷穗短，谷粒少，预示要减产。于是，适时采取补救措施，加强田间管理，补种山坡杂粮，以免来年受困。“吃新节”，从某种意义上说，具有“抽样调查”、预测丰歉的作用（图九）。

在郎德上寨，每到“吃新节”，都要像“过苗年”一样，举行规模盛大的斗牛活动。郎德上寨斗牛，不分输赢就拉开了，目的在于娱乐并展示牛膘。从某种意义上说，“吃新节”也可以称为“赛牛节”“亮牛节”，看谁家的耕牛喂养得最好。

（原文载于《中国旅游报》1995年9月10日）

吃“春社饭” 喝“滚山酒”

“春社饭”，是居住在古称“五溪”地区的各族人民过春社节、清明节时必须食用的一种节日食品，具有鲜明的地方特点和浓郁的民族特色。

千百年来，每到大地回春的农历二三月间，居住在五溪地区的各族村民，纷纷过“春社节”，家家户户兴高采烈上山采摘艾蒿，挖掘苦蒜（又称野葱），洗净切细，挤去苦汁，文火焙干，按照适当比例，与糯米、黏米、腊肉、蒜苗、五香等混合，用木甑子蒸熟，或用铁锅子煮熟。观其外貌，俨然像忆苦思甜吃的“野菜饭”，明显保留远古时代采集生活的遗风。在吃“春社饭”的同时，还要吃清明粑。清明粑，是用清明菜与糯米、黏米，按一定比例混合捣碎或者磨碎，然后和水，捏成圆丘形，蒸熟成“粑粑”的一种特殊食品。其实，清明菜就是艾蒿。不过，艾蒿有水蒿、旱蒿之分。水蒿，又称绵菜。用绵菜与大米制成的清明粑，又称“绵菜粑”。清明节时，家家户户都要做清明粑、绵菜粑，用于祭祖和馈赠。

现在，有的人家只过清明节而不过“春社节”了。其实，“春社节”是个具有悠久历史的传统节日，早在春秋战国时代就时兴了。到了唐代，风气更盛。诗圣杜甫对此节日曾有记述：“田翁逼社日，邀我尝春酒。”另一诗人王驾，也有诗云：“桑柘影斜春社散，家家扶得醉人归。”时至今日，贵州东部武陵山区一带的苗族、侗族、土家族、仡佬族乃至于汉族，在过“春社节”、清明节时，仍有携带米酒、腊肉和“春社饭”“清明粑”上山踏青、野餐的习俗。山野之处，人们三个一群，五个一堆，开怀畅饮，其乐融融。夕阳西下，桑柘影斜，“家家扶得醉人归”。喝醉了的人们，跌跌撞撞，连滚带爬，狼狈回家，戏称“喝滚山酒”。

（原文载于《贵州都市报》1999 年 4 月 10 日）

“名列前茅”古风存

成语“名列前茅”，多用于形容名次列于前面者。此语出自《左传》“前茅虑无”，意为“先头部队以茅草戒备意外”。而“前茅”一词则起源于古代楚国行军打仗，走在队伍前面的人手持茅草当“旗帜”，每遇变故即高举茅草警告后军，以便采取应对措施。

楚国是个多民族的国家，其中包括苗族先民。换句话说，当今苗族是楚人的后裔。由于历史上的种种原因，从“左洞庭，右彭蠡”迁居苗岭山区的苗族先民，其后代至今仍然顽强保留古代楚国的许多生活习俗，其中“前茅虑无”的遗风便是生动的例证，具体表现在“吃鼓藏”“过苗年”“扫火星”等节日活动中。

“吃鼓藏”，苗话叫“农略”，直译为“吃鼓”，是苗族社会最为盛大的祭祖活动。砍牛祭祖前夕，举寨开展声势浩大的“芦笙串寨”“吹笙踩堂”“拉牛旋塘”等

图一〇　“吃鼓藏”祭祖，巫师用茅草引路

活动，其场面既热烈又隆重，就像“征战”一般。村民认为，想要找到仙逝多年的老祖宗，必须经历千难万险，其间不知要发生多少战斗。手持茅草的老祭司，且舞且行，在前开路（图一〇），其后紧跟身着“鼓藏服”的芦笙队，一个个将绿油油的芭茅草插在芦笙上，吹着如泣如诉的乐曲，呼唤祖先的灵魂。砍牛祭祖的“鼓藏户”，将茅草插于门楣上，突显苗族村民与“前茅虑无”的悠远情结。在“吃鼓藏”活动中，老祭司手持茅草率众游寨的壮观场面，简直就是古代楚人行军打仗的最佳图解。

苗岭山区一直保留“以十月为岁首”的周代纪年法，于每年农历十月第一个虎日开始“过苗年”。在为期 12 天的苗年活动中，最严肃的祭祀行为是用茅草祭田。其间不能碰到陌生人，即便熟人相遇也不能说话，否则怕遭遇不测。用茅草祭田，据称是为了驱赶瘟神，祈求来年五谷丰登。以茅草作祭品，以此驱赶瘟神，显然是“前茅虑无”的遗风。

“前茅虑无”引出“茅草避邪”，此乃“苗文化”对楚文化的继承和发展，这在“扫寨”活动中表现得尤为突出。

“扫寨”又称“扫火星”，意在驱逐“火鬼”，确保火不烧寨。

“扫火星”的时间是过完苗年后的农历冬月第一个龙场天。是日一早，全寨大扫除，把一切废弃物统统清除烧掉。吃过早饭，寨里选出的 17 位上有父母下有儿女的“全福人”，在巫师带领下，每人准备一个陶碗、一束辣椒、一把菜刀、一壶米酒，用竹篮或鱼篓之类提到“岩菩萨”前。巫师除准备上述物品外，还要带上一束绿茵茵的芭茅草和用稻草、棕片扎成的“火鬼”。筹备就绪，巫师蹲在地上，左手拿着芭茅草，以抑扬顿挫的语调滔滔不绝念祭词，并不时用右手拈米撒在地上，打卦占卜。约莫半个时辰，参祭人员开始往碗内斟酒。酒满，围将上来，端起酒碗，蹲地共饮。

众人喝干碗中酒，巫师手持“扫帚”（即芭茅草）、米碗及竹卦，开始挨家挨户扫火星。巫师边走边念边撒米，每到一家，先在门口打几卦，然后进屋扫炉灶、扫火塘。一群手持木棍的村童，在炉灶、火塘猛搅一通，象征灭尽旧火，驱走“火鬼”。扫完全寨，17 位“全福人”在苗巫带领下，将祭场迁至河对面，意为以水隔火。同时将祭牛拉到沙滩上宰杀。在此过程中，派人到河对面的寨子讨新火，就地垒灶，用讨来的新火将牛血及肠肝肚肺熬稀粥。另一部分牛血逐个注入树叶“碗”中，并将剔下的牛头下颚骨及“火鬼”朝东放在河滩上。巫师面向东方念祭词，不时挥动芭茅草，撒米、打卦，而后将鸡杀死，把血滴在地上，算是用一头牛、一只鸡将“火鬼”送走了。巫师用于“扫寨”的芭茅草，事后被高高捆绑于村东大树上，以为如此，可能引起火灾的“火鬼”便不能回寨作祟了。实际上，每年冬月“扫火星”，是一年一度的安全大检查、消防总动员，“前茅”在其中起到了“旗帜”的作用。

（原文载于《当代贵州》2005 年第 16 期）

贵州的节日文化

我在编辑《贵州省民族节日概况一览表》、筹办“贵州民族节日文化展览”和筹建“飞云崖民族节日博物馆”中，曾对节日名称、活动时间、活动地点、活动内容、活动规模、社会功能等要素进行过剖析，深感到，节日文化是一笔宝贵的历史遗产。

收入“一览表”的民族节日有 1046 次（处），其中苗族 651 次（处），布依族 171 次（处），侗族 84 次（处），彝族 23 次（处），水族 43 次（处），回族 13 次（处），仡佬族 11 次（处），瑶族 2 次（处），其他各族 48 次（处）。不同名称的节日有 130 多个。从过节周期看，有一年一次的，有几年甚至十几年才过一次的。节日活动地点，遍布全省各地：有在居民住地活动的，有在荒山野岭活动的，有在名胜古迹活动的。在居民住地活动又有村寨与城镇之分，前者如各地“过苗年”“过水年”“吃新节”等，均在所在村寨过；后者既包括农村集镇，也包括某些县城，甚至省城。贵阳闹市喷水池就是苗族“四月八”的传统节日活动地点。有趣的是，某些民族节日活动不在本民族住地进行。如金沙石场“赶苗场”，本是苗族节日，却在汉族住地过。这是民族关系的反映。

民族节日活动内容十分丰富，活动项目相当繁多，诸如对歌、跳笙、吹笙、吹箫、吹笛、唱戏、射弩、赛马、斗牛、斗羊、斗鸟、摔跤、拔河、拉鼓、踩鼓、武术、踢毽、登山、划船、捕鱼、捞虾、尝新、野餐、讨花带、讨树秧、射背牌、跳地戏、敲铜鼓、荡秋千、爬刀梯、打花鼓、打手毽、打磨秋、耍狮子、舞龙灯、丢花包、抢花炮、吃相思、抬“官人”、游百病、打陀螺、打篾鸡蛋等等。总的看来，文体活动项目居多，仅在节日集会上使用的民族乐器就有30多种：夜箫、侗箫、三眼箫、鸭嘴箫、姊妹箫、芦笙、唢呐、长号、勒尤、勒浪、琵琶、二胡、笋壳二胡、口弦、三弦、四弦琴、月琴、牛腿琴、古瓢琴、葫芦琴、牛角琴、泡木筒、莽筒和铜鼓、木鼓、铓锣等各种打击乐器。

节日活动规模，表现在两个方面：一是投入节日活动的人数，二是活动参与者的居住范围。活动人数在千人以上、万人以下的有500多次（处），万人以上的有200多次（处），参加节日活动的各族群众总计800多万人次。从居住范围看，县内群众参加的节日集会有800多次（处），数县群众参加的有180多次（处），数省交界的各族群众参加的有20多次（处）。改革开放以来，外省游客乃至外宾前来考察、观光节日活动逐年增加。许多民族节日有走向世界的趋势。

令人眼花缭乱的贵州民族节日，大概可分为季节性、纪念性和祭祀性三大类，从不同侧面直接或间接地反映出贵州各族人民的社会生产、社会生活和文化心态。大量的节日集会是紧密结合农业生产进行的，或组织春耕，或预测丰歉，或欢庆丰收，具有明显的季节性。有69次节日集会是纪念性的，或纪念重大历史事件，或纪念民族英雄人物。有35次是祭祀性的，虽然还残存着原始宗教的烙印，但多数已失去原来的意义，仅留下过节的习俗罢了。

随着旅游业的兴起，贵州高原的民族节日赋予了新的内容。贵州许多文物古迹和风景名胜与民族节日活动密不可分。有许多这样的情形：一处庙宇，一片山林，一口岩洞，一座小桥，由于风景秀丽，景色迷人，往往便有“跳场”“踩山”“跳洞”“赶桥”之类节日在那里活动，将自然景观与人文景观巧妙地结合在一起。名胜古迹为民族节日提供活动场所，节日活动又为名胜古迹增加光彩，两者相得益彰，使贵州高原的民族传统节日在旅游业蓬勃发展的今天平添引人入胜的观赏价值，从而也提高了民族节日的文化价值，并引出民族节日的经济价值。从某种意义上说，民族节日也是一种资源，而且是具有重要研究价值和重大开发价值的宝贵资源。

（原文载于《当代贵州》2005年第5期）

参见拙作：《贵州的民族节日》（《贵州日报》1980年3月10日）、《漫谈贵州的民族节日》（《苗岭》1980年第3期）、《略谈民族节日》（《贵州日报》1980年12月1日）、《贵州少数民族节日简介》（《贵州文史丛刊》1981年第1期）、《民族节日集会在民族文化活动中的地位与作用》（《民族研究通讯》1982年第1期）、《贵州高原上的少数民族节日》（《中央民族大学学报》1984年第3期）、《我省开展民族节日文化研究》（《贵州日报》1987年8月29日）、《民族节日文化具有开发价值》（《贵州节日文化》，中央民族学院出版社，1988年2月）、《历史的“活化石”——民族节日》（《贵州日报》1988年5月26日）、《开发民族节日文化资源》（《贵州日报》1988年9月3日）、《节日文化飞向海外》（《贵州文史天地》1994年第2期）、《苗寨扫火星》（《人民日报》海外版1995年6月16日）、《苗族独木龙舟文化圈》（《贵阳晚报》1995年7月8日）、《苗族节日习俗》（《民俗》1996年第2期）、《“苗年”习俗研究》（《民俗博物馆学刊》1996年总第3期）、《民族节日　一部史书》（《贵阳日报》2002年1月3日）、《节日文化不能“变味”》（《中国文化报》2004年12月9日）、《走出节日文化的误区》（《贵州日报》2005年1月4日）、《论民族节日的文物价值》（《中国文物科学研究》2006年第2期）、《民族节日活动场所应作文化遗产保护》（《民族》2008年第1期）、《非物质文化遗产的万花筒——贵州民族节日面面观》（《艺文论丛》2010年第4期）、《苗族节日文物堪称历史画卷》（《藏天下》2015年第2期）、《文物与非遗互为表里不可分割——以贵州民族节日为例看文物与非物质文化遗产的关系》（《中国文物报》2016年2月2日）。

文化娱乐

通知斗牛的“火牌”

斗牛是苗族、侗族村民普遍喜爱的、有组织的一项传统文娱活动（图一一），通常在农闲的“亥日”（俗称“猪场天”）或“子日”（俗称“鼠场天”）举行。某个村寨如要举办斗牛活动，率先向邻近村寨发出通知。通知不是写在纸上，而是写在一块菜刀形的木牌上，这就是“火牌”。

前些时候在从江县进行民俗文化调查，碰巧在平江寨看到一块刚刚传来的“火牌”。“火牌”的“刀”背上，砍了一个缺口，据说表示“十万火急”，大概相当于电影里的“鸡毛信”。“火牌”上写有“斗牛通知：农忙季节已过，人心快乐，我大

图一一　用木排运斗牛去格斗堪称侗寨一景（李葆中提供）

队定于农历五月十三日斗牛‘松批牛塘’。请各大队牵斗牛来参加娱乐活动，希男女老少参观。请送摆也、冬岑、东孖、平査、平江。停洞公社新寨大队。”

新寨大队发出的这块“火牌”送到摆也寨后，有关各寨按照“火牌”上开列的地名，一寨接一寨，火速往下传。有关各寨接到“火牌”后，给斗牛“加餐”添料，研究格斗技术。斗牛牵往斗牛场后，“火牌”即完成其使命。

（原文载于《贵阳晚报》1981 年 8 月 6 日）

侗族村寨戏班多

我省南部侗族地区，建立了许多侗戏班、桂戏班、汉戏班和阳戏班等民族民间业余戏剧组织。从江县今年春节期间有 360 多个戏班在侗寨开展活动。一些老戏师将电影移植成侗戏演出，很受群众欢迎。

（原文载于《贵州日报》1983 年 5 月 11 日）

我省少数民族民间文化活动组织蓬勃发展

我省各族人民在长期的群众文化艺术活动中，逐渐形成了以歌师、戏师、歌手、乐手、灯头、会首等民族民间艺人为骨干的群众业余文化活动队伍。据 50 多个县文化馆的不完全统计，与各级文化部门保持联系的各族民间艺人有 5000 多人。从乌蒙山麓到都柳江畔，从娄山关下到红水河边，建立了数以千计的苗族歌队、侗族歌队、彝族歌队、布依族歌队和芦笙队、唢呐队、花灯班、地戏班、侗戏班、布依戏班、木偶戏班等许多民族民间文化组织。

这些富有地方特色和民族风格的群众业余文化组织，是群众自愿组织起来的，其组织形式和活动方式，适应贵州民族地区的特点，为各族群众所喜闻乐见。

（原文载于《贵州日报》1983 年 2 月 19 日）

都柳江畔的侗族歌队

侗家人人爱唱歌，都柳江畔歌队多，仅贵州省黔东南苗族侗族自治州的从江县，目前就有各种侗歌队500多个。

居住在都柳江畔的侗家男女，几乎在学走路、学讲话的孩提时代就开始学唱歌。小姑娘长到七八岁时加入歌队，有组织地在老歌师或老歌手的主持下学唱歌。学到十三四岁时，就可以在称之为“月堂”的“姑娘头”（姑娘群中的自然领袖）家里同“腊汉”（未婚青少年）们对歌。每当夜幕降临，辈分相同、可以开亲的“腊汉”们，手弹琵琶、手拉“果盖”（一种形似牛腿的民族乐器，俗称“牛腿琴”或“牛把腿”），在姑娘们的允许下进入吊脚楼结构的“月堂”，同姑娘们对唱一种边拉边唱的“月堂歌”。史书称这种活动为“行歌坐月”或“行歌坐夜”。姑娘们长到十五六岁时，每人至少学会一二百首歌了，多的学会千首以上，就公开在侗家特有的侗寨鼓楼里同“腊汉”们对唱一种侗语称为“嘎劳”（通常汉译为“大歌”）的多声部侗歌。这种歌，由歌头、起音、合唱和拖音四个部分构成，一领众和，曲调庄重，气势磅礴，在侗族民歌活动中占有极为重要的地位。

侗族民歌活动是按照传统方式有组织地进行的。组织形式便是歌队。歌队由男女老少分别组成。年龄相近的，按照性别，十人八人自愿组成一个歌队，休息时在一起练歌。女的七八岁到十三四岁，属少儿歌队（图一二），十五六岁到二十来岁属青年

图一二　少儿女子侗歌队

歌队，结婚以后到三十多岁属中年歌队，再大就称老年歌队了。一家包含几个歌队的成员是常有的事。各种歌队中，最活跃的是青年歌队，最有实力的却是中年歌队。侗寨对歌在男女歌队之间进行。男子歌队的年龄，相对比女子歌队大，歌龄相应也要长一些。有“一代‘腊汉’可以唱几代‘腊米’（姑娘）”说法。逢年过节或吉日喜事，集会对歌，人人参加，举寨欢腾。如果歌队中有谁无故缺席，会受到处分。不过，极少出现这种情况。侗家人人爱唱歌，只要听说要对歌，有谁不来参加呢?

（原文载于《群众文化》1984 年第 8 期）

铜鼓坪上“踩铜鼓”

铜鼓是我国西南地区少数民族使用的一种古代打击乐器。逢年过节，村民穿着节日盛装，男女老少围成圆圈，踏着鼓声的节拍，跳起一种古老的集体舞蹈，人们叫做“踩铜鼓”。踩铜鼓的地方称“铜鼓坪”。一般每个寨子都有一个铜鼓坪，有的是几个寨子共用一个铜鼓坪，而苗族聚居的贵州雷山县郎德上寨则有新老两个铜鼓坪。在星罗棋布的苗寨铜鼓坪中，郎德上寨的新铜鼓坪是最富诗意的。坪子很大，全用鹅卵石仿铜鼓的鼓面纹饰精心铺墁，形同一面巨大的铜鼓。鼓心为一圆形巨石，圆心凿有一个方洞，作插铜鼓柱用。铜鼓柱呈牛角形，它是用来悬挂铜鼓的。

寨中铜鼓由专人保管。这人实际上是主管全寨文化娱乐活动的领袖，可称之为“文化寨老”。到了要踩铜鼓的时候，“文化寨老”便把铜鼓“请”出来，挂在铜鼓坪中心的牛角形铜鼓柱上，先用甜酒祭祀铜鼓，再由“文化寨老”的家属围着铜鼓跳一圈，寨中男女老少及寨外来客方能登场跟着跳。中老年在里圈，青少年在外圈。中老年队伍中，男的在前，女的在后；青少年队伍中，盛装在前，便装在后；盛装队伍中，头戴银帽并插银角的在前，只戴银帽没有银角的在后。在各色队伍中，皆是高者在前，矮者在后，层次分明，井然有序（图一三）。

铜鼓由两手各持一根小棍的男子敲击，按照不同的节奏，一手击鼓面，一手击鼓身，发出和谐的响声。另一人，手捧饭甑似的小木桶，来回在铜鼓内移动，使声音时大时小，声波时长时短，听起来酷似水牛的叫声。众人表情严肃地围着铜鼓转圈，持续跳上几个钟头。跳到一定时候，“文化寨老”用牛角杯依次向众人敬酒。这种节奏缓慢、舞姿稳健的集体舞蹈源于古代的祭祖活动。

（原文载于《中国旅游报》1989 年 10 月 21 日）

图一三　铜鼓坪上“踩铜鼓”

苗族的鼓笙文化

苗族是个能歌善舞的民族。在丰富多彩的苗族舞蹈中，尤以木鼓舞、铜鼓舞、花鼓舞、芦笙舞最为动人，而上述四种舞蹈都离不开木鼓、铜鼓、皮鼓与芦笙。

在苗族“三鼓”中，木鼓是最古老的，它以整木挖空而成，长2米许。当初，木鼓不蒙牛皮，用木槌敲击鼓身，咚咚作响，沉闷浑厚。后来虽然两头蒙上牛皮，有的甚至利用木板拼镶鼓身，但仍保留早期木鼓形制：鼓面奇小，鼓身特长。木鼓被视为是祖先的化身，并有公母之分。在最隆重的祭祖活动——“吃鼓藏”时，苗胞身着节日盛装，围着木鼓跳舞，称为“踩木鼓”。节日过后，将木鼓珍藏于山野僻静处，或藏于专门修建的木鼓房内。木鼓房又叫“祖鼓房”。有的苗寨于公鼓上放置木雕男性生殖器，母鼓上放置木雕女性生殖器。祖鼓房是极为神圣的地方，不能随便进出。

铜鼓是青铜时代的产物，原本是炊具，后来演变成象征权力的重器，末了，成为苗、瑶、壮、布依、水等少数民族的乐器。铜鼓也有公母之分，称为虎鼓与龙鼓。苗寨铜鼓由德高望重、上有父母或下有儿女的“全福人”家珍藏。到了要“踩铜鼓”的时候，由户主将鼓“请”到铜鼓坪，悬于牛角形铜鼓柱上，以甜酒祭鼓，称为“醒鼓”。鼓醒之后，必由“管鼓老人”率领家人围着铜鼓转三圈，而后其他村民才能陆续登场。如果说“铜鼓会耕田”，谁也不相信，但在浩如烟海的苗族民间文学中确有铜鼓为人耕田的故事。主要以种植水稻为生的苗族同胞多半用水牛耕田，于是，他们认为，铜鼓也应该是水牛。在跳铜鼓舞的时候，悬挂铜鼓的木架刻意做成牛角形。鼓由两人合作敲击，有意让鼓发出酷似牛叫的声音。此时，人们笃信无疑地认为，铜鼓就是水牛。他们心想，铜鼓会像水牛一样，兢兢业业为人耕田。

皮鼓是过年“打花鼓”必不可少的道具。“打花鼓”又叫“花鼓舞”，是居住在武陵山区的苗族同胞最为喜爱的一种文化活动。春节期间，男女青年出寨做客，主寨将大鼓横置于路上，迫使异性来客与其对打“拦路鼓”。如来者不会打花鼓，或者跟不上节奏，得从鼓架下爬过去，甚至从主人胯下钻过去。当然，这种情况不会发生，因为没有不会打花鼓的。花鼓舞的动作多与生产、生活有关，如插秧、薅秧、打谷、挑水、纺纱、梳头等等。舞者动作敏捷，舞姿幅度很大，令人眼花缭乱，故有“花鼓”之名。

贵州许多少数民族都有芦笙，特别是在苗岭山区，几乎家家有芦笙，人人会吹笙。苗族芦笙有大有小，有长有短，长的两丈多，短的不足尺。大的只能吹，不能跳，只吹不跳叫“吹芦笙”。自吹自跳叫“跳芦笙”，人吹己跳叫“踩芦笙”。芦笙舞的种类很多，其中“技巧芦笙舞”特别精彩。乌蒙山区的苗族同胞在“跳花节”上表演的技巧芦笙舞，有“锦鸡舞”“滚山珠”“爬花杆”等名目。跳“锦鸡舞”时，舞者身穿织锦衣，头戴雉尾帽，模仿锦鸡的动作，且吹且跳，十分有趣。“滚山珠”是一种难度很大的舞蹈。舞者手捧葫芦笙，疾吹快跳，前后翻滚，头手倒立，笙音始终不断。“爬花杆”更是一种绝活。表演者口吹芦笙，爬上顶端系有红绸的花杆，将“花”衔下，吹笙下杆，在离地一人多高处，突然松手，翻身跳下，芦笙仍在呜呜作响。

苗族芦笙会“讲话”。苗岭山区的苗族后生在芦笙场上吹着芦笙“讨花带”，声声夸姑娘，曲曲诉衷肠，情意绵绵，优雅动人。如果讨不到花带，芦笙会骂人：“姑娘哎，你为哪样这么笨？长得白白嫩嫩，穿得干干净净，就是不会织花带，看你怎么嫁得出去啊！”

吹芦笙、踩铜鼓、打花鼓之类民族文化活动虽属“无形文物”，但有代表性的活动用品可征集入藏，有代表性的活动场所可以公布保护。《中国文物地图集·贵州分册》已将数以百计的铜鼓坪、芦笙堂、跳花坡、斗牛场、跳圆洞、藏鼓崖等具有地方特点和民族特色的节日活动场所收入其中，大大丰富了《中国文物地图集》的民族文化内容。

（原文载于《中国文化报》2001 年 11 月 28 日）

婚恋习俗

苗家婚礼三部曲

湘西、黔东一带的苗族婚礼，真有诗情画意。分为三个步骤介绍，姑且叫做三部曲。

画“把曲”

新娘出嫁的头一天，新郎家派出一位与新郎同辈分的年轻人（结不结婚都可以）到新娘家去迎亲。这人，苗话叫“把曲”，是新郎的使者，代表新郎向新郎的岳父岳母敬献礼品，并带路把新娘迎过来。这天晚上，新娘家的父兄叔伯陪同“把曲”喝酒吃饭。饭后，新娘的姊妹好友来与新娘话别，送些纪念品。大家围坐在火塘边。“把曲”也和大家坐在一起。人们有说有笑，或回忆往事，或祝福未来。

突然，一只涂上锅烟煤的黑手朝“把曲”脸上抹来，在“把曲”的脸上留下黑黝黝的五道手指印。瞧着“把曲”的大花脸，众人一阵欢笑。笑声未平，几只黑手朝“把曲”袭来。“把曲”只能招架，不能逃走，更不能生气。实在画得太花了，便有“好心人”打水给“把曲”洗脸。洗干净了又抹，直到众人满意为止。所以，有经验的“把曲”，拒绝洗脸，任他“黑”去。

苗家风俗认为，画“把曲”是件吉利事（图一四）。“把曲”画得越黑，越开心。认为这样，新娘过门后，喂猪喂狗，养鸡养鸭，才能迅速成长。

对歌

苗家婚礼一般是进出三天，留客两夜。留客的夜晚，寨子里的小伙子们来新郎家“吵酒”，类似汉族的闹新房。“吵酒”的人，在堂屋里你推我，我推你，“和酒曲子”。这种剧烈的活动往往要把墙板撞坏。因此，通常都要事先把板壁拆下收藏。“吵酒”吵到一定的时候，主人家烧甜酒招待客人，等孩子们吃饱了各自回家睡觉，大人留下来猜谜语、唱喜歌、吹唢呐。这三项活动都要分个你输我赢。特别是对唱喜歌，最吸引人。

对歌是有充分准备的。举办婚礼之前，新郎家要事先通知新娘家，说“我们准备有歌队，请你们也作好准备。”一个歌队，通常由一位歌师、两名歌手组成，男女都可以。新娘家接到通知后，得想法弄清对方的实力，以便聘请水平相当的歌师应对。

图一四　画“把曲”（王乐提供）

如果一位歌师对付不了，多请几位也可以。来贺喜的客人（即贺客），也带有歌队，也要参加对歌。先由主人和“正客”对，谁对输了退下来，赢的再同“贺客”对，一般是不容易对输的。因此，贺客要想方设法挑逗，从中引出一队来。万一引不出来，或者打乱仗，或者贺客与贺客对歌。几个歌队同堂对歌，歌声此起彼落，饶有风味。

由于苗族同胞十分喜欢对歌，不少“歌师”（苗语称“嘎将仨”）成了职业，很少有在对歌场上败阵的。因此，总是对到天亮，才能结束。要是有谁对输了，那是很不光彩的。回去以后加紧练习，寻找机会扳回来。

“卡仨”

婚礼进入第三天，客人回家。

这天早上，新郎的姊妹或嫂子带新娘去水井挑水。水不必满桶，象征性地舀几瓢就行了，目的是叫新娘去“认井”。

吃过早饭，客人回家。客人离开寨子之前，主人成群结队“卡仨”（即拦歌）。从大门口一直到寨子边，层层设卡，道道布防，向客人“讨歌”。按习惯说法，客人“要过一块石板留下一首歌”。因为送亲的多半是姑娘，所以“拦歌”的多相应是小伙子。中老年人只是看热闹，不参加“拦歌”。拦到了一定时候，歌词的内容就逐渐转换到情歌上来了。这时，老人有意回避，好让青年们无拘无束地倾诉爱慕之情。

“卡仨”队伍中，“把曲”最活跃。现在是他大显身手尽情搞“报复”的时候了。哪个画过他，哪个画得凶，他心中都有一本账。报复的手段是“讨歌”。“讨”了一首又一首，就是不能放你走。小伙子们当然大力支持他，把姑娘们“卡”得回不了家。但是，又不能回主人家吃饭。送亲的姑娘，饿着肚皮，深更半夜摸回家是常有的事。纵然如此，也很高兴。在爱情的道路上，她们是多么珍惜这良辰美景呵！

（原文载于《贵州青年》1981年第8期）

仡佬族的“打亲敬酒”

一位胸前佩戴红花的青年，骑着一匹披红挂绿的山地马，叮叮当当地行进在山路上，在他身后紧跟着四个身强力壮的小伙子，其中两个手提酒和肉，两个肩上扛着竹条扫帚。

这是什么队伍？原来是祖祖辈辈居住在贵州西部的仡佬族后生，按照古老的婚俗去迎亲，那骑马戴花的青年便是新郎。他们一行，提心吊胆地在山路上跋涉，随时准备接受突然的袭击。不知什么时候，将从哪一丛灌木林中冲出一伙人来，不由分说地将他们手中的酒肉夺去，一溜烟跑到山坡上吃掉。

这伙“拦路打劫”的人，是奉新娘家之命来执行任务的。他们把新郎家带给新娘家的酒和肉称之为“鸡礼”，抢去吃掉，表示新娘家有的是酒和肉，不稀罕新郎家带去的“鸡礼”。

当他们来到新娘家的寨门口时，一场“战斗”又将发生。寨子里的男男女女，各人手执一块青棡柴，争先恐后地抢着打新郎，他们称之为“打亲”，意为打掉是非口角，祝愿新郎新娘婚后恩爱相处，和睦到老。

“打亲”战斗中，新郎只能招架，不能还手。这时，竹条扫帚可以发挥作用了：那两位扛扫帚的小伙子，机灵地设法把扫帚弄脏，以此作为盾牌，紧紧地掩护新郎。

新郎一脚跨进屋，“战斗”便告结束。此时，新娘家立即拿出酒来向新郎敬酒。新郎喝下“敬亲酒”，取出两只“奶母布”，回敬岳父岳母，酬谢老人养育新娘之恩。老人收下“奶母布”，唤出新娘，让新郎新娘相互敬酒，接着又共同向亲友四邻敬酒，众人沉浸在一派欢乐的气氛中。

突然平地起风波，那四个陪伴新郎迎亲的小伙子，冷不防向新娘动起武来，他们乘新娘不备，连拉带扛，把她架到新郎的马背上。新娘又哭又闹，执意不肯顺从，看上去着实令人感动，但哪里斗得过那四位汉子？新娘就范后，新郎彬彬有礼地上前解开马头绳，“叮叮当当”牵马引路回家。

进入家门，新郎家近乎狂热地劝新娘喝酒，新娘羞涩地执意不喝。于是，那爱动武的四个小伙子便动手硬灌。灌了喜酒，强把新娘推进洞房。而后众人开怀畅饮，婚礼至此结束，一个新的仡佬族小家庭宣告诞生。

（原文载于《贵阳晚报》1982 年 11 月 15 日）

悲剧当作喜剧演的“射背牌”

苗族青年的恋爱活动有许多，除了赶场天“讨糖”、二三月“讨姊妹饭”，还有“跳圆节”“讨葱蒜”“四月八”“过苗年”等机会。节日期间，借口“讨”这“讨”那，男女互诉衷肠，借以增进了解。乌蒙山区许多苗族村寨，女孩子长到十二三岁，夜间便集中住进父兄为其修建的“妹妹棚”内，在那里学唱歌，学手艺，并旁观大姐姐们如何与村寨外的异性交往。“妹妹棚”又叫“姑娘房”，有些古书称“寮房”，是供本村寨的姑娘与外村寨的小伙子谈情说爱的专用场所。一个苗寨如果没“妹妹棚”，往往被人看不起，姑娘脸上也无光。有的地方，姑娘们自己修筑“花房”，春节期间与邻寨后生在“花房”内谈情说爱。在这些“花房”附近，建有若干“小花房”，供那些“情窦未开”的小姑娘们“见习”用。

由于某种原因，有情人难成眷属，只得忍痛分手，这无疑是场悲剧。遇到这种情形，苗族同胞采用一种近似喜剧的手法来处理，这便是贵阳附近高坡一带的“射背牌”。所谓“背牌”，是苗族姑娘背上的一块方形刺绣装饰物，相传是皇帝的印玺，故称这个支系的苗族叫“印牌苗”（图一五）。男女相亲相爱，由于外部原因，不能完美结合，于是按照祖先制定的规矩，举行“射背牌”活动。农历四月初八，女方准

图一五　“背牌苗”姑娘（张永吉提供）

备“背牌”，男方备办酒席，先在众目睽睽之下，由后生用弩射击姑娘精心刺绣的“背牌”。仪式过后，举杯痛饮，在一种不可言状的悲伤气氛中，宣告一对情人恋爱关系的终结。射过的“背牌”，由男方珍藏，死后殉葬，枕于头下，意为“今生今世无缘，到另外一个世界再见”。

（原文载于《贵州节日文化》，中央民族学院出版社，1988年2月）

贵州的婚恋文化

恋爱、婚姻与家庭，是人类永恒的课题。由于历史上的种种原因，外界对贵州少数民族的婚恋习俗颇多误解乃至偏见。为增进民族间的相互了解，贵州省文物部门建立了我国第一家民族婚俗博物馆。这个选题新颖的专题民族民俗博物馆一面世便引起社会各界的关注，很快成为西南旅游线上的热点。

同许多少数民族一样，苗族同胞历来十分重视婚恋教育，突出表现在从小就抓孩子们的唱歌、跳舞、蜡染、刺绣等传统技艺的培养教育上。人们常说：“后生不学唱，找不到对象；姑娘不绣花，找不到婆家。”在苗乡，孩子们“学讲话就开始学唱歌，学走路就开始学跳舞”。农闲季节，一些德高望重的老歌师，在宽敞明亮的吊脚楼上，或村头寨尾的水碾房内（图一六），彻夜教授情歌，一个个“歌堂”，犹如一所所“业余音乐学校”。

苗岭山区的苗族村民称青年男女谈情说爱为“游方”。在农闲时节的夜晚，后生来到传统游方场上向姑娘求爱，小声唱道：“你寨树木高，棵棵栋梁材。你寨姑娘美，个个招人爱。要是还没嫁，嫁到我们寨。善良又勤劳，生活真愉快。”

姑娘唱道：“我寨树木矮，难以长成材。我寨姑娘丑，难得有人爱。因此还没嫁，等待情人来。要是不嫌弃由

图一六　夜晚当作“歌场”用的水碾房

图一七　本寨姑娘与村外青年谈情说爱的专用场所

你挑着带。”后生又唱：“我们想你们，想得愁死人。真想娶你们，不知行不行。不要哄我们，随便乱答应。应了又不肯，干活难安心。”姑娘接唱：“想得烦死人，不是想我们。姑娘到处有，不知想何人。若是想我们，开口说真情。我们两颗心，永远不分离。”情投意合之后，互赠信物，妥为珍藏。万一今后不成，“把凭”可以不退，各自留作纪念。

有些苗寨，女孩长到十二三岁，夜间便住进父兄为其修建的“姑娘房”内（图一七），在那里集体学唱歌、做针线，并旁观大姐姐们如何与外寨青年交往。有的地方，姑娘们自筑“花房”，春节期间与邻寨后生在“花房”内谈情说爱。在这些“花房”附近，还建有若干“小花房”，供情窦未开的小姑娘们“见习”用。

在侗乡，青年们相邀在楼房宽敞高大、房东殷实贤惠且又有能歌善舞、聪明过人的“姑娘头”家的吊脚楼上“行歌坐月”（又称“行歌坐夜”）。夜幕降临，侗族后生手持“果吉”（习称“牛腿琴”），来到“月堂”，与在其内纺纱、绣花的姑娘对唱情歌。姑娘边纺（绣）边唱，后生自拉自唱，并为姑娘伴唱，十分有趣动人。

在瑶寨，女孩一旦步入少年期，便单独住进家人为其修建的“谈婚房”内。这种房子有个特点，即无论是木板墙或夯土墙，姑娘床头的墙壁上都开有一个指头大小的圆洞，透过此洞，寨外来客可看见姑娘的睡脸，而躺在床上的姑娘则可窥视外边的情形。每当月明星稀之际，瑶寨后生手持小棍外出求爱，用小棍轻轻将姑娘唤醒，要求与其对唱情歌。姑娘若是乐意，起床点灯开门，请其进屋，彻夜对唱。如若不然，只能隔墙对唱，甚至“熟睡”不醒。遇到这种情形，来者也不纠缠，带着小棍另寻一处就是了。

苗寨恋爱是自由的，婚姻一般也是自主的，双方家长同意便在白天举行婚礼，送亲、迎亲的队伍走大路；如若不然，便在夜间举行婚礼，送亲、迎亲的队伍走小路。后者实际是“私奔”。“私奔”不受歧视，婚宴照样隆重。待生儿育女后，娘家补送嫁妆，再行热烈祝贺，将“婚礼酒”与“新娃娃酒”合在一起喝。

苗寨婚礼，既热闹，又节俭。贵州民族婚俗博物馆里有块征集自雷公山麓的乡规民约碑，碑文对彩礼数目作了严格的限制，违者处以罚款。婚礼上对唱的酒歌，多有批判滥收彩礼的内容。这类歌词特别长，为便于记忆，歌师们将简单的符号刻在指头大小的木棍上，苗话叫“克豆”。凭借“刻木记歌”的小棍，能唱几天几夜的酒歌。观众看到陈列柜中的“克豆”，无不为苗寨歌师的惊人记忆力所折服。

由于某种原因，有情人难成眷属，双方不得不忍痛分手——这无疑是场悲剧。遇到这种情形，贵阳郊区的苗族同胞采用一种近似喜剧的手法——“射背牌”来处理。所谓“背牌”就是苗族姑娘背上的一块方形挑花装饰物，相传是颗大印的象征，故称此支苗族为“印牌苗”。男女相亲相爱，但又不能成亲，于是按照祖规“射背牌”。射过的“背牌”由男方珍藏，死后殉葬，枕于头下，意为今生今世无缘，到另外一个世界再见。以此保持心态平衡，维护社会安定，是一定历史时期的产物，它从一个侧面反映苗族历史文化的特征。

贵州民族婚俗博物馆，为克服历史上造成的对少数民族在恋爱、婚姻与家庭方面的种种误解与偏见，具有非常积极的作用。

（原文载于《当代贵州》2005年第8期）

参见拙作：《苗族婚恋习俗》（《文化广角》1993年第4期）、《苗家婚恋》（《贵阳晚报》1995年12月17日）、《贵州少数民族婚恋习俗》（《四川民族经济报》1997年12月19日）、《瑶麓山区的婚恋建筑》（《贵州工人报》2004年6月30日）、《贵州苗族婚恋文化》（《当代贵州》2005年第8期）、《令人神往的贵州民间婚恋建筑》（《艺文论丛》2012年第3期）、《苗岭山区的婚礼酒》（《藏天下》2017年第9期）。

侗寨标志

侗寨鼓楼戏楼迅速恢复发展

我省南部侗族地区富有民族特色的侗寨鼓楼和戏楼，最近几年迅速恢复和发展。在“文化大革命”中被当作“四旧”拆除的黎平纪堂上寨鼓楼、肇兴义寨鼓楼、礼寨鼓楼等已修复；肇兴智寨鼓楼、信寨鼓楼和从江高增鼓楼等，正在加紧修复中。

许多侗寨鼓楼的对面建有戏楼。随着群众文化活动的蓬勃开展，黎平、榕江、从江三县侗寨新建了许多戏楼。仅从江县目前就有各种戏楼 300 多座（图一八）。有的戏楼已由群众集资献料建设成为能避风雨、对号入座的农村简易剧场。

（原文载于《贵州日报》1983 年 4 月 19 日）

图一八　覆盖杉树皮的侗寨戏楼

侗寨鼓楼

我们来到了鼓楼林立的“九洞”地区。这个地区的鼓楼不仅数量多，而且体量大，历史也特别悠久。“九洞”位于黎平西南部、从江西北部、榕江东北部，是黎、从、榕三县毗连地区。从江的增冲鼓楼（于1988年被公布为全国重点文物保护单位——作者注）、平楼鼓楼、往洞鼓楼、荣福鼓楼、信地鼓楼这一线，有乡间公路可以通车。从都柳江畔的停洞上山，车行一个小时左右就能到达增冲寨。

增冲是个不算太大的寨子，但这个寨子的鼓楼却相当大（图一九），是我们访问过的几十座鼓楼中最大的一座，也是最老的一座。侗寨鼓楼是侗民聚众议事的政治中心，同时是各种社会活动和文化活动的重要场所。它有如下用途：（一）聚众议事。遇有大事要事，集体商议决定，人们叫做“起款”。“款众”在“款首”主持下制定“款约”。“款约”议定通过之后，通常刻碑勒石，立于鼓楼之中。在增冲鼓楼里至今还保存有几块“款约”碑。最早的一块是康熙十一年（1672年）镌刻的，这块碑可作增冲鼓楼断代的参考。（二）排解纠纷。村民之间发生纠葛，需要众人排解，便聚集在鼓楼里集体裁决。如果什么人犯了过错，需要当众处理，也在鼓楼里进行。（三）击鼓报信。遇有重大事件，登楼击鼓召唤，众人闻声而至。击鼓报信有报警报喜之分，村民可从鼓点得知是警是喜。（四）对唱大歌。大歌是一种一领众和的多声部音乐，男女对唱，少则十人八人，多至一二十人，与可以开亲的村寨对唱。（五）摆古休息。工余时间，村民聚集在鼓楼里，夏天休憩纳凉，冬天烤火取暖，老人们给后生讲述历史知识，传授生产技能，教唱侗歌、侗戏。（六）吹笙踩堂。逢年过节，村民们在鼓楼坪或鼓楼里的火塘边，吹芦笙，踩歌堂，载

图一九　增冲侗寨鼓楼

歌载舞，通宵达旦。（七）存放芦笙。在下种以后的一段时间里，人们为了不误农时，将芦笙所有的音孔塞紧，高高地挂在鼓楼柱上。（八）拾物招领。侗民捡到失物，无法归还失主，便放在鼓楼里，让失主前来认领。（九）施舍草鞋。为了方便过往行人，将草鞋挂在鼓楼柱上，任行者取用。

为适应以上种种社会交际和文化娱乐活动的需要，每个鼓楼中间都有一口很大的火塘。火塘四周设有坚固的长凳，或者以粗大原木倒地为凳。凡遇集会，不论寒暑，都燃起熊熊大火，众人围坐在火塘边，气氛显得分外热烈。火塘里的火是终年不让熄灭的。村民说：经常烧火，柴烟熏楼，防潮，还可以杀虫，起到保护鼓楼的作用。大概是为了使烟子便于向上散开，密檐式的鼓楼，檐与檐之间都留有一定的空间；而且多数鼓楼，不用层板，空至宝顶，内部空间非常之大。

鼓楼在许多方面具有自己的民族特点，是中国建筑的一个品种。我们看了许多鼓楼，发现它们的翘角、檐口下彩塑、彩绘的各种飞禽走兽、花鸟虫鱼和人物故事，既有侗族的特点，又有汉族的内容，十分微妙地反映出侗汉文化的交流。聪明智慧的侗族村民在长期的历史发展过程中，创造性地发展了自己的文化，为丰富和发展光辉灿烂的中华民族文化做出了特殊的贡献。

（原文载于《贵阳日报》1985年3月1日）

侗寨风雨桥

侗家喜欢住水边。溪涧纵横，流水潺潺，小桥人家，是侗寨风光的一大特色。

有河有水必有桥，河多水多桥自多。据不完全统计，在黔东南苗族侗族自治州东南部的黎平、从江、榕江3县侗寨，就有各种各样的风雨桥300多座（图二〇）。文化部文物局局长吕济民同志在黎平、从江一带对侗寨风雨桥进行实地考察之后说："侗寨风雨桥，既是桥也不是桥。桥是水上交通工具，但侗寨风雨桥不仅仅是水上交通工具，还有多方面的社会功能。侗寨风雨桥修得很宽，桥上还盖有瓦，可供路人避雨休息。有的风雨桥修得很讲究，有许多壁画、彩绘，叫做'花桥'，实际成了一种建筑艺术品。有的风雨桥下边并没有水，不起水上交通工具的作用，相当于其他地方的凉亭。"他说，这种建筑称为"路边文化"。他认为，侗寨风雨桥是"路边文化"的一种形式（图二一）。

我们来到了榕江县的晚寨风雨桥。这桥修建在离寨子较远的峡谷深处。桥下有一条溪水，桥起着沟通两岸的作用。桥上修建有廊，廊上盖有小青瓦，廊的两侧有栏杆，栏

图二〇　地坪侗寨风雨桥

图二一　田边地头风雨桥

杆前面有长凳，可供行人避雨、休息。以往，在桥上还挂有草鞋，行者可免费取用。

我们来到了从江县龙图寨风雨桥。这座风雨桥下面没有水。从地形看，完全没有修桥的必要。然而此处竟修建了一座十分讲究的风雨桥。村民们说是为夏天乘凉和装点风水用的。

我们来到从江县一个不知叫什么名字的地方。这里没有流水，没有人家，却有风雨桥。此桥建在一块没有流水的田间高地上，显然是为下地干活的人们避雨、乘凉而特意修建的。

我们来到了从江县的上皮林风雨桥，见桥上有块匾，上书“龙门”二字。人们说，在村头寨尾修建风雨桥，可以保住寨子里的财富不随流水走。看来，侗寨风雨桥还是一种象征吉祥的建筑物。

我们来到了黎平县东南角的地坪风雨桥（于2001年被公布为全国重点文物保护单位——作者注）。这是修得最为讲究的一座风雨桥，当地村民称之为“花桥”。花桥的长廊上，彩绘数十幅具有浓厚民族风格的侗乡风情画。风雨桥，还是侗家的艺术橱窗。

侗族人民修造的各种风雨桥，具有珍贵的历史价值、艺术价值、科学价值和民族民俗文物价值。它是贵州人民的骄傲。

（原文载于《贵阳晚报》1985年3月11日）

侗寨鼓楼酷似一棵大杉树

侗寨鼓楼很像一棵大杉树，特别像春天里蓬勃发芽、抽节上长的大杉树（图二二）。当我在侗寨说出这个想法时，侗族同胞告诉我：“鼓楼又叫‘遮阴树’”。

在贵州东南都柳江畔一带侗族聚居地，树木很多，最常见的树种是杉树。杉树砍伐以后根不会死，还可长出若干小树，这一自然现象，象征生生不息，很符合民俗的需要。因此，侗民把杉树视为吉祥树，把某些古杉称之为“杉仙”，把用于遮阳避雨、聚众议事的一种公共建筑物——侗寨鼓楼，修成杉树的样子，这从仿生学的观点看是很好理解的。

侗族喜爱使用木结构建筑物，擅长修建木结构建筑物。这些木结构建筑物，不论是房子、仓库，还是桥梁、鼓楼，都使用杉材。以杉木为柱，以杉板为壁，有的还以杉皮为“瓦”，全然是杉的世界。这与侗族居住地盛产杉木有直接关系。

杉木是都柳江、清水江一带出产最多的木材。许多杉木是大自然赐予的。侗族同胞有幸选到了这样一片宝地；同时，侗寨有个传统：哪家出生一位婴儿，全寨为其种100棵杉，18年后，人长大，树成材，即以其杉为其办婚事，称此种风俗为“种十八

图二二　侗寨鼓楼酷似一棵大杉树

杉”。侗乡杉树成林，与此风俗息息相关。

杉木是一种优质建筑材料。侗族人民利用这种优质建筑材料修建的各种木结构建筑物具有自己的特点。塔式鼓楼，廊式风雨桥，干栏式民居以及造型各异的井亭、水车、水碓、水磨、水碾、晒台和晾禾架等等，无不反映侗族人民的创造才能，其中尤以侗寨鼓楼最能展现侗族工匠的建筑才华。

（原文载于《人民日报》海外版1998年5月5日）

肇兴鼓楼群

享有“千家肇侗”之称的黔东南苗族侗族自治州黎平县肇兴村，被人誉为“天下第一侗寨”。该寨拥有仁、义、礼、智、信5座鼓楼（图二三）以及匹配修建的戏楼和花桥（风雨桥）（图二四）。

联合国教育、科学及文化组织大会通过并经全国人民代表大会常务委员会批准的《保护世界文化和自然遗产公约》规定：“从历史、艺术或科学角度看具有突出的普遍价值的建筑物”和“从历史、艺术或科学角度看，在建筑式样、分布均匀或与环境景色结合方面，具有突出的普遍价值的单立或连接的建筑群”，均属于“文化遗产”的范畴。肇兴侗寨鼓楼群，作为民族文化优秀遗产，备受专家学者青睐。前不久，被省文化厅列为“典型民族建筑”推荐给国家文物局，申报为第五批全国重点文物保护单位。

图二三　拥有5座鼓楼的肇兴侗寨（冯玉照摄）

侗寨鼓楼，历史悠久，造型优美，工艺精湛，功能独特，数量众多，集中地分布在我省东南隅黎平、从江、榕江一带的“六洞”“九洞”地区，迄今尚存300余座。其立面造型有三重檐、五重檐、七重檐直至十五重檐。平面投影为四边形、六边形、八

图二四　肇兴大寨仁团小寨的鼓楼、戏楼、风雨桥修建在一起

边形。总之，立面为奇数，平面为偶数。顶有单檐悬山式、重檐歇山式、四角攒尖式、六角攒尖式、楼脊上、翼角上、封檐板上，特别是一、三重檐之间的醒目部位，大量彩塑、彩绘极富民族特色的生产、生活场面及各种吉祥物造型。一座座鼓楼，一个个画库，堪称民俗文化的瑰宝，建筑文化的精华，被公认为“侗族文化的旗帜”。而一个侗族村寨竟拥有造型各异的鼓楼及若干座戏楼和花桥，在贵州乃至在全国仅肇兴一处，诚为天下奇观。

（原文载于《贵州日报》2001 年 3 月 12 日）

侗寨凉亭

30余年间，我进进出出侗族村寨数十次，为保护侗族村寨文化而奔波。如今，“增冲鼓楼”“地坪风雨桥”早已成了全国重点文物保护单位；“侗族大歌”已成了世界非物质文化遗产；一批侗族村寨进入了《世界文化遗产预备名单》。回首 30 多年来，在侗族村寨进进出出的经历，感觉是一种享受。

对于侗族建筑，众口一词的是鼓楼、风雨桥。但我觉得，多姿多彩的休闲建筑——凉亭，也不可忽视。当然，人们最早用于歇凉的自然物是大树而不是亭子。在黎平、从江、榕江一带，主要是大榕树。在著名的榕江“车江大坝”，随时可见侗族村民在大榕树下休息，即便冬天，也不例外。这一带，海拔较低，气候温和，夏天炎热，适宜榕树的生长。榕树喜欢高温多雨、空气湿度大的环境，树形奇特，高可达30余米。在“车江大坝”的田地间、路两旁、河堤上，榕树遮天蔽日，成了天然“凉亭”，同时也是村民虔诚祭祀的“神物”。

“车江大坝”，是贵州有名的大坝子，沿岸有河堤，筑于清乾隆年间，卵石砌筑，长500余米。河堤上建码头、渡口，共7座。堤岸上有乾隆年间同期种植、被村民称为“护堤榕”的古榕树30多株，最大胸径3米多。沿岸榕树，盘根错节，枝繁叶茂，覆盖半边河。其中有一株大榕树，包了一块碑。原来是，村民在树脚竖立一块碑，是关于修建渡口的，久而久之，榕树不断生长，将石碑包裹住了。碑上粘贴有许多纸钱，在侗族村民心目中，一定“成仙”了，可以保佑人。在许多古榕树上，也粘贴有大量纸钱。询问在树下休息的几位老太太，为什么要在树上贴纸钱？她们说，哪家孩子不乖，就求古榕保佑。她们所谓的“不乖”，指的是身体有病。

在历史发展长河中，侗族村民师承自然，模仿自然，创造文化。侗族同胞修建鼓楼，深受大树的启发。鼓楼整体造型酷似一棵大杉树，村民称为“遮阴树”。在没有鼓楼的年代，人们许多活动是在古杉之下进行的。后来为了满足社会和文化活动的需要，修建固定建筑物，便以树木为原型。那些双层宝顶的侗寨鼓楼，活像春天“抽节”上长的古杉。

鼓楼以杉木建成，造型酷似古杉，而风雨桥同样用杉木架设，所不同的仅是前者立着，后者躺着，形成“鼓楼矗立，花桥横卧”的可观格局。许多风雨桥长廊上，建有凉亭，远远看去，一横一竖，犹如横躺着和竖立着的大杉树。

同样地，侗族村民师承自然，模仿自然，修建凉亭。但是，侗族村民不仅仅模仿大树修建凉亭，而是根据生产、生活以及社会活动的需要，修建地点随心所欲，建筑形式多姿多彩。侗族村寨的凉亭，有修建在桥头的，有修建在路口的，有修在井上的，有修在村中的，还有修建在古树旁边的。都是木结构，或者四角攒尖顶，或者六角攒尖顶，或者八角攒尖顶，屋面覆盖小青瓦，小巧玲珑，美不胜收。有的凉亭还挂有对联：“休息片刻，即登大道；歌唱三曲，漫出阳关。”

侗寨有些风雨桥，桥下没有水，实际是“长廊式凉亭”。侗族村民修建的凉亭，大多与风雨桥结合在一起（图二五）。这些风雨桥式的凉亭，修在田边地头，供村民

图二五　修建在桥头的侗寨凉亭

劳作休息时使用。一些带小孩的妇女，将孩子放在田边地头的风雨桥式凉亭内，以避日晒雨淋。村民在较远的农田劳动，带晌午上山，放在风雨桥式凉亭内，休息时食用，往往几家人一起吃饭，菜肴各不相同，相当于野外聚餐，其乐融融。

侗寨的“寨门”，也多是凉亭与桥梁的结合体，是一种文化内涵极为丰富的公共建筑物。侗族村民素有“拦路迎客”的习惯，以“阻拦”客人进入村寨的特殊方式隆重迎接客人。“拦路迎客”，主人必定要唱“拦路歌”，而客人必须唱“开路歌”，你来我往，你问我答，唱来唱去，一唱就是几个时辰。“拦路歌”“开路歌”的内容十分丰富。比如用纺车拦路，拦路的一方用唱歌方式问：这是什么东西？是哪位老奶奶发明的？是用来做什么的？开路的一方用唱歌方式回答：这是纺车，是哪个、哪个老奶奶发明的，是用来纺纱的。接着拦路的一方又问：棉花什么时候下种？什么时候中耕？什么时候采摘？怎样纺纱？怎样织布？怎样染色？怎样缝衣……开路的一方，一一回答，全部答对，纺车才能移开。全部拦路物品移开后，客人才能进入村寨。因此，对侗族村寨的社会生产、社会生活必须了如指掌，才能答得出来。而且要用歌词回答，没有出色的“歌才”，是很难顺利进入村寨的。

客人离开村寨，也很有趣。春节期间，外出演戏，进行对歌。白天在戏楼唱戏，晚上在鼓楼对歌，侗寨热火朝天。来演戏的是男子，主人寨子由女子歌队与其对歌。戏班离开寨子回家时，主人寨子的姑娘向客人馈赠糯米饭。糯米饭，用青菜叶子包裹，外面用稻草捆绑成为牛腿形，一包一斤多。除了糯米饭，还赠送亲手纺织的头帕，长一尺五至二尺，两头有须。也有送毛巾的，用鸡毛、小珠子装饰，写上自己的名字，送给客人，作为留念。小伙子得到礼品后，给姑娘们回赠糖果或钱财。对歌完毕，放行之后，有的互送礼品，属于个别活动。感情好的，姑娘送给小伙子鞋垫、袜底、手镯之类。小伙子用珍贵的东西回赠姑娘，这就表明，他俩有了恋爱关系。如果前来演戏、对歌的小伙子，歌唱得不好，也会得到姑娘赠送的一包牛腿形“礼品”，只不过，里面包的不是糯米饭，而是牛屎。

（原文载于《中国文物报》2013 年 1 月 9 日）

参见拙作:《黎平从江侗族群众集资献料维修鼓楼》(《贵州日报》1981 年 7 月 10 日）、《侗寨鼓楼用途多》(《贵阳晚报》1982 年 11 月 28 日）、《黎平县纪堂上寨戏楼和鼓楼——兼谈侗家的戏楼》（《贵州民族学院学报》1983 年第 1 期）、《侗寨鼓楼戏楼迅速恢复发展》（《贵州日报》1983 年 4 月 19 日）、《花桥鼓楼》（《贵州日报》1983 年 11 月 5 日）、《侗寨访鼓楼》（《贵阳日报》1985 年 3 月 1 日）、《话说增冲鼓楼》（《长江日报》1993 年 11 月 3 日）、《侗寨鼓楼》（《人民日报》海外版 1994 年 9 月 9 日）、《侗寨的鼓楼、戏楼、风雨桥》（《小城镇建设》1996 年第 11 期）、《增冲鼓楼》（《中外名建筑鉴赏》，同济大学出版社，1997 年 3 月）、《纪堂鼓楼》(《中外名建筑鉴赏》，同济大学出版社，1997 年 3 月）、《侗寨鼓楼与杉树》（《人民日报》海外版 1998 年 5 月 5 日）、《侗寨鼓楼戏楼风雨桥》(《中国文物报》1999 年 10 月 24 日）、《高阡鼓楼》（《中国边疆民族地区文物集萃》，上海辞书出版社，1999 年 12 月）、《肇兴鼓楼群》（《贵州日报》2001 年 3 月 12 日）、《侗寨的鼓楼与花桥》（《中国建设报》2001 年 5 月 1 日）、《贵州的鼓楼文化》（《当代贵州》2005 年第 10 期）、《黎平保护风雨桥》（《贵州日报》1981 年 11 月 22 日）、《侗寨风雨桥》(《贵阳晚报》1985 年 3 月 11 日）、《地坪风雨桥》（《中国边疆民族地区文物集萃》，上海辞书出版社，1999 年 12 月）、《“遮阴树”与风雨桥》（《贵阳日报》2005 年 8 月 12 日）、《风雨桥和圣母祠》（《中国文物报》2007 年 1 月 12 日）、《从江侗寨戏楼多》（《贵州日报》1981 年 7 月 5 日）、《侗寨的戏楼》（《贵阳晚报》1991 年 2 月 17 日）、《侗族戏台》（《中国民族建筑》第一卷，江苏科学技术出版社，1998 年 12 月）、《访问侗戏发源地后的联想》（《中国文物报》2019 年 9 月 20 日）。

村寨礼俗

侗寨接客礼仪

把客人拒之于寨门外，是对客人的最热烈欢迎，这是侗寨接待贵客的传统礼仪。

主人获悉有客来，登楼击鼓报信，通知作好准备。姑娘们穿上节日盛装，列队横站于寨门口，面前设置一道路障，放些板凳、纺车、木犁、木耙，撮箕、簸箕之类，布阵迎接客人（图二六）。当客人来到时，她们以歌当话，指着路障盘问客人，一问一答，对唱拦路歌。客人唱对一物，姑娘取走一物，全部唱对，路障拆除，始得进寨。唱不出来，燃放三响铁炮认输。

进得寨来，芦笙前面开路，姑娘与客人同行，将客人迎至鼓楼，在鼓楼里分成男女两队对唱大歌，然后又在鼓楼坪上手拉着手唱耶歌，踩歌堂。

图二六　侗寨拦路迎客

有的地方，村民在客人进寨的必经之路上设置一道道拦路酒，让客人红着脸进寨。

这一套接客礼仪将被搬到北京，作为“贵州侗族建筑及风情展览”的开幕式，用于代替从外国学来的剪彩式。到时候，首都的观众在民族文化宫将领略到侗寨风情。

你想了解侗寨风情吗？请参加6月1日在北京民族文化宫举行的“贵州侗族建筑及风情展览”开幕式。

（原文载于《贵阳晚报》1985年4月9日）

桃花源遗风今犹存

晋人陶渊明（865～427年），写过一篇著名的《桃花源记》，文中关于“世外桃源”礼俗的记载，在被当作“露天民族风情博物馆”向公众开放的贵州省雷山县郎德寨明显可见。

《桃花源记》载：“见渔人，乃大惊，问所从来。具答之。便要还家，设酒杀鸡作食。村中闻有此人，咸来问讯……余人各复延至其家，皆出酒食。”那意思是说，桃花源里的人们，见到陌生的打鱼人，问他从哪来，邀他到家去，杀鸡给他下酒。村里的其他人纷纷前来看望，问长问短，挨家挨户请他吃饭，都给酒喝。

苗族聚居的郎德寨，村民待客也是这样。只要遇到来人，不论认识与否，都要热情招呼。来人无论路过谁家门口，主人都会笑迎进屋。客人进屋，主人不是忙沏茶而是忙敬酒（图二七），有“跨一道门槛喝一碗酒”的习俗。如果事先得知贵客要来，村民便在村口设置“拦路酒”，以“阻拦”客人进寨的特殊方式隆重迎接客人。一家有客，众人款待，争先恐后邀至家中喝酒。将一家的客人当作全寨的客人接待，邀到各家各户去喝酒，当地称之为“闹寨”。有时连“闹”几天几夜，酒歌回荡山寨，别有一番情趣。客人离寨之前，村民群集寨门，举行饶有风趣的挂彩带、打酒印、拴红蛋等方式，主人唱一首歌，客人喝一碗酒，然后给客人挂一根彩

图二七　对客人唱歌，敬客人喝酒

带，拴两个红蛋，打几个酒印，那热闹场面远远超过陶渊明想象中的桃花源。

（原文载于《长江日报》1990年10月2日）

苗岭山区的寨门文化

贵州高原，苗岭山区，苗村侗寨，星罗棋布。村寨无论建于何地，也不管住户多少，其村头寨尾，大半都建有寨门。苗侗寨门，似门非门，既有有形的又有无形的，是一种文化内涵极为丰富的民族民俗建筑物。

若是有形寨门，可能是架在溪上的板凳桥、风雨桥，或长在路边的保寨树、萨坛树和建于村口的岩菩萨、保爷凳。此类“寨门”建筑，村民心中有数，外人不易察觉。即便是名副其实的寨门，也只不过是村寨内外的标志而已，其门通常是无需关锁的。此类寨门，或状似牌楼，或状似凉亭，小巧玲珑，赏心悦目，有尚好的视觉效果。有的寨门，彩塑彩绘，琳琅满目，雍容华贵。而有的寨门，不雕不绘，朴实无华，凝重深沉。多数寨门安有“美人靠”。身着明清款式服装、梳着唐宋发型头饰的苗侗村民坐在“美人靠”上小憩，诚为苗岭一景，宛如世外桃源。

苗侗寨门是村民迎来送往，与客人唱拦路歌、向客人敬拦路酒的公共场所。寨门拦路酒多用牛角杯（图二八）。喝此酒时，有经验的客人绝不伸手接牛角，否则主人一松手，那沉甸甸的一牛角酒便全归客人了。许多村寨于客人进寨时，将莽筒芦笙队横排于寨门外的田坎上，鼓腮劲吹，山鸣谷应，宾主在热烈气氛中举行饶有风趣的进寨仪式：主人唱一首歌，客人喝一口酒，手脚麻利的村姑速将一大块肉塞进客人嘴中，引起一阵欢笑。每当过苗年、吃鼓藏（杀牛祭祖），送客过寨门，除群集于寨门唱歌、喝酒外，还举行妙趣横生的打酒印、拴彩带、挂红蛋等仪式。客人以所得的酒印多、彩带多、红蛋多为荣耀。打酒印系以红绿颜色在客人脸上“画花猫”，被视为做客归来的得意标志，竟有几天几夜留着不洗者。

寨门送客，对于未婚青年男女来说，显得特别重要。因为苗侗民族自古聚族而居，一族一姓一个村寨，寨内互不婚配。婚恋活动除农闲集体“游方”和“行歌坐月”外，多借助节日互访或婚嫁走亲中的寨门对歌来进行。主寨姑娘以歌拦路，滞留客寨后生，彼此对唱分别歌，一唱就是几个时辰，寨门成了播种爱情的地方，因此是最难离开的地方。唯其如此，寨门不可或缺，且修得格外讲究。

寨门在某种意义上，也有护寨功能。吃新节、过苗年、吃鼓藏等节庆活动祭祖时，据说那些“死得不干净”即非正常死亡和死时见血的先人灵魂进不了寨，需将祭品端

图二八　苗岭山区的寨门拦路酒（陈万红摄）

至寨门外祭祀。在村民心目中，寨内、寨外之间，有道明显的防线。这防线与进寨小路的交叉点，便是寨门之所在，不管它是有形的还是无形的。

有的寨门的确具有防卫功能，是安全设施的重要组成部分。本来，为了山寨的安全，许多苗寨刻意修在山顶上。高山苗寨，其寨门多修在便于眺望的山坳上。苗族聚居的月亮山榕江县计划乡加两村，寨门上住着一家人。或者说，以一户村民的房子当作寨门用。这房子建于村口山坳上，处于观察唯一通往山寨路径的最佳位置。寨门路段坎坷泥泞，较山寨内外道路难走得多。此乃有意为之，目的在于制造险情，阻止歹人进寨。

与加两村近在咫尺的加去寨，同样修在山顶上，其中一座寨门建于荆棘丛生、竹木葱茏的高山口。山口两侧正好生长两株保寨树，形成天然门洞。据说，太平天国时期，村民曾在树上设哨，监视山下动静，清兵不敢冒犯。而作为抗清据点的雷山县郎德寨，于寨前望丰河上建造风雨桥，用以抗御清兵，故称“御清桥”。又因该桥是抗清英雄杨大陆领导修建的，村民誉称“杨大陆桥”。桥被清军焚毁，长期残存遗址。所幸郎德被列为苗寨博物馆对外开放，得以原样修复，成了来此观光考察的中外游人购买苗族手工艺品的特殊场所。

黎平、从江一带的侗寨寨门，与鼓楼、戏楼、风雨桥一样，修得相当讲究。有的便是鼓楼与花桥的巧妙结合，集多种社会功能于一身。侗族的“寨门文化”实为“鼓楼文化”的重要组成部分。在侗族同胞心目中，侗寨寨门既是以鼓楼为核心的村寨富有的象征，又是村民安康的保障。

（原文载于《贵阳日报》2001 年 7 月 9 日）

苗村侗寨的井文化

在苗岭山区，什么地方可以安家落户、建立村寨，其先决条件是水井。换句话说，村寨的地点与规模，是由水井的所在位置、数量多少、流量大小决定的。乡间普遍认为，人们说话语调与水井有关，可从语音判别言者为何方人士，充分印证“一方水土养育一方人”。

苗村侗寨的水井，严格说来应当称为山泉，因为它们是辞书所谓“地下水的天然露头”，而非“凿地取水的深穴”。

水井也好，山泉也罢，都可视为“水”的代称，也是“家”的别名，因此之故，远走他乡被称为“背井离乡”。每当我看到“记住乡愁”四字，脑海里会立即浮现出故乡水井的形象。

古往今来，苗村侗寨的村民，对山泉水井极为敬重。逢年过节祭祀泉井，多用豆腐之类素食，不用鸡鸭鱼肉等荤菜。由此可知，泉井有多么慈悲，多么善良。

泉井对于村民来说，从生到死都须臾不离。大人告诉小孩，他是妈妈一早从井里挑回来的，泉井才是他的生身母亲。苗村侗寨婚礼，新娘要办的第一件事是“挑新水”，口头上说是“认井”，其实是让泉井认识新娘，承认她是寨子里的新成员，以便从今以后好生庇护她。成年村民过世，家人迅即前往泉井“取水”，既为死者上路备用，又向泉井禀报：斯人已逝，感恩哺育。取回来的水，装在陶器内，用之于殉葬。

苗村侗寨至今保留祭祀山泉水井的习俗。即便在山路上行走，遇到山泉，想要饮用，必先祭祀。祭品十分简单，丢个“草标”就行了。或许还有别的用意，无语提醒路人：“这是饮用水，切莫弄脏啦！”但村民却认为，如果不祭祀山泉水井，喝了会生病，多半是疟疾。得了疟疾，忽冷忽热，浑身发抖，叫“打摆子”。从前，以为

“打摆子”是“摆子鬼”作祟。一旦“打摆子”，得想法“躲摆子”。其法是化装到别的寨子躲藏起来，让“摆子鬼”找不着，等病好了才回家。疟疾多发于秋季，故有“谷子变黄，摆子上床”的谚语。

苗村侗寨的村民，有“刻碑勒石”保护山泉水井的习惯。立于清道光二十四年（1844年）的“抱管龙井乡规碑”镌刻：“第一塘汲水；第二塘洗菜；第三塘洗布、洗衣；第四塘洗秽物等件。每年淘井四次，每次阖家，周而复始，如违公罚。”立于清咸丰二年（1852年）的“菜苗寨护井碑”镌刻：“妇人背水，随到随背。禁止在此洗菜及污物，违者罚银一两二钱。”“菜苗”是个苗寨的名称。“菜苗寨护井碑”，让人看到苗岭山区“妇女优先”的井文化。

素有“杉乡”美誉的天柱县三门塘，林茂清泉涌，小寨水井多。许多泉井是妇女们捐资投劳修建的。镌刻于清宣统年间的《修井碑记》称：“此地有涛泉一湍，水由地中行，先人因以汲水资生者，迄今十有余世矣。在道光年间，路属泥途，步履维艰。余三公永佑，独捐石板，修成坦荡，唯于井尚未兴修，仍然狭隘。每逢夏涸，欲立以待。因语我族妇女，慷慨捐资，裂石新修，方成井样，则向之源源而来者，不亦混混而出，盈科而进，放于四海，取之不尽，用之不竭，此吾村之大幸哉！”同样镌刻于清宣统年间的《重修井碑记》称：“我村大兴团，前后左右，山水环抱，房屋上下，稻田围绕。田坎行径湾中，涌出清泉。先公约族人砌石修补，以便往来，自昔及今，历年久远，井石毁坏，泥土浸入。每逢春夏暴雨绵落，井泉清洁翻成混泥。族中妇女睹斯，同心动念，踊跃捐资，乐为造化，较先公之修凿更加完善。井中踏石板，不使泥从中出；井外石板竖四方，避免污流外浸。由此以后，泉流清洁，人生秀灵。”两块石碑的尾部，分别镌刻各位妇女芳名及捐资数额。从前，三门塘妇女建有自己的组织，称“观音会”，经常开展一些公益活动。从保存下来的修井碑记，不仅可以得知妇女们的乐善好施行为，还可窥见三门塘村以侗族为主体的侗、苗、汉等各族人民之间的婚姻关系，具有重要文物价值。

苗村侗寨的山泉水井，如果位于村中或路旁，村民用石头雕刻一个龙头形状的出水口，美其名曰“龙井”；用石头雕刻一个水瓢形状的出水口，称为“瓢儿井”。有的地方，村民刻意将山泉水井修建得很矮，行人饮水非下跪不可，称“跪泉”，以显示山泉水井的崇高地位。徐霞客路过苗族地区长顺时，曾在日记中写道：“有泉一坎，是为‘跪勺泉’，不盈不涸，取者必伏而勺，故名‘跪泉’。”

苗村侗寨的许多山泉水井，建有防污设施，其外部造型，因山泉水井所在位置而异。如水从岩壁或斜坡涌出，则因地制宜修建一个拱形井盖；如水从平地或洼地冒出，则垂直修建圆形或方形石质井壁，井口上方覆盖木构建筑，其主要功能无疑是保护水

图二九 侗寨的井亭

源，同时可供路人小憩，诚为山寨一景（图二九）。

侗族村寨住房的一大特点是“前塘后井”，即房屋后面有水井，前面有水塘。侗寨水井，大都用石板砌筑井壁、井坪，并加上井盖，以保护水源。有的还用石板或木料，修建石板“井屋”、木质“井亭”，这是侗族村寨中最受青睐的建筑小品。有的井亭，悬挂对联：“坐一会，何分你我；饮几口，各自东西。”凡是水井，都放置有水瓢、竹筒、水缸等水器，供路人舀水喝。村民取水，也用水瓢舀，决不将水桶直接汆入水井中，以免将水井弄脏了。水井下方，有盥洗池，供村民洗菜、洗衣用。井水往外流，便形成水塘。水塘中，养有鱼。有的人家，在鱼塘上搭建竹木架子，既可当作“瓜架”用，又可当作“鱼棚”用，一举两得。

在苗村侗寨旅行，游人务必注意：在山泉水井附近不能擤鼻涕、吐口痰、说脏话；不能从山泉水井之上跨越过；不能将没喝完的水倒入山泉水井中。在山泉水井边相遇，双方都想喝水，率先拿到水瓢者，要主动舀水给他人先喝。他人喝完水后，要用净水涮一涮，舀水递还——这是苗村侗寨的规矩，当心不慎失礼！

（原文载于《民族》2019 年第 12 期）

苗寨礼俗

乡村旅游，分外火热。入境问俗，欲到苗寨旅游，须对其礼俗有所了解。

寨外礼俗

迎面遇到来人，主动先打招呼，并为来者让路：空手的让负重的；下坡的让上坡的；年轻人让老年人；成年人让小孩子。如是同向相逢，需要超越对方，说声“对不住了，我抢你的路啦！”行动缓慢的长者，发觉背后有来人，主动靠边道：“年轻人，走得快，上前吧！”若是动静相逢，行者主动向坐者打招呼，坐者则请行者坐下，并将烟袋、扇子之类递给对方，以示欢迎。

插秧、打谷季节，给在野外劳作的人们送食者，途中遇到行人，热情邀其共餐。俚语称：“插秧的酒（甜酒），打谷的饭”，不分你我。

路上遇到罹难者，不论是否相识，热心帮助，接至家中，为其解难，设法通知其家属；或脱险后将其护送回家。

苗寨都有“保寨树”。不能在树下大小便、说脏话。

铜鼓被村民视为神圣之物，外人不能随便敲击。

铜鼓坪、岩菩萨被视为有灵之物，不能在其附近吐口水、擤鼻子、大小便。

路旁、桥头放有草标，示意有人约会，他人不得移动。寨门插有草标，示意正在“扫寨”，外人不得进入。房前屋后插有草标，示意房东家有高危病人，或家畜行将生产，谢绝外人接近。

寨内礼俗

门口看见陌生人，招呼进屋，留其食宿。从前，有些人家，煮两条鱼，头朝大门摆在堂屋里，邀请叔伯兄弟陪客吃饭。客人如果吃了鱼，表明愿与主人“打伙计”（结拜兄弟）。主人杀猪宰羊，邀请族人陪吃三天，留下一些酒肉给客人送回去。此时此刻，客人反为主，主人反为客，杀猪宰羊吃喝三天。先前为客如今为主的人家，将一条带尾巴的猪腿回赠给对方。留有尾巴，交往不断。

出门远游，当天到达不了目的地，准备一点糖果即可投宿于任何家。村民对主动登门投宿的客人格外热情。第二天一早，蒸好糯米饭，请客人先吃。吃罢，包一大团给客人做“晌午”（中饭）。如果主人接收了客人赠送的礼物，则须回赠一条绣花带。

家有来客，主人穿戴整洁，以示尊重。若是夏季，以泉水兑甜酒给客人解渴。若是冬季，将甜酒煮开待客。

贵客进入村寨，主人到寨子门口以牛角酒迎接。遇到红白喜事，客人于寨门外放鞭炮、吹芦笙，通报主人出迎。主人也吹芦笙、放鞭炮，将客人迎进寨子内，并将客人带来的礼物不使落地移到肩上或接至手中。

外出做客，不管交情深浅，均须携带礼品，切忌空手进屋。客人送来的鸡、鸭、鱼、肉、酒、糯米饭，主人必须用于待客。客人临走时，主人须将客人送礼用的容器归还，并留少量食品作回礼。客人送来的鸡、鸭、猪、羊等，各留下一条后腿回赠客人。客人送的糯米饭不作回礼用，主人蒸煮新鲜糯米饭送客。

苗族村民对盲人、哑巴和行动不便的残疾人尤为关照。夜间允许乞讨人员进屋住宿。对那些遇到天灾人祸而处于困境的人员，乐为资助，不计报酬。

吃饭时有人进屋，不管认识与否，都会邀请用餐。来者必须吃喝。执意不吃，主人不悦，以为客人怀疑他家有麻风病、母猪疯或者当地人最忌讳的“蛊”。

吃饭时有客来，主人如果不热情招呼来者吃饭，任他坐在一边；或者只让客人吃饭，主人不添饭作陪，都是不礼貌的行为。

在与客人共餐时，主人只能最后放下碗筷，否则意味“催客人”。民谚称：“催种不催吃。”“催吃”，有悖苗族礼仪。客人也须注意，不能吃得太慢，发现主人有意等待，应当抓紧吃完，然后双手横向握筷，向在座人员致歉：“对不起了，我吃得太多啦。”

客人先吃完，双手握筷子，向在座人员致意：“多谢多谢，我吃饱啦，大家慢慢吃！”客人吃完饭后，有事离席，要打招呼，不能不辞而别。

无酒不成席，照例要喝酒。通常由家庭主妇或姑娘媳妇唱歌敬酒。客人不论酒量如何，多少都得喝一点，否则主人以为嫌弃他家。客人饮酒前，向在座人员致意：“我先喝了，丢你赶后啦！”

从前喝酒很有趣：主人向来客敬酒，宾主一样多。头两碗，必须干，因为客人是用两只脚走来的。第三碗，宾主碰碗，交换喝干。一口干不了，可分几口喝，未干之前不能搁下碗。然后，主人斟酒，客人挑选，再干两碗。如果喝不了，可以剩，戏言“小孩可以剩饭，老人可以剩酒。”主人再度劝酒，客人不胜酒力，可以“久（酒）长久（酒）有”为辞谢绝。

吃饭之前，祭祀祖先，倒点饭菜、米酒于地上。客人也用筷子蘸酒滴在地上，以示祭祀。主人朗诵祭祀辞时，众人洗耳恭听。祭祖之前，切莫开动。

不能将饭碗、酒杯等餐具覆在桌上，因为“像坟堆”。也不能把筷子插于饭碗中，因为“像挂清”。

饭菜不慎掉在地上，及时捡起来，能吃尽量吃，实在不能吃，放在桌子上，切忌用脚踩。

不能踩踏炉灶和火塘中的铁三脚架，否则“得罪灶神”。村民大多在火塘边吃火锅。火塘中的铁三脚架，相当于炉灶。

“打牙祭”时，将猪肝、鸡肝、鸭肝、鸡心、鸭心、鸡头、鸭头、翅膀、脚爪等等，献给老人。其中有些东西老人吃不动，可转让给中年人。尚未成家的青少年不能吃这些东西。

递送物品，诸如香烟、糖果，均用双手，不用单手。客人双手接物，连声道谢。

晚上，主人让客人先洗脚、上床。早上，主人早起，烧洗脸水，让客人先洗。

不能触动吊脚楼上的水牛角“祖灵”，否则被视为“得罪祖先”。

为求孩子降生、祈求健康成长举办过“栽花树花竹”的人家留有“保爷树”“保爷竹”“求子桥”“保爷桥”之类物件，不要随意触摸。

在举行“赎魂”“打口嘴”“杀白虎”等活动时，未经允许不得靠近。“打口嘴”留下的“口嘴标”，可以拍照，但不能触摸。“打口嘴”是村民处理是非口角、解决矛盾纠纷的传统方式。人与人之间出现不和，认为有鬼作祟，通过“打口嘴”解除。办法是由巫师按照一定程序做法事，打狗、杀鸡、宰鸭、喝酒，谓之“喝打口嘴酒”。喝过这种酒，当事双方如果再出现矛盾，必须竭力克制，否则于己不利。

室内不准吹口哨，否则被视为会“招鬼进屋”。

“过苗年”的“龙场天”，相当于大年初一，不准扫地、泼水，否则被视为“财喜外流”。早饭不准泡汤，热菜不能吹气，否则担心“山洪冲毁田坎，山风吹倒庄稼”。

在室内行走，尽量从人背后过。若非从前面走过不可，要对坐者说：“得罪了，从你前面过。”

客人离开苗寨，村民用牛角杯敬酒，客人必须喝。执意不喝，伤人感情。

称谓礼俗

相识者，按辈分称呼。晚辈称呼长辈，不能称其名字，一个字都不能。多位长辈在场，可带一个字，以防混淆。

长辈称晚辈，可直呼其名，但一般也只称呼一个字，以示亲切。长辈可随自己的儿孙称呼晚辈，如儿孙称对方为叔叔，长辈也可称其为“叔叔”。

在路上遇到陌生人，主动打招呼。遇到五十岁以上的陌生男子，称为“告”，即“爷爷”之意。遇到四五十岁以上的陌生妇女，称为“务”，意即“奶奶”。

年轻人相遇，互相不认识，彼此称为“恰”，意为“老表”。姑娘称姑娘为“娃”，意为“表姊妹”。后生称姑娘为“阿客”，意为“表妹”。姑娘称后生为“布客”，意为“表哥”。

老年人称呼陌生的青年人为“布”，意为“哥”；称呼陌生的姑娘为“阿”，意为“姐”，这是长者站在儿孙的立场上对后生、姑娘的爱称。

（原文载于《中国文物报》2020 年 6 月 23 日）

参见拙作：《苗族礼仪》（《黔东南文化艺术交流》1984 年第 1 期）、《苗乡礼俗》（《文化广角》1993 年第 2～3 期）、《古朴的苗家礼俗》（《贵阳晚报》1998 年 2 月 26 日）、《苗寨礼俗与禁忌》（《今日贵阳》2006 年第 3～6 期）、《苗寨礼俗拾零》（《苗人网》2009 年 8 月 3 日）、《郎德上寨历史悠久的“鸡酒文化”》（《民族》2005 年第 2 期）、《喝口山泉水 留意井文化》（《藏天下》2019 年第 5 期）。

崇拜文化

苗寨的桥

我在苗岭山区的一个小寨里被各式各样的桥迷住了。

这个山寨叫“郎德”，归雷山县管辖，北距黔东南苗族侗族自治州首府——凯里27千米。小寨只有几十户，但竟有45座桥，其中石桥9座，木桥36座（图三〇）。最长的一座“板凳桥”长达36米；最短的一座小木桥仅有0.4米，这恐怕是世界上最短的“袖珍桥”了。

郎德何以会有这么多的桥和这么小的桥呢？作了一番考察后得知，除了与当地的自然环境有关外，还与苗族同胞的风俗习惯相关。

郎德苗寨，背山面水，一条人称“望丰河”的小溪从寨脚流过（图三一）。寨后古木参天，山泉终年不竭。许多眼泉水分路进入山寨，切出条条壑沟。有水便有桥，水多桥就多。但是这里的桥不全是水上交通设施，有的桥根本没有实用价值，比如那

图三〇　用三块杉木铺成的“保爷桥”

图三一　用天然石块铺成的“汀步桥”

仅 0.4 米的桥便是。

当地苗族同胞分外敬爱桥。他们认为，人从另外一个世界来到人间统统是从桥上过来的。因此，家家户户都有自己的桥。逢年过节或遇不测，虔诚地用鸡鸭鱼肉祭祀。而且，只能祭祀自家的桥，不能祭祀别家的桥。

桥的由来据说有两种：一叫“有意架桥”，一叫“无意架桥”。前者多为婚后不育（或有女儿无儿子），刻意架桥求子。这类桥梁可以架在河上、溪上、沟上，也可架设在常年无水的洼地上，但必须架在交通要道，过往行人愈多愈好。石质、木质均可，长桥、短桥不拘。无论是石是木，桥面用材数量，通常为三，即三块石板，或三根圆木。总之，要单不要双。若是木桥，以杉木最佳，至少要砍伐以后还能再生的树木方可使用，否则以为不吉利。架桥之后生了孩子，认为是桥显灵。于是，此桥便成了这个孩子的“保爷桥”。孩子长大成人，生儿育女，这桥就成了这个家庭的桥。人多分家，便成了几家人的桥。在郎德，有 6 家人共同拥有一桥者。

所谓“无意”架桥，是指为交通方便架桥。这种桥在一定时间是毋需祭祀的。民俗认为，桥成之后，如架桥人遇到不测，比如本人久病不愈，或家人罹难，视为“桥来找了”。于是，备办祭品隆重祭祀桥。从此，这座桥便成为这家人的“保爷桥”了。由于种种原因，一家能有几座桥，多者达 5 座。

在郎德，最古老的桥经历了十多代人，最年轻的桥才诞生几个春秋。桥是需要经常维修的，但只能由“桥主”自己修，他人不能代劳，否则以为“夺福”。任何一座桥，只准维修，不得拆除。即使因为交通条件改善了，可以不要原桥了，也得在原地象征性地平铺三块木板或三块石头，以供祭祀。

桥是建筑物的一个品种。“苗桥”的文化内涵不仅存在于建筑艺术中。要从民俗学的角度探寻民族建筑的奥秘，已被当作“露天民族民俗博物馆”向中外游人开放的雷山县郎德苗寨，是个不可多得的地方。

（原文载于《贵州日报》1989 年 7 月 22 日）

贵州高原的鸟文化

贵州各族人民，都有爱鸟传统。苗岭山区的“鸟文化”尤为突出。苗族村民世代相传，人类始祖“姜央”是鸟孵化出来的，因此，鸟也是人类的祖先。这鸟并非一般的鸟，而是一种神鸟，名字叫“鹡宇”。

苗族村民分外爱鸟，几乎家家户户吊脚楼的屋檐下都挂有鸟笼（图三二）。苗族同胞养鸟，重在用以鸣叫。黎明时分，“啾啾”鸟声不绝于耳，与林间野鸟交相对唱，宣告新一天的到来，这是苗寨最为新鲜的时光。

男性苗族村民上山干活，常常带鸟儿做伴，笼中小鸟成了苗族村民的“护身符”。民间相传，每个人都有七十二个“魂”，其中一个于人死后变成鸟，为死者带路，将其引到祖先原来居住的东方去。如果死者生前未曾参加“游方”（青年男女社交活动），其灵魂不能变成鸟，便无法找到老祖宗。显然，在苗族村民看来，鸟与人类的生殖繁衍有着不可分割的关系。因此之故，一些地方给人赠送结婚礼品，以“锦鸡交尾”蜡染床单或被面为上乘。

图三二　悬挂在屋檐下的鸟笼

“游方”活动主要是唱歌。无论男女，不会唱歌，无从“游方”。而“游方歌”据说就是雀鸟教授的。因此，每当婴儿一出世，家人便用一种小鸟的羽毛在其嘴唇抹一下，示意吃了鸟儿肉，长大同鸟儿一样善于唱歌。苗族村民认为，雀鸟不仅教人唱歌，还能教人打扮。村民说，之所以有些童帽要缝成“鸟头形”，有些花鞋要绣成“鹰钩鼻”，有些裙边要镶嵌羽毛，都是雀鸟教授的，实为仿生学在服饰文化中的运用。特别有趣的是，乌蒙山区有一支苗族村民被人称为“鸦鹊苗”，缘于其男女老少的穿着，都是模仿喜鹊缝制的。他们自己认为，是喜鹊救了祖先的命，才模仿喜鹊缝制衣服的，为的是“不忘喜鹊救命之恩”。

苗族村民十分爱鸟，并由爱鸟延伸到爱树。自古以来，苗族村民即有朴素的环境保护意识，其中被国家文物局授予“全国百座特色博物馆”称号的郎德上寨，迄今森林覆盖率仍在75%以上。

家鸡是从野鸟驯化而来的，“爱鸟”必然演变成“爱鸡”。贵州各族人民认为，公鸡象征太阳，诚如唐代诗人李贺在《致酒行》中所言：“我有迷魂招不得，雄鸡一声天下白。”苗族妇女在蜡染、刺绣作品中，常以公鸡为图案，称“公鸡龙”。相传公鸡是“情哥”，太阳是“情妹”，公鸡哥哥唱罢三遍情歌，太阳妹妹就出来了，因此公鸡也是“龙”。

（原文载于《贵州日报》2006年11月17日）

苗岭“鱼文化”

无论你什么时候到贵州高原的苗岭山区做客，苗族同胞都会设鱼宴招待。那鱼的做法是多种多样的：有辣椒炒鱼，有豆腐烩鱼，有酸菜煮鱼等等，后者便是苗味佳肴“酸汤鱼”了。可家庭主妇在鱼宴上给你敬酒时却偏偏唱道：“天天捉鱼等你你不来，天天杀鸡等你你不来，今天什么都没有你却来了，只有半碗米酒，你要不嫌弃就把它喝了吧！”而姑娘、媳妇则唱道：“父亲下田捉鱼还没回来，母亲到园子讨菜还没回来，家里什么都没有，只有半碗米酒，你要不嫌弃就把它喝了吧！”明明有鱼偏说无鱼，足见“无鱼不成礼”“无鱼不成席”之风有多盛。

无论你坐在谁家吊脚楼的“美人靠”上小憩，都会看到宽敞明亮的屋檐下多是鱼网、鱼罾、鱼兜、鱼罩、鱼叉、鱼夹之类鱼具（图三三）。凭借这些捕鱼工具，村民无论何时下水，都会满载而归。山洪暴发，手持捞兜，站在河边，半天能捞几十斤。至于稻田中捕鱼，随时唾手可得。

你若细心观察，准会发现，苗家用具无处没有鱼的身影：木匠的墨斗、开关的拉手、挑水的扁担……多呈鱼形；男童的绣花帽、女童的绣花鞋以及每位妇女头上必插的木梳，也都有鱼的造型。从前，吃鼓藏时，村民身背鲤鱼踩铜鼓、跳芦笙，极为隆重，分外热烈。如今在妇女们的绣花衣裙上和银角、银帽、银牌等银饰部件上，也都精心刺绣、打制有形形色色的游鱼图案。特别有趣的是，在被当作“露天苗族风情博物馆”对外开放的郎德寨，村民用鹅卵石铺墁寨中小路（图三四）、屋前院坝、鼓坪笙场，其图案全是鱼骨形。进入苗寨郎德，与村民手拉着手在铜鼓坪上踩铜鼓、芦笙场上跳芦笙，脚下尽是化石般的“鱼骨头”，使你不由感到置身于鱼的世界之中。

图三三　挂在吊脚楼上美人靠附近的鱼篓

图三四　鱼骨纹鹅卵石路面

你若是在吃新节、过苗年、吃鼓藏等重大节日期间到苗寨，或适逢村民接媳妇、盖房子、打三朝、办丧事等等，你会发现，祭品中一定都有鱼。你若是不解其意，村民会告诉你，“老祖宗喜欢吃鱼”。因此之故，祭品中可以没有鸡，可以没有肉，不能没有鱼。

苗族同胞如此爱鱼自然是盛行稻田养鱼的结果，但同时也反映出远古时代苗族先民曾以鱼为主要生活来源的历史事实。

（原文载于《人民日报》海外版 1998 年 2 月 10 日）

苗民族的牛文化

在十二生肖纪年中，苗族农民特别器重牛，认为“牛年”是最为吉祥的年头。苗族农民长期与牛为伍，在历史发展长河中，创造出别具一格的牛文化。由于历史上苗族没有通行的文字，其历史多以传说故事来“记载”。渔猎时代的传说，虔诚崇拜“盘瓠”；农耕时代的传说，虔诚崇拜水牛。民间相传，水牛与老虎是兄弟，水牛是哥哥，老虎是弟弟，这是经过一番殊死斗争得出的结论。原先老虎并不佩服水牛，要水牛称它为大哥，水牛不干。于是，老虎提出，一斗高低，决出昆仲。双方议定，各自准备 7 天 7 夜，然后决一雌雄。老虎跑上山，天天用藤条缠绕身体，缠了 7 天 7 夜，自以为万无一失了。而水牛则下田洗澡，滚了一身泥，又上岸晒太阳，如此反反复复，结了厚厚的一层干泥巴。决斗时刻到了，水牛叫老虎先下手。老虎张牙舞爪，使劲朝水牛扑去。但任它怎么撕咬，就是咬不进去，只咬掉一点灰。轮到水牛，只见它头一摆，就用锋利的双角，将老虎身上的藤子拨开几道口，差点刺破老虎的肚皮。老虎浑身发抖，不得不甘拜下风，老老实实地拜水牛为大哥。从此以后，老虎见了水牛就下跪，或者干脆避开，躲得远远的。在许多民族心目中，老虎最厉害，可用于辟邪。但在苗族村民看来，最能辟邪的不是老虎，而是老虎的哥哥水牛。最典型的例子是，用于连结门板的连楹（俗称“打门棰”），着意做成牛角形（图三五）；腰门的上门斗，也多做成牛角形。苗胞认为，有牛把门，安然无恙。这种文化心态，与汉族贴门神十分相似。不同的是，汉族贴了门神夜间照样关门，而苗族有了牛角形连楹和牛角形门斗，吊脚楼上的大门便是日夜敞开的了。

苗族服饰中的蜡染、刺绣品，蕴藏着丰富的牛文化。苗族服饰中的牛文化，有写实的，有写意的；有大胆变形的，有极度简化的。凡此种种，皆因不同地区、不同支系、不同部件而异。有的活灵活现地绘画或刺绣一头牛，而有的则只绘画或刺绣一个

图三五　牛角形连楹

牛头，或一对牛角，或几个牛漩。苗族是个格外器重银饰的爱美民族。居住在雷公山麓的苗族姑娘酷爱“牛角形银冠”（图三六），将其视为勤劳、富有、美丽的标志。住在乌蒙山区的苗族同胞，自然条件、经济状况相对要差一点，几无银饰，多用长长的“牛角形木梳”作装饰，因此被人称为“长角苗”。苗族服饰爱仿生，苗族舞蹈也仿生。居住在武陵山区的苗族同胞，流行一种模仿水牛格斗的民间舞蹈，人称“斗牛舞”。舞者手持用篾条之类扎成的水牛头，手舞足蹈，作斗牛状，诙谐有趣。

苗族村寨无论建于何地，也不管住户多少，大都建有山寨门。寨门是村民迎来送往的公共场所。苗寨有个风俗，每当贵客进入山寨，村民盛装出动，以酒拦路迎接客人。寨门拦路酒，少则三五道，多至十二道，最后一道设于寨门口，用的必是牛角杯。有的牛角杯，做工很精细，通体嵌铜、嵌银，构成龙凤图案，堪称民俗瑰宝。喝“牛角酒”时，客人不能用手接牛角，否则主人乘势一松手，那满满的一牛角酒就全归接杯者了。接者喝不完，无人接牛角，又无处可放，显得很狼狈，着实很有趣。

苗族村寨节日众多，每逢节日都要祭耕牛，如同祭祀祖先一般。在相当多的苗寨中，用以祭祖的水牯牛，宰杀祭祀完毕，留下水牛角，当作亡灵看。代表亡灵的水牛角是不能随便触摸的。但不懂事的孩子可以例外，一旦幼童无意摸了水牛角，释为“孙孙和他爷爷玩”。在苗族村寨，人有节日，牛也有节日，叫做“牛王节”“洗牛

图三六　头戴牛角形银冠的苗族少女

身”“祭牛王菩萨”等等。是日，让耕牛休息一天，喂之以精料，并用清水给其洗澡。有的苗寨，为了让耕牛过好自己的节日，给牛吃干饭，家人喝稀饭，实实在在地“省嘴待牛”。然而，光有牛耕田，没有龙下雨，照样没收成。因此，清水江畔苗族同胞插秧结束后过“龙船节”时，别出心裁地在龙头上安装一对水牛角，使其变成“牛龙”或“龙牛”。他们认为，有了这种牛、龙合一的神物，既可耕田犁地，又能呼风唤雨，五谷丰登无疑。

（原文载于《中国文物报》2009年1月16日）

彝族土司建筑的虎文化

彝族是中国具有悠久历史和古老文化的民族之一，自称诺苏、纳苏、罗武、米撒泼、撒尼、阿西等，主要分布在云南、四川、贵州三省和广西壮族自治区的西北部。居住在贵州境内的彝族同胞，绝大部分集中在乌蒙山区。其中，“水西”地区的彝族及苗族、仡佬族、布依族等各族人民长期处于彝族土司管辖之下。所谓“水西”，即贵州西部乌江上游鸭池河以西广大地区，包括毕节地区大部和六盘水市一部，其腹心为大方、黔西、纳雍、织金、水城一带。其地彝族土司建筑，蕴藏着丰富多彩的虎文化。

彝族土司建筑，涵盖庄园、衙门、墓葬等方方面面。彝族先民属于氐羌系统，长期从事牧业生产，主要放养羊群。有专家认为，“羌”即拿着鞭子牧羊的人。牧羊人最担心的是豺狼虎豹伤害羊群。为了羊群不受伤害，牧羊人从敬畏老虎、崇拜老虎、亲近老虎直至驯服老虎，经历了极其漫长的过程。老虎究竟被驯服了没有，我们不得而知，至少可以说明，牧民希望老虎不要伤害羊群，最好还能保护羊群，使其从羊群的敌人变成人类的朋友，则是不争的事实。

彝族民间相传，明代彝族女杰、“顺德夫人”、摄贵州宣慰使奢香坐镇“九重衙门”时，曾以老虎把门。奢香墓地曾出土一个石雕虎头（图三七），与其一同出土的还有一块巨型石门斗，表明石虎是守门之物。维修全国重点文物保护单位奢香墓时，即以此件石雕虎头为标本，在墓前两排石栏上雕刻了几十根“虎头形望柱”，场面极为壮观，堪称“虎文化”之林。

图三七　奢香墓地出土的石雕虎头

彝族土司及其后裔，在明清时代修建了许多富丽堂皇的庄园。迄今，贵州省毕节市还保留有大屯土司庄园、安山土司庄园、湾溪土司庄园、海嘎土司庄园、法朗土司庄园、阿市土司庄园、镰刀湾土司庄园；金沙县保留有契默土司庄园；威宁彝族回族苗族自治县保留有牛棚土司庄园、大观寨土司庄园等等，其中尤以大屯土司庄园保存最好。

大屯土司庄园坐落于毕节市大屯彝族乡，横宽 50 余米，纵深 60 余米，占地面积 3000 余平方米。依山就势，次第升高，为三层台。整座庄园，三路三进，布局严谨，错落有致。中路为其核心，由面阔五间的大堂、二堂、正堂组成中轴线。左路主要建筑有轿厅、客厅、鱼池、花桥、书房和家祠。右路主要建筑有花园、客房、绣楼、厨房和仓库。四周筑有 2 米多高的砖石垣墙。沿墙建有 6 座碉楼，每座高 8～12 米不等。大屯土司庄园的最大特点是，在柱础、栏板、望柱、月梁、门板、门斗、山墙等部位上，均雕刻或绘制有“虎头纹”。这个图案，在汉族传统文化中称为“如意纹”。同一图案在不同民族中具有不同的含义，正是中华民族多元一体的佐证。历史上，彝族土司很有势力。作为土司制度的历史见证，大屯土司庄园具有很高的文物价值，已于1988年被国务院公布为全国重点文物保护单位，并陆续拨款维修，迄今保存完好。

（原文载于《人民日报》海外版2010年1月21日）

参见拙作：《贵州“崇拜文化”》（《贵州文史丛刊》1994年第1期）、《苗族的牛崇拜》（《贵阳晚报》1995年3月18日）、《民族文物中的祖先崇拜》（《贵阳晚报》1995年5月7日）、《苗岭山区的石崇拜》（《长江日报》1997年9月2日）、《郎德上寨的方位崇拜》（《贵阳日报》2004年6月18日）、《苗族妇女的图谱崇拜》（《贵州民族报》2004年12月13日）、《苗族服饰与自然崇拜》（《中国文物报》2012年8月29日）、《蛇崇拜其实就是水崇拜》（《民族》2013年第3期）、《苗岭“牛文化”》（《长江日报》1994年2月26日）、《贵州高原的石文化》（《文物天地》1995年第6期）、《乌蒙彝乡虎文化》（《中国文物报》1996年12月15日）、《传说中的牛文化》（《贵州都市报》1997年1月8日）、《服饰中的牛文化》（《贵州都市报》1997年1月11日）、《舞蹈中的牛文化》（《贵州都市报》1997年1月19日）、《建筑中的牛文化》（《贵州都市报》1997年3月2日）、《玩具中的牛文化》（《贵州都市报》1997年4月6日）、《贵州民族文物中的“虎”》（《人民日报》海外版1998年1月28日）、《彝族文物中的“虎”》（《贵州日报》1998年2月12日）、《贵州高原的“虎文化”》（《贵州文史丛刊》1998年第2期）、《苗族文化中的兔》（《民族》1999年第3期）、《贵州“龙乡”的龙文化》（《中国文物报》1999年5月30日）、《贵州民族民俗文物中的崇拜文化》（《民俗博物馆学刊》1999年总第8期）、《石头王国里的石文化》（《风景名胜》2000年第4期）、《苗族的鸟文化》（《当代贵州》2001年第8期）、《贵州高原的马文化》（《当代贵州》2002年第3期）、《贵州高原井文化》（《当代贵州》2002年第4期）、《贵州文物中的羊文化》（《中外文化交流》英文版2003年第2期）、《贵州民族文化中的猴》（《贵州日报》2004年1月23日）、《贵州高原的鸡文化》（《文化广角》2005年第1期）、《贵州的鱼文化》（《当代贵州》2005年12期）、《贵州民俗文物中的狗》（《人民日报》海外版2006年1月20日）、《贵州历史文化中的狗》（《中外文化交流》2006年第5期）、《贵州民俗文化中的猪》（《文化广角》2007年第1期）、《内涵相左的虎文化》（《中国文物报》2010年2月12日）、《石头上的虎文化》（《中外文化交流》英文版2010年第3期）、《苗族的兔文化》（《民族》2010年第12期）。

传统民俗

“苗族东来说”的民俗见证

风俗习惯是传统文化的反映，它与历史文献和出土文物一样，也可以反映出一个民族发展的历史进程。

文献记载，苗族是从东方迁来的。我在苗岭山区的一个小寨里进行民俗调查时，从村民在修房建屋、婚丧嫁娶、消灾弭祸等活动中所反映出的崇尚东方的观念，找到了苗族东来说的许多佐证。

修建房屋

伐木做中柱是修建房屋中的一件大事。选为中柱的大树通常是杉树、枫树等砍伐之后还能再生的吉祥树。树干要直，且不断梢。有蚁窝、遭雷击的树木不能用。建房之前选择吉日，由掌墨师傅带着祭品和助手一早上山，面向东方祭祀大树。祭毕动手砍树，以倒向东方为吉。上梁那天，掌墨师傅先面向东方祭祀鲁班，祭毕，每人喝一点酒，方能动手上梁。房子修好、门窗安就，请人喝“立门酒”。参加喝酒的客人一律要从东方进门。

婚丧嫁娶

跟喝“立门酒”的客人必须从东方进入主人家一样，新娘子也得从东方进入新郎家，哪怕绕路也得从东方来。办丧事更为崇尚东方。老人过世，搭一木架，停放在堂屋东壁下。上山安葬，脚朝东头朝西，或脚朝河的下游头朝河的上游，总之得方便死者的灵魂回到祖先居住的地势较低的东方去。较为富有的人家办丧事，往往要杀头水牯牛。杀牛用刀砍，以倒向东方为吉利。死者上山后，将牛头带回家，面向东方，放在门口祭祀三天。

消灾弭祸

婚后多年无子或子女久病不愈者，常请来巫师“栽花竹”。其法是从山上挖来两株连根竹，栽在堂屋东边的中柱下。家人不和睦，请来巫师“打口嘴”，然后将“打口嘴”用的刺条、竹签、鸡毛以及用白纸剪成的小山神等物品绑在村东的树木上。

为求家人吉祥平安，几乎每家每户都贴有用白皮纸剪成的太阳、月亮和若干小山神图案的“保爷”。贴的位置或是堂屋东壁上，或是东次间的中柱旁。此地苗族人家一般无神龛，其祖先灵位与“保爷”所在位置接近，故而，逢年过节祭祀祖先必然也是面向东方了。

（原文载于《中国文物报》1989年10月13日）

苗族的无限数——十二

汉族的极限数，通常是“九”，诸如“九九归一”“九死一生”“九霄云外”等等，而苗族的极限数则是“十二”。这是我在被誉为“苗岭山区露天博物馆”的郎德苗寨生活了一段时间后方才明白的。

支书家的儿子要结婚，村民邀约我去喝喜酒。我问“送点什么礼物”？村民说：“送一块二毛钱。”我不理解为什么送得这样少且有整有零。村民解释说：“或者送十二块钱，或者送一角二分钱，只要有个‘十二’就行。我们苗家认为十二是最多、最多的了。”

陈伯家的儿媳妇坐月子，村民邀约我去喝“新娃娃酒”。我又问“送点什么礼物”？“送十二个鸡蛋。”我明白了，或者送一百二十个鸡蛋。

另外还有一件事，是小陈两口子新生的胖娃娃生病了，不知什么原因，孩子越长越瘦，头上还生了一个包。家里老人着急，按照当地的风俗习惯请来巫师“栽花竹”。他们先到山上挖来两棵“连根竹”，又从寨中请来十二位儿孙满堂的老者参加仪式。每位老者送给主人一碗米，一束麻，一块二毛钱。仪式做完后宾主一道喝酒吃饭。据说，米有多少颗，孩子就能活到多少岁；麻有多长，孩子的胡子就会有多长；而一块二毛钱，表示孩子长大后能活到一百二十岁。

通过上述三件事，我认识到苗族同胞对于“十二”这个数的偏爱。他们祝你健康长寿，会说你能活到一百二十岁；祝你五谷丰登，说你谷满一百二十仓；祝你官运长久，说你做官一百二十年。

过去有人说，苗族最隆重的祭祖活动“吃鼓藏”，是十三年一次，其实不对！是十二年一次。所谓十三年，实际上是十三年两头祭，根本原因在于十二生肖。

（原文载于《中国文物报》1989年11月10日）

苗岭的山路风情

初到苗岭山区做客的人，如果稍加注意，就会发现，路边有预先安放的木凳、石凳（图三八）。凳子的主人，会不时对损坏部位加以维修。

走热了，想歇凉，路边就有前人栽种的几棵大树，树下照例安有木凳、石凳。这些树，通常栽在山坳上，显然是因为人们爬坡热了，需要在山坳上吹吹风，收收汗。

走渴了，想喝水，路边就有前人修整的泉水。泉边放有竹筒或葫芦，间或也有土茯苓的叶子，供路人舀水喝。初到苗岭山区的客人，如果不知泉水在哪里，看看哪里有大树就行了。一般有水的地方，都会有几棵又高又大的古树。

遇到水，要过河，如果水不大，涉水即可；如果水大，或是冬天，不宜涉水，会有人预先架设的独木桥、板凳桥。这类桥梁，往往也是有主的。在小溪上架桥是当地人的一种特殊风俗。

下雨了，要躲雨，如附近有人家，尽管进屋去，主人是否在家都可以，反正门是不锁的。如在河边行走，水碾房是躲雨的好地方。如在林间行走，柴草棚可以利用。有些地方，桥上修建有长廊，两侧安装有长凳，是专供行人遮阳避雨用的，这类建筑物，称为“风雨桥”。

（原文载于《中国文物报》1990年2月20日）

图三八　山坳上的古树与石凳

苗岭古老的语言符号——“打标”

在语言诞生后、文字出现前，原始的语言符号据说是刻木、结绳，即所谓“刻木为信、结绳记事”。但我以为，最古老的语言符号可能不是“刻木”“结绳”，而是“打标”（图三九）。

“打标”也称“草标”，就是将茅草绾个活扣，作为含有某种特定意思的标志。这玩意儿，在苗岭山区随处可见。

阳春三月，平平整整的水田里插有草标，示意这是秧田，且已撒种，请勿在此放鸭放鹅，别让家禽家畜糟蹋了。

春夏之交，在已返青的稻田里插有草标，示意田里放养有鱼苗，请勿在此放牧鹅鸭。

秋末冬初，村头寨尾插有草标，示意寨内正在进行“扫寨”（又称“扫火星”）之类活动，请勿用火，暂时不要进入村寨。

草标在青年人手里，常被当作“情书”用。情人相约在某时某地相会，捷足先登者，在其地丢个草标，示意“我先来了”。后来人看见草标，可凭草标指向，迅速找到情人。

（原文载于《长江日报》1991年5月28日）

图三九　山路水井草标

环境保护

苗岭山区的保寨树

贵州苗岭山区，苗寨星罗棋布。虽然寨子有大有小，海拔有高有低，但几乎村村寨寨都有苗胞认为能使其地风调雨顺、寨泰民安的保寨树。

保寨树，有成片的、成簇的，也有单株的。不管何种情形，只要被当成保寨树看待，一概不能任意砍伐，甚至枯枝败叶都不能携回家烧。如有哪位孩童无意犯忌，家人必以酒肉祭树，虔诚为其赎罪。

苗民如此敬重保寨树，大概经历了一个痛苦的过程：乱砍滥伐，破坏生态平衡，引发自然灾害，给人造成灾难。于是，在一次又一次地被惩罚后，逐步认识到，森林能给人类造福，对人有某种保护作用。古人不懂得环境保护的科学道理，便以"树木有灵"来解释。在日常生活中，有许多这样的现象，乍一看去，好似迷信，但仔细琢磨，内中含有一定的科学道理。

苗寨的保寨树如果是成片的，多半覆盖于寨后的山坡上。如是成簇的，或是单株的，则伫立于村头寨尾，与寨门、船廊、风雨桥、岩菩萨（即土地庙）等一类公共建筑物紧密结合在一起，共同担负着守卫寨子的责任。

保寨树多为常青树，且必定是再生树。即老树年迈枯死后，其桩还能发出若干嫩芽，继续生长发育。这一自然现象，象征生生不息，深受苗胞垂青。有的苗寨，以枫香树作为保寨树。苗胞认为，枫香树是他们的"祖母树"。相传远古时代，从枫香树里飞出一只蝴蝶，生了12个蛋，其中一个孵出人类始祖"姜央"。

逢年过节，或遇不测，村民常以酒鱼之属祭祀保寨树（图四〇）。以鱼为祭品，且盛酒用的器皿多是蚌壳、葫芦、竹筒、陶碗、土杯之类，似乎不如此，大树不接受。由此可见，苗胞重视环境保护，具有悠久历史。

（原文载于《贵阳晚报》1991年3月12日）

图四〇 祭祀保寨树

清江苗岭的树文化

苗岭山区，清水江畔，古往今来，竹木葱茏，森林覆盖率一直很高，至今许多村寨仍高达75%以上。这一方面要庆幸苗侗民族慧眼识珠，选中这样一方宝地，另一方面要恭维苗侗民族古已有之的环保意识。这种民族意识，经过多年沉淀已形成一种文化，不妨称为“树文化”。

清江苗岭的“树文化”，内涵十分丰富，突出表现在珍惜天然森林、酷爱植树造林和师承自然创造文化、崇拜树木视同命根等许多方面。

世世代代居住在清江苗岭的苗侗民族特别珍惜天然森林，在众多的乡规民约碑中都有保护森林的条款，对违规者处分极严。处分包括物质和精神两个方面。前者，或罚其补种，或罚其钱财；后者，从某种意义说威力更大。如由咒其“断子绝孙，永不发达”，“留下房屋给猫和耗子住，留下田地给蛇和蛤蟆种。”由于自觉不自觉形成珍惜名木古树的传统，许多大树被视为有灵的“风水树”“保寨树”。凡是被视为保寨树的所有林木，一概不能砍伐，甚至枯枝败叶都不能扛回家烧。如有哪位稚童无意犯忌，家人必以酒鱼祭树，虔诚为其“赎罪”。村民认为，树木能给人类造福，对人有特殊的保护作用。这种朴素的环保意识，不同于封建迷信。

苗侗民族普遍酷爱植树造林，农历二三月间，各地村民踊跃过“买树秧节”“讨树秧节”。中老年人买卖树苗，植树造林；而未婚青年男女，则互讨树苗，将其作为恋爱信物。更为有趣的是，婚后哪家出生一个婴儿，不论是男是女，全寨都要为其种100棵小杉树，18年后，孩子长大，杉树成材，即以其杉为其办婚事，称此习俗为“种十八杉”。苗岭山区，杉林遍野，与此风俗关系极大。杉树作为优质建筑材料，在苗侗民族心目中占有非同寻常的地位。他们认为，杉树砍伐以后其桩还能发出若干嫩芽，继续生长发育，象征生生不息。这一自然现象十分符合苗侗民族的文化心态，实为生殖崇拜的一种表现。许多地方，修房子，建桥梁，造鼓楼，制家具，乃至打寿木，均以杉材为上乘。某些被当作“杉仙”看待的古杉，如同祖先一样受人崇拜，这是由“自然崇拜”发展成“生殖崇拜”的一种表现。

在历史发展长河中，苗侗民族师承自然，模仿自然，创造文化。人来源于自然，事事处处受到自然的启迪。侗族同胞修建鼓楼、花桥等民族民俗建筑物，深受杉树的影响。鼓楼整体造型酷似一棵大杉树，侗民叫做“遮阴树”。在没有鼓楼的年代，人们许多活动是在古杉之下进行的。后来为了满足众多社会和文化活动的需要，修建固定建筑物，即以杉树为原型。那些双层宝顶的侗寨鼓楼，活像春季里抽节上长的古杉。

鼓楼以杉建成，造型酷似巨杉，而花桥亦同样用杉架设，所不同的，仅是前者立着，后者躺着，形成“鼓楼矗立，花桥横卧”的格局。“花桥”即风雨桥，因桥上饰有彩塑彩绘，花花绿绿，故有此名。许多花桥长廊上都建有杉形凉亭。有的亭子酷似鼓楼，被人称为“花桥鼓楼”，远远看去，就像立着、躺着的杉树，一竖一横，十分和谐，富有韵律。

苗侗民族自古崇拜树木，甚至将其视为命根。苗族人口占97%的台江县有棵“倒栽杉”，被公认为苗乡“树魂”。关于这棵“倒栽杉”，苗乡口碑资料称，清雍正年间“赶苗”，苗族民众被赶到“松丢山”，走投无路，危在旦夕，情急之下，寨老折下一支杉条，顺势倒插于地，顿足卜曰：“吾种若存则杉活，种灭则杉死！”后来果然活了，且枝叶繁茂，亭亭如盖。据传，咸丰同治年间，张秀眉领导苗民起义，曾到树下歃血为盟。此杉现高17米，胸围6米余，条条枝叶下垂，形同巨伞覆地。每逢苗节，苗胞群集树下，吹笙踩堂，虔诚祭祀。

苗胞对于枫树，更是崇拜有加。苗年最后一天，即牛日深夜，带上枫香树枝等祭品外出“祭田”，祈求枫香树保佑来年风调雨顺、五谷丰登。许多地方的苗族同胞都叫枫树为“豆民”即“祖母树”。古时尚无祖母、外婆之分，可见始于母系时代。如今许多苗族同胞修建新房，仍坚持金柱用枫木，且为舅家所赠。这个风俗，生动反映苗族的树崇拜或曰“树文化”，具有非常悠久的历史。

由于笃信树木能给人类造福，苗族村民常于堂屋中柱旁或东次间的中柱旁“栽花树”，以求长命富贵。村民认为，婚后多年无子，或子女体弱多病，只要从深山老林挖出两棵连根树，植于堂屋中柱旁，或东次间的中柱旁，当成神灵供起来，即可吸福纳祥，了却夙愿。

（原文载于《当代贵州》2005年第7期）

善待自然人长寿

月亮山雄踞于贵州省东南部从江、榕江两县交界处，主峰将近1500米。深藏于月亮山麓的榕江县计划乡，现有1.1万人，苗族占93%。数百年来，其地苗胞筚路蓝缕，披荆斩棘，开发月亮山区，创造独具特色的民族文化。

绿油油的芭茅草，是喂养耕牛的上等饲料。而对那些专门用以格斗的“鼓藏牛”，一概实行圈养，一把一把地将草喂至牛嘴中。临近吃鼓藏的时候，加草添料，竭力催肥。村民认为，此时以草喂牛，犹如供奉祖先，草在其间成了神圣之物。砍牛祭祖前夕，举寨开展声势浩大的芦笙串寨、吹笙踩堂、拉牛“旋塘”活动。手持芭茅草的老祭司，且舞且行，在前引路，其后紧跟身着“鼓藏服”的芦笙手，一个个将绿芭茅草插在芦笙上，吹着如泣如诉的乐曲，呼唤祖先的灵魂，突显苗族村民与绿色世界的悠远情结。

计划乡共有竹林3万余亩，占森林面积的10%强。主要竹种有楠竹、毛竹、水竹、苦竹、斑竹、剑竹、刺竹、贵竹、凤尾竹等等。竹子被广泛用来制作芦笙、莽筒等民族乐器和编织各种极富地方特点和民族特色的生产、生活用具。在吃鼓藏中，特别要制作一棵长长的“花竹”，插于鼓藏头的房顶上，据说是用来“招魂”的。苗胞认为，祖先的灵魂望见这棵“花竹”，便会相邀回寨与子孙们一起吃鼓藏。在芦笙串寨等活动中，均以“花竹”开路，其后紧跟芦笙队、莽筒队和肩挑、手持各种竹质用具的游行队伍。有的挑着箩篼，有的抬着簸箕，有的提着鸟笼，有的背着刀篓，有的挎着鱼篓，有的挽着兽套，有的用竹竿抬着各种礼品和祭品。砍牛之前，以竹篾编成两个圆圈，套住一对牛角，意为给祖先送项圈。砍过牛后，以竹条抽打倒卧于地的牛背，口中念念有词，意为将牛赶出家门，送往祖先居住的东方去。最后，用竹签串肉，分赠至爱亲朋，祝愿家家户户都像竹子一样发达兴旺，生机勃勃。

其地砍牛祭祖，必定要用舅家亲手砍伐的枫香树做“刑具”。这神圣无比的“刑具”苗语叫做“抵”，大腿一般粗细，交叉埋入地下，其上系一横木，用以压住牛颈，使其动弹不得。“抵”制好后，用丝栗树枝将其遮住。砍牛过后，又用若干绿色树枝铺地，众人挥刀剖牛、分肉。在吃鼓藏中使用的所有树木、树枝、树叶，都是具有再生能力的树种。苗俗认为，此举象征人与自然一样，永远生生不息。月亮山区的苗族同胞，动辄将村头寨尾的枫香树及其地一些具有再生能力的古树，视为能保佑寨泰民安的“菩萨树”。林业部门已将计划乡境内的140多株“菩萨树”登记造册，严加保护。苗族村民更是将“菩萨树”视为神物，从不任意砍伐，就连枯枝败叶都严禁扛回家烧。如有哪位稚童无意犯忌，家人必以酒鱼祭树，虔诚为其“赎罪”。

“好树鸣幽鸟，晴楼入野烟。”居住在月亮山区的苗族同胞认为，其祖是鸟孵化出来的，不能随意打鸟。时至今日，吴姓村民不打乌鸦，龙姓村民不打喜鹊，麻姓村民不打麻雀。在一些村民屋顶上，塑有雀鸟造型，以为吉祥之物。妇女们佩戴的银衣、银冠，多有鸟图案。特制的鼓藏服，清一色的百鸟衣（图四一）。拉牛“旋塘”时，村民们手提鸟笼，跟在牛后，认为鸟也与人一样，同祖先一道欢度佳节。此举表明，苗族同胞自古即有爱鸟传统。月亮山区的鸟文化还表现在村民的住房上。其地苗胞全部住在山顶，营造干阑建筑，一栋栋民居酷似一个个鸟窝，有人就将住房戏称为“鸟窝”。屋檐下，几乎都挂有鸟笼，表明特别爱喂鸟。苗俗认为，生前喂鸟，死后其灵魂可在鸟的引领下，找到谢世多年的祖先。

图四一　身着百鸟衣祭祀老祖宗（吴仕忠摄）

世世代代居住在月亮山区的苗族同胞，在长期历史发展过程中形成的以崇拜各种自然物为主要特征的民俗文化，强烈反映出苗族村民对人与自然关系的认识。由于他们一向善待自然，特别加意保护森林，迄今计划乡森林覆盖率仍在70%以上。“林茂粮丰人长寿”，月亮山区成了遐迩闻名的“长寿之乡”，仅计划乡加退村，目前就有 90 岁以上的老寿星 16 人，其中百岁以上的 4 人。前不久无疾而终的吴老乃，健康生活了 123 个春秋。

（原文载于《贵州日报》2001 年 3 月 23 日）

参见拙作:《应重视文物建筑周围环境的保护》(《贵州日报》1997 年 11 月 28 日）、《自然环境与苗侗建筑》（《贵州文物工作》1999 年第 3 期）、《郎德制定乡规民约保护生态环境》（《贵州日报》1999 年 11 月 27 日）、《竹木葱茏 苗寨地标》（《中国住房》2013 年第 4 期）、《都柳江畔的“杉文化”》（《贵州日报》1998 年 3 月 20 日）、《苗岭山区的树文化》（《风景名胜》2001 年第 1 期）、《高坡苗乡的洞文化》（《民族》2002 年第 10 期）。

民居建筑

苗岭山区的美人靠

美人靠，又称吴王靠，是建筑学上的一个术语。乍一听这名称，很容易让人想起江浙一带那些小巧玲珑的园林建筑。是的，在江南园林建筑中，随处可见美人靠。

殊不知，苗岭山区的苗族民居也有美人靠（图四二）。苗话叫“豆安息”。其实，就是建筑物上当靠背用的弯曲形栏杆。

苗岭山区的美人靠，通常安装在吊脚楼二楼堂屋外廊上。由于苗族同胞多在依山傍水的山间河谷地带安家落户，其住房也多是背山面水而立．故在美人靠上凭栏远眺，总能欣赏美不胜收的山区景色。

美人靠下是通道。每当行人过此，不论认识与否，楼上楼下，总要打个招呼。遇到生人还格外热情，这是苗家的规矩。如因地势所限，房子坐向不当道，便将美人靠装在当道的一侧。

美人靠两端檐柱上挂有镜子，这是苗族妇女梳妆打扮的地方。姑娘们常坐在明亮的美人靠上做针线，三三两两，梳着古代发式，头戴耀眼饰物的村姑，哼着小调，坐在吊脚楼上的美人靠绣花，是苗岭山区的特有景致。

图四二　苗岭山区的美人靠

在装有美人靠的宽敞外廊上，还挂有鸟笼、鱼网、辣椒、苞谷等农家常见之物，廊内有的还放有纺纱车、织布机、缝纫机之类。呈现在美人靠周围的一切，无声地告诉人们，苗岭山区的苗族同胞，十分和谐地过着男耕女织的田园生活。

（原文载于《贵阳晚报》1990年5月14日）

苗寨屋檐下

苗岭山麓、清水江畔的苗族村寨，几乎清一色的木结构吊脚楼。为使楼脚免遭日晒雨淋，屋面出檐特别地长，房屋造型酷似“伞”字。于是，屋檐下面便派上了用场。

爱喂养雀鸟的人家，将鸟笼挂在屋檐下。清晨，上下跳动的笼中之鸟，与林间画眉竞相歌唱，“啾啾”鸟声不绝于耳，宣布苗寨新一天的到来。此地喂鸟，主要不是用来打架，而是用于“唱歌”。人们分外欣赏鸟的歌声，以至于苗寨女婴一出世，便用雀鸟的羽毛在其嘴唇抹一下，象征姑娘长大后跟鸟儿一样善于歌唱。

许多人家的屋檐下，挂有大大小小的鱼网和捞兜。最大的捞兜，直径1米多长，柄长5米有余。每当山洪暴发，村民披蓑戴笠，手持捞兜，站在河畔捞鱼。每涨一次洪水，一个捞兜可捞得二三十斤鱼。小捞兜，直径、柄长一尺左右，主要不是用于捞鱼，而是用来打捞浮萍。浮萍是村民喂猪的一种饲料。破网挂在门楣上，说是可以辟邪。民俗认为，网的“眼睛”多，能看见鬼神，有其把门，魑魅魍魉，不敢接近。

金秋时节，家家户户的屋檐下，挂满了金灿灿的苞谷，红艳艳的辣椒，以及高粱、小米等农作物，屋檐下成了“开放式仓库”（图四三）。苗寨种植苞谷，主要用来酿酒。种植高粱，主要是为了扎刷把及扫帚。小米，或用来打粑粑，或用来做酢肉，特别是喂小鸟。辣椒是苗族村民绝对不可缺少的蔬菜。盛传“湖南不怕辣，四川辣不怕，贵州怕不辣”。闻名于世的“苗岭酸汤鱼”，辣椒不可或缺。

由于出檐深远，惜土如金的苗族村民，便在檐脚空地上安装碓磨，堆柴放草以及存放箩兜、扁担、锄头、犁耙等农具，俨然是开放式的贮物库和加工房。

吊脚楼二楼的屋檐下，建有宽敞的走廊，堂屋外廊安装有苗语叫“豆安息”的美人靠。这是家人休息纳凉的地方，又是姑娘们的梳妆台和开放式的绣花房。

苗寨屋檐下的种种风情，构成一幅动静相宜的苗乡风俗画，展示出具有悠久历史的苗族农耕文化的一个侧面。

（原文载于《贵州政协报》1991年6月13日）

图四三　苗寨屋檐下（李秋香摄）

建筑物上的大白菜与老南瓜

建筑物与大白菜，似乎风马牛不相及。然而，在贵州许多文物建筑上，即用石灰雕塑大白菜，形成别具一格的“菜文化”。

在贵州现有的280多处省级文物保护单位中，古建筑及近现代代表性建筑有130多处。在这两类文物建筑上，不乏白菜造型。有的将白菜雕塑在牌楼上，有的将白菜雕塑在柱头上，其建筑作用与社会功能别具一格，颇富地方特点与民族特色。

天柱县的县级文物保护单位“太原祠”，又称王氏宗祠，始建于清初，同治四年（1865年）毁于兵燹，光绪三十四年（1908年）重建。由牌楼式山门、戏楼、享堂构成封闭式四合院。在牌楼式山门上部，用石灰雕塑5颗大白菜支撑楼顶。白菜叶子染成青色，白菜帮子保留白色。

锦屏县省级文物保护单位飞山庙（于2013年被公布为全国重点文物保护单位——作者注），始建于乾隆三十四年（1769年），嘉庆十八年（1813年）、光绪七年（1881年）重修，1987年维修。由牌楼式山门、戏楼、左厢房、正殿、主阁楼等构成封闭式建筑，占地面积2000平方米，建筑面积728平方米。主阁楼通高24.8米，是省内最高的阁楼。阁楼底层辟“望江门”，两侧楷书对联：“俯视波涛，遥忆长江归碧海；仰观云汉，直凝高阁上青霄。”锦屏县城素为木材集散地，是清水江上的重要口岸。

县城王寨历来享有“木头城”之称。在“保佑”木业发达兴旺的“飞山庙”牌楼式山门砖墙上，用石灰雕塑几颗大白菜。

20世纪初，一批中西合璧的“洋房子”在贵州高原雨后春笋般诞生，它们都有一个显著的特点，即在檐柱的柱头上雕塑大白菜。比如贵阳王伯群旧居就雕塑有大白菜。王伯群，护国运动著名人物，其旧居位于贵阳市护国路，建于1917年，为砖木结构的法式建筑，占地面积1600平方米。从外表看，由长方形主楼和圆柱形碉楼组成。主楼面阔七间，上下两层，四面设廊。平顶屋面一角，建歇山顶楼罩，典型的中西合璧。楼下台阶，分为两组，底层为如意踏跺，上层为垂带踏跺。檐柱柱头上的白色灰塑，均为白菜，与西方人物雕塑迥然不同。

今为全国重点文物保护单位的遵义会议会址的主体建筑——红军总司令部旧址，原为国民党黔军师长柏辉章官邸，建于20世纪30年代。坐北朝南，中西合璧，砖木结构，呈曲尺形。主楼一楼一底，上下五间，四周设廊，歇山式屋顶上开“老虎窗”。堂屋保留“彻上露明造”风格。1935年1月，扩大的中共中央政治局会议在左厢楼上小客厅内举行。会议期间，政治局常委周恩来和中革军委主席、红军总司令朱德住于总司令部内。该楼檐柱顶部，全用石灰雕塑白菜图案。

白菜谐音为“百财”，寓意富有，犹如发菜谐音为“发财”，寓意吉祥。家有白菜象征家有“百财”。然而，“君子爱财，取之有道”。财富要求来得清白。将白菜雕塑在建筑物上，意在标榜即使以赚钱为目的而去做官，去经商，也要“清白为人”。

白菜看上去又像青菜。不论青菜或是白菜，雕塑在建筑物上，都刻意表明建筑物的主人，追求治家图“清白家声”，做人要“清清白白”。

在古代建筑和传统民居上，常见用木雕、石雕、砖雕、灰塑等手法雕刻或雕塑南瓜、香瓜、葫芦瓜等造型。南瓜多被雕刻在朝门、大门的门簪上和垂花门、垂瓜柱的柱头上（图四四）。香瓜多被雕刻在石库门的门槛、门砧上。葫芦瓜多被雕刻在门窗上。

葫芦既有“福”音，又有“禄”音，常被视为“福”“禄”的象征。延伸开去，寓意福、禄、寿、禧。当然，在大多数情况下，葫芦代表着长寿，因为它是“寿星”常用之物。

香瓜常与书画相伴，被刻在门槛上，意在显示他家是“书香门第”。

南瓜的含义更为广泛。南瓜又称番瓜、饭瓜、倭瓜、窝瓜、好瓜、金瓜、阴瓜、老面瓜，属葫芦科藤本植物。在古人眼里，枝繁叶茂，藤蔓绵长，是发达兴旺的象征，故“缠枝花”“弯不断”等图案被视为吉祥物。属藤本植物的南瓜，可满足人们对发达兴旺、生生不息的心理要求。

图四四　朝门上的垂瓜柱

南瓜属葫芦科，与葫芦具有相同的“福禄寿禧”功能，故在某种程度上，可作葫芦的替身。关于南瓜和葫芦，民间流传这样的传说：远古时代，洪水泛滥，天下的人儿几乎都淹死了，只剩兄妹二人，藏在南瓜（一说葫芦）里，躲过了浩劫。劫后余生的两兄妹，自相婚配，繁衍成今天的人。这可能与南瓜、葫芦多子有关。

崇拜多子，乃生殖崇拜的表现。古代，由于卫生条件恶劣，加上战乱困扰，人们希望大量增加人口，这是可以理解的。因此，南瓜便成了生殖崇拜的理想对象。

从前，每当农历八月十五过“中秋节”，村民“偷”摘南瓜，放在无子人家的被窝里，称之为“送子”，祝愿其早生贵子。由此可见，建筑物上的老南瓜，也是多福、多寿、多子的象征。

（原文载于《当代贵州》2005 年第 20 期）

建筑上的蝙蝠、大象与猴子

在贵州一些文物建筑上，常用木雕、石雕等手法，雕刻蝙蝠、大象与猴子，形成别具一格的民俗文化。

蝙蝠多见于门窗木雕上。五只蝙蝠围绕一个图案化的寿字，称“五福捧寿”。所谓“五福”，指的是：“一曰寿，二曰富，三曰康宁，四曰攸好德，五曰考终命。”“攸好德”的意思是“所好者德”；“考终命”的意思是“善终不横夭”。

蝙蝠也常常被雕刻在屋檐下，作挑檐枋的“雀替”用。所谓“雀替”，是传统建筑中枋、柱相交处的“托座”，从柱头部分挑出，承托其上之木枋，借以减少木枋的净跨度，并起加固构架和装饰作用。省级历史文化名镇青岩镇的许多古建筑及古代民居的檐口雀替，承重价值不大，只起装饰作用。

蝙蝠常常被图案化，雕刻在风窗及封檐板上。风窗上刻的是一只迎面飞来的蝙蝠的横截面。封檐板上的蝙蝠，仅为横截面的上半部。

有些蝙蝠造型，酷似蝴蝶。文物建筑上的蝴蝶与蝙蝠很难区分。其实，蝙蝠与蝴蝶，都被古人视为吉祥物。蝙蝠之所以被视为吉祥物，是因为“蝠”与“福”同音。而蝴蝶不仅有“福”音，还有“耋”音。传统民俗认为，人活到八九十岁，可称“耄耋之年”。古人还认为，蝙蝠头脑含金，休息时呈倒挂状。引申到民俗文化中，将“福”字倒贴，意味“福到”。

建筑中的大象，常雕刻于石柱础（图四五）及挑檐枋等部位上。贵阳市市级文物保护单位开阳双流“宝王庙”的石柱础，采用圆雕手法，雕刻大象。大象被宗教人士视为一种神，普贤菩萨以大象为坐骑。在中国传统文化看来，“象”与“祥”音近，被人视为吉祥的象征。青岩镇许多文物建筑的挑檐枋，几乎清一色的象鼻形。用象鼻形挑檐枋承重，可满足人们对“坚固牢实”的心理要求，同时也是吉祥如意的象征。更为有趣的是，将蝙蝠形（或蝴蝶形）雀替，与象鼻形挑檐枋组合在一起，具有特殊含义：从侧面看是象鼻，从正面看是蝙蝠（或蝴蝶），营造出“蝠象”（“蝴象”）即“福相”的艺术效果。省级文物保护单位花溪青岩赵以炯故居的福相形挑檐枋，最为引人注目。

建筑上的猴子，常与大象雕刻在一起，寓意“封侯拜相”。如果猴子骑在马背上，寓意“立马封侯”。如果猴子身背印章，寓意“封侯挂印”。受《西游记》的影响，猴子被认为可以降服妖魔，能用于辟邪。《西游记》的孙猴子，有许多“猴子猴孙”，猴子因此又被视为“多子多孙”的象征，是生殖崇拜的一种表现。贵阳市市级文物保护单位乌当下坝普渡桥，桥栏望柱上圆雕猴头，造型生动、逼真（图四六），具有很高的艺术价值。

（原文载于《贵州日报》2005 年 11 月 25 日）

图四五　大象形石柱础

图四六　石桥上的猴头望柱

苗岭山区的吊脚楼

苗族是个具有悠久历史的跨境民族，主要分布在中国、越南、老挝、泰国、柬埔寨等亚洲国家。法国、美国、圭亚那等欧美国家也有不少苗族。中国是苗族的发祥地，贵州高原苗岭山区是苗族的最大聚居区。千百年来，苗族先民，披荆斩棘，开辟苗岭梯田，筚路蓝缕，创建山区家园，逐渐形成以吊脚楼民居为突出特色的众多苗族村寨（图四七）。

生活在苗岭山区的苗族村民，自古敬畏自然，崇拜自然，与大自然和谐共处，甚至将某些名木古树视为“保寨树”“神仙树”，逢年过节，或遇不测，虔诚祭祀。《祭词》说：“祭了保寨树，火就不烧寨，水也不冲田，家家打谷一百二十仓，人人活到一百二十年。”在乡规民约中，有保护森林的条款，对违规者处分极严。处分包括物质和精神两个方面。前者，或罚补种，或罚钱财。后者，从某种意义上说威力更大，如咒“断子绝孙，永不发达”，“留下房屋给猫和耗子住，留下田地给蛇和蛤蟆种”。

苗岭山区的苗族村民，对植树造林情有独钟：没有孩子要种树，祈求树木保佑生儿育女；孩子体弱多病要种树，祈求树木保佑孩子健康成长；生了孩子要种树，感谢树木的恩赐；死了老人要种树，将植树造林视为生生不息、繁荣昌盛的象征。

图四七　郎德上寨的吊脚楼民居

郎德上寨自元末明初形成寨子以来，村民即有环境保护意识，迄今森林覆盖率仍在75%以上。由于祖祖辈辈珍惜名木古树，着意保护天然森林，因而许多古树被视为有灵有魂的“保寨树”。郎德上寨的“保寨树”与众不同，不仅是一棵棵，一窝窝，而且是一坡坡。在郎德上寨，凡是被视为“保寨树”的所有林木，一概不能砍伐，即便枯枝败叶，也不能背回家烧。如有哪位孩童无意犯忌，家长必以酒、鱼祭祀“保寨树”，虔诚为其“赎罪”。郎德上寨苗族村民同其他地方的村民一样，认为“保寨树”能给人类造福，对人有极为特殊的庇护作用。他们从长期农业生产劳动中，已深谙“林茂粮丰人长寿”的道理。只不过，由于历史上的种种原因，使某些实践证明行之有效的传统作法，蒙上了神秘的面纱，打上了“迷信”的烙印。郎德上寨的“树崇拜”习俗，说明这样一个道理：作为一种文化积淀，风俗习惯是不可以随便否定的。

苗族村民修建房屋，充斥着对树木的敬畏与崇拜，如像祭祀祖先一样，虔诚祭祀树木，并将树木看成自己的祖先。砍伐中柱，择吉日进行，先用酒、鱼之属朝东祭大树，而后才能砍伐，以倒向东方为吉。起墨、上梁均须选择吉日，并要用酒、鱼，面向东方祭祀鲁班。苗族同胞对于枫树崇拜有加。许多地方的苗族同胞叫枫树为“豆民”，即“祖母树”。民间相传，远古时代，从枫树芯中飞出一只蝴蝶，生下十二枚蛋，其中一枚孵出人类始祖姜央。因此，蝴蝶是妈妈，枫树是“祖母”。那时尚无“家婆”“外婆”之分，可见这传说始于原始社会母系时代。如今许多苗族同胞修建新房，仍坚持金柱使用枫香，且为舅家所赠。这个风俗，生动反映出苗族村民的“树崇拜”，或曰“树文化”，具有非常悠久的历史。

对于苗寨吊脚楼，可用三句话概括：原因——地势使其然；外形——人坐靠背椅；特点——内涵很丰富。

贵州民谚称：“高山苗，水仲家，仡佬住在岩旮旯。”又说：“苗家住山头，仲家住水头，客家住街头。”苗家住山头，绝对非“爱好”，而是被迫的。凡是住在山上的民族，都会修建吊脚楼。吊脚楼是地域性建筑，不是民族性建筑。因为苗族大多住在山区，吊脚楼更多一些，以致让人认为，吊脚楼是苗族独有的建筑。

修建在山坡上的苗寨吊脚楼，就像坐在椅子上的一个人。椅子有靠背，吊脚楼也有“靠背”，那就是后山。通观一个苗族寨子，也像一个人坐在椅子上，椅子两边还有“扶手”。苗族称这种居住环境为：“人住湾，鱼住滩。”

虽然都是吊脚楼，但苗族吊脚楼的外部装修和室内陈设，文化内涵特别丰富，以全国重点文物保护单位“郎德上寨古建筑群”为例，择要简述如下，与读者共赏苗族建筑的文化特色。

郎德上寨，是文化部命名的“中国民间艺术之乡”，国家文物局命名的“全国百座特色博物馆”之一，1987 年“打开山门”对外开放以来，已接待来自全国各地和 30 多个国家及地区的中外宾客百余万人。郎德上寨吊脚楼民居的突出特点，表现在“口嘴标”、美人靠、牛角形连楹、倒梯形大门、梯形房门、推拉式窗户、水牛角“祖灵”、日月图“保爷”、花树花竹、天桥地桥、岩爹岩妈、保命凳、保家坛、燕窝桥、封檐桥等部位。

在许多人家大门上，订有醒目的“口嘴标”，这是“打口嘴”时留下的。“打口嘴”，是苗族村民处理是非口角、解决矛盾纠纷的特殊方式。人与人之间出现不和，以为“有鬼作祟”，由巫师按照一定程序打狗、杀鸡、宰鸭、喝酒、念咒语，并将狗骨头、鸡鸭毛、荆棘、树根、破网、废铁之类据称具有逐鬼功能的“口嘴标”插在门楣上，以为如此，矛盾化解，重归于好。如果今后再出矛盾，双方必须竭力克制，否则于己不利，导致“断子绝孙”“不得好死”。

家家户户吊脚楼，都安装美人靠，苗语称“豆安息”，意为供人休息的木凳子。其实，就是安装在建筑物上当靠背用的弯曲形栏杆。美人靠两端的檐柱上，挂有镜子，是苗族妇女开放式梳妆台。姑娘们常爱坐在明亮的美人靠上做针线，堪称开放式闺房。

吊脚楼大门的连楹，刻意雕成水牛角形状。民间传说，水牛是大哥，老虎是小弟。然而，原先老虎并不佩服水牛，反而要水牛尊称它为大哥。经过一番格斗，老虎俯首称臣。苗俗认为，有了水牛把门，可保一家平安，其作用类似汉族地区的门神。

吊脚楼上，堂屋大门门槛一般高达80厘米。村民认为，门槛高象征财富多，且有利于护住家中财富不外溢，实际是为了确保生活在吊脚楼上的幼儿的安全。堂屋大门门框，上边稍宽，下边稍窄，呈倒梯形，村民认为，此作利于柴火进屋，即“财喜”入室。大门开关力求发出响声，其作用犹如城里的门铃。

吊脚楼上两次间，通常为新婚夫妇卧室，房门门框，上边稍窄，下边稍宽，呈梯形，村民认为，此作利于孕妇平产。

吊脚楼上窗外，即为走廊，窗门采用推拉式，不用支撑式，以免阻碍通行，且上下垂直推拉，而非左右横向推拉，与日本、朝鲜不同。

苗岭山区的苗族民居，一般不设神龛。有的人家，以水牛角当“祖灵”。高寿老人辞世，家人遵照死者遗嘱，“砍牛”治丧，留下牛角，供奉在堂屋东侧中柱下，视为祖先灵位。前置两个小酒杯，逢年过节，或“打牙祭”，必先斟酒祭牛角。苗寨水牛角“祖灵”，相当于汉族地区的神龛。如果经济条件较差，也可杀羊治丧，聊以羊角当“祖灵”。大人不能随意触摸“祖灵”，小孩可以另外，释为“孙孙和他爷爷玩”。

许多人家的吊脚楼上，贴有日月图“保爷”。家人久病难愈，延请巫师祈祷，用白皮纸剪成太阳、月亮及若干小人图案，贴在堂屋东侧中柱旁板壁上，或东次间中柱旁的板壁上，以为如此，可望康复。苗族崇尚东方，源于祖先自东方迁来。

不少人家的吊脚楼上，栽有“花树”或“花竹”。婚后多年不育，或者有女儿无儿子，延请巫师作法事，到山上挖出两株连根常青树，或者两棵连根竹，栽在堂屋东侧中柱下，或东次间中柱下，以为如此，可求如愿，实为“树崇拜”的生动表现。

个别人家的吊脚楼上，架有“天桥”或“地桥”。婚后多年不育，或者有女儿无儿子，延请巫师作法事，在室内架桥求子。架于楼上者，称“天桥”；架于地上者，称“地桥”。架桥材料必须使用砍伐以后树桩还能生发的树种，寓意生生不息，兴旺发达。

不少人家，在吊脚楼上放有奇形怪状的石头。苗族村民自古有石头崇拜的习俗。许多人家，在堂屋东侧中柱旁，或东次间中柱旁，放置几块从山中捡来的奇石，或从河中精选的卵石，以为如此，可保幼儿健康、六畜兴旺。

有的人家，在吊脚楼的房梁上捆绑有小板凳。苗族民俗认为，村中同庚之人过世，生者灵魂会被带走，为免于难，延请巫师作法事，用一块长木板制成两条小板凳，一头四条腿，一头三条腿，中间锯一条缝，而后将其砍断，把三条腿的小板凳丢到河中，把四条腿的小板凳绑在梁上。

有的人家，在三楼中柱上绑“保家坛”。为了房子和住户的安全，在三楼隐蔽处，将坛子绑在中柱上，坛内装甜酒，而后密封，不使酒干。苗俗认为，如此可以防火，保佑家人平安。

在郎德上寨的吊脚楼上，一般都有两三个燕子窝。有的燕子窝，特意用半个葫芦支撑底部。葫芦在苗族村民看来，是祖先的象征。将葫芦作燕子窝，取的即为多子之意。相传，燕子给人报信，人才有了后代。故事说，有对成亲多年的夫妇，眼看就要半百，还是膝下无子。某夜做梦，燕子分别对夫妇俩说，你们的儿子已来到河对面，因为腿脚短，水太深，过不了河，如果架设一座桥，孩子就能来到你家。于是，便在河上架设一座桥。不久，孩子就降生了。由于人们将葫芦、燕子和桥都看成生殖崇拜的对象，所以对燕子崇拜有加。

郎德上寨几乎所有吊脚楼的封檐板，都雕刻成拱桥形，称“封檐桥”。古代苗族先民，住在滨湖地区，有些民宅建于水上，登堂入室均需过桥。后来迁徙到云贵高原苗岭山区，将“桥”刻在封檐板上，以此“记载”古代居住习俗，同时认为，“封檐桥”可消灾辟邪，并可吸吉纳祥。

苗寨吊脚楼上的建筑文化，还有许多奥妙之处，值得认真品读。深入发掘苗族建筑的文化内涵，是文物工作者义不容辞的任务。

（原文载于《中国住房》2010 年第 11 期）

侗族的居住文化

侗族主要分布在贵州、湖南、广西壮族自治区三省区，其中大半在贵州。有专家认为，侗族源于“峒民”。古时侗族地区以“峒”为行政单位，故称其地百姓为“峒民”，这是侗族他称的由来，至于侗族自己，则称为“甘”。据文献记载，明清时代，汉文史籍将先前的“仡伶”“仡偻”等人群称之为“峒人”“洞蛮”“洞苗”“洞民”或“洞家”。民族学家研究认为，侗族地区多山洞，古时有人住洞中，故称其人为“峒人”。其实，在溶洞成群的贵州高原上，曾以山洞为“家”者远远不止侗族。从古至今，贵州大地，都有“洞居”，贵州因此成为人类发祥地之一，这是“喀斯特文化”的一大特点。令人称奇的是，侗族地区许多地方，不管有洞无洞，都一律称之为“洞”，诸如邦洞、贯洞、消洞、朗洞、婆洞、彦洞、翁洞、停洞、往洞、石洞、顺洞、育洞、坑洞、凸洞、样洞、尚洞、肇洞等等。至今，人们依然习惯地把黎平、榕江交界以“肇洞”为中心的众多侗族村寨称为“六洞地区”，把从江、榕江、黎平交界以“往洞”为中心的众多侗族村寨称为“九洞地区”。

贵州侗族，分为“南侗”“北侗”两大部分，这主要是个地理概念，同时也有语言、风俗方面的差异。一般认为，锦屏县铜鼓镇以南的黎平、从江、榕江为“南侗”，以北的天柱、三穗、镇远为“北侗”。

“南侗”侗族同胞修建的房屋，多为木结构楼房，楼下作猪牛圈，楼上作起居室。“南侗”民居，楼层出挑，上大下小，“占天不占地”（图四八）。每层房子楼上都

图四八　侗族民居楼层出挑，“占天不占地”

建有“挑廊”，廊上安装栏杆或栏板。栏板上特意开凿圆形孔洞，供看家狗伸头眺望、吠叫，诚为侗族村寨一景。由于楼层出挑，屋檐水滴得很远，此作利于保护板壁和柱子，且可利用层层檐口，晾晒衣服和谷物。房前屋后，还可安装石碓石磨，加工粮食。在竹木掩映的侗寨中，面阔五间、高三四层的庞大民居比比皆是。一些高大宽敞的楼房，如果家有能歌善舞的“姑娘头”，自然成为青年男女谈情说爱、“行歌坐月”的场所，称之为“月堂”。夜幕降临，侗族后生，三三两两，手拉“牛腿琴”，相邀来到“月堂”，与在室内纺纱、织布、绣花、纳鞋垫的姑娘对唱情歌，通宵达旦，乐而忘返。

有些侗族民居，修建在水塘上，楼上住人，楼下养鱼。家有来客，揭开楼板，伸手可得，饶有风趣。侗族同胞还在住房附近的鱼塘边，利用杉木搭建楼梯形“禾晾”，修建吊脚楼粮仓。粮仓建在鱼塘上，有利于防火、防鼠、防盗和防潮，同时也是“鱼米之乡”的形象标志。侗族村民，自古爱种糯谷，爱吃糯食。村民用古老的“摘刀”将谷穗摘下，捆绑成把，一层层、一排排晾晒在用杉木杆搭建的“禾晾”上。晾干以后，移至家中，悬挂于屋檐下、房梁上。食用之前，先将谷穗烘炕干燥，而后放入石碓中去皮。秋收时节，侗寨“禾晾”，金光闪闪，分外醒目，堪称一道美景。有的“禾晾”修在粮仓附近，甚至与粮仓组合修建，形成内为粮仓外为“禾晾”的特殊形制。此类粮仓下部，若是水塘，可以养鱼；若是旱地，可以贮存木材甚至于棺材。黎平茅贡登岑粮仓群，有粮仓250余座，最早建于清光绪十八年（1892年）。粮仓形制多种多样：有单层仓、双层仓；有单间仓、双间仓；有带“禾晾”仓、不带“禾晾”仓；有的一面是粮仓，一面是“禾晾”，中间为通道。此外，还有夫妻仓、父子仓、兄弟仓等等。大粮仓可储藏万斤稻谷，小粮仓也能储藏几千斤。“登岑粮仓群”已被公布为省级文物保护单位。

侗寨建房有个规矩，即围绕鼓楼修建，犹如蜘蛛网（图四九），形成放射状。鼓楼是“南侗”特有的一种民俗建筑物，在侗族村民心目中拥有至高无上的地位。侗寨鼓楼，历史悠久，造型优美，工艺精湛，功能独特，数量众多，十分集中地分布在黎平、从江、榕江一带的“六洞”“九洞”地区，迄今尚存400余座。侗寨鼓楼，形似一棵大杉树，侗族村民习称“遮阴树”。由此可见，鼓楼是由杉树演变而来的，实为仿生学在民族建筑中的具体运用。侗族民歌唱道：“未建侗寨先建楼”，可见历史之悠久。文献资料称：“侗人居溪峒中……春以巨木埋地作楼，高数丈，歌者夜则缘宿其上。”这是较为原始的鼓楼。经过若干年代的发展，侗寨鼓楼在保持“遮阴树”造型的基础上，工艺大大提高了。立面造型有三重檐、五重檐、七重檐直到十五重檐；平面投影为四边形、六边形、八边形。总之，立面为奇数，平面为偶数。顶有单檐悬

图四九　围绕鼓楼建房，凸显鼓楼的核心地位（娄清摄）

山式、重檐歇山式、四角攒尖式、六角攒尖式、八角攒尖式、双重宝顶式等多种式样。楼面上、楼脊上、翼角上、封檐板上，特别是一、三重檐之间的醒目部位，大量彩塑、彩绘极富民族特色的生产、生活场面及各种吉祥物造型。一座座鼓楼，一个个画库，堪称民俗文化的瑰宝。建于清康熙年间的从江“增冲鼓楼”，已被公布为全国重点文物保护单位。

在鼓楼附近，还配套建有鼓楼坪、风雨桥、戏楼。春节期间，侗族村寨竞相演唱侗戏。由于侗戏是在侗族民歌和民间故事的基础上诞生的，群众基础好，很容易普及，故而大批戏楼应运而生，仅黎平县目前就有戏楼300多座。许多戏楼修建在鱼塘上，楼上演戏，楼下养鱼，人欢鱼跃，相映成趣。

许多侗寨，为适应迎宾送客、对歌交友的社会需要，在村头修建木制寨门。每当贵客进入村寨，于此举行“拦路迎客”活动。寨门造型多种多样，或似牌楼、凉亭，或似长廊、花桥，将风光如画的侗族村寨装点得更加美丽。有的寨门，即为风雨桥。风雨桥，是对桥面修建长廊的各式桥梁的统称，其中以木梁桥居多。因为此类桥梁能避风雨，故名。贵州境内规模最大、工艺最精的风雨桥，当推全国重点文物保护单位黎平“地坪风雨桥”。廊上彩塑彩绘，花花绿绿，琳琅满目，俗称“花桥”。花桥中央修建鼓楼式亭子，形成“鼓楼”与“花桥”结为一体的特殊形制。长廊上，“鼓楼”

内，彩绘20多幅侗乡风俗画，诚为侗族村寨的一个艺术橱窗。

“北侗”民居与当地汉族民居极为相似，都是一楼一底、四榀三间的穿斗式木结构楼房，屋面覆盖小青瓦，四面安装木板壁。楼上安装直棂栏杆而并非美人靠，这是与苗族民居的显著区别。有的在正房前方二楼下，横加一层檐，谓之“眉毛厦”，以增加檐下使用空间，形成宽敞明亮的走廊，便于小憩纳凉。“北侗”居住文化，以三门塘村最具代表性。

三门塘是天柱县的一个自然村寨，位于沅江上游清水江畔，自古为苗村侗寨最重要的物资集散地。史称“苗河”的清水江由西南向东北流经三门塘，境内全长3.5千米，水运十分便利。清嘉庆二年（1797年）镌刻的《修庵碑记》称：“诸峰来朝，势若星拱，清河环下，碧浪排空，昼则舟楫上下，夜则渔火辉煌。”三门塘一带盛产林木，虽经多年砍伐，但由于侗族村民素有植树造林的优良传统，迄今森林覆盖率仍在75%以上。村寨内外，名木古树举目皆是，其中68株“保寨树”已被村委会挂牌保护。

清初至民国，外地各路木材商人，结帮联袂，纷至沓来，前往三门塘争购“苗木”。为接待各路木材商人，三门塘村建有20多家“木行”。各家“木行”除为外地木材商人采购、扎排、放排外，还为其提供食宿方便。在曾开设“木行”的王起文、王枝葵住宅立柱上，仍清晰可见“同兴”“德大”“顺德”“大有”“德友”“同乐”“泰和”“生发”“谦益”“茂益”“兴茂福”“兴茂永”“兴茂怡”“义和顺”“双合兴”“永泰昌”等数十种“斧记”痕迹，不失为三门塘多姿多彩的居住文化的珍贵记录。

三门塘的民居，从外形看有两大类：吊脚楼与四合院。吊脚楼固然是受地形的制约，同时也是山地民居防潮、防盗的特殊需要。四合院，多为经营木行发财的大户人家所建，深受汉文化的影响，既有侗族文化的特点，又有汉族文化的风格，是民族文化交流在建筑上的具体表现。

“北侗”的镇远县报京寨，村民穿的是苗族服装，说的是侗族语言，住的是侗族风格与苗族特点相结合的木房子。村民大多姓“邰”，这在苗侗民族交错杂居的黔东南一带，显然是个苗族姓氏。民间相传，报京村民的老祖宗，爷爷是苗族，奶奶是侗族，生下的孩子由她带大，因此都讲侗族话。但居住的房子，吸收了苗族和侗族的特点，修成楼层出挑、楼上安装美人靠的特殊形制，典型的苗侗建筑文化融合的结晶。

（原文载于《中国住房》2011年第1期）

布依族住水头

布依族，旧称“仲家”，大多居住在河网密布的河谷地带和平坝地区，故有“客家住街头，仲家住水头”；“高山苗，水仲家”的谚语。有学者研究认为，“仲家”即“种家”，指居住在河边（即所谓“水头”）以种植水稻为业的布依族。又有专家研究认为，“布依”源于“百越”，其祖先可追溯到远古时代的越人。古代越人，分布很广，支系繁多，史称“百越”。

布依族是我国少数民族中人口较多的一个，绝大部分居住在贵州，较为集中地分布在苗岭以南珠江流域的涟江、蒙江、格凸河、坝王河、红水河、曹渡河、可渡河、打狗河、独山河、打邦河、黄泥河、马别河、北盘江、南盘江两岸。黔南布依族苗族自治州、黔西南布依族苗族自治州、镇宁布依族苗族自治县、关岭布依族苗族自治县、紫云苗族布依族自治县，是布依族的几个主要聚居区。六盘水市和省会贵阳周边地区，也有为数众多的布依族村寨。

居住在贵州中西部的布依族村民，其住地山多石头多，且石头多为水层岩。村民就地取材，以石建房：以石块奠基，以石板砌墙，以石片盖顶，致使某些人误认为布依族民居就是石板房。其实，布依族民居是多姿多彩的：从居住环境看，有水边居、山地居、岩洞居；从房屋外形看，有石板房、茅草房、夯土房、吊脚楼；从房屋结构看，有穿斗式、抬梁式、绑扎式；从墙壁装修看，有石头墙、木头墙、泥土墙、竹子墙。石头墙，有石板镶嵌、石块干砌、卵石垒砌等多种；木头墙，有木板竖向装修的、木枋横向装修的和圆木绑扎等多种形式；泥土墙，有夯实的，有土坯的，或两者结合使用的；竹子墙，有用毛竹编织的，有用篾条编织的，有用竹席围护的。泥土墙外，有的加抿石灰，或通体全抿，或抿窗户四周；竹子墙上，多半刷有灰浆，灰浆多为稀泥，或为牛粪，或为和有谷壳、稻草、牛粪的稀泥。有的山墙，底部用石头，中部用木板，上部用竹子；或者底部用石头，中部用泥土，上部用竹子、秸秆、茅草之类，既经济实惠，又美观大方。

布依族民居也有吊脚楼，几乎都是从正面石级进屋。吊脚楼的底层，用石头砌墙，墙体颇厚，门窗较小，用以圈养耕牛。安顺、镇宁一带的山墙石质墀头，雕成龙嘴形，颇具地方特点。

吊脚楼二楼是生活起居的中心，炉灶、火塘，设在靠山一侧实地上。如果实地不敷使用，或者根本没有实地可用，则在安装楼板时留下适当面积，其下搭个支架，架上放个木框，底部铺垫泥土，四周镶嵌条石，做成楼上火塘。布依族民居的炉灶，忌讳朝东，民俗认为，朝东冲撞太阳，容易引起火灾。

贵州南部一带的布依族民居，开间很大，楼层却不甚高。世界自然遗产“荔波喀斯特”保护区内，山石垂直向上，民居横向展开，一横一竖，稳重和谐，富有韵律。喀斯特，意为岩石裸露的地方，但“荔波喀斯特”则以森林为基础，把千姿百态的山水景观、独具特色的地貌景观、神奇茂密的原生态植被组合在一起。区内各族人民在保护自然遗产的过程中，善待自然，创造文化，使自然遗产与文化遗产协调发展。

布依族民居大多做成歇山顶，为的是增加房子两头的使用空间。屋脊两端，微微上翘，显得轻盈，有独特的视觉效果。在我国传统建筑中，歇山顶仅次于庑殿顶，为第二等级。在山区，庑殿顶的布依族民居，时有所见。虽为庑殿顶，不一定都盖小青瓦，也有覆盖茅草的，比较随意。

黔南的独山一带，布依族民居多用砂土夯筑山墙，隔热保温，冬暖夏凉。当地溶洞较多，布依族村民依崖建房，洞中栖身。300多年前，徐霞客在独山就曾看到：“崖半有洞，门西向，数十家依之。”关于布依族先民“岩洞居”的历史记载，最早见于《隋书·南蛮传》：“南蛮杂类……，随山洞而居，古先所谓百越是也。”

历史上，布依族长期为土司所统治。今贵阳市开阳县还保留有一个“土司古府”马头寨，其村寨建筑具有很高的文物价值，已被国务院公布为第六批全国重点文物保护单位。“马头寨古建筑群”主要特点有四：第一，居住环境具有典型的布依族特征。马头寨地处千亩大坝——“底窝坝”西隅，寨前有清水河为屏，寨后有百花山作障，田连阡陌，流水潺潺，人称“银水绕金盆”。第二，住地选择符合土司衙门的修建原则。马头寨现有200多户，1000余人，其中宋氏占半数以上，是水东宋氏土司的后裔。据文献记载，宋氏于元初建“靖江路总管府”时迁入今马头寨，明初建“底窝寨总管府”，总管宋德茂是马头寨宋氏村民的直系祖先。自元代建“底窝紫江等处”起，马头寨有700多年历史。土司建立村寨，出于安全考虑，放弃地势平坦的河谷，选择易守难攻的台地。第三，民居布局符合土司官员的安全利益。小户人家住在台地前沿，殷实人家住在台地中部，大户人家及土司衙门建于台地后部。“底窝总管府”建于后部“大朝门”，因其地势较高，便于观察动静。寨内第二大姓涂氏于明初迁入，与宋氏结拜兄弟。虽然如此，因其不是土司，房屋仍然不能建在台地后部。第四，建筑装修具有民族融合的许多特点。马头寨民居绝大多数是明清时代留下的木结构建筑物，朝门、大门、栏杆及家具，拥有文化内涵极其丰富的木装饰。图案或为“万”字，或为“寿”字，或为蝙蝠（寓意“福”），这些都是传统文化最为常见的图案。大门门槛用椿木，门闩用楸木，门框用梓木，寓意“家有春秋子”。“腰门”的上门斗制成牛角形，寓意“有牛把门，安然无恙”。腰门拉手，制成葫芦形或如意形，寓意“福禄寿禧”“吉祥如意”。

贵州省省级历史文化名镇安龙县新安镇，是布依族高度聚居的城镇，同时还是南明政权永历皇帝流亡抗清的“行都”。明洪武二十三年（1390年）于其地设置“安隆守御千户所”。清顺治九年（1652年），永历皇帝流亡到此，改“安隆所”为“安龙府”，暂作“行都”用。顺治十五年（1658年），清军攻克安龙。嘉庆二年（1797年），将“安龙府”改为“兴义府”。在相当长一段历史时期内，安龙一直是黔西南的政治、经济、文化中心，迄今留下几条古街道和若干木结构民房以及几组足以见证安龙重要历史地位的古建筑群。安龙古镇的古建筑，在一定程度上为保留“古都”历史起了重要作用。为有效保存“古都”风貌，当地政府和文物部门对石板路和道路两旁的古民居、古店铺采取了保护措施，并对清代遗存“十八先生墓祠”和“兴义府试院”等古建筑，严格遵循文物保护原则进行抢救、维修。

安龙新安镇的古街道，虽然蜿蜒起伏，但都清一色的石板铺垫，宽敞豁达，颇有几分“大都市”的气派。你看脚下的众多巨型石板，几乎光可鉴人，忠实记载这座历史名镇的似水流年。街道两侧，错落有致地排列着古民居、古店铺。乍一看去，似曾相识，并不特别，但仔细观察，不乏地方特点和民族特色。比如店铺，几乎都是石柜台而非木柜台，并且同一店铺的两个柜台还不一般高。因为房子当街而立，沿街依山就势，便造成靠山一则地势较高，而另外一侧较低，为使两个柜台台面处于同一水平线上，较低一侧的柜台从下到上必然要高砌许多。这么一来，骑在马上即可购买商品，倒也方便骑马过往的顾客。作为山城商肆，诚为一道景观。

又如，所有木结构穿斗式古民居的挑檐枋，都整齐划一地做成“象头形”。传统民俗认为，“象”与“祥”，音相近，“大象”即“大祥”“吉祥”。象头形挑檐枋，高高在上，寓意“吉星高照”“祥从天来”。大象被一些宗教界人士视为神。印度教中有位“象头神”，被认为是把人和大象的智慧汇集于一身的“智慧神”。欲想事业有成，必先礼拜“象头神”，因为他统御一帮善于捣乱的小神。中国佛教中的四大菩萨之一“普贤”骑白象，司“理”德，为释迦牟尼佛的右胁侍，与骑青狮、司“智慧”的左胁侍文殊菩萨并称，皆为“吉祥如意”之谓也。

再如，当街而立的古民居，前为店铺，后为居室，店铺堂屋修建“腰门”。所谓“腰门”，即于大门外侧修建一道半截子木门，约有门的“腰”部高。这道门的用途，只是一个标志，不起护卫作用，最多只能拦阻鸡犬之类登堂入室。“腰门”的好处是可以不影响室内采光和通风。“腰门”装修，各具特色。上门斗，有的做成如意形，有的做成桃子形，有的做成牛角形。如意形，自然寓意“吉祥如意”。而桃子形，即寓意“长命富贵”，又可以“消灾去祸”。众所周知，桃子通常与寿星相伴，被称为“寿桃”，是“长命富贵”的象征；但同时，桃子又有“桃符”之称，被视为可以辟邪的“灵物”，正如宋代王安石所言：“总把新桃换旧符。”也有将上门斗制成祥云、灵芝、虎头的。总之，意在于驱灾辟邪、吸福纳祥。“腰门”拉手大都制成葫芦形、石榴形。葫芦、石榴，其籽众多，皆为生殖崇拜的理想对象。人们还认为，葫芦既代表“福”，又代表“禄”，可以作为“福禄寿禧”的替身。石榴酷似瓶子，将“瓶子”刻在拉手上，意为“进进出出，平平安安”。

大门门簪，俗称“打门棰”，或雕刻太极、八卦，或雕刻牡丹、葵花。民俗认为：“易有太极，是生两仪，两仪生四象，四象生八卦。”太极、八卦是派生万物之本源。房东如果做生意，可收“一本万利”之效。牡丹象征富贵，葵花象征多子，刻在门簪上，求的是荣华富贵、多子多孙。有的人家，在门楣上钉一块扇形木匾，或雕刻扇形窗棂，寓意“积善人家”“为善最乐”。

那年，我到安龙考察，恰逢春节期间，看到凡是古民居都张贴有对联，使古都风貌平添几分古色。据文献记载，早在两千多年前的战国时期，中原地区过年就有悬挂“桃梗”“桃符”的风俗。清代《燕京岁时记·春联》载：“春联者，即桃符也，自入腊以后，即有文人墨客，在市肆檐下书写春联，以图润笔。祭灶之后，则渐次粘挂，千门万户，焕然一新。”传统春联多见“爆竹一声除旧；桃符万象更新。”“桃符”改称“春联”是明代的事。据载：“春联之设，自明太祖始。帝都金陵，除夕前夕传旨，公卿士庶家，门口须加春联一副。”朱元璋不仅微服出游视察，还给学士陶安等人题写春联。帝王大力提倡，使张贴春联之风日盛而经久不衰。不知道，曾为南明“行都”的安龙，在老房子上贴春联，是不是与怀念那段远离我们而去的历史有关？或许吧。

（原文载于《中国住房》2011 年第 12 期）

仡佬住在岩旮旯

仡佬族是贵州高原最为古老的一个民族，有人说它是古代“夜郎人”的后裔。在历史文献中，对仡佬族的称呼有许多种写法，但语音都大同小异，诸如“鸠僚”“仡僚”“葛僚”“革僚”等等。在贵州高原，“阁老”“国老”“葛老”等地名，所在多有，此乃说明，远古时代，仡佬族先民的居住范围十分广阔。后来，由于氐羌、苗瑶、百越，特别是华夏民族移居贵州，与仡佬族交错杂居，致使许多仡佬族民众逐步融入了汉族。即使作为一个民族保留下来，其对汉文化的吸收程度，也大大超过其他少数民族。

仡佬族大多住在山区。民谚说："高山苗，水仲家，仡佬住在岩旮旯。"

居住在贵州中部的仡佬族村民，其住房与附近的布依族和汉族屯堡人大同小异。屯堡人喜欢修建石头建筑，这种易守难攻具有良好防御功能的建筑物，对当地仡佬族民居影响很大：利用当地出产之石磡奠基、石块砌墙、石板盖顶。

居住在贵州西北部的仡佬族同胞，房屋多以茅草盖顶，砂土筑墙，这与经济条件和高寒山区为求保暖、防雹需要有关。茅草房盖得特别厚实、整齐，屋脊和屋檐相当讲究，檐下收尾处精心编织造型各异的带状结，如同盖瓦屋面的"封檐板"，有很好的艺术装饰效果，被人誉为"贫女巧梳头"。这一带，木材较少，通常只有明间两榀是木构架，次间两榀多为黄色的夯土墙代替，当地称为"金包银"。

居住在贵州东北部的仡佬族同胞，酷爱修建干栏式"翘角楼"（图五〇）。栋栋小楼，飞檐翘角，竹木掩映，秀丽迷人。这些仡佬族民居的体量都不太大，但出檐却很深远，檐下空间成为开放式仓库。秋收时节，家家户户，檐下挂满金灿灿的苞谷，红艳艳的辣椒，一派丰收景象。以此展示劳动成果，可能是这种民居所追求的目标之一。民居平面呈曲尺形。正屋四榀三间，明间有一"吞口"。正屋一侧，加建厢房，飞檐翘角，小巧玲珑。厢房都是两层，而且多为吊脚楼。底层关牲口，堆柴草，放农具。楼上环以"直棂栏杆"，檐下晾晒衣物。飞檐翘角不仅造型美观，对增加室内采光和室外使用空间也具有重要作用。这种"翘角楼"的封檐板，刷上石灰，分外醒目。逢年过节，门窗、立柱遍贴对联，气氛更为热烈。

居住在贵州北部的仡佬族同胞，房前屋后竹木葱茏，屋面覆盖小青瓦，四壁安装木板壁。若是土坯墙、夯土墙或者篾条墙、篱笆墙，粉刷白灰，清爽明快。

图五〇　仡佬族村寨中的"翘角楼"

为将仡佬族村寨申报为文物保护单位，笔者受派认真考察了龙潭村的仡佬族民居。该村位于务川仡佬族苗族自治县，属大坪镇管辖，因村前有口"龙潭"而得名。村民几乎全为申氏，自称是申佑的后裔。今村头尚存申佑祠遗址。县城申佑祠为省级文物保护单位。申佑

（1425～1499年），四川道监察御史。明正统十四年（1449年），瓦剌入侵，申佑随皇帝“御驾亲征”，被困于土木堡，因貌似皇帝而代其死难，朝廷追赠其为“进阶文林郎”。

龙潭村仡佬族民居工艺相当讲究，突出表现在建筑布局及石木雕刻上。整体布局略显凌乱，彼此似无呼应，缺乏统一坐向，此乃地势使然。龙潭一带为喀斯特岩溶地貌，即当地人所谓的“岩旮旯”。在岩旮旯中建房，只能因地制宜，见缝插针，难以统一坐向。但就一家一户而言，还是比较规整的。一般都是一正两厢，中铺石院坝，外砌石院墙，形成封闭式四合院。四合院的石院墙，大多以片毛石垒砌，间或以方整石砌筑。前者又有平砌、斜砌及随意垒砌等多种工艺。斜砌中，又有上下两层反向垒砌者，形成条条“麦穗纹”，当地又称“鱼骨头”。麦穗和鱼骨，皆为吉祥物，一向受青睐。

建有石院墙的民居必然修建朝门，由木制垂花门和石制八字墙组成。垂花门，穿斗式，悬山顶，上盖小青瓦。垂柱雕刻莲蒂、南瓜，寓意清廉、多子。朝门门簪，或雕刻南瓜，或雕刻福寿，寓意“多子多福”。大门连楹，俗称“打门棰”，雕刻水波纹，意在于“以水镇火”。正房多为四榀三间。房子较高，“吞口”较深，出檐深远，是其特点。最引人注目的是门窗雕刻丰富多彩。明间门窗，均为六扇，称“六合门”。所谓“六合”，即包括前、后、左、右、上、下六个方位，意为完整、圆满。次间门窗，也是六扇，但窗子只雕刻四扇。不少人家，于次间开辟房门，上部饰以圆形挂落，人称“月亮门”。

在龙潭村仡佬族民居的木制门窗上，遍饰造型各异的吉祥图案，诸如福禄寿禧、渔樵耕读、二龙抢宝、双凤朝阳、野鹿衔芝、喜鹊闹梅、吉祥牡丹、麒麟望日、岁寒三友、连年有余等等。特别有趣的是，许多吉祥图案采用组合手法，造成特殊效果。如单看似游鱼，组合为蝙蝠；单看是南瓜，组合成莲花；单看似两只桃子，组合为两尾游鱼；单看是个喜字，组合为“二龙抢宝”等等，匠心独具。

龙潭村仡佬族民居还有一个独特之处，即不仅于明间大门安装“腰门”，次间房门也安“腰门”。所有“腰门”都是镂空的，但图案几乎无一雷同。门窗雕刻也是如此，充分体现各自的独创精神。

明间上部，多装笆拆墙，外涂石灰，书写“福禄寿”等吉祥文字。有的人家，甚至在横梁上雕刻、绘画吉祥图案，真所谓“雕梁画栋”。民居雕梁画栋，贵州实不多见。

纵观龙潭村仡佬族民居的建筑装修，不难发现，生殖崇拜是其主要特点。由于历史上的种种原因，仡佬族人口呈日益减少之势。为了民族的生存，希望迅速繁衍，这是可以理解的。生殖崇拜表现在对南瓜、葫芦、鲤鱼的钟爱上。

南瓜较为集中且十分醒目地雕刻在朝门及大门的门簪上。黔东北的仡佬族，和与其杂居的苗族、汉族，都有在八月十五过中秋节时摘南瓜送人、祝其早生贵子的习俗。仡佬族和苗族的民间故事都认为南瓜是生命的摇篮。《洪水的故事》说，远古时代涨洪水，天下的人都被淹死了，只剩兄妹二人躲藏在南瓜里，躲过了浩劫，尔后自相婚配，繁衍成今天的人。这可能与南瓜多子、繁殖迅速有关，是生殖崇拜的反映。

南瓜崇拜衍生出葫芦崇拜。在汉族传统文化中，葫芦既代表“福”又代表“禄”，还代表“寿”，故在龙潭村仡佬族民居的石刻、木雕、灰塑上，多见葫芦造型。村民认为，家中的坛坛罐罐都是模仿葫芦的样子烧制的，泛称“陶葫芦”。以葫芦作生产、生活用具并仿照葫芦制作生产、生活用具，乃利用自然、模仿自然、创造文化的社会实践，是仿生学在民族文化中的运用。

鲤鱼图案多雕刻在大门腰板及风窗上，而且都是成双成对。在汉语中，鱼与余，音相同，因而鱼儿备受青睐。人们将莲、鱼组合成图，寓意“连年有余”。但龙潭村仡佬族村民喜欢鱼，崇拜鱼，有更深刻的社会、历史原因。总的看来，既是渔猎生活的反映，又是生殖崇拜的表现。龙潭村仡佬族村民的鱼文化，广泛蕴藏在饮食、生产、家具、服饰、建筑、婚礼、节日、祭祀等方方面面，堪称“崇拜文化”百花园中的奇葩。

如今龙潭村仡佬族村民已经没有以鱼为生的人家了，但渔业生产、稻田养鱼的习惯一直经久不衰。因此，养鱼设施，捕鱼工具，在社会生产中仍然占有十分重要的地位。而且，许多生产工具，深受渔业生产的影响，刻意做成鲤鱼形。比如木匠用的墨斗，两侧刻成鲤鱼形。龙潭村仡佬族村民常用的家具无非橱柜桌椅之类，而几乎在所有橱柜的木门上和桌子的抽屉上，都安有鱼形门襻或鱼形拉手。这些鱼形制品，多为铜铁质，做工较精细，形象很逼真。

在神州大地上，许多建筑物的正脊两端都钉有“博缝板”（又称博风板），板上雕刻一条鱼或两条鱼，建筑学上称之为“悬鱼”。关于“悬鱼”，古诗有句：“爱士主人新置榻，清身太守旧悬鱼。”古人以“悬鱼”赞颂清廉，缘于《后汉书·羊续传》：“府丞尝献其生鱼，续受而悬于庭；丞后又进之，续乃出前所悬者，以杜其意。”龙潭村仡佬族村民不是将鱼悬挂于屋脊上，而是将其雕刻在门窗上。此举虽与安装“悬鱼”有异曲同工之妙，但其含意还是有些不同的。

仡佬族修建新房，择日立架、上梁，亲朋好友备办礼品，敲锣打鼓，燃放鞭炮，前往工地祝贺，气氛异常热烈。

龙潭村附近至今保存众多文物古迹，说明很早以前就是人类活动的一个中心。从出土文物可以看出，大坪、龙潭一带曾有过一段辉煌的历史。在大坪镇西约 3 千米洪渡河两岸约2平方千米范围内，分布众多汉代墓葬。1984年、1987年两次发掘，清理6座，出土陶罐、铜钵、耳杯、五铢钱、朱砂矿等随葬品。当地农民上交生产中出土的文物有陶罐、俑、壶、铜蒜头壶、釜、鍪、甑、扁壶、提梁壶、镜、印章、箭镞等，十分珍贵。

龙潭村一带出产朱砂，古人为运输方便而修建的桥梁和道路迄今犹存，其中“瓮溪桥”是省级文物保护单位。桥建于明万历十四年（1586年），是西安府兴平县底张驿沉潜里寓居婺川县板场下寨的陈仁君夫妇，捐资修建的。桥头立有“瓮溪桥路碑”和“重建瓮溪桥碑”，记陈君仁兄弟，偕家眷捐资修建“瓮溪桥”及相关路段事。开采汞矿，经营朱砂，为修建工艺精湛的龙潭村仡佬族民居，提供了经济支持。从事水银开采及运输的汉族商人，对龙潭村仡佬族建筑文化的形成和发展具有重大的影响。从龙潭村仡佬族民居的精湛工艺，可看出民族融合、文化交流的轨迹。“龙潭村古建筑群”已于2006年被公布为省级文物保护单位。

（原文载于《中国住房》2012年第6期）

水族的干栏建筑

贵州是个大山区，各族人民因地制宜，修建造型各异的山地建筑，堪称一座“山地建筑博物馆”。人们津津乐道的多半是吊脚楼、石板房等干栏式建筑。但建筑学家们认为，穿斗式木结构吊脚楼，还不是真正的干栏建筑，只有下层打桩、上层建房的建筑物，才是名副其实的干栏建筑。在贵州，居住在都柳江畔的水族村民，大都修建名副其实的干栏建筑。

水族自称“虽”，是个人口不多却历史悠久的少数民族，由古代“百越”族群的一支“骆越”发展而来的。秦汉以前，水族先民居住在今广西邕江一带的“邕虽山”。由于战争原因，被迫离开邕江，途经河池、南丹，沿龙江逆水而上，迁居黔桂边区。如今水族聚居于贵州境内苗岭南麓都柳江和龙江上游地区。主要在三都水族自治县境内。与三都毗邻的荔波、都匀、独山、丹寨、榕江等地也有不少水族村寨。党的“一大”代表邓恩铭，即出生于荔波县水浦村一个水族劳动人民家庭。水浦村的许多水族村民，至今仍然住在干栏建筑上。

在贵州高原，吊脚木楼屡见不鲜，此乃地势使然。而修建干栏建筑则不同了。都柳江一带的水族民居，有些是修在平地上的，但依然“人居楼，梯而上”（图五一），“上以自处，下居鸡豚”。

水族的干栏民居，大致可以分为两种类型：一种是在平地上修建房子；一种是在坡地上修建房子。在平地建房的工艺是：先用粗大的木柱和厚实的木板，构筑一个一人多高的平台，然后再于其上修建木结构的一层平房或二层楼房。底层立柱与上层立柱互不连通，断然两个建筑实体，这是与吊脚楼的最大区别，亦是真正的干栏建筑与干栏式吊脚楼的本质区别。贵州古代干栏建筑实物，没有保存下来，但在出土文物中可窥见其形态。贵州省博物馆收藏有赫章、兴仁等地出土的东汉干栏建筑陶质模型，将其与水族干栏建筑相比对，可看出它们之间的亲缘关系，两者都不失为建筑文化史的珍贵实物资料。

在坡地上修建干栏建筑的工艺是，先砌出一个相当于屋基一半的平台，再于平台较低一侧，用木柱、木枋和木板，构筑又一个平台，使两个平台处于同一水平面上，构成整个屋基，然后再于这个屋基上修建木结构的一层平房或二层楼房。看上去，像是吊脚楼，但楼上楼下立柱互不连通，其结构与吊脚楼有很大差别。这些水族干栏建筑的坐向，与附近的苗族、瑶族、布依族民居有所不同，主要表现在从房子的背面进屋，形成“面山背水”的独特坐向。这种干栏建筑，不用楼梯，即可上楼。

水族的干栏民居，楼下一般不住人，主要用于圈养牲口，安置碓磨，堆放柴草，存放农具。多数农户在干栏建筑的悬空部位架设或镶嵌火塘。火塘特别重要，它是家

图五一　“人居楼，梯而上”的水族干栏民居

庭乃至家族凝聚力的象征。火塘中，通常都有火种，方便男人抽烟，同时，也有利于妇女腌制酸菜。火塘上方，悬挂铁钩、木钩、木架，用以熏制腊肉和烘烤物品，因为烟熏火燎，不会生虫，有防腐功效。火塘里，成年累月放有铁三脚架，其上放有炊具，用于烧水和烧煮诸如狗肉之类不宜上灶台的食品。为了节约柴草，也用于煨炖一些难以煮烂的食物。因此，火塘中的铁三脚架相当于灶台，不能用脚踩踏，甚至忌讳在三脚架上烘烤草鞋之类污秽之物，更不允许小孩子向火塘中撒尿。

无论是干栏建筑或者是吊脚结构，水族民居多为四榀三间，一楼一底，或二楼一底，其屋面，有悬山顶、歇山顶两种形式，以后者居多。从前，大多盖茅草，有的盖杉树皮，如今不少人家改盖小青瓦了，但依然保留歇山顶。干栏楼房，房子扁扁，犹如鸟巢。有的人家在屋脊上雕塑雀鸟，用意一目了然。水族村民实际也称住房为“窝”，这在一定程度上，反映出水族民居从“巢居”演变成干栏建筑的发展轨迹。

都柳江畔不乏林木，房子前后，竹木葱茏，日照时间相对较短，晾晒谷物有所不便。惜土如金的水族村民，在房前屋后怪石嶙峋之上搭建干栏晒台，很有民族特点。有些晒台搭在鱼塘上，台上晾晒谷物，台下喂养鲤鱼，一派丰收景象，好不让人开心。晒台光线充足，农闲时，常有水族妇女坐在晒台上绣花。水族刺绣，独树一帜，以马尾掺杂丝线刺绣，人称“马尾绣”，绣品具有浮雕感。主要用于制作背带、花鞋、围腰、胸牌、荷包、儿童帽子、马刀套子等。水族“马尾绣”，已被公布为国家级非物质文化遗产名录。

水族人民的贮粮方式，真是五花八门：有的贮藏于室内，有的贮藏于室外；有的贮藏于地上，有的贮藏于地下，凡此种种，除因受地势限制不得不因地制宜修建粮仓贮藏粮食外，还与水族人民的生活习惯、传统习俗有关。室内贮粮者，有的贮藏于楼上，有的贮藏于楼下。室外贮粮者，有的贮藏于池塘边，有的贮藏于水面上。地上贮粮者，有的修建粮仓，有的编织囤箩。地下贮粮者，有的横向挖洞穴，有的竖向打地窖。有的地窖，开挖在住室内，其上覆盖一口大铁锅，万一不慎发生火灾，地窖内的粮食可保无恙。为了粮食安全，有的将粮仓修在水池边，甚至水面上。修建在水池、水塘、水田等水面上的干栏粮仓，有较好的防火、防潮、防鼠、防盗等性能。这种仓库具有许多优点。首先，它建在池塘边、水田上，且同住房保持较大的距离，有利于防火；其次，粮食存放在离地一人多高的仓楼上，有利于防潮；第三，粮仓的每根立柱上都安装有防鼠装置，无论老鼠怎样狡猾，就是爬不上去。普通人家，一户一小仓。大户人家，修建大粮仓，开间很多，联成一体，习称“联体仓”。兄弟毗邻而居，粮仓毗邻修建，形制、体量相当，如同一母所生，称之为“姊妹仓”。上下粮仓，用独木梯，是其特点。挑着上百斤谷物，不用手只用脚，上下独木梯，如履平地，没有功夫可不行。

水族村民的畜圈，一般设在干栏建筑底层。有些水族村民，将干栏建筑的牛圈修建在山坡上，既方便喂养，又便于施肥，一举两得，节省劳力。水族村民酷爱养马，马厩位于干栏建筑底层。为了马匹的安全，除悉心看管外，还请巫师举办法事，为其辟邪。马匹不仅可以运输、代步，还是节日活动的主角。水族有自己的历法，每年“水历”正月至二月，是水族“过端”的日子。水族“过端”，相当于汉族过年。“水历”正月为农历九月，“水历”二月为农历十月。在这段时间内，各寨选择亥日“过端”。传说很早以前，水族三弟兄，被特大洪水冲到三都水族自治县的“三洞”地区，为了战胜贫穷、饥饿，三兄弟决定各奔东西，开拓新的生活。经过一年的辛勤耕耘，取得丰硕成果，家家五谷满仓，然后欢聚一堂。后来，水族村民便按丰收后的头亥、二亥、三亥顺序，轮流“过端”。

水族“过端”，家家吃鱼。除夕之夜和大年清晨，祭品要戒荤，多是豆腐、南瓜、花生、蔬菜、糖果等素食，唯独鱼不在禁用之列。“无鱼不成年”，这是水族的传统。祭祖时，把锄头、犁耙、镰刀等农具摆放于一侧，将衣服、首饰和谷穗装入背篓，放于另一侧，以此缅怀祖先创业功绩，激励后人更加勤奋。“端节”清晨，在长老指挥下敲击铜鼓，众人闻声聚集铜鼓周围，互祝人寿年丰。而后跟随铜鼓，挨家挨户贺新年，吃年酒。每到一家，按辈分高低、年岁大小，依序入座，高举酒杯，高呼“休！休！”喝“交杯酒”。无论贫富，家家必去，不得遗漏。孩子们尾随吃年酒的队伍，分享过年的喜悦。每到一家，主妇拿出鱼干、糖果等食物分发给孩子们。据说，听不到孩子笑声的人家，会有厄运降临。做完这一切，众人拥向“端坡”，开展赛马活动，场面极其热烈。从前赛马，不在乎速度，而重在勇敢。骑手不用马鞍，拉住缰绳，即跨上马背，横冲直撞，看谁能将别的骑手冲撞下马，以此炫耀本领，博得姑娘欢心。后来也在山坡上比速度，由下往上冲，竞争很激烈。

过节吃喝，离不开酒，酿酒技艺，也是一种文化。水族“九阡酒”的酿造技艺，久负盛名。该酒以当地出产的圆头糯米为原料，采集126种草药制成酒曲。端午节过后直到谷子成熟前，德高望重的老奶奶将成年女性召集拢来，请“水书先生”选个好日子上山采药。几个人一组，各采几样药，事先分配好。采得后，综合分给各组，以组为单位制作酒曲。其间要举行祭祀仪式，领头的老奶奶一手执茅草，一手执砍刀，一边砍一边念：“今天我们做酒药，随便哪个诅咒哪样，都没有关系，我们的酒药，是最好的酒药啊！”从采集到制曲，保留着远古时代母系社会的遗风。由此可见，“九阡酒”的酿制技艺具有悠久的历史。因酒曲含有多味草药，具有保健功效，产妇每天饮用，形成一种风俗，从而铸就别具一格的“酒文化”。

一般说来，水族民居较为简陋，但死后的“住房”——墓葬却十分讲究。水族墓葬，也是干栏，以石板拼合建成，叠砌三层，底层位于地下，二三层显露于地表，形如“干栏石屋”。地下石室放置棺木，地上两层分别放置食物餐具以及衣物和生前钟爱之物。墓门雕刻铜鼓纹饰，与用铜鼓殉葬有异曲同工之妙。石板墓两侧，浮雕龙凤、麒麟、鲤鱼、青蛙、螃蟹、人物等。飞禽走兽身体，雕刻鱼鳞纹，突显水族与水的悠远情结。

（原文载于《中国住房》2012年第8期）

参见拙作：《贵州民居拾趣》（《贵阳晚报》1991年3月23日）、《苗族民居美人靠》（《长江日报》1991年12月29日）、《多姿多彩的布依族民居》（《贵州日报》1994年11月30日）、《别具一格的侗族民居》（《北京房地产》1995年第4期）、《苗族布依族仡佬族民居横向扫描》（《贵州文史丛刊》1995年第3期）、《乌蒙山区的彝族民居》（《北京房地产》1995年第8期）、《樟江河畔的瑶族民居》（《贵州民族》1996年第3期）、《贵州民居扫描》（《村镇建设》1996年第8～9期）、《都柳江畔的水族民居》（《贵州民族》1996年第5期）、《黔东仡佬族民居》（《铜仁报》1996年11月9日）、《樟江河畔的瑶族民居》（《贵阳晚报》1996年12月22日）、《贵州民居撷粹》（《古建园林技术》1999年第3期）、《内涵丰富的苗族民居》（《贵州风貌》2001年第1期）、《龙潭村的仡佬族民居》（《中国文物报》2004年10月8日）、《马头寨的布依族民居》（《中国文物报》2005年3月11日）、《仡佬族的民居建筑》（《贵州政协报》2005年9月1日）、《仡佬族的居住文化》（《今日贵阳》2006年第7期）、《郎德上寨的民居建筑》（《古建园林技术》2008年第1期）、《岩旮旯中的仡佬族民居》（《民族》2009年第12期）、、《瑶族的居住文化》（《金黔在线》2012年7月5日）、《侗族的居住文化》（《金黔文化》2012年8月3日）、《布依族的居住文化》（《金黔文化》2012年9月17日）、《水族人的居住文化》（《民族》2012年第10期）、《月亮山区的居住文化》（《中国住房》2013年第1~2期合刊）、《都柳江畔的居住文化》（《中国住房》2013年第5期）、《苗族人的居住文化》（《贵阳城乡建设》2014年第4期）。

屯堡文化

“屯堡人”文化圈

在贵州西部地区的安顺、平坝一带交通要道，通往云南的古驿道旁，夹道居住着一批具有鲜明文化特点的“屯堡人”。在“屯堡人”文化圈里，妇女穿着古装，男子爱唱“地戏”，盖房多用石头……我曾在南京博物院翻到几张吴县老妪庆典时的盛装照片，看上去与“屯堡人”的穿着极为相似。这或许可以作为“屯堡人”来自江南的佐证。关于“地戏”，有论者认为，是“屯堡人”从其故乡带到贵州的“军傩”。因在地上跳，故称为“地戏”。文献记载与口碑资料称，“屯堡人”及其文化圈，是明初朱洪武“调北征南”形成的。

在“屯堡人”文化圈里，建筑最有特点，几乎所有建筑物都离不开石头。用石头铺路，用石头架桥，用石头修庙，用石头包坟，用石头建碉，用石头筑城，特别是用石头盖房子——屋基是石头，墙壁是石头，屋面也是石头。一个个“屯堡人”村落，一片片白石头村寨。在鳞次栉比的石头房中，总有那么几座形似碉楼的石头建筑物高高地伫立着，有如鹤立鸡群一般（图五二）。甚至在某些单体民居建筑中，也有一间像碉楼。在这里，碉楼成了“屯堡人”的建筑符号，成为“屯堡人”文化圈的特殊标志。这是“屯堡人”区别于布依族、仡佬族和汉族中非“屯堡人”的重要之处。受“屯堡人”文化的影响，遐迩闻名省级文物保护单位——平坝天台山伍龙寺（于2001年被公布为全国重点文物保护单位——作者注），总体建筑是座城堡。屹立在悬崖之上的石质仓库，俨然是古刹中的一座碉楼。

“屯堡人”初来时，住在用石头建造的碉堡、营盘里。后来安家落户，逐渐形成村落。为了安全起见，将住房修建成碉堡式的石头房，这是可以理解的。但到了事隔几百年后的今天，还仍然保留碉堡式民居的遗风，不能不说，“屯堡人”文化具有惊人的生命力。

（原文载于《贵阳晚报》1991年12月30日）

图五二　“屯堡人”的石碉楼（郭秉红摄）

初识“云山屯”

黔中安顺云山屯，酷似一部历史书。其“书”生动形象地记载一个“屯堡文化圈”数百年的建筑史、军事史、文化史、经济史、民族史……

顾名思义，“屯”是驻兵的地方。云山屯的种种建筑物，具有鲜明的军事特点。它的城墙及城楼，从民间传说及风化程度，判为明代军事建筑当无什么问题。屯上古堡形“云鹫山寺”的建筑手法与平坝天台山“伍龙寺”如出一辙。亦文亦武、半军半教的天台山伍龙寺建于明万历年间，这有修建题记作证。由此推断，同为屯堡人修建的云鹫山寺建于明代应当可信。

有人说，屯中民居及街道也都是明代建筑，对此，笔者不敢苟同。实访得知，现存民居建筑，是屯堡人的后裔陆续修建的。多数为清代建筑，民国年间及新中国成立以后修建的民居也不算少。无论是何年代建筑，都有鲜明的地方特点和浓郁的军事特色，即就地取材，利用当地盛产之石礅奠基、石块砌墙、石板盖顶，且隐蔽留有枪眼，有的还建造碉楼。

然而，它们毕竟是民居，不可避免地保留着徽派建筑的遗风。在中国南方建筑史上占有支配地位的徽派建筑，对江苏、江西影响极大。来自“两江”地区的屯堡人将徽派建筑文化带上贵州高原，营造四合院，巧建垂花门，精雕石柱础，细刻木窗花……可惜因受经济及地理条件的限制，规模小了一些，有的也不那么规整，但其建筑形制及工艺，同徽派建筑别无二致。

这些来自“两江”地区的屯堡人，大半是明初“调北征南”、戍守滇黔驿道的屯兵。在此前后亦有来者。这从屯堡人后裔的家谱及口碑可以得到佐证。也就是说，屯堡人是出于军事方面的原因从“两江”地区迁到贵州的。他们的行动本身就是一部轰轰烈烈的“屯堡文化”军事史。

战时为兵，平时务农，闲时搞些从其故乡带来的文化娱乐活动。其主要活动项目便是春节期间演唱的面具戏。此戏因不搭台、平地演唱而称“地戏”。“地戏”又被人称“军傩”，剧目尽是武戏，强烈表现屯堡人的尚武性格。来自不同地方的屯兵，有的信佛，有的信道，故云鹫山寺既有“玉皇阁”又有“观音殿”，特别是还有“关帝庙”。在屯堡人到来之前，当地据说是没有这种宗教文化的。引人注目的是，屯堡人的妇女服饰（图五三），数百年来很少变化，依然长袍宽袖，右衽大襟，常被外人误为“少数民族”。说是明代服装，一点都不勉强。但在笔者看来，此种款式的明代

图五三　身着明代款式服装的“屯堡人”妇女

服装可以上溯到元代。元为人称“马背上的民族”——蒙古族所建，蒙古族服装盛极一时是完全可以理解的。

蒙古族以游牧为主，无需下田干活，故其服装缝成长袍，白天当衣穿，晚上作被盖，骑马上下也方便。屯堡人的妇女服饰，堪称服饰文化史的珍贵资料。

实地考察发现，云山屯中的居民，有众多的经商者。街道两侧民居，皆建石板铺面，表明都做生意。据说，云山屯中的屯堡人善于纺纱、织布，不少人家竟以此道为业。其纺织技术无疑是从“两江”地区带来的。他们中的一些人，由军转民后从事农业生产，但不知怎的，好像总是不如做生意在行。此风甚至一直延续至今。今云屯山中的许多石板房是长年锁着的，人道房主举家外出经商去了。此举亦颇具研究价值。

常住云山屯的居民，有相当一部分不是屯堡人的后裔，而是自称在云山屯地区住了二三十年的苗族人。一位熊姓苗族老翁称，其入黔始祖最早住在此山上。后来，“调北征南”，大军入驻，被屯兵迁下山，山上修起了营盘。新中国成立后，经过土地改革，他们以贫雇农的身份，分得屯中地主的房子，又从山下搬了上来。

新中国成立前，他们与屯堡人的后裔不开亲，甚至与苗族内部的其他支系也不通婚。现在变了。他家现有苗族、汉族、仡佬族等几个民族成分。苗族中又有所谓的“大花苗”“小花苗”“红线苗”。因此，他说：“我家是真正的民族团结大家庭！”

（原文载于《文化广角》1999 年第 2 期）

六百年屯堡文化的遗存

在多元一体的国度里，民族文化不是孤立存在的，地域文化与主流文化水乳交融、一脉相承。地域文化常常被人视为“土著文化”，比如傩戏、地戏，被某些专家视为“贵州土产”。其实，傩戏、地戏是一种传统文化，别的省区也有，古代中原特别盛行。有许多这样的现象：一些本来属于中原地区的文化，传到边疆民族地区之后，在其原生地逐步消失了，但在边疆民族地区保留了下来，并因地制宜发展了，以致让人产生错觉，误以为是边疆民族地区的“土特产”。

提到贵州文化遗产中的“土特产”，众口一词，首推“地戏”。

何谓“地戏”？因非搭建戏台、在平地演唱而得名。“地戏”动作夸张，演员跳跃不停，民间称为“跳地戏”，甚至称之为“跳神”。

最喜欢“跳地戏”的人群，是居住在贵州中西部地区安顺一带的“屯堡人”。

“屯堡人”妇女的穿着，看上去好似少数民族。其实她们是地道的汉族人，骄傲地自称“老汉人”。1988年，我在南京博物院的民俗文物部，看到一批老服装，与贵州“屯堡人”妇女的穿着款式一模一样。南京博物院的同行告诉我，是从吴江征集的明代服装。贵州安顺一带的“屯堡人”，是明洪武年间从江南迁徙到贵州的。古代“江南”，即今江苏、安徽。

明代初年，云南尚未安定。朝廷希望通往云南的交通要道畅行无阻。当时中原通往云南的道路主要有四条，其中“普安入黔旧路”是云南通往内地的“咽喉要道”。明代有人说：“黔者，滇之门户，黔有梗，则入滇者无途之从矣。”明代在贵州设置卫、所，大多沿着这条驿道排列。以贵阳为中心，向西通云南，称为“滇黔驿道”；向东通湖南，称为“湘黔驿道”，两段全长一千八百九十里。早在元代，便在今贵州境内开通多条交通路线，使贵州成为“湖广、四川、云南喉衿之地。”因为安顺处于“滇黔驿道”上，故从江南调动大量人员驻守，史称“调北征南”。

来人原本是农民，到了贵州，成了“屯兵”，既要打仗，又要种田。春节期间，演唱地戏。地戏，又被人称“军傩”，剧目尽是武戏，强烈表现“屯堡人”的尚武性格。

地戏剧目，主要有《封神演义》《大破铁阳》《东周列国志》《楚汉相争》《三国演义》《大反山东》《四马投唐》《罗通扫北》《薛仁贵征东》《薛丁山征西》《薛刚反唐》《粉妆楼》《郭子仪征西》《残唐》《二下南唐》《初下河东》《二下河东》《三下河东》《九转河东》《二下偏关》《八虎闯幽州》《五虎平南》《五虎平西》《岳飞传》《岳雷扫北》等等。表演时，演员头戴木刻面具。面具俗称“脸子”。有文将、武将、少将、老将、女将五种脸谱，称为“五色相”。

“地戏”以村寨为单位演出。一般一个村寨一堂戏，演员二三十人。演出时，村口插上一面大红旗，旗上绣着一个“帅”字。一般由“开财门”“扫开场”“跳神”“扫收场”四部分组成。演出前，要将存放“脸子”的木箱从神庙或存放人家里抬出来，举行庄严肃穆的开箱仪式。

地戏面具分为将帅面具、道人面具、丑角面具和动物面具四大类。

将帅面具有文将、武将、老将、少将、女将之分，均由面部、头盔、“耳翅”组成。头盔饰以龙、凤。男将为“龙盔”，女将为“凤盔”。从面部造型看，将帅面具要求有棱有角，轮廓分明，既注重写实也刻意夸张。武将面具强调煞气。豹子胆、火烧眉、高鼻梁、獠牙嘴，显得勇武、刚烈、威猛、深沉。文将面具注重灵气，着力于人物内在情感刻画，显得威严而庄重，平和而刚劲。少将面具则为五官端正、剑眉倒竖，多为粉红色的小生形象，透着英武、洒脱、阳刚之美。女将面具则讲究秀气、娇媚、端庄、娴静，又不失武戏的人物特征，显现出飒爽英姿的精神气质。面具艺人流传有口诀：“天包地，地包天，上下獠牙分两边；地包天，天包地，龇牙咧嘴显神气。”

眉毛的刻法口诀则是:“少将一支箭，女将一根线，武将如烈焰。”眼睛的刻法口诀是:“武将豹子眼，女将弯月亮，少将精气足，文将菩萨样。”

道人面具，不戴头盔而戴“道冠”，相貌丑陋、怪异。如鸡嘴道人，面部被刻成人面鸡嘴，“道冠”刻成鸡翅和鸡尾，一副似人非人、似鸡非鸡的样子，整个造型于怪异中显现其反派人物的奸诈、狡猾性格。其他如铁板道人、飞钵道人，形象也很怪异，而且生动传神。这些面具既写实又夸张，突出其精灵之气，使其形神兼备。

丑角面具，最常见的有“歪老二”“笑嘻嘻”“老好人”“烟壳壳”“眼镜先生”等。传说“歪老二”是朱元璋远征贵州、云南时在当地寻找的向导。在明军与番邦交战中，往返其间代为明军传递信息。其面具造型，龇牙咧嘴，歪眉斜眼，发髻上斜插一把木梳，面部多涂红色，也有涂蓝色的，整个形象非常滑稽。“烟壳壳”是近代出现的面具，他是个受鸦片毒害的典型。艺人抓住大烟鬼毒瘾发作时的丑态，以夸张的手法刻画人物形象，给人留下深刻印象。

动物面具主要有虎、狮、犬、牛、马、猪、猴等。这类面具或写实或夸张，以充分体现各种动物的外表特征和内有特征为着眼点。狮与虎的凶猛、马的温驯、猪的憨厚、牛的勤劳、狗的亲近、猴的淘气，妙趣无穷，让人获得动物形象美的感受。

地戏脸子多为浅浮雕与镂空雕结合，精细而不繁琐。表面贴金、涂银，彰显光亮，辅以红、绿、蓝、白、黄、黑等色，使其更加绚丽夺目。有的面具还镶嵌玻璃，闪闪发光，引人瞩目。

地戏的行头，为青、蓝、白、褐土布斜襟长衫，青布腰带，下身长裤，足蹬布鞋，背扎靠旗，腰部围着两块绣有花边的布片，象征战袍。地戏道具，使用刀、枪。女将除刀枪外，左手持手帕，文将手持折扇。所有角色，面具戴在额头上，面部蒙青纱。从前在旷野田坝中演出，观众站立在高处，利于看清“脸子”。演员蒙上青纱，利于看清脚下。

“调北征南”中的许多人，奉命举族迁徙到贵州，一个家族“屯住”一个地方，于是就有了用姓氏称呼的村寨，如鲍家屯、马家屯、傅家屯、龙家屯、曹家屯、时家屯、郭家屯、单家屯、袁家屯。有些大户人家，成了地方官员，人们便用他的姓氏称为“某官屯”，这便是张官屯、马官屯、蔡官屯、唐官屯、董官屯、刘官屯、周官屯、王官屯、金官屯、高官屯等名称的由来。有的干脆将“屯”字省掉，简称“某官”，如蔡官、周官等等，都是地名。“蔡官”就建有一个地戏博物馆。1986年，蔡官地戏班，受法国邀请，与贵州省民族民间艺术团组队赴巴黎，参加秋季艺术节，后又赴西班牙马德里演出，前后21天，演出13场，场场观众爆满。载誉归来后，在贵州省文化厅、安顺地方政府和有关部门的支持下，于1988年4月成立了贵州省第一个民办公助的安顺蔡官地戏博物馆。馆址是一座清代庙宇。现有大小面具 251 件，道具 252 件，行头 78 套，唱本《薛丁山征西》全套。此外，还有《薛仁贵征东》《四马投唐》《三战吕布》《潼关遇马超》《返荆州》等折子剧本。馆内备有新雕刻的各种地戏面具，可供观众选购。为充分展示“屯堡文化”的丰富内容，在“屯堡人”聚居区，建有以地戏为主题的屯堡文化博物馆。开放以来，观众游人，络绎不绝。

（原文载于《民族》2022 年第 6 期）

参见拙作：《云山屯》（《贵州风貌》1999 年第 2 期）、《漫游云山屯》（《贵州日报》2000 年 3 月 10 日）、《云山屯建筑剪影》（《贵州日报》2000 年 6 月 5 日）、《屯堡建筑天台山》（《贵州日报》2000 年 9 月 18 日）、《贵州的古屯堡》（《贵阳日报》2001 年 5 月 28 日）、《贵州的城墙屯堡》（《贵阳城乡建设》2013 年第 1 期）、《镇远周边屯堡》（《黔东南日报》2015 年 12 月 9 日）、《沈官堡与沈官桥》（《贵阳日报》2004 年 4 月 8 日）、《古驿道上的屯堡人》（《民族》2013 年第 2 期）、《贵州的城墙屯堡》（《贵阳城乡建设》2013 年第 1 期）、《花溪镇山村》（《中华古村落·贵州卷》，江苏凤凰教育出版社，2020 年 3 月）、《西秀云山屯》（《中华古村落·贵州卷》，江苏凤凰教育出版社，2020 年 3 月）、《西秀鲍屯村》（《中华古村落·贵州卷》，江苏凤凰教育出版社，2020 年 3 月）。

服装头饰

苗族服饰中的仿生学

“仿生学”，作为一门科学提出来，是现代的事。然而，早在这门科学诞生之前，人们就普遍用它创造文化了。从贵州在“抢救民族文物”活动中征集入藏的4000多件（套）苗族服饰可以看到，头饰仿生有鹰头帽、猫头帽、虎头帽、蛙形帽、鱼尾帽、雉尾帽、牛角形木梳、牛角形银冠；上装仿生有蝙蝠衣、燕尾衫、虎皮纹披风、蝴蝶纹坎肩、蝉翼纹胸兜；下装仿生有羽毛裙；脚上仿生有莲花鞋……这些服装款式和饰物造型，无一不是“仿生学”在服饰文化中的精彩运用。

“仿生学”在民族服饰中的广泛运用，生动反映出自然崇拜对民族文化的深刻影响。自然崇拜，有趣地表现在对动物、植物和其他自然物的钟爱、敬仰和畏惧等方面。某些崇拜对象具有“图腾”意义，被人们加以美化和神化，并别出心裁地将这种美化、神化行为融入绚丽多彩的服饰文化中。比如苗族同胞崇拜水牛，遂把“牛角形银冠”视为最美丽、最时髦、最华贵的饰物。更有甚者，特别喜欢喜鹊的一支苗族同胞，着意模仿喜鹊的毛色缝制衣服，且心安理得地让人称为“鸦鹊苗”（图五四）。

图五四　身着“鸦鹊服”的苗族姑娘在碾布

“鸦鹊苗”在朴素运用“仿生学”美化自己的过程中，创造出一个感人肺腑的故事——

从前有个老阿妈，老伴早年仙逝，留下一儿两女，大女叫“阿兰”，小女叫

“阿芭”。阿兰出嫁不久，阿芭前去探亲。一天清晨，姐夫上山砍柴，行前嘱咐道:“这里山高林密，人兽共处，鬼神不分，你俩要当心。我回来时，肩挑柴火，手提山鼠，从山路上走。如从荆棘上过，那就不是我，一定是老虎把我吃掉后，装扮成我来伤害你们的，千万莫开门。”天快黑了，姐夫还不回来，阿芭焦急地开门探视。柴门刚开，姐夫一头闯进屋来，兴致勃勃地讲述今天砍柴如何顺利，山鼠如何好抓，晚上可以好好地美餐一顿了。

他们三人围着火塘烧烤山鼠吃，阿兰发现丈夫板凳下面有条尾巴，知道坏事了。她机警地把手上的绩麻团子朝“丈夫”板凳下边滚将过去，叫阿芭把它捡起来，想让阿芭看见凳子下面的尾巴。但阿芭在捡绩麻团子的时候没在意。

晚上睡觉，阿兰把阿芭安排在楼上。半夜，阿芭被咀嚼声音吵醒，问姐姐：“深更半夜还在吃哪样”。姐姐没做声，“姐夫”回答说：“狗在门外啃麻秆。”阿芭睡了一阵，咀嚼之声越来越大，悄悄下楼窥视，但见一只老虎趴在姐姐身上，大口大口地撕咬姐姐，床上床下都是血，吓得昏死了过去。苏醒过来，赶紧上楼，寻思如何对付老虎。楼上四壁空空，只有几串辣椒。阿芭将辣椒搓成面面，东方发白，刚好揉搓完毕。已恢复成姐夫模样的老虎爬上楼来找阿芭。阿芭抓起一把辣椒面朝“姐夫”脸上撒上。“姐夫”唉哟一声，摸着下楼，跌跌撞撞到河沟冲洗眼睛去了。

这时，飞来一只乌鸦，阿芭求它回家报信。乌鸦飞到她家，阿妈正在院子里染布。听了乌鸦的话，阿妈气得要死，愤愤地说：“我家姑娘、姑爷好生生的，你为哪样咒骂他们？”说着顺手舀了一瓢蓝靛向乌鸦泼去。乌鸦本来是白的，从此变成黑的了。乌鸦飞回姐夫家，委屈地对阿芭说:“你妈不仅不相信，还泼得我一身，你看，黑秋秋的，多丑呀，我再也不管你们家的事了。”

乌鸦飞走后，来了一只小蝉，阿芭求它去报信。小蝉飞到阿芭家，说的与乌鸦一个样，但老阿妈只听到小蝉讲话却看不见小蝉，因此，想用蓝靛泼它找不到地方。

小蝉去了很久不见回来，阿芭急得不知如何是好。突然飞来一只喜鹊，阿芭喜出望外，求它回家报信。喜鹊马上飞到阿芭家，话音刚起，就被阿妈泼了一瓢。好在喜鹊躲得快，没被全淋脏，只花了几道。喜鹊还是不走，再三说明险情，催促快去营救。

此时哥哥回来，闻讯赶往妹夫家，在河边碰到妹夫在洗脸。妹夫对他说：“阿兰上山干活去了，阿芭还在楼上睡懒觉。”哥哥心中有数，说了声：“我们背水做饭吧！”便一人一只扁形木桶，双双下井背水。哥哥叫妹夫走上前，果然看见有尾巴。回途中，哥哥抢在前面走。走到一处斜坡，故意摔了一跤，水泼了一地。他手足并用，胡乱在地上涂抹，成心把斜坡抹得光滑难行。如此这般摔了三次，抹了三回，最后才十分艰难地爬过这段路。可妹夫怎么也不上来。哥哥说：“你把颈根伸长点，我扯你脑壳往上拉。”妹夫使劲伸长脖子，努力做好爬坡准备。哥哥抽出砍刀，一刀砍下去，霎时间，地上立刻躺着一只断了头的大老虎。

哥哥救出阿芭，回到阿妈身边。老阿妈为失去两位亲人痛不欲生。但转而一想：如不是喜鹊耐心相救，小女儿的性命也保不住了。为了报答喜鹊的救命之恩，并为淋脏喜鹊表示歉意，特意仿照喜鹊被她淋花的样子，为阿芭做了一件新衣服。阿芭穿着黑白相间的新衣服出门，村里人觉得很好看，争先恐后跟着缝。于是，这种酷似喜鹊的苗族服装迅速在苗乡流传开来。

牛角形木梳、牛角形银冠，缘于对牛的崇拜。在苗族民间传说水牛与老虎是兄弟，水牛是哥哥，老虎是兄弟。这是经过一番殊死斗争得出的结论。相传原先老虎不佩服水牛，要水牛称它为大哥。水牛不干。于是老虎提出，一斗高低，决出昆仲。双方议定，各自准备7天，然后决一雌雄。老虎跑上山，天天用藤条缠绕身体，缠了7天7夜，自以为万无一失了。而水牛则下田滚澡，滚了一身泥，又上岸晒太阳，如此反反复复，结了厚厚的一层干泥巴。决斗的时刻到了，水牛叫老虎先下手。老虎张牙舞爪，使劲朝水牛扑去。但任它怎么撕咬，就是咬不进去。轮到水牛，只见它一摆头就用锋利的双角将老虎身上的藤条拨开几道口，差点刺破老虎的肚皮。老虎浑身发抖，不得不甘拜下风，老老实实地拜水牛为大哥。从此以后，老虎见了水牛就下跪，或者干脆避开，躲得远远的。

在许多民族心目中，老虎最厉害，可用于辟邪。而在苗族同胞看来，最能辟邪的不是老虎，而是老虎的哥哥——水牛。最典型的例子是，大门的“连楹”做成牛角形，“腰门”的上门斗也多做成牛角形。苗胞认为，有牛把门，安然无恙。这种文化心态，与汉族贴门神十分相似。不同的是，汉族贴了门神夜间照样关门，而苗族有了牛角形“连楹”和牛角形门斗，吊脚楼上的大门便是敞开的了。他们认为，夜间敞开大门，利于财喜进屋。

水牯牛在治丧活动中，特别在隆重祭祖活动——“吃鼓藏”中，不仅被视为祭品，同时被视为祖先。有些人家，即以牛角当“神龛”，虔诚祭祀。古往今来，在各种各样的乡规民约中，大凡都少不了保护耕牛的条款，不管它是成文的或是口碑的。偷盗耕牛，一旦发现，必受重罚。有趣的是，许多村寨议定，哪家耕牛被盗，只要牛角一吹或者“款鼓”一敲，全寨成年男子顷刻持械出击。如果路途遥远，还得自带干粮，寻着牛的足迹，一追到底。无论追回与否，都无需失主破费。对于农民来说，耕牛是家产中最为宝贵的。万一耕牛上山吃草不慎落崖摔死，或得疾病猝死，按照祖规，按全寨户数或房族户数，将牛肉每户一份分好，让其自愿分食，而后按份集资，再买一

图五五　“牛角龙”龙舟

头供其役使。分摊下来，肉价往往比市价高得多，但无任何一人有怨言。此种风俗，带有“耕牛保险”的原始性质，代代相袭，屡试不爽，颇受农民欢迎。

人有节日，牛也有节日，名称叫做“牛王节”“洗牛身”“祭牛王菩萨”等等。是日，让耕牛休息一天，并用清水给其洗澡。为了让耕牛过好节，给牛吃干饭，家人喝稀饭，实实在在地“省嘴待牛”。光有牛耕田，没有龙下雨，照样没收成。清水江畔苗族同胞过“龙船节”时别出心裁地在龙头上安装一对水牛角（图五五）。他们认为，有了这种牛、龙合一的“神物”，既可耕田犁地，又能呼风唤雨，只要虔诚祭祀，五谷丰登无疑。

苗族服饰中的“牛文化”，有写实的，有写意的，有大胆变形的，有极度简化的。凡此种种，皆因不同地区、不同部件而异。有的就活灵活现地蜡绘或刺绣一头牛，而有的则只蜡绘或刺绣一个牛头或一对牛角或几个牛漩。苗族同胞常常将汉文化中的漩涡纹和“寿”字纹称为“牛漩”和“牛角形鼓架”。苗族是个格外器重银饰的爱美民族。居住在雷公山麓的苗族姑娘酷爱牛角形银冠，视为美丽、勤劳、富有的标志。而住在乌蒙山区的苗族同胞，自然条件、经济条件相对要差一点，故多用牛角形木梳作装饰，因此被人称为“长角苗”。

（原文载于《文化广角》1994 年第 9 期）

贵州民族服饰文化

贵州民族服饰，犹如一部史书。在苗岭山区的节日集会上不乏如此打扮的姑娘：脚上穿着入时的旅游鞋、高跟鞋；下身穿着现代式样的裤子，有的还外加一条古香古色的百褶裙；上身穿着用现代面料剪裁、按古代款式缝制的姊妹装；头上全是古代发型，有清代的明代的，还有宋代的唐代的。一身穿着跨千年，具有明显的“地层”关系。

贵州民族节日服饰，款式丰富多彩：上装有贯首服、无领服、圆领服、高领服、矮领服、长袖服、短袖服、大袖服、小袖服、左衽服、左衽服、对襟服、有扣服、无扣服、圆摆服、方摆服以及前摆长后摆短和前摆短后摆长等多种款式；下装有带裙、片裙、筒裙、裤裙、长裙、短裙、超短裙、百褶裙、羽毛裙等等；裤子有长有短，裤脚有大有小，相差甚为悬殊。服装款式与文化水平、风俗习惯有很大的关系。贯首服、无扣服、羽毛裙以及袖子不缝合的衣服，是早期服装的遗风，多少保留古代服装的形态。“鼓藏服”“上轿衣”则是特殊风俗的需要。从服装款式可以看出贵州各族人民在社会生产、社会生活、风俗习惯等方面所具有的文化特点。苗族服装，尤其是女性，一身要换多次装束。即便一个村寨，儿童服装（图五六），少女服装（图五七），老年服装（图五八），也能反映出不同的时代特点。

图五六　郎德女童

图五七　郎德少女

制作民族服装的传统技艺具有悠久的历史。在省级文物保护单位长顺县“交麻崖墓”和平坝县下坝“棺材洞”清理了一批“崖洞葬”，获得一批宋代苗

图五八　郎德老妇

族“点蜡幔”和鹭鸟纹彩色蜡染衣裙，堪称稀世珍宝，有的被定为一级文物。贵州蜡染，蜚声中外。苗族刺绣，手法多样：平绣、皱绣、破绣、辫绣、轴绣、锁绣、结籽绣、盘绦绣，应有尽有，不一而足。蜡染、刺绣的图案十分丰富。各种动物、植物及几何图案，达数百种之多。即便同一动物，都有许多变化。如苗族妇女常绣的龙，竟有蚕龙、蛇龙、牛龙、猪龙、鱼龙、鸟龙、鸡头龙、蜈蚣龙等十余种。蜡染、刺绣图案极富变化：同一物体，有写实的，有写意的；有极度简化的，有大胆变形的。有的图案，既是植物又是动物，如菊花又称蜘蛛花。各种图案的组合十分巧妙：初看是几尾鱼，再看是一只鸟，组合起来看则是一只蝴蝶或一只蝙蝠。有些图案，顺看、倒看，各不相同，正看、反看，又不一样，可使观者见仁见智。

贵州民族服装的文化内涵极为丰富，单就各种花纹图案就可当作一部卷帙浩繁的“历史文献”来读：那极简单的一道道线条，被看成一条条河流，有人竟能指出哪一条是长江，哪一条是黄河，笃信无疑地视为本民族迁徙历史和路线的形象记录。那很规整的一方方菱形图案，被看成一丘丘肥田沃土，这与史书记载的秦汉时期苗族先民劳动生息在“左洞庭、右彭蠡”的滨湖地区相吻合。

用考古学的眼光看民族服装，可清楚地看出历史发展的轨迹。将那古老的鱼纹图案，与西安半坡遗址出土的彩陶鱼纹对照，有着惊人的相似之处。还有那些狗爪花、虎脚花、水虫花，生动“记载”早期人类的渔猎生活。浮萍花、田螺花、水车花，形象反映出具有悠久历史的农耕生活。据此，在一定程度上，可将贵州民族服装看成研究民族历史的“活化石”。

用民族学、民俗学的眼光看贵州民族服装，其文化内涵令人叹服。苗族妇女喜欢画蝴蝶、绣蝴蝶，甚至画蜈蚣、绣蜈蚣，这缘于《蝴蝶妈妈》的故事从枫香树里飞出一只蝴蝶，生了十二个蛋，其中一个孵出人类始祖姜央，另一个蛋孵出一条蜈蚣。由于同为蝴蝶妈妈所生，被苗族妇女绣在衣服上，她们还给它取了个美名：“蜈蚣龙。”

贵州民族服装如此丰富多彩，经久不衰，与特殊风俗、文化传统有着十分密切的关系。青年人在恋爱婚姻中常用鞋垫、花带、背扇、荷包等等作为爱慕、思恋、忠诚的信物，是勤劳、智慧、富有的象征。结婚礼服，更为讲究。服装数量的多少，制作工艺的优劣，被视为衡量新娘智商的尺度，步入人生的“文凭”。婚后生儿育女，年轻的母亲将全部母爱倾注于下一代。于是，小巧玲珑的童帽、童鞋、围兜、背扇等婴儿用品，一件比一件美。在这里，一套精美无比的婴儿服装成了建立新家庭的重要标志，是这位妇女人生旅途上的重要里程碑。

（原文载于《当代贵州》2005 年第 4 期）

参见拙作：《省民族服饰展结束》（《贵州日报》1989 年 3 月 24 日）、《苗族服饰的文化内涵》（《贵州日报》1989 年 10 月 7 日）、《贵州民族服饰受到中外青睐》（《贵州民族报》1990 年 3 月 5 日）、《书身上穿　文化从头看　贵州民族服饰令研究者浩叹》（《光明日报》1991 年 9 月 21 日）、《贵州民族服饰研究》（《南方文物》1993 年第 4 期）、《民族服饰中的仿生学》（《贵州农村民报》1995 年 4 月 14 日）、《贵州苗族节日服饰剪影》（《贵州民族报》1995 年 10 月 30 日）、《苗族节日服饰赏析》（《贵阳晚报》1996 年 1 月 10 日）、《琳琅满目的贵州民族节日服饰》（《群文天地》1996 年第 2 期）、《多彩的苗族节日服饰》（《贵州日报》1997 年 4 月 10 日）、《苗族服饰中的牛文化》（《贵州都市报》1997 年 1 月 11 日）、《彝族服饰中的虎文化》（《贵州都市报》1998 年 1 月 22 日）、《贵州苗族服饰》（《文化月刊》1998 年第 12 期）、《流光溢彩的贵州民族服饰》（《风景名胜》1999 年第 4 期）、《省财政拨专款征集苗族服饰》（《贵州日报》1999 年 8 月 26 日）、《中国苗族服饰库初具规模》（《人民日报》海外版 1999 年 9 月 22 日）、《贵州民族服饰》（《中国边疆民族地区文物集萃》，上海辞书出版社，1999 年 12 月）、《贵州民族服饰文化》（《当代贵州》2005 年第 4 期）、《一寨之内异彩纷呈——雷山县郎德苗寨服饰文化品赏》（《贵州政协报》2006 年 8 月 31 日）、《贵州民族服饰何以丰富多彩》（《文化广角》2018 年第 4 期）。

贮粮方式

独特的瑶族粮仓

荔波县瑶山瑶族乡境内居住3000多自称“董蒙”的瑶族村民，因其男子身穿白色马裤，人称“白裤瑶”。清《荔波县志》载：“荔波古为荒芜地，苗蛮六种，聚族而居。”其中即有瑶族先民。新中国成立前，瑶山瑶族极为贫困。1956年成立瑶山农业生产合作社，1961年成立瑶山公社，1984年成立瑶山瑶族乡。新华社播发的《瑶山人民至今仍过着贫穷落后的生活——贵州省瑶山见闻》，引起党中央高度重视，并作出重要批示：“少数特别落后地区要派大员去用心研究，切实帮助那里的人民在二三年内翻过身来。”在党中央和省、州、县帮扶下，瑶族村民生活迅速改善，粮食逐年增多，象征着财富的粮仓越来越多，其中许多粮仓是历史上遗留下来的。1998年，为便于防火，经村民会议决定，将分散在寨子四周的24座粮仓迁到寨子中间。2005年，荔波县人民政府将“瑶山仓囤群”公布为文物保护单位，并划定了保护范围和建设控制地带。

图五九　瑶族粮仓的防鼠装置

据文献记载，方体为仓，圆体为囤，仓、囤都是储藏粮食的仓库。仓顶形式多种多样，有悬山顶、歇山顶、庑殿顶、攒尖顶等多种形制。建筑材料，竹、草、木、藤、石、泥、砂、陶并用。瑶族乡的拉片村，整齐有序地排列着53座粮仓，其中仓45座，囤8座。粮仓标志着瑶族同胞的生产生活状况，一个家庭粮仓的大小标志富裕的程度。这种粮仓具有许多特点和优点。首先，它建在池塘边，水田上，且同住房保持较大的距离，有利于防火；其次，粮食存放在离地一人多高的仓楼上，有利于防潮；第三，特别重要的是，每根仓柱上都安有防鼠装置一个鼓形陶坛（图五九）或一块方形木板。装置虽很简易，效果却相当好。这种形制的粮仓具有悠久的历史。在广州市博物馆举办的历史文物展览中，有件汉代陶仓模型，其制状如瑶族粮仓。

这种形制的粮仓，如今在广大汉族地区很难看到，只在边远的贵州民族地区保留下来，成了古代粮仓的活化石。这从一个方面说明，中华民族传统文化是一脉相承的。

（原文载于《贵阳晚报》1995 年 7 月 2 日）

丰富多样的贵州粮仓

常言道：“民以食为天，谷乃民之宝。”人类需要住房，谷物需要仓库。自从人类定居下来从事农业生产，就开始修建粮仓。

贵州各族人民的贮粮方式五花八门：有的贮藏于室内，有的贮藏于室外；有的贮藏于地上，有的贮藏于地下，凡此种种，除因受地势限制不得不因地制宜贮藏粮食外，还与各族人民的生活习俗、传统文化有关。室内贮藏粮食者，有的贮于楼上，有的贮于楼下。室外贮藏粮食者，有的贮于池畔，有的贮于水上。地上贮藏粮食者，有的修建粮仓，有的编织囤箩。地下贮藏粮食者，有的横向挖洞穴，有的竖向打地窖。有的人家，将地窖挖掘在住房内，用口铁锅扣住，即便万一失火，粮食安然无恙。各族村民常将苞谷、高粱、小米之类悬挂在屋檐下，成为开放式粮仓。有的人家，则用竹编的囤箩和木制的挞斗贮存粮食，置于正房二楼上，或正房两侧的厢房里。有的就在室内一角建仓储粮，食用方便。不少人家有意将粮仓建在室外安全处，并尽量修在水池边，甚至水面上，有较好的防火、防潮、防鼠、防盗等性能。瑶族的防鼠粮仓，造型别致，设计科学，其历史至少可以追溯到汉代。

生活在风景优美的全国风景名胜区贵州荔波樟江风景名胜区内的“白裤瑶”，贮粮方式颇有实用价值、观赏价值和学术价值。首先，它修建在池塘边（图六〇），水田上，且同住房保持较大的距离，有利于防火；其次，粮食存放在离地一人多高的仓楼上，有利于防潮；第三，特别重要的是，每根立柱上都安有防鼠装置：一个鼓形陶器。装置虽很简易，效果却相当好，那“人人喊打”的东西无论怎么狡猾都爬不上去，而且，仓楼下还可以歇凉，被村民当成“凉亭”用（图六一）。1988 年，我在广州市越秀山镇海楼内由市博物馆举办的历史文物展览中看到一件汉代陶仓模型，其形制酷似瑶族的粮仓。这种形制的粮仓，如今在广大汉族地区看不到了，只有在边远的瑶族山区保留下来，成了古代粮仓的“活化石”。这从一个方面说明，中华民族传统文化是一脉相承的。

图六〇　水上粮仓，防鼠防潮

图六一　仓内储粮，仓下歇凉

居住在贵州东南部都柳江一带的苗、瑶、侗、水等少数民族村民，自古爱种糯谷，爱吃糯食。村民用古老的“摘刀”将谷穗摘下，一层层、一排排晾晒在“禾晾”上。秋收时节，“禾晾”金光闪闪，村寨一派金黄，堪称一道美景。有的“禾晾”修在粮仓附近，甚至与粮仓组合修建，形成内为粮仓外为“禾晾”的特殊形制。此类粮仓下部，若是水塘，可以放养鲤鱼；若是旱地，可以贮存木材。

围绕水井修建房子和粮仓，是苗侗村寨的基本格局，水井形同村寨的“心脏”。水井下方即为池塘。村民围绕池塘修建吊脚楼粮仓。粮仓建于池塘附近，有利于防火；而粮仓集中修建在一起，是古代集体贮粮的遗风，反映家族内部的凝聚力。

（原文载于《中国文物报》2020 年 2 月 14 日）

参见拙作：《贵州民间粮仓》（《西南工商报》1991 年 3 月 18 日）、《瑶山防鼠粮仓》（《贵州日报》1998 年 11 月 5 日）、《瑶山粮仓的独特功效》（《贵州工人报》2004 年 8 月 4 日）、《千姿百态的民间粮仓》（《民族》2007 年第 8 期）、《皇粮国税与高原粮仓》（《理论与当代》2008 年第 7 期）、《因地制宜办个粮仓博物馆》（《贵州文化遗产》2020 年第 3 期）。

摩崖石刻

贵州古代的环保碑

贵州各族人民，自古重视环境保护，长期保持善待自然的优良传统。环保碑碣，分森林保护与水利开发两大类。前者主要有“兴义绿荫乡规碑”，记“培植树木、禁止开挖”事甚详：“窃思天地之钟灵，诞生贤哲，山川之毓秀，代产英豪。”“然山深必因乎木茂，而人杰必赖乎地灵。以此之故，众寨公议，近来因屋后两山牧放牲畜，草木因之濯濯；掀开石厂，巍石遂成嶙峋。举目四顾，不甚叹惜。”于是，集众面议：“在后龙培植树木，禁止开挖，庶几龙脉丰满，人物咸宁。倘有不遵，开山破石，罚钱一千二百文；牧牛割草，罚钱六百文。”江口“梵净山禁砍山林碑”，记“严禁采伐山林、开窑烧炭、同培风水”事：“该处山场及附近四周一切山林木石，务须随时稽查，妥为护蓄，毋许僧再渔利，私招外来匪徒砍树烧炭以靖地方而护风水”。“锦屏文斗寨乡规碑”，记远近杉木，“不许大人小孩砍削，如违罚银十两”；“四至油山，不许乱伐乱捡，如违，罚银五两”；“后龙之阶，不许放六畜践踏，如违，罚三两修补”；“不许赶瘟猪牛进寨，恐有不法之徒宰杀，不遵禁者，众送官治罪。”“龙里护林防火碑”，编成顺口溜：“时值春令，草木发荣。虫物蛰动，同系生灵。放火烧山，忍付一炬？出示禁止，违拿责惩！”“平坝工官庄乡规碑”，编成民歌唱：“各种松楂杂树，禁止偷伐烧砍。寨边风水竹木，园坎柴茨更严。田园五谷瓜豆，各色小菜尤关。纵放猪牛马踏，拿获莫怪反颜。大小男女讨菜，各进各人园边。死牛烂马猪肉，挑卖莫进门间。草场戴官判断，越界割草送官。开挖后龙尤甚，田沟新旧依然。狂徒明知故犯，把头理讲莫偏。”

各族村民特别重视祖坟墓地的森林保护，将墓地古树视为祖先灵魂栖息场所，这从一个侧面反映贵州各族人民的生态意识。“都匀指伟村乡规碑”，记该村祖留坟山只能安葬族人，所有树木不准砍伐。“册亨罗氏家族护林碑”，记“自清朝以来，罗氏一门将祖茔安厝于弄房之阳”，“竟有不识之子孙，几毁伤龙脉，砍伐古树”，“故立碑以示后子孙：如有妄砍树木，挖伤坟墓者，严拿赴公治罪。”“兴义梁子背乡规碑”，记“岜埂”地方“埋有众性坟冢，历系牧牛公山”，“只许葬坟，不准开垦”，“不得开挖栽种树木”，并“立石定界”。

“一方水土养一方人”。护水历来是生存的第一要务。保护水利资源，突出表现在保护水井上。“普定马官护井碑”，记预防疾病、保护水井之乡规。“贵定木姜寨护井碑”，记布依族村民不准在井中洗衣、洗菜及放牛放马践踏水井事。“安龙阿能寨谨白碑”，记“不准在井内洗菜、布、衣，污秽水井”等。“贵定菜苗寨护井碑”，记用水乡规及处罚条款：“妇人背水，随到随背。不准洗衣、裙井内。若有不依者，罚银一两二钱。”

保护、利用、开发水资源，还反映在保护水生动物上。“赤水禁止毒鱼碑”，阴刻“禁止毒鱼”四大字。仁怀“禁止捕鱼”摩崖，额题“禁止捕鱼”，碑文规定：“左边界上至黑龙江，右边界上至偏江沟，以下至观音塘岩脚大塘”，“禁施罝罟”。遵义“严禁打鱼”碑称：“鱼虾之属原不禁民捕捉，惟拦河置网，希图一网打尽，居心未免残忍。”遵义府知府应乡民要求，“除批示外，合行出示”：“不准拦河置网，一概打尽。”正安、务川交界处的中观村，素为汉、苗、仡佬等多民族杂居区，自古有条小溪，原本鱼虾成群，后因大量“药毒网取，几无生息”。一帮饱学之士，“约集正、务绅耆公民，同心共议，禀请政府立案”，划定“放生之区”。为说明保护鱼虾的重要性，夫子们引经据典说：“太上有云，勿登山而网禽鸟，勿临水而毒鱼虾，盖物与人同：物之有雌有雄，犹人之有夫有妇；物之有母有雏，犹人之有父有子。”“天地有生物之机，圣贤有好生之德，故解网更祝颂恩惠于成汤，君赐畜牲重物命于孔圣；鳄鱼为害，韩愈曾祭以安民，涸鲋求生，庄周曾悲而决水；他如黄雀被伤杨室救而获报，蝼蚁遇困宋郊救而成名”……凡此种种，无不说明：“贪生怕死，物类虽蠢，莫不皆然。”因此，他们“愿以此与同胞大众共发善心，不至于上干天怒，以伤造物之和，庶可为太和之天地也！”

水不仅可以养人，还能提供交通之利，因此，确保水道畅通，也属环保范围。清水江畔的“锦屏‘禁筑梁以通水道’碑”称：“沿江一带，设立鱼梁，横截水面，十丈之内，竟居八九”，“江心拦阻，舟必傍岩，难免撞击。”为使清水江通航无阻，云贵总督鄂尔泰应苗民要求，出示晓谕：“江心设立之鱼梁，统限示到十日内，悉行拆毁”，“如有不法之徒胆敢抗不拆毁”，定行“严拿究处。倘土官地棍徇庇阻扰，亦即据实详参拿究。”

（原文载于《中国文物报》2005年6月3日）

贵州崖壁书画大观

汉字起源于绘画，书画自古是一家，这在贵州可以找到许多生动的例证。

山地面积占97%、岩溶地貌占62%的贵州，山多崖壁多，为人类在崖壁上题字作画提供了得天独厚的自然条件。从黔山大地数量众多的崖书岩画和摩崖造像，可获知古代贵州岩质书画的诸多信息。

崖书亦称壁题，即在天然崖壁上题字。关岭花江河畔的汉元洞壁题，以笔书写“汉元洞”“汉元门”“大汉元年”“查山遗民”等等，且题写七绝一首：“崖前流水无人看，洞上碧桃花自开。东望蓬莱三万里，等闲去时等闲来。”在黄平西堰“写字崖”上，前人以赭、黑两色书写“易长成人”“长命富贵”“星辰开泰”“禄马扶持”等吉祥语，实为崖崇拜的一种表现。思南“不舍昼夜”行书墨题，为明万历年间担任云南左参政的理学家、里人李渭所书。印江“老鼠抠仓”壁题，墨书诗句14行，记明末“安奢之乱”事，内中有句：“奢夷作叛是庚申，衅动西南围贵城。高官殁于西贼首，钱粮用费万倍金。”长顺来远“写字崖”的众多壁题，始于明洪武元年（1368年），终于民国十九年（1930年），562年间，题写诗词20余首。多为写景抒情之作，其中书于清康熙二十六年（1687年）的一首七律为：“小鳌舟上依石边，澄澄碧水映长天。两岸乳鸦眠石竹，一池皎月坠金莲。僧倦夕阳惊梦鹤，士怜芳草傍啼鹃。此日好景知多少？山径静处水总闲。”

贵州岩画所在多有，目前已发现六枝桃花洞岩画，兴义猫猫洞岩画，安龙七星洞岩画，关岭“马马崖”岩画和牛角井岩画，开阳“画马崖”岩画，贞丰“七马图”岩画，紫云打鼓洞岩画，长顺龙家院岩画和狮子山岩画，册亨郭家洞岩画，镇宁乐红村岩画，丹寨银子洞岩画，息烽大塘口岩画，西秀“画马崖”岩画和毛栗坡岩画，龙里巫山岩画等数十处。贵州岩画具有完整的文化系列，是贵州社会发展的真实写照。

人类最早住在山洞里，长期以狩猎为生。六枝桃花洞岩画绘有围猎场面。桃花洞原名“逃荒洞”，曾为逃荒者栖息之所。而在遥远的古代却是原始人类的“家”，出土许多石器时代的文化遗物，已被列为省级文物保护单位。崖岩分布于洞口崖壁上，以赭色涂绘人、鸟、兽等图像。从人物动作及鸟、兽位置分析，颇似一幅围猎图。

在很长一段历史时期内，人们过着游移不定的放牧生活。关岭“马马崖”岩画对此有生物描绘。“马马崖”因绘有众多马匹而得名。现仍明显可见8个人、4匹马、1条狗、1只鸟及其他一些图像。纵观全画，似为一幅放牧图：年轻力壮的牧民，跃马扬鞭，奔跑在前。其后马群紧跟。男孩追随大人外出放牧，情态欢跃。妇女留在住地，不能上山的女童，陪伴家人，作舞蹈状。

贵州各族人民的祖先，早已从事农业生产。古代农耕情形在长顺“红洞”岩画上清晰可见。“红洞”为一天然溶洞，因其内外绘有大量红色图像而得名。此处岩画的最大特点是画有太阳、田园、人扛犁和其他农具等。人物头戴斗笠，农夫肩扛农具，四周大片田园，显然农耕图画。

在“地无三里平”的贵州高原上，驮马向为主要交通工具。贞丰“七马图”正是山区常见的运输场面。“七马图”绘于岩石嶙峋、山路崎岖的花江河畔。黑线白描，画马 7 匹，朝同一方向奋力攀登。背上均有货架，十分接近现实生活。

贵州系列岩画，除反映社会生产还反映社会生活、精神生活。开阳“画马崖”岩画，堪称民族风情的历史画卷。“画马崖”岩画位于南明河下游清水江畔，分大崖口、小崖口两处，相距 300 余米。两处共绘画人、马、树、洞、仙鹤、小鸟、太阳、星星、山路、乌云等图像 150 余个。悉以赭色涂绘，图像大小有别。通观两幅画面，人、马几乎朝同一方向行进，似乎表示人们在旭日东升之际，或骑马，或步行，前往同一地点。途经曲折山路，时而穿越山洞。到达时，有人迎接，继而对饮。众人围成圆圈，携手集体跳舞，气氛十分热烈。当地向为苗族聚居区，岩画描绘的可能是民族节日活动场面。

关岭板贵乡牛角井一带，绘画有许多“飞人”图像。与省内其他岩画相比，具有三个特点：第一，采用线绘，不用涂绘；第二，均以个体出现，彼此似无联系；第三，人物双手高举，作奋力腾飞状，可理解为向天祈祷，含有宗教意味。若是，乃精神生活的反映。

众多岩画，作者不详，年代不明，文献几无记载。唯一有载的是《续修安顺府志》对毛栗坡岩画的吟咏：“此马何人画？空山岁月长。更无金市情，独立饱风霜。无浑羁勒绊，顾视想神行。应笑盐车下，嘶鸣向围人。衰草秋风里，无由遇伯阳。昂头何所冀？或尚想腾骧。终是山林好，还为战骑愁。凌烟无觅处，羡尔独千秋。”

利用崖壁或洞壁，雕凿人物、动物，特别是佛、菩萨、神仙、道士等形象谓之“摩崖造像”。应将此类石雕作品视为岩画的延伸和发展。其发展轨迹大概是：一、线绘；二、线刻；三、低浮雕；四、高浮雕；五、圆雕；六、透雕。目前已发现的摩崖造像，主要有赤水葫市摩崖造像，石鹅嘴摩崖造像，两会水摩崖造像，习水袁锦道祠摩崖造像，遵义明阳洞摩崖造像，金沙观音洞摩崖造像，兴义菩萨洞摩崖造像，贞丰神仙洞摩崖造像和平街摩崖造像，普安观音洞摩崖造像，册亨观音崖摩崖造像，施秉华严洞摩崖造像等等。赤水、习水、金沙等地的摩崖造像，与川南一带的摩崖造像风格基本相同，且多与川盐运输有关，强烈反映古人对盐路畅通的殷切期望。

还有一些作品，采用线刻手法塑造人物形象，如织金宾兴洞线刻吕洞宾立像，作手持拂尘、身背宝剑、足踏祥云形状。福泉张三丰线刻立像，头系华阳巾，身着道袍，足蹬草鞋，两手平叠于胸前。时代最早的线刻作品，当首推习水三岔河“捕鱼图”（图六二），阴刻渔舟、鸬鹚、游鱼、斧、阙等图像，据专家考证，刻于三国时代，证据是，在画幅附近凿有几口崖墓，其中一口外壁镌刻“章武三年七月十日，姚立从曾意，买大父曾孝梁石一门，七十万毕。知者廖诚。杜六葬姚胡及母。”赤水官渡崖墓附近，阴刻卧人、房屋、田园、农具、战车、弓箭等图像。从画风分析，当在千年以上，时代大概上自东汉，下至六朝。

贵州还有一些崖刻，也可称为“岩画”，将绘画与书法融为一体，颇富诗情画意。仁怀怀阳洞，阴刻“梅树老干虬枝梅花绽开”图，画幅高 1.2 米，宽 2.5 米，离地 3 米。图左竖向楷书阴刻五言诗一首：“老干负殊质，寒香无媚姿。孤高自成品，未许俗人知。”时任仁怀知县崔柬作于光绪十二年（1886 年）。

也许有人会说，这不能称之为“岩画”。所谓“岩画”是指文字诞生前原始人类留在崖壁上的作品。我不完全赞同这种说法。因为任何事物都有一个发生、发展的过程。贵州各族人民的祖先，并不永远停留在一个发展水平上，他们总是随着社会的进步而不断发展岩画艺术。贵州高原拥有一部卷帙浩繁的岩画艺术发展史。

因此，笔者认为，岩画有狭义与广义两个概念。狭义的岩画，仅在崖壁上作画，而广义的岩画，除作画外，还有摩崖造像、摩崖刻字、题诗题词。即使狭义的岩画，也有线绘、涂绘、线刻等多种。至于年代，并非越古越好，似乎只有原始人画的才珍贵。其实不然，作为历史文化遗存的岩画，是一定社会发展阶段的记录，各有各的历史地位，很难以年代早晚评论高下。贵州岩画好就好在全面系统地反映贵州社会发展的各个阶段，社会生产、社会生活的各个方面，形成相当完整的文化系列。

暂时抛开摩崖造像、摩崖刻字、壁书壁题等高级阶段的崖书岩画不说，早期贵州岩画，即很有研究价值。提出几点看法，求教于专家学者。

图六二　捕鱼图岩画拓片

一、贵州已发现的多处岩画，有的只绘单个人物，这是贵州岩画的一大特点。动物图像，以马居多，反映当地处于崇山峻岭之中，山间林径，马是主要交通工具。贞丰“七马图”，马背都有货架，俨然一队马帮，正是贵州山区生活的写真。

二、贵州岩画多集中在整块崖壁上，不似其他地区散刻或散绘于大小山石上，彼此相隔较远，内容不相关联。贵州岩画在同一画面上人物较多，似在表现某一主题。如大、小崖口所绘的大幅岩画，众多图像风格一致，行进方向也基本相同，明显出于一人之手。从画面分析，是经过刻意构思的绘画，表现当地当时的一种生活情景。大崖口岩画中的太阳，用于表示白天或有一个晴朗的天气，同外省有些地区岩画上的太阳、星辰作为崇拜对象是有区别的。可以说，从已发现的贵州岩画看，写实精神比较突出。

三、贵州岩画中，至今见到的家畜图像，多为马与狗，鲜见牛与羊，而在其他地区的岩画上，牛、羊是最多的。这多少反映当地的饲养情况。贵州自古即为产马地区，所产之山地马耐力极佳。历史上各级土司进贡土产方物，素以马匹为大宗。

四、贵州岩画的年代，目前还难以准确断定，总的看来，时代不会太早。如关岭花江岩画中的马匹，形状逼真，鬃毛、马蹄显似近代画法，人物穿着及装束，在今少数民族中还可找到类似者。但有的岩画却又原始粗拙，如以双腿表示人形。估计，在贵州高原，岩画下限可能相当于明清时期，而上限则难以确定。

五、贵州岩画多以天然颜料涂绘，且以赭色居多。这种颜料，虽经河水淹浸，图形依然如故，色彩经久不变。研究其化学成分，可为当今绘画着色提供实物资料。

（原文载于《贵州美术》2003 年第 1 期）

历史上的“龙源”本意

明代贵州宣慰使司宣慰使安国亨，为什么要将“顺德夫人”摄贵州宣慰使司宣慰使奢香始建于洪武年间的修文“蜈蚣桥”改称“龙源桥”？为什么要在修文阳明洞镌刻“阳明先生遗爱处”、在玩易窝镌刻“阳明玩易窝”摩崖石刻署名“龙源安国亨书”？为什么在给安邦母子捐资修建的“水西大渡河桥”撰写建桥碑记时，要赫然署名“贵州宣慰使司亚中大夫宣慰使龙源安国亨道隆甫撰文”？

“王回渡”的摩崖石刻

2003 年 3 月 26 日下午，我在乡干部的带领下，寻着崎岖山路，来到开阳县与遵义市遵义县（今称播州区）、黔南布依族苗族自治州瓮安县交界处的乌江峡谷作田野调查，在开阳县与瓮安县交界处的乌江“王回渡”开阳一侧，考察两块摩崖石刻（图六三）。其中一块竖向楷书阴刻《济王回渡》诗一首：“古渡雄关海岳收，澄清今济木兰舟。循源望入银河去，直北长安天际头。明万历壬辰岁仲夏七日，龙源主人安国亨题。”另外一块，楷书阴刻七言诗一首：“冠盖同登万里澄，王回气概自今增。吾生幸际明时久，自愧无才报未能。”系“启吾高汝吉书”，刻于“壬辰岁仲夏”。摩崖石刻所在的巨大石头，估计原本在山上，不知何时滚落到乌江河畔。

明万历壬辰岁仲夏七日，为明万历二十年五月初七（1592 年 6 月 16 日）。“龙源主人安国亨”，即贵州宣慰使司宣慰使安国亨。“启吾”题诗前，上款阴刻“从主君渡王回，感而赋此”。由此得知，“启吾”在“安家洞”的壬辰岁题诗，同样镌刻于明万历二十年（1592 年）。“启吾”是谁?

值得注意的是，安家洞内“壬辰岁夏槐亭陈君”的题诗，不仅同样镌刻于明万历二十年（1592 年），还表明是多年担任贵州宣慰使司高官“幕魁扯事”的陈恩所为。陈恩，字“槐亭”，与安国亨曾于明万历二十年（1592 年）为安邦母子捐资修建的“水西大渡河桥”撰写《水西大渡河建石桥记》建桥碑记，“贵州宣慰使司亚中大夫宣慰使龙源安国亨道隆甫撰文”，“属下长官槐亭陈恩篆额”，“典史玉峰李孟麒书丹”。建桥碑记两通，分别用汉文、彝文镌刻。彝文 24 行，共计 1972 字，记“妥阿哲”（汉文史籍称“济火”）部彝族支系于蜀汉建兴年间（223～227 年）迁入水西地区后的历史沿革、

图六三　考察“王回渡”摩崖石刻（何先龙提供）

文治武功、疆域范围及风俗习惯等内容。建桥事由称：当夏天来临，大河泛滥成灾，鲤鱼翻身跃，大蟒搅动洪水，危害人畜。江涛飞涓四溅，河里起了雾罩，阻牲畜往来，断租赋进路。水涨水泛滥，人马受阻，住在沿河两岸的民众被水冲走，为患太甚啊！“阿格”（安邦生母）深思：修桥通道，为善盛名，扶助黎民，使其有所繁衍，有利于子孙万代。步先贤之迹，为善修建桥。从此，租赋有进路，人行康庄道，子孙增寿龄。“安家洞”内“龙源小洞天”摩崖石刻，虽未镌刻落款，但可肯定，是安国亨与陈恩、高汝吉等同僚游览“安家洞”时刻于明万历二十年（1592年）。

安国亨，彝族女杰“奢香夫人”的后裔，承袭贵州宣慰使司宣慰使。明隆庆二年（1568年），因“擅兵仇杀”被革。为复官职，多次向朝廷进贡马匹、捐献大木，“乞还冠带”（即请求恢复职务）。在安氏诸多宣慰使中，安国亨是汉文化水平较高的一个。他不仅能诗善文，治政也较开明。史书记载:“令夷酋开垦，劝以农桑，察下贫者，亨必赋牛具种子”，颇得民心。有人根据某些史书的片面记载，把他视为“坏人”，全盘否定，有失公允。安国亨去世后，安葬在今大方县六龙镇凰山村南1.5千米母鸡山。由于年久失修，仅残存封土，底径4米许，高约1.5米。对于这样一个重要历史人物，其墓理应加以保护，供后人瞻仰凭吊。

陈恩，祖上系汉人。传为陈友谅三弟陈友德的六世孙。陈世家族历代在贵州宣慰使司内担任要职。陈恩接连辅佐安国亨及其两个儿子安疆臣、安尧臣和孙子安位，长达三四十年，明万历四十四年（1616年）去世，葬于今大方县六龙镇凰山村南1.5千米母鸡山。墓碑正中竖向楷书阴刻“罗甸国更苴总理两班幕魁扯事无为道人槐亭陈公府君墓”。此处“无为道人”与安国亨在《水西大渡河建石桥记》中的“道隆甫”，表明他俩笃信道教。明代许多皇帝信奉道教。道教主张“无为而治”。执迷道教的万历皇帝朱翊钧，一心热衷木工技艺，多年未上朝理政。

高汝吉，字“启吾”，系“大方衙冠带白莫”。“白莫”又写作“毕摩”“笔磨”“呗耄”，均为彝族口语，意为“觋爸”“觋波”。所有彝族“毕摩”，熟悉彝族文字，通晓彝族经典，实为彝族巫师。古代一些大牌“白莫”，参与土司理政。“冠带白莫”高汝吉，陪伴宣慰使安国亨横渡乌江，赋诗唱和，摩崖题刻，以为纪念，足见地位委实不低。

“水东”陈迹

安国亨在修文、开阳、息烽等地，留下许多历史陈迹，从中可知古代“水东”与“水西”有着十分密切的关系。今贵阳市属的修文、开阳、息烽三县部分地区，历史上曾为彝族土司管辖，习称“水东”。与此对应的“水西”，其腹心为大方、黔西、纳雍、织金、水城一带。大方（一度称“大定”）长期为彝族土司统治中心。元至元二十年（1283 年）于此设置“亦溪不薛宣慰司”。“亦溪不薛”，蒙古语音，“水西”之意。明初改“水西宣慰司”为“贵州宣慰司”。明末清初发生“安奢之乱”后，复为“水西宣慰司”。建制无论怎样变化，水西地区都是彝族土司掌权，其下属民以彝族为主。而水东地区，除彝族外，还有布依族、苗族、汉族等众多民族。

安国亨在今贵阳市境内留下不少古迹。在修文，除留下“龙源桥”外，还有几处摩崖石刻及题诗。“龙源桥”，原名“蜈蚣桥”，因位于蜈蚣坡下而得名，始建于明洪武十九年（1386 年），为摄贵州宣慰使司宣慰使“顺德夫人”奢香率众开辟“龙场九驿”之重要津梁。万历年间，安国亨重修，改名“龙源桥”。南北向，横跨花桥河。三孔石拱桥，长 40 米，宽 11 米，单孔净跨 9 米，矢高 5 米。桥面石板铺墁，两侧设置望柱栏板，两端设置抱鼓石。桥头立有《建十桥碑记》碑、《重修十桥碑记》碑。前者青石质，方首，高 1.5 米，宽 1.5 米，厚 0.25 米。首题“建十桥碑记”5 字，每字 0.3 米见方。碑文楷书阴刻，18 行，满行 36 字，共计 600 余字。记“水西十桥乃贵州宣慰使安氏父子……奏建。桥有十，曰蜈蚣，曰秀水，曰麦稼等，皆先宣慰为之。自成化己丑始事，至丙午迄功，历事以三。”立于明正德六年（1511 年），今已断为数截。后者又称《重修龙源桥碑记》碑，青石质，方首，高 1.8 米，宽 1.1 米，厚 0.15 米。首题“重修十桥碑记”6 字，每字 0.3 米见方。碑文楷书阴刻，12 行，满行 22 字，共计 230 余字。记安观、安贵荣修建“水西十桥”后，万历年间安国亨建龙源、乌庄、乌西、大渡、西溪、阁雅等十座石桥事。明万历十九年（1591 年）二月重建，二十一年（1593 年）四月竣工。立于万历二十一年（1593 年），今已断为数截。

在修文阳明洞洞口上方的摩崖石刻是“阳明先生遗爱处”。落款为“贵州宣慰使龙源安国亨书”，题于明万历十七年（1589 年）。安国亨在阳明洞内题诗两首，其一为：“忆昔有贤哲，鲁来采翠微。窅然洞还汨，可怜人累非。树昏寒鸟集，云湿雨龙归。想象空山里，残碑生绿衣。”题于明万历十八年（1590 年）。其二为：“驻马空林下，耽山此地偏。有心天不夜，无雨昼飞泉。云鹤青天杳，溪鸥白日眠。苍生封古字，踪迹芪前贤。”题于明万历十九年（1591 年）。在“玩易窝”的摩崖石刻是“阳明玩易窝”。其下题诗一首：“夷居游寻古洞宜，先贤曾此动遐思。云深长护当年碣，犹似先生玩易时。明万历庚寅龙源安国亨书。”万历庚寅即万历十八年（1590 年）。所谓“玩易窝”，得名于王阳明因反对宦官刘瑾，被梃杖四十，谪为龙场（今修文）驿丞，于正德三年（1508 年）来到贵州龙场（今修文），居无处所，在天然溶洞内埋头研究《易经》。

安国亨在息烽西望山留下的文物古迹，民国年间还有一块石碑，如今只存记载了。据历史文献记载，西望山的佛寺建筑最早出现于明洪武年间。明代西望山，归“水西”安氏彝族土司管辖。万历六年（1578 年），安国亨曾对寺庙重加修葺。

安国亨是个什么样的历史人物，我大体知道一些。但为什么他要在其名字前加上“龙源”二字，百思不得其解。查阅《大定府志》《水西安氏本末》《大方县志》，不明就里。请教奢香娘家后裔、著名彝族民族学家、贵州省民族研究所前所长余宏模先生和历史学家、贵州省博物馆前副馆长谭用中先生，都说“搞不清楚”。古人在其名字前加上前缀词，通常是别名、字号、职务、籍贯之类。“龙源”显然不符合上述条件。到了“王回渡”（有的史书写作“王槐渡”），看到“龙源主人安国亨”，终于明白，“龙源”是安国亨的书斋名，习称“室名”。同时知道“安家洞”摩崖石刻中的壬辰岁是明万历二十年（1592年）。此事让我感悟到：做文物保护工作，不仅要查阅历史文献，还要做田野调查。许多历史问题，通过田野调查，可以找到打开迷宫的钥匙。

“龙源之谜”算是解开了，但“根据地”在水西的安国亨，为什么要到远在水东的“王回渡”来“游山玩水”？此地山水一点都不好玩。“王回渡”与“安家洞”之间，山路陡峭，诚如民谚所说：“上坡难上坎，下坡脚打闪。”安国亨到这样的地方来考察，究竟为哪般？可能是“视察水道运输”吧。有史料记载，为恢复职务，他多次给朝廷进贡大木。木材未到，奏折早达。喜欢做木工的万历皇帝接到奏折自然十分高兴。但随后并未收到木材，岂不生气？

原来是，安国亨由乌江放下大木，尚未漂到涪陵，中途就被对手捞上岸，抬走了。有记载说，鼓动他进贡木材的人，事前通报同伙，等木材漂到涪陵，就将木材拉上岸，故意陷害安国亨，人为制造“欺君罪”。因此，有人认为，安国亨因“擅兵仇杀”被革职后，虽多次向朝廷进贡马匹、捐献大木，“乞还冠带”，终未如愿。但我认为，他敢于在修文阳明洞题写“阳明先生遗爱处”时写上“贵州宣慰使龙源安国亨书”；在《水西大渡河建石桥记》写上“贵州宣慰使司亚中大夫宣慰使龙源安国亨道隆甫撰文”，其职务应该是恢复了。如果真的没有复职，岂敢自称“宣慰使”？

（原文载于《贵阳文史》2022年第4期）

参见拙作：《彝文古碑》（《贵州日报》1981年10月24日）、《云雾茶与抗贡碑》（《贵阳晚报》1982年1月5日）、《国家文物局拨款在大方县修建彝文碑廊》（《贵州日报》1982年4月19日）、《南明时期的珍贵文物——“明十八先生成仁之处”碑》（《贵州日报》1983年10月14日）、《雷公山下婚规碑》（《贵阳晚报》1994年12月17日）、《镇远出土纳西名宦纪功碑》（《贵州都市报》1998年6月18日）、《黔山古碑石头书》（《中国文物报》2000年4月2日）、《迎红桥头丰乐碑》（《贵州日报》2000年12月15日）、《千岁衢碑》（《贵州日报》2001年5月7日）、《古碑荟萃三门塘》（《贵州民族报》2001年12月13日）、《贵州古代环保碑》（《贵州民族报》2005年6月3日）、《贵州历史上的乡规民约碑》（《贵州政协报》2005年6月30日）、《古碑——见证侗寨历史》（《中国民族报》2005年10月21日）、《贵州碑刻拾趣》（《贵阳日报》2006年1月25日）、《贵州思南发现优待考生碑》（《中国文物报》2007年6月27日）、《抢救保护“皇粮国税”古迹碑》（《贵州日报》2007年9月24日）、《贵州发现一批禁赌碑》（《中国文物报》2007年10月17日）、《在梵净山读古碑》（《铜仁日报》2011年12月3日）、《镇远渡口碑刻》（《黔东南日报》2016年2月29日）、《乾坤入钓竿——李烈钧的一处摩崖题刻》（《中国文物报》1994年5月29日）、《三岔河摩崖》（《中国边疆民族地区文物集萃》，上海辞书出版社，1999年12月）、《华严洞摩崖》（《中国边疆民族地区文物集萃》，上海辞书出版社，1999年12月）、《贵州高原的摩崖石刻》（《贵州文物工作》2001年第2期）、《镇远吴王洞摩崖》（《贵州日报》2002年7月22日）、《弥足珍贵的土司摩崖》（《贵州日报》2003年4月25日）、《罕见的贵州宋元摩崖》（《贵州民族报》2003年7月21日）、《贵阳境内的明代土司摩崖》（《今日贵阳》2003年第9期）、《土司摩崖与“则溪”文化》（《当代贵州》2003年第11期）、《黔山摩崖题诗大观》（《贵阳日报》2005年8月26日）、《㵲阳四洞摩崖石刻中的“虎文化”》（《贵州都市报》1998年2月14日）、《贵州高原的摩崖石刻》（《贵州文物工作》2001年第2期）、《摩崖石刻中的桥文化》（《新报》2002年11月7日）、《珍贵的元代摩崖石刻》（《新报》2004年3月7日）、《珍贵的彝族土司摩崖石刻》（《贵阳日报》2004年4月8日）、《青龙洞的摩崖石刻》（《贵阳日报》2004年12月3日）、《对摩崖石刻遗迹不可轻易加工》（《贵阳日报》2006年9月4日）、《黔山大地的石头书——记贵州的摩崖石刻和岩画》（《民族》2007年第6期）。

传统工艺

贵州的造纸文化

造纸不仅是文化，而且是文化中的文化。贵州的造纸文化，在全国占有突出的地位。

造纸术是我国的“四大发明”之一，但作为古代造纸技术的物证、古老文明的遗存，保留下来的已为数不多了。1982年，有关部门组织一个包括传统造纸技术在内的“中国古代传统技术展览”，在世界闻名的加拿大多伦多科学中心表演，来自世界各地的观众100多万人。外国朋友称赞造纸表演“就像变魔术”，把造纸工人誉为“魔术师”。造纸工人和设备来自苗族聚居的丹寨县石桥村，工人名叫杨大文，造纸设备后来被中国国家博物馆收藏。石桥苗族村民，向来有用“构皮树”（即楮树）的树皮制造白皮纸（白绵纸）的优良传统。

用树皮造纸，古已有之。《后汉书·蔡伦传》载：“用树肤、麻头及敝布、鱼网以为纸。”最佳“树肤”便是“构皮”。《本草纲目》载：“蜀人以麻、闽人以嫩竹、海人以苔、吴人以茧、楚人以楮为纸。”用“构皮”造纸，须经十余道工序，用专业术语来说是：剐皮、晒干、蒸煮、河沤、漂白、漂洗、选料、扬清、碓打、袋洗、兑水、打槽、兑料、抄纸、榨干、晒纸、揭纸、打捆。其中多道工序离不开水。石桥使用的水碓、碓杆、水轮、曲柄轴，与《天工开物》所绘图像如出一辙。苗族民间流传的《造纸歌》《找书找纸歌》，歌唱历史上苗族先民制造“竹纸”“绵纸”（白皮纸）及造纸工具、工艺等，是客观历史的真实反映。白皮纸，被苗族村民主要用于剪裁刺绣图案、祭祀用品（如“保爷”“山神”“口嘴”“花竹”“花树”“花桥”“花幡”）和包裹盛装银饰等等，其社会功能独具民俗文化价值，是苗岭山区特有的服饰文化、婚恋文化、丧葬文化、祭祀文化等民俗文化赖以生存的重要条件。石桥古法造纸设备（图六四）及工艺，是特殊的自然环境与独特的民族风情有机结合的产物，早在20世纪80年代就已被公布为省级文物保护单位。最近，有关部门拟将石桥古法造纸工艺申报为国家级非物质文化遗产名录。

除丹寨石桥外，乌当、盘县、六枝、印江、兴仁、普安、广顺、铜仁、贞丰、荔

图六四　丹寨石桥造纸作坊

波等地，迄今还用传统工艺造纸。

乌当区新堡布依族乡陇脚村，从明代到今天一直生产纸。主要原料为竹子。设备有水碾、纸甑、浸泡池、纸槽、纸床、木榨、纸焙等。清代末年、民国初年达鼎盛时期。现存作坊46户，皆为布依族村民。今以“香纸沟”的名义，被开发为民族风情旅游景点。“香纸沟”造纸工艺，已申报国家级非物质文化遗产名录。

盘县老厂镇老厂村及周围村落，从清代以来，以竹子为原料造纸。悬浮剂原料为罗汉松树根、猕猴桃茎与根、桦树叶等。主要设备有浸泡池、破碎机、石砌纸甑、脚踏碓、纸槽、纸床、木榨、纸焙等。其主要特点是匠人以木槌捣料。

盘县羊场布依族白族苗族乡九村、纳木等村寨，从清代以来生产白皮纸。主要造纸原料为楮树皮，悬浮剂原料为罗汉松树根，设备有木槌、脚踏碓、石砌纸甑、纸槽、纸床、木榨、纸焙等。现存作坊约300户。

六枝特区堕却乡龙潭村，从清代以来一直在造纸。主要造纸原料为竹、麻秆等，设备有碾盘、料池、窑锅、抄子、帘子等。现存作坊300余户，分布在5平方千米范围内的10余个自然村寨中。

印江县合水镇合水村白皮纸生产始于明末，清代闻名一方。合水生产的白皮纸，是“思南斗篷印江伞”必不可少的材料。主要原料为楮树皮，设备有水碓、石砌纸甑、纸槽、纸床、木榨、纸焙等。特点是捣碎原料使用水碓，蒸料使用三连体的石砌纸甑。现存作坊数十户。

兴仁县龙场镇三道沟，从清代以来生产纸。原料为竹子，主要设备有脚踏碓、纸甑、纸槽、纸床、纸焙等。现存作坊 30 多户。

普安县楼下镇水箐村，从清代以来生产草纸。尚存数个排列有序的圆形化浆池，直径 2.6 米，深 1.5 米。

都匀市杨柳街镇黄河村造纸作坊分布在河谷山林中，原名“百家厂”。主要以木、竹为原材料，用土法生产白纸、毛边纸。

广顺县改尧镇翁贵村，清初已生产纸，繁荣于清末民初。主要原料为麻、竹，生产绵纸及竹纸，设备有浸泡池、纸甑、脚踏碓、纸槽、纸床、木榨、纸焙等。家庭住房兼作坊。现存作坊 5 户。

上述造纸作坊，多已被公布为不同级别的文物保护单位，受到了妥善保护。

（原文载于《当代贵州》2005 年第 21 期）

白皮纸中的苗文化

白皮纸在苗文化中占有特殊的地位。譬如苗族刺绣，必先剪纸，用的就是白皮纸。再如苗族银饰，需要包装，用的也是白皮纸。以蜡染、刺绣、银饰构成的苗族盛装，用过之后，需要妥善保存，绝对离不了白皮纸。据说，苗族盛装只有用白皮纸包裹保存才不至于生虫。而在“鼓藏节”“扫火星”“过苗年”等祭祀性节日中，更要用白皮纸剪裁各种据称具有“灵性”的吉祥物、辟邪物。有人说，如果没有白皮纸，苗文化将不会如此绚丽多彩，这是很有道理的。

苗岭山区苗族村民使用的白皮纸，是苗族工匠自己生产的，最著名的白皮纸产地是黔东南苗族侗族自治州丹寨县的“石桥”。石桥这地方，1983 年我去过，任务是对白皮纸作坊的设备和工艺进行考察，为公布省级文物保护单位做准备，1985 年完成了任务。20 多年过去，印象历历在目。

一个“作坊”，从其称谓，不像文物。然而，“丹寨石桥白皮纸作坊”确实具有文物价值。众所周知，造纸术是我国引以为豪的“四大发明”之一，但作为古代造纸技术的物证、古老文明的遗存，为数已经不多了。所幸贵州省东南部一个苗族寨子——丹寨石桥居然还保留着类似汉唐时代的造纸作坊。也许有人会说，在高科技飞速发展的今天，“那都是过时的古董了”。其实不然，用传统工艺和设备生产的白皮纸，如今在民用和军工上，特别是在苗族社会生活中，还是供不应求的商品。古老的生产工艺仍然具有顽强的生命力。国际上对白皮纸生产传统工艺颇为欣赏者大有人在。1982 年，有关部门曾组织一个包括传统造纸技术在内的“中国古代传统技术展览”，在世界闻名的加拿大多伦多科学中心表演了几个月，来自世界各地的观众竟达 100 多万人。外国朋友称赞造纸表演“就像变魔术”，把造纸工人誉为“魔术师”。在多伦多科学中心操作表演的技术工人和传统设备，来自遥远的贵州省丹寨县石桥村。

石桥一带，漫山遍野生长着当地人称为“构皮树”的楮树，其皮是生产白皮纸的上等原材料。树皮造纸，古已有之，《后汉书·蔡伦传》载：“用树肤、麻头及敝布、鱼网以为纸。”《本草纲目》载：“蜀人以麻、闽人以嫩竹、海人以苔、吴人以茧、楚人以楮为纸。”苗族先民长期居住在楚地，至今还保留许多“楚风楚俗”，是研究古代楚国“巫文化”的理想之地。

苗族是较早养蚕的民族，丝织品在苗族中普遍应用。当地苗族丧葬习俗，素以丝绸殉葬。若无丝绸，则用白皮纸。石桥生产的白皮纸，被苗族村民主要用于剪裁刺绣图案、祭祀用品，如“保爷”“花竹”“花树”“花桥”“花幡”“清明”“小山神”“口嘴标”（图六五）和包裹盛装银饰等等，其社会功能独具民俗文化价值，是苗岭山区苗族村民特有的服饰文化、婚恋文化、丧葬文化、祭祀文化等民俗文化赖以生存的重要条件。石桥古法造纸设备及工艺，是特殊的自然环境与独特的民族风情有机结合的产物。

石桥位于丹寨县北部，因一座天然石拱桥连接河岸山崖而得名。造纸作坊即在天然石桥 50 米外“大崖脚”石壁下。石壁宽约百米，高约 80 米。石壁前倾，上丰下俭，可避风雨，是一座极好的天然厂房。用“构皮”造纸，须经十余道工序：剐皮、晒干、蒸煮、河沤、漂白、漂洗、选料、扬清、碓打、袋洗、兑水、打槽、兑料、抄纸、榨干、晒纸、揭纸、打捆。其中多道工序离不

图六五　白皮纸制成的“口嘴标”可用于辟邪

开水。而水又是石桥的一大优势。此地水源极为丰富。由于苗岭主峰“雷公山”森林茂密，竹木葱茏，溪水、山泉终年不竭。在生产白皮纸全过程中，除河沤、漂洗、扬清、袋洗、打槽、抄纸等道工序需大量用水外，苗族村民还用水力冲碓，用水碓打料。有的槽户就在河岸上、崖脚下、山洞里，架锅、建槽，利用天然水源制料、抄纸。石桥水质特别好：水中含有碱，有利于漂白，这也是丹寨白皮纸质量优良的一个极为重要的先决条件。石桥不仅生产白皮纸，还生产彩色纸，其中彩纸又分为云龙纸、皱褶纸、凹凸纸、压平纸、花草纸、麻丝纸等系列。由于石桥白皮纸运用手工操作，工艺独特，纸质优良，具有韧性强、光泽好、吸水性强等优点，深受国内外青睐，远销东南亚、澳大利亚和西欧。

石桥苗族村民沿用古法生产白皮纸，其工艺流程与《天工开物》的图解基本一致。专家认为，石桥使用的水碓、碓杆、水轮、曲柄轴等，与《天工开物》如出一辙。因此，一些主要设备，已被中国国家博物馆收藏。石桥白皮纸制作技艺，已被国务院公布为第一批国家级非物质文化遗产名录。

在贵州高原上，许多地方的文物古迹与自然风光、民族风情紧密结合，构成精彩迷人的亮丽景点。石桥白皮纸作坊正好坐落在山清水秀的苗岭山区，热情好客的苗家山寨，神秘美妙的“石桥”两侧，犹如世外桃源。有关部门打算在此筹建一个以民族自然村寨和传统造纸技艺为主要特点的“露天民俗博物馆”，使民族村寨与古老文明交相辉映，协调发展，相得益彰，真是一个好主意。

（原文载于《贵州日报》2010 年 4 月 9 日）

水族的金石文化

“金石学”是一门古老的学问，据说是中国考古学的前身。宋代人赵明诚，写有一本名叫《金石录》的书，收录所藏金石拓本 2000 多种，上起三代，下至隋唐五代，凡三十卷。金石学研究的对象主要是古代铜器和石刻，故名。

水族是个古老的民族，是拥有文字的为数不多的少数民族之一。在我国 56 个民族中，只有 17 个民族有自己传统的文字，水族的“水书”是其中之一。“水书”是类似甲骨文和金文的一种古老文字符号，记载水族古代天文、地理、宗教、民俗、伦理、哲学、美学、法学等文化信息，被誉为象形文字的“活化石”。水族文化研究专家认为，与夏陶符号、甲骨文、金文有内在联系的“水书”，是“象形文字的最后领地”。

据 2000 年人口普查，全国水族人口 40 多万人，贵州境内近 37 万，占全国水族人口的 90.8%。水族主要分布在黔南与桂北毗邻的龙江、都柳江上游地带，即贵州省的黔南布依族苗族自治州、黔东南苗族侗族自治州以及广西壮族自治区北部的河池地区。贵州三都是全国唯一的水族自治县，水族人口接近全国水族总人口的一半。

水族自称“虽”，由古代百越族群的一支——“骆越”发展而来。秦汉以前，水族住在今广西邕江一带的“邕虽山”。由于战争原因，离开邕江，途经河池、南丹，逆龙江而上，迁居黔桂边区。如今水族主要聚居于贵州境内苗岭南麓都柳江和龙江上游地区。

水族的“金石文化”突出表现在铜鼓和墓葬上。铜鼓是青铜时代的产物。原本是炊具，后来演变成象征权力的重器。末了，成为苗、瑶、壮、布依、水等少数民族的乐器。水族是拥有铜鼓数量最多的民族，据文物普查数据显示，仅三都水族自治县就有铜鼓 1000 多面。水族“借端”即“过水年”，村村寨寨敲铜鼓，山鸣谷应，热闹非凡，充分说明，历史悠久的水族“铜鼓文化”，具有强大的生命力。

特别有趣的是，水族的“铜鼓文化”还反映在墓葬上，犹如古代汉人将心爱之物随葬一样。不同的是，水族不是用铜鼓殉葬，而是在墓门上雕刻铜鼓鼓面纹饰。

水族长期保留厚葬习俗，墓葬多有雕刻，是水族“石文化”的主要物质载体。水族墓葬雕刻，女墓比男墓讲究，无后比有后更讲究。前者可能与母系崇拜有关，后者显系罄其家资建墓之故。水族聚居的荔波县水浦村板本寨，有许多建于明代、精雕细琢的石板墓。在一座杂草丛生的石板墓二层墓体石板上，有幅类似“踩歌堂”的石刻图。“踩歌堂”是一种手拉着手或以手搭肩、围成圆圈、顿地为拍、且歌且舞的集体舞蹈，侗族称为“多耶”。侗、水民族同源，语言比较接近。但如今在水族民间舞蹈中，只有“斗角舞”、铜鼓舞、芦笙舞，没有“踩歌堂”。这块类似“踩歌堂”的古代水族舞蹈石刻，对研究古代水族民间舞蹈具有重要价值。水浦“水族石板墓”，已被公布为省级文物保护单位。

水浦是党的一大代表邓恩铭的故乡。清光绪二十六年冬月十五日，即 1901 年 1 月 5 日，邓恩铭出生于水浦村一个水族劳动人民的家庭，3 岁多离开水浦，跟随父母进城。早年，邓恩铭的祖父为卖药方便，在城里买了一栋木房，即今玉屏镇向阳路 21 号。父承祖业，进城行医，艰难生活。母亲为协助父亲挣钱糊口，经年累月做鞋子卖和推豆腐卖。童年时代的邓恩铭常常晚睡早起，帮助母亲磨豆腐，天蒙蒙亮便把豆腐端到街上出售，然后赶去上学。就这样，在荔波街上度过了 10 多年。近百年过去，邓恩铭母子用过的石磨被家人完好无损地保存了下来，使这件本来很普通的“石文化”用品，成了“邓恩铭烈士故居陈列室”中不可多得的革命文物。

都柳江畔的水族同胞，生前住房虽然比较简陋，但死后的“住房”——墓葬却十

图六六　水族石板墓上的鱼鳞纹禽兽

分讲究。水族墓葬有方圆两种，皆是土封石围，正面镌刻牌楼式墓碑。雕刻技艺，巧夺天工，令人称奇。墓碑牌楼正中，雕凿葫芦宝顶，上刻太极、八卦及动物造型的“福”“寿”等图案。正脊两端，雕凿鱼龙鸱吻，有的还在楼面上精雕狮子、麒麟等吉祥动物。明间两柱，雕凿盘龙，且多为透雕。其他部位雕刻游鱼、青蛙、田螺、螃蟹等水生动物图案，即便是禽兽，也雕刻鱼鳞纹（图六六），生动反映“石文化”中的水崇拜。水族是至今仍然保留厚葬习俗的为数不多的民族之一。在一座古代墓葬的碑前石柱上，刻有这样一副对联；“从汉立生碑，聊供子职；寻龙修寿藏，以慰亲怀。”可见崇尚厚葬，修建“生碑”，是受汉文化的影响。

水族的“金石文化”，与传统的“金石文化”，有异曲同工之妙。

（原文载于《当代贵州》2005 年第 22 期）

石刻精品“太平缸”

所谓“太平缸”，指的是贮藏非饮用水、旨在用于灭火的大型容器。缸内有了灭火用水，一旦发生火灾，可保居室太平，故名“太平缸”。“缸”，从字面上看，应是陶器。《司马光砸缸》讲到的水“缸”，应当属于这一类。也有一些“太平缸”不是陶制的，是用铜铸的。有人做过统计，北京紫禁城内共有此类大缸 308 口。在我国南方地区，尤其是在贵州高原，“太平缸”基本上都是用石板拼镶制成的，体积硕大，雕刻精美，文化内涵相当丰富，堪称石刻作品的精华。

官宦人家的太平缸

贵州各地的房子，多是木结构，防火性能差。许多官宦人家，修建深宅大院，火灾隐患更大。为了防火，几乎都在天井内设置有用石板做成的“太平缸”。有的人家，还不止一口。位于遵义市的省级文物保护单位黎庶昌故居（习称“钦使第”），院子内就设置两口石板做的“太平缸”。黎庶昌（1837～1897年），从光绪二年（1876年）开始，先后在英、法、德、西班牙中国使馆充参赞，在日本中国使馆任公使。其故居由门楼、过厅、中厅、正房、厢房、书房组成。天井内的两口红砂石“太平缸”，外表四面浮雕吉祥图案。一口浮雕“耕读渔樵”，一口浮雕“福禄寿禧”。前者使用写实手法，比如“耕”就浮雕一位农夫肩扛锄头、手牵耕牛。后者使用写意手法，比如浮雕一只松鼠享受很多葡萄，寓意有“福”。至于“禄”“寿”“禧”，浮雕常见的鹿子、松树、喜鹊。

位于兴义市泥凼镇的省级文物保护单位何应钦故居，其石质“太平缸”上浮雕“鱼跃鸢飞”四个大字。何应钦，1890年生于泥凼。1909年东渡日本留学，在日本加入同盟会。1916年从日本士官学校毕业后回到贵州，先后担任黔军团长、旅长。1924年春南下广州，任大本营军事参议，同年6月到黄埔军校任总教官。1925年两次参与东征。1926年任北伐军第一军军长和东路军总指挥。1928年任国民革命军总司令部参谋长。1930年任国民政府军政部长。1938年任军事委员会参谋长兼军政部长。1948年5月任国防部长。1949年3月任行政院长。1987年10月病逝于台北。故居一正两厢一朝门，规模不是很大。何应钦发迹后，曾两次加高正房，寓意“步步高升”。“太平缸”上的“鱼跃鸢飞”石刻，是其“鱼跃龙门”“鸢飞长空”的人生写照。

富商巨贾的太平缸

历史上，贵州吃盐多靠四川。四川“盐巴客”富户不少。思南城内有家“周和顺盐号”旧址，是全国重点文物保护单位“思唐古建筑群”的重要组成部分，由龙门、过厅、正房、两厢构成二进四合院，有大小居室30余间。天井内的石质“太平缸”雕工精湛，除了“福寿”纹图案外，还有对联：“异草培安宅；池鱼洩化机。”巧妙地将“安化”二字嵌入联中。“安化”是思南的古代名称，“周和顺盐号”所在的街道至今还称“安化街”。

“黄平旧州古建筑群”为全国重点文物保护单位。富商“朱氏民宅”，临街为铺面，其后依次为东厢房、天井、正房、晒楼、厨房等。天井内有一石质“太平缸”，雕刻牌楼和游龙、鲤鱼、水牛、白鹤、鹿子、山羊、狮子、麒麟以及叫不出名称的其他动物，可让观者见仁见智，驻足欣赏（图六七）。

“铜仁东山古建筑群”也是全国重点文物保护单位。现存木结构建筑167栋，砖

图六七　雕刻精美的太平缸

木、砖房 61 栋，保存完好的四合院 35 个，古巷道 11 条，天井 81 个，石库门 63 个，太平水缸 32 个。典型民居建筑主要有杨家大院、金家大院、徐家大院、曾益生商号民宅等等。

小康人家的太平缸

小康人家的“太平缸”，通常浮雕回纹、卷草纹、“卐”字锦。也有浮雕“鱼跃龙门”“一品清廉”或征战图案者。我在遵义市湄潭县永兴镇作省级历史文化名镇调查时，在小康人家发现一些浮雕上述图案的“太平缸”。湄潭永兴，历史地位不寻常。古代贵州乡场“排行榜”称：“一打鼓，二永兴。”永兴原来叫“马桑坪”，明嘉靖末年改称永兴。据文献记载，“永兴自万历二年七月念二日开市兴场”，从此“人文顿蔚起，贸易于斯土”。永兴贸易，素以生漆、桐油、茶叶、棉花、盐巴、柞蚕丝等为大宗。外地客商以江西、湖广、闽浙、四川居多，这有江西会馆万寿宫、湖广会馆禹王宫、闽浙会馆南华宫、四川会馆川主宫作证。永兴会馆建筑，曾为抗战期间浙江大学使用过。

养鱼种莲的太平缸

民间认为，“太平缸”除了具有防火功能外，还有辟邪作用。人说妖魔鬼怪、魑魅魍魉不会游泳，看到天井内的“太平缸”，总是躲得远远的。

物尽其用，“太平缸”内可以养鱼种莲。一些“太平缸”石板周边浮雕水草纹，叶子刻成鲤鱼状。“鱼跃清池满，莺吟绿树低”“水深鱼极乐，林茂鸟知归”“红鲤二三寸，白莲八九枝”……李白、杜甫、白居易等唐代诗人的著名诗句，如果用来描绘贵州高原的“太平缸”，是再合适不过的了。

（原文载于《中国文物报》2017 年 4 月 11 日）

参见拙作：《建筑艺术的精华 民族乡文化的瑰宝——写在侗族建筑及风情展览会上》（《贵州日报》1985 年 8 月 1 日）、《侗寨鼓楼的雕绘艺术》（贵阳晚报 1990 年 10 月 27 日）、《民间工艺中的仿生学》（《贵阳晚报》1996 年 8 月 4 日）、《贵州丹寨皮纸制作工艺》（《民族》2014 年第 12 期）、《苗寨吊脚楼营造技艺》（《民族》2015 年第 3 期）、《苗族银饰制作技艺》（《民族》2015 年第 12 期）、《我省出土一批宋明代蜡染品》（《贵州日报》1987 年 6 月 18 日）、《苗族蜡染——清新淡雅多姿彩》（《民族》2015 年第 2 期）、《苗绣中的“卐”图案》（《民族》2000 年第 1 期）、《两件“苗绣”珍品记载的历史》（《贵州日报》2000 年 8 月 25 日）、《贵州的图谱文化》（《当代贵州》2005 年第 17 期）、《苗族银饰制作技艺》（《民族》2015 年第 12 期）、《“侗族踩歌堂石刻”收藏记》（《贵州文化遗产》2020 年第 4 期）、《“咸同起义”的历史画卷》（《贵州文化遗产》2020 年第 5 期）、《安顺文庙石刻》（《贵阳晚报》1996 年 6 月 14 日）、《水族古代集体舞蹈石刻》（《贵州日报》1998 年 4 月 7 日）、《水族石刻墓》（《中国边疆民族地区文物集萃》，上海辞书出版社，1999 年 12 月）、《贵州的石牌坊》（《贵州民族报》1989 年 11 月 6 日）、《龙坑场牌坊》（《贵阳晚报》1995 年 7 月 18 日）、《鲁屯石牌坊群》（《黔西南日报》2008 年 2 月 16 日）、《金沙敖家坟石刻》（《贵州都市报》2001 年 4 月 23 日）、《侗族踩歌堂石刻》（《黔东南日报》2020 年 4 月 13 日）。

保护思考录

保护民族村寨

关于民族村寨保护工作的调查报告

——兼谈露天民族民俗博物馆的建设

1983 年 10 月，在青岛召开的中国博物馆学会第二届学术讨论会上，我们曾经这样说："贵州山川秀丽、气候宜人，人称'被遗忘的避暑胜地'。近几年来，到贵州高原旅游的国际友人和海外侨胞日益增多。人们发现，贵州的许多名胜古迹、民族文物和民俗活动就像有意安排那样，合理地分布在旅游线上，这是发展贵州民族文物和博物馆事业的一个难得的有利条件。积极地、有计划地在几条主要旅游线上兴办多种类型的民族、民俗博物馆，包括诸如鼓楼、花桥（风雨桥）、苗村侗寨保护区和民族节日集会地这样的'露天博物馆'，对于发展民族文物和博物馆事业，促进文化交流，为四化建设服务，不无积极意义。"

这样一个设想是怎样产生的呢？是从调查研究中产生的。

党的十一届三中全会以来，我们同全省的几百位同志一道，对我省各地的文物古迹、革命遗址、风景名胜和民族节日进行了广泛深入的调查，我们异常高兴地发现，贵州的民族文物极为丰富。许多古遗址、古墓葬、石刻和革命遗址、遗迹，具有浓厚的民族风格。我们产生了这样一个突出的印象：贵州的文物古迹，特别是民族文物，在城市里，在大街上，是不容易找到的；然而，在集镇，在农村，在少数民族村寨，却比比皆是。比如在侗族村寨，有鼓楼，有戏楼，有花桥，有水车，有水碓，有水磨……这些很有民族特点和时代特点的历史文化遗存，都具有重要的文物保护价值和民族研究价值。还有那些鳞次栉比的吊脚楼房，那些别具一格的柴草棚、晾禾架、猪牛圈、谷米仓等等，都使我们强烈地感到，这些就是我们"踏破铁鞋"要寻找的宝贝——文物。我们这样想：将一两座鼓楼、花桥公布为文物保护单位，挂上一块牌子，或竖立一块石碑，是"文物保护"；将几架水车、水碓搬到博物馆，写上说明，陈列展出，也是"文物保护"；如果将一个典型的村寨立体地保护起来，不也是"文物保护"吗？

我们的这个想法，得到了有关领导同志的支持。省文化出版厅下发了《关于调查保护民族村寨的通知》。《通知》说：贵州是个多民族的省份，贵州各族人民在开发贵州高原的长期历史发展过程中，修建了许多具有地方特色和民族风格的自然村寨，生动反映出贵州各族人民的历史文化和创造才能，具有重要的民族、民俗文物价值。有选择地保护一批具有地方特色和民族风格的民族村寨（包括汉族村寨），对于研究贵州的建筑艺术、民族历史，进而建立一批露天的民族民俗博物馆，藉以推动两个文明建设，具有十分重要的意义。《通知》还附了一个《调查提纲》，对调查的内容和要求、调查的步骤和方法以及对民族村寨的保护要求和措施等等，都作了明确的规定。这些规定的主要内容是：

一、调查内容和要求

1. 历史比较悠久：至少有两三百年（10 代人以上）的历史，并有历史见证可寻；

2. 建筑具有特点：具有典型意义，能让人一看就看出是什么民族的村寨（如侗寨有鼓楼、戏楼和花桥等等）；

3. 民俗具有特点：除建筑物外，吃的、穿的、用的、玩的、说的、唱的等等，都有自己的特点，在婚丧嫁娶、衣食住行等物质生活和精神生活的各个方面都有自己的好传统；

4. 风景比较优美：山清水秀，景色迷人，能成为我省自然村寨的代表；

5. 交通比较方便：一般来说，要与风景名胜、文物古迹相结合，交通比较方便，利于参观游览；

6. 生活较为富裕：至少要中等以上生活水平，这样才有利于保护和参观。

二、调查步骤和方法

1. 有关单位开个碰头会，商量有关事宜，组织力量调查；

2. 取得调查资料（包括文字资料和照片资料），为鉴选提供依据；

3. 组织有领导干部、专业人员和少数民族代表人物参加的鉴选小组，深入自然村寨，进行比较研究，选定保护对象；

4. 系统整理资料，提请省人民政府公布省级保护名单（县、市或州人民政府亦可公布自己的保护名单）。

三、保护要求和措施

1. 在保护范围内不得修建与原有建筑物风格不相协调的新建筑物，如要新建，需保持一定距离；

2. 对原有建筑物要作适当的整修，按照“恢复原状”的原则，发动群众整修，经济确有困难者，国家可酌情补助；

3. 美化环境，如植树种花，修整篱笆，修桥补路，掏沟除渣，尽量使环境清洁、美化；

4. 在可旅游参观的村寨，大力发展有地方特色和民族风格的旅游事业，因地制宜地经营刺绣、蜡染、编织、雕刻等工艺品，经营民族风味的特殊食品，由集体（或重点户）开办旅社，接待游客；

5. 大力扶植民间文化组织（如芦笙队、地戏班、侗戏团和各种歌队等），开展丰富多彩的民族文化活动，在有民族节日集会的地方，更应积极开展内容健康的传统文化体育活动。

总之，要尽可能地把具有地方特色和民族风格的民族村寨建设成既有历史传统又有现代文明的社会主义村寨，这样的文明村寨就是别具一格的露天民族民俗博物馆。

《通知》发出后，我们亲自搞了一个调查试点——丹寨县石桥大簸箕寨。进行调查试点的主要目的是取得调查经验，编写调查报告，借以推动全省各地的民族村寨调查保护工作。经过一个多月的调查和编写，印出了一份 6 万多字的图文并茂的《丹寨县石桥大簸箕寨民俗调查报告》，省文物管理委员会和省文化出版厅将这份民俗调查报告收入《贵州省文物工作资料汇编》，发给全省各级文化部门。

大簸箕寨的调查报告，在省内外产生了良好的影响，受到一些专家学者的好评。《光明日报》二版负责人看了这份调查报告后说："我对这份材料真是爱不释手。"这份调查报告有力地推动了我省的民族村寨调查保护工作。到 1984 年 12 月召开全省民族文物工作会议期间，全省已调查了丹寨县石桥大簸箕寨（苗族）、雷山县郎德上寨（苗族）、台江县方白寨（苗族）、黄平县加蒙寨（苗族）、黎平县肇兴寨（侗族）、三穗县寨头寨（苗族）、镇远县报京寨（侗族）、惠水县小岩脚寨（布依族）、三都自治县报引寨（水族）、都匀市翁降寨（水族）、荔波县董蒙寨（瑶族）、长顺县斗麻寨（苗族）、贵定县音寨（布依族）、龙里县鱼洞寨（布依族）、三都自治县高尧寨（苗族）、威宁自治县马街（彝族）、兴义县鱼龙寨（布依族）和石阡县花桥（汉族）等 7 个民族的 21 个自然村寨，编写了 60 多万字的调查报告。从江县人民政府将鼓楼矗立、花桥横跨、吊脚楼房鳞次栉比的高增寨、增冲寨、信地寨公布为县级民族保护村寨。这一切，为建立露天民族民俗博物馆提供了选点依据。

现在，我们可以有信心地说：在贵州高原上，建立以自然村寨为特点的露天民族民俗博物馆的设想，正在有步骤、有计划地变成现实。

为了早日实现这一设想，我们采取"走出去、请进来"的办法向许多专家、学者请教。最近，我们到北京走访了一些专家，其中有全国文物委员会委员、中国历史博物馆研究员、80 高龄的文博战线老前辈王天木（王振铎）先生，中国社会科学院民族研究所研究员、黔剧《奢香夫人》历史顾问王静如教授，中国博物馆学会秘书长、文化部文物局博物馆处处长胡骏同志，中央民族学院民族学系主任、中国民族学会理事金天明副教授，中国民族搏物馆筹备领导小组负责人马寅同志，以及中国历史博物馆研究员、中国民族学会理事、中国民族博物馆筹备领导小组成员宋兆麟同志等。我们还写信给著名社会学家费孝通先生、著名民族学家吴泽霖先生，向他们求教。他们十分关心、赞赏贵州开展民族村寨调查保护工作，认为这件工作“非常重要”，纷纷来信给予鼓励，满腔热情地为我们出谋献策，并预祝成功！其中宋兆麟同志在来信中说：“利用原有村寨筹建一批露天博物馆，这个主意太高明了！它以较少的钱办较大的事，既体谅国家的困难，又急抢救文物之所急，还将保存文物、科学研究和发展旅游结合起来，我敢断言，此举是民族学研究和民族博物馆事业发展的新趋势、新尝试，一定会引起国内外学者和旅行家的极大兴趣。”

为了贵州在建设别具一格的露天民族民俗博物馆的事业上真正取得成功，许多专家学者和部门领导不远千里来到贵州，深入侗乡苗寨，进行实地考察，帮助制定规划，从人力、物力、财力、智力等各方面给贵州以支持。文化部文物保护科学技术研究所的古建筑专家、高级建筑工程师杜仙洲老先生，兴致勃勃地考察了雷山郎德寨，从江高增寨、增冲寨、平楼寨、荣福寨、信地寨，黎平肇兴寨、龙额寨、地坪寨和青寨等十多个苗村侗寨，考察10多个寨子的20多座鼓楼、花桥，回到北京后，逢人就说贵州好，热情称赞贵州调查保护民族村寨的作法。他在向文物局领导汇报贵州之行时说：“鼓楼、花桥是地地道道的土著文化，是中国建筑的两个品种。我建议你们都去看看。”“增冲鼓楼很好，又高又大又古老，值得好好保护……地坪花桥的确不错，造型很好，环境很美，水碧绿碧绿的。”在谈到民族村寨的保护问题时说：“随着生活方式的变化，居住方式也在变化。要有这个预见性。要做好民族村寨的保护工作。民族村寨也是建筑的一个品种啊！如果现在不注意保护，将来就来不及了。贵州的同志有远见，注意了这个问题，做了许多工作，成绩不小。如果大的寨子保不住，保护小的、中等的也可以。至于保护哪一个，没有成熟的看法。我觉得郎德可以；高增的房子也不错，交通又方便。多了保不住，保护几处总是可以的。”他还建议“赶紧录像，作好历史的记录”。听了他的汇报，文化部文物局当即答应资助贵州一笔民族村寨调查保护费，并决定派录像人员前来录像。春节期间，文物局的领导同志和几个业务处室的负责人都要到贵州侗寨来过年，对以保护民族村寨为中心的全省民族文物工作进行全面考察。我们相信，这对我省文物和博物馆事业的发展，必将产生深远的影响。

（原文载于《贵州民族研究》1985年第2期）

贵州民族村寨的保护与开发

改革开放以来，贵州省在大力保护与开发民族文化资源的系统工程中，十分重视对民族村寨的保护与开发。经过多方努力，已有效地保护了一批典型的苗、布依、侗等少数民族村寨，并用以作为民族文化旅游景点向中外游人开放，取得了较好的社会效益和经济效益。我长期在文化部门工作，有幸最早参与民族村寨的保护与开发活动，自感有责任将有关情况向学术界作一汇报。

为何保护民族村寨

贵州是个多民族的省份。各族人民在开发贵州高原的长期历史发展进程中创造了光辉的历史和灿烂的文化，为丰富中华民族的文化宝库做出了自己的贡献。由于历史上的种种原因，少数民族主要住在农村。住在城市的少数民族，长期受汉文化的影响，民族特点逐渐消失，有的已与汉族融合，成了汉族的一部分。而住在农村的少数民族，由于多是“聚族而居”，文化环境相对稳定。在少数民族高度聚居的地方，往往不是少数民族变成汉族，而是汉族变为少数民族，也有少数民族互变的。在一个家庭内，多种民族成分共存是十分常见的事。

由于贵州的几十个少数民族主要从事农业生产，多半住在农村，民族村寨自然成为民族文化的主要物质载体。民族文化高度凝聚在民族村寨里，从某种意义上说，民族文化就是“村寨文化”。在贵州高原，要寻求民族文化的真谛，其主要对象不是城市而是农村；不是地下而是地上；不是书架上的历史文献而是村寨里的现实生活。

基于此，我认为：民族村寨是民族文化的原生地；保护民族村寨是保护民族文化的关键环节和开发民族文化资源的最佳方式。

怎样保护民族村寨

为做好民族村寨保护工作，给开发民族文化资源奠定坚实的基础，贵州文化主管部门采取了如下步骤：

首先，由文化工作者撰写有关文章，阐明保护民族村寨的意义和方法。

1983年10月，我在提交给中国博物馆学会第二届学术讨论会的论文中写道：“贵州山川秀丽，气候宜人，人称‘被遗忘的避暑胜地’。近几年来，到贵州高原旅游的国际友人和海外侨胞日益增多。人们发现，贵州的许多名胜古迹、民族文物和民俗活动就像有意安排那样合理地分布在旅游线上，这是发展贵州民族文物和博物馆事业的一个难得的有利条件。积极地、有计划地在几条主要旅游线上兴办多种类型的民族民俗博物馆，包括诸如鼓楼花桥保护区、苗村侗寨保护区和民族节日集会地这样的‘露天博物馆’，对于发展民族文物和博物馆事业，促进文化交流，为四化建设服务，不无积极意义。”

会后，我在《贵州民族研究》1983 年第 4 期发表《在贵州发展民族民俗博物馆的设想》，在《中国博物馆》1985 年第 1 期发表《谈贵州民族民俗博物馆建设》，进一步提出建立“民族村寨博物馆”问题。接着，又在《贵州民族研究》1985 年第 2 期发表《关于民族村寨保护工作的调查报告——兼谈露天民族民俗博物馆的建设》一文，阐述在贵州保护民族村寨、建立民族村寨博物馆的思路：“党的十一届三中全会以来，我们同全省的几百位同志一道，对我省各地的文物古迹、革命遗址、风景名胜和民族节日进行了广泛深入的调查。我们异常高兴地发现，贵州的民族文物极为丰富。许多古遗址、古墓葬、古石刻和革命遗址、遗迹，具有浓厚的民族风格。我们产生了这样一个突出的印象：贵州的文物古迹，特别是民族文物，在城市里，在大街上，是不容易找到的。然而，在集镇，在农村，却比比皆是。比如在侗族村寨，有鼓楼，有戏楼，有花桥，有水车，有水碓，有水磨……这些很有民族特点和时代特点的历史文化遗存，都具有重要的文物保护价值和民族研究价值。还有那些鳞次栉比的吊脚楼房，那些别具一格的柴草棚、晾禾架、猪牛圈、谷米仓等等，都使我们强烈地感到，这些就是我们‘踏破铁鞋’要寻找的宝贝——文物。我们这样想：将一两座鼓楼花桥公布为文物保护单位，挂上一块牌子，或竖立一块石碑，是‘文物保护’；将几架水车、水碓搬到博物馆，写上说明，陈列展出，也是‘文物保护’；如果将一个典型的村寨立体地保护起来，不也是‘文物保护’吗？”

其次，由省级文化主管部门，组织全省各级文化文物工作者，广泛开展民族村寨调查活动。

1984 年 1 月 30 日，贵州省文化出版厅发出由我起草的《关于调查保护民族村寨的通知》。《通知》指出：“我省是个多民族的省份。我省各族人民在开发贵州高原的长期历史发展过程中，修建了许多具有地方特色和民族风格的自然村寨，生动地反映了我省各族人民的历史文化和创造才能，具有重要的民族、民俗文物价值。有选择地保护好具有地方特色和民族风格的村寨（包括汉族村寨），对于研究贵州的建筑艺术、民族历史，进而建立一批露天民族民俗博物馆，藉以推动两个文明建设，具有十分重要的意义。为此，请各地在文物普查的基础上，广泛开展对民族村寨的调查工作，并将调查结果报告我厅文物处。我厅拟在各地调查基础上，会同有关部门选择一批典型村寨，提请省政府公布保护。”

第三，提请立法部门，将保护民族村寨工作纳入法治轨道。

经过多方协商，反复修改，贵州省人民代表大会常务委员会于 1986 年 9 月 3 日公布了由我起草的《贵州省文物保护管理办法》。该“办法”特设“民族文物”一章，共两条：

“第十一条　对具有地方特点和民族特点，并具有研究价值的典型民族村寨，以及对与少数民族的风俗习惯、文化娱乐、宗教信仰、节日活动有关的代表性实物、代表性场所及具有重要价值的文献资料，要加以保护。

“第二十二条　各级文化行政管理部门和城乡建设环境保护部门，应在调查研究的基础上，对于历史比较悠久、建筑具有特点、民俗具有特色的典型村寨，根据其科学研究价值报同级人民政府核定公布为不同级别的民族保护村寨。”

第四，开展民族村寨调查。

事实上，早在省文化出版厅发出《关于调查保护民族村寨的通知》和省人大常委会公布《贵州省文物保护管理办法》之前，全省各级文化部门的广大文化文物工作者就已对民族村寨做了不少调查工作。但有组织、有系统的调查活动则是从 1984 年初开始的。省文化出版厅的《通知》发出后，我所在的工作单位文物处组织了一个调查小组到苗族聚居的丹寨县石桥大簸箕寨搞点，目的是取得调查经验，借以推动全省的民族村调查工作。我与丹寨县文化馆的几位工作人员经过一个多月的努力，编写出了 6 万多字的《丹寨县石桥大簸箕寨民俗调查报告》，印发给各级文物工作者，推动了全省民族村寨调查工作。此项工作进行了两年多，共调查苗、布依、侗、彝、水、瑶、回、仡佬、土家、汉等 10 个民族的 30 多个自然村寨，编写了 100 多万字的调查报告。这次大规模的调查活动，吸引了中央民族学院民族学系、中国人民大学历史系文博班、上海同济大学城规学院的 100 多位师生参加，征集了 400 多件民族民俗文物，拍摄了 1000 多张彩色照片，还绘制了 200 多幅典型村寨建筑实测图。国家文物局和北京民族文化宫应邀派出录像人员来贵州帮助录像；中国对外文物展览公司应邀派出摄影人员，前来贵州，对民族村寨、民俗活动系统拍照，积累了一批珍贵的音像资料。

在此期间，还以贵州省文物管理委员会、贵州省民族事务委员会、贵州省文化出版厅的名义，邀请中央宣传部、文化部文物局、国家民委、故宫博物院、中国历史博物馆、中国革命博物馆、中国民族博物馆（筹）、新华社、中新社、人民日报社、光明日报社、中央电视台、人民画报社、民族画报社、民族团结杂志社、中国社会科学院民族研究所、中央民族学院民族研究所和北京建筑设计院的 50 多位领导同志、专家学者和新闻记者，深入民族村寨实地考察。文化部文物局文物保护科学技术研究所高级工程师、著名古建筑专家杜仙洲，实地考察了雷山、从江、黎平的 10 多个苗、侗村寨后说：“随着生活方式的变化，居住方式也在变。要有这个预见性。要做好民族村寨的保护工作。民族村寨也是建筑的一个品种。如果现在不注意保护，将来就来不及了。贵州的同志有远见，注意了这个问题，做了许多工作，成绩不小。”中国革命博物馆研究员、《中国博物馆》杂志主编苏东海在贵州文物考察报告会上说：“建立生态博物馆也好，建立民族村寨博物馆也好，这是目前博物馆界中的尖端。建议我国的人类学家、民族学家、社会学家、博物馆学家加以帮助，为建立我国第一流的民族村寨博物馆而努力。”

第五，分等级、有重点地保护民族村寨。

在调查研究基础上，各地从实际出发，分别保护了一批民族村寨。从江县将鼓楼矗立、花桥横跨、吊脚楼房鳞次栉比的高增寨、增冲寨、信地寨公布为县级民族保护村寨。雷山县公布了几个“文物村”。首批省级保护重点是苗族聚居的雷山县上郎德、施秉县菜花湾，布依族聚居的关岭县滑石硝，侗族聚居的从江县高增寨、黎平县肇兴寨和纪堂寨。保护措施包括划定保护范围、制定保护公约、发动村民整理寨容、民办公助维修文物等等。已有一批民族村寨基本达到省文化出版厅在《关于调查保护民族村寨的通知》中所提出的要求。

保护民族村寨有何益处

保护民族村寨的益处是多方面的，至少明显有三：

第一，促进互相了解，增进民族团结。

每个民族都有悠久历史、灿烂文化、创造才能。要切实认识这一点，不是轻而易举的。别说他人认识自己，就是自己认识自己，也是需要认真对待的。不能正确认识自己，容易妄自菲薄。不能正确认识别人，容易唯我独尊。通过保护民族村寨，研究历史和文化，使自己认识自己，从而提高自尊心，增强自信心；使他人认识自己，从而促进互相了解，增进民族团结。在多民族的国度、多民族的省份，民族问题是个非常敏感的问题，搞好民族团结，具有特别重要的意义。

第二，弘扬民族文化，促进改革开放。

保护民族村寨，旨在弘扬民族优秀文化，加速现代化的步伐，而绝不是故步自封，凝固不变。民族文化总是不断发展变化的。今日的文化成就是经过若干时代的发展变化形成的，而且还要不断发展变化下去。究竟哪些应当保留，哪些应当扬弃，哪些应当发展，必须尊重少数民族群众的意愿，顺应时代发展的潮流。这是一项极为严肃的工作，应持极其慎重的态度。用重点保护一批典型民族村寨的办法，探索弘扬民族文化、促进改革开放的途径，实践证明是行之有效的。

第三，开展文化旅游，振兴民族经济。

当贵州一提出开展民族村寨调查，建立露天民族民俗博物馆，中国历史博物馆研究员宋兆麟就给我来信预言：“利用原有村寨筹建一批露天博物馆，这个主意太高明了！它以较少的钱办较大的事，既体谅国家的困难，又急抢救文物之所急，还将保存文物、科学研究和发展旅游结合起来，我敢断言，此举是民族学研究和民族博物馆事业发展的新趋势、新尝试，一定会引起国内外学者和旅行家的极大兴趣。”宋兆麟先生说的完全正确。雷山县郎德寨的变化，非常生动地证明了他的预见。

郎德，是苗岭腹地一个仅有百来户人家的苗族村寨，位于黔东南苗族侗族自治州首府凯里市东南 27 千米的雷公山麓、丹江河畔。1986 年省文化出版厅确定其为首批民族村寨保护重点后，拨款 2 万元资助村民整治村寨，同年对外开放。山清水秀的自然景色，鳞次栉比的吊脚木楼，鲜艳夺目的民族服饰，动人心弦的铜鼓芦笙，饶有风趣的拦路敬酒，别具一格的美味佳肴，强烈吸引中外游客联袂前来观光考察。8 年来，已接待 30 多个国家和地区的中外游客 30 多万人次，其中包括不少国家驻华使节和我国党政领导机关首长以及有关部委和省市自治区的负责同志百余人。

村寨保护促进了文化旅游，文化旅游促进了苗寨变化，突出表现在：

新修木质寨门 3 座，石砌护坡 302 立方米，铺设卵石路面 5378 平方米，总长 3000 多米；

新建小学校、风雨桥各 1 座，铜鼓坪、芦笙堂、篮球场共 3 个，陈列室、接待室等 17 间，民房 12 栋；

架设山泉水管 3500 米，修建容量 80 立方米水池一个；

架设高压线 10500 米，低压线 5500 米；

添置盛装、银饰 190 多套，电视机 40 多部，录音机 30 多部，收音机 20 多部，缝纫机 80 多部，自行车 50 多辆，胶轮车 80 多辆，手表 400 多块；

添置铜鼓 1 面，铁炮 3 枚，莽筒 35 根，芦笙 56 只；

出外打工 80 多人，参加工作 30 多人，出省、出国表演、教授苗族歌舞 50 多人，村民收入普遍增加，1994 年接待旅游团队、出售旅游商品、外出表演歌舞等 3 项共收入 30 多万元，占全村年度总收入的 1/3。

更为重要的是，随着与外界接触的增多，祖祖辈辈劳动生息在封闭的“山国”里的贵州各族人民，其思想观念会随着时代的变化而变化，其文化素质会随着这些有益的变化而不断提高。观念的变化、素质的提高，对促进民族经济的发展，具有何等重要的作用，这是不言而喻的。

贵州民族村寨的保护与开发工作，还在继续深入进行中，并且越来越引起各级领导的重视和专家学者的关注。深信此项工作会越来越好。

（原文载于《古建园林技术》1996 年第 1 期）

优秀传统与时代精神相结合的成功实例

地处苗岭腹地、雷公山麓的郎德寨，居住着百来户苗族同胞，1987 年被列为首批重点保护村寨对外开放以来，在有关部门和社会各界的关心、支持下，整治寨容寨貌，弘扬民族文化，以其别具一格的民族特色，“打开山门迎远客，走出山门闯世界”，成为贵州乃至全国展示苗族文化的亮丽窗口，被文化部授予“中国民间艺术之乡”称号，被国家文物局列为“全国百座特色博物馆”之一。郎德获此两项殊荣，与“铜鼓文化”关系极大。作为“苗族村寨博物馆”对外开放的郎德寨，以其山清水秀的自然景色，鳞次栉比的吊脚木楼，鲜艳夺目的节日服饰，动人心弦的铜鼓芦笙，饶有风趣的拦路敬酒，别具一格的美味佳肴，强烈吸引中外游人前来观光考察。欣赏“铜鼓坪”上“踩铜鼓”，共跳“莽筒芦笙铜鼓舞”，是郎德旅游观光活动的高潮。

铜鼓是我国西南地区少数民族长期使用的一种古代打击乐器。逢年过节，苗岭山区的苗族村民，身着节日盛装，围着铜鼓转圈，踏着鼓声的节拍，跳起古老的舞蹈，人们叫做“踩铜鼓”，苗语称之为“刍略”。用来“踩铜鼓”的场地叫“铜鼓坪”，苗语称为“阿达略”。在苗族高度聚居的贵州苗岭山区，一般每个寨子都有一个“铜鼓坪”，有的是几个小寨共有一个“铜鼓坪”，黔东南苗族侗族自治州雷山县郎德寨则有新老两个“铜鼓坪”。在苗岭山区星罗棋布的“铜鼓坪”中，郎德寨的新“铜鼓坪”是最为特别的。

郎德建寨始于明洪武年间，迄今已有600多年的历史。清咸丰、同治年间，在太平天国运动影响下，村民陈腊略（史称“杨大六”，即“英勇极了”之意）率众起义，联合张秀眉（苗语“雄播”）等苗族起义将领，与清军作殊死战，经过10多年的浴血奋战，沉重打击了清王朝在苗岭山区的统治，最后终因寡不敌众，战败被俘，就义于长沙。郎德寨惨遭血洗，仅存4户。村民在废墟上重建家园，在杨大六故居坎下修复了一个小小的“铜鼓坪”。经过100多年的发展，郎德村寨扩大近百来户，铜鼓坪显然大小了。1986年，为对外开放创造条件，村民投工投劳，修建了新“铜鼓坪”。

新“铜鼓坪”全用鹅卵石仿铜鼓鼓面纹饰精心铺砌，形同一面巨大的铜鼓。鼓心为一圆形巨石，圆心凿有一个方洞，作插“铜鼓柱”用。“铜鼓柱”呈牛角形，它是用来悬挂铜鼓的。牛角形“铜鼓柱”源于天然“鼓藏树”。所谓“鼓藏树”，即“吃鼓藏”活动中用于悬挂铜鼓的“神树”，其分枝呈“牛角”状。钟情“牛角”是牛崇拜的一种表现。而牛崇拜是诸多农耕民族共有的文化心态。不同的是，郎德村民将铜鼓悬于牛角形“鼓藏树”或牛角形“铜鼓柱”时，笃信此时的铜鼓既是祖先的化身，又是耕牛的化身，可见苗族同胞对铜鼓崇拜到何种程度。

寨中铜鼓，从前由专人保管，此人实际是主管全寨文化娱乐活动的自然领袖，可称其为“文化寨老”。他不仅在文化艺术上胜人一筹，还必须是上有父母或下有儿女的“全福人”，否则不具备保管铜鼓的资格。到了要“踩铜鼓”的时候，“文化寨老”

先用甜酒祭铜鼓，称之为“醒鼓”，然后将铜鼓“请”到“铜鼓坪”上，悬于牛角形“铜鼓柱”下，再用甜酒祭祀一番，率领家人围着铜鼓跳一圈，寨中老少及寨外来客方可登场跟着跳。中老年在里圈，青少年在外圈。中老年行列中，男子在前，妇女在后。青少年行列中，盛装在前，便装在后。盛装行列中，头戴银冠并插银角的在前，只戴银冠没有银角的在后。各色队伍中，皆是高者在前，矮者在后，层次分明，井然有序。铜鼓由两手各持一棍的中老年男子敲击，按照不同的节奏，一手横击鼓面，一手竖敲鼓腰，发出和谐的响声。另一中老年男子，手捧饭甑似的小木桶（苗语称“提略”），来回在鼓内移动，使声音时大时小，声波时短时长，“安瓮”“安瓮”，听起来酷似水牛的叫声。众人表情严肃地围着铜鼓转圈，持续跳上几个小时。跳到一定时候，“文化寨老”或其家人，手捧“酒海”（一种有柄有嘴的陶质酒具）或牛角酒杯，依次向众人敬酒。这种节奏缓慢、舞姿稳健的集体舞蹈源于古代的祭祖活动。从前，遵循祖规，只能在“吃鼓藏”（苗语称“农略”）、过苗年等盛大节日隆重祭祖方可敲铜鼓，而且，只有那些德高望重、上有父母或下有儿女的中老年人才能敲，一般村民，尤其是妇女，是不能随便敲鼓的。如今，此俗已改，只要有客来，就可敲铜鼓。男子可以敲，妇女亦可敲，甚至小姑娘，只要会敲，都可以敲。郎德寨的“踩铜鼓”，随着时代的变化，根据旅游的需要，已由从前的祭祖、“娱神”，演变为今日的表演、“娱人”。而且主要是“娱”客人，而不是“娱”自己。这说明，在现代化进程中，古老的民族文化活动，已萌发出商品意识。传统民族文化活动，在时代精神引导下，其经济价值初步得到了开发。郎德寨的铜鼓文化活动之所以长盛不衰，正是因为它能适应时代的变化而变化，随着社会的发展而发展。

作为郎德铜鼓文化活动重要场所的“铜鼓坪”，既古老又年轻。说其“古老”，是因为郎德村民在“铜鼓坪”上“踩铜鼓”已有600多年的历史。但郎德寨的新“铜鼓坪”是在1986年为开展文化旅游的需要而修建的。村民们别出心裁地用鹅卵石仿照铜鼓鼓面的纹饰墁坪，使其酷似一面硕大无比的“铜鼓”。铜鼓坪上的每条“芒”、每圈“晕”，都以形状相似、大小相当的鹅卵石一丝不苟镶嵌成人字纹。村民不称人字纹，而叫“鱼骨头”。苗胞敬重鱼，一是因为古代祖先以鱼为主要生活来源，二是因为母鱼产卵多，繁殖快，实为渔猎生活的遗风和生殖崇拜的表现。郎德村民将苗文化中的“鱼文化”“鼓文化”“笙文化”等丰富多彩的文化内涵融于位居寨子中心的“铜鼓坪”上，这种艺术构思和建筑手法，实在可钦可佩，不能不说是对“铜鼓文化”的一大发展。由于有了这样一个“铜鼓坪”，郎德寨的“铜鼓文化”迅速扬名中外，国内外许多影视单位竞相前往郎德，以此铜鼓坪为场景，摄制影视作品。从某种意义上说，郎德人为继承和发展具有悠久历史的“铜鼓文化”所作出的独特贡献，是值得大书特书的。

不能忽视的还有，如今“铜鼓坪”上的活动，几乎全是展示性的，就连“吃鼓藏”、过苗年也不例外。近年来，游客络绎不绝，村民应接不暇，人称“郎德天天像过年”。为了满足中外游人的需要，在“铜鼓坪”上给客人敬酒，拉客人跳舞，陪客人照相，请客人吃饭，送客人礼品，甚至为客人打“花猫”、拴彩带、挂彩蛋，诚心使客人感到在郎德做客是件非常快活的事。10年来，这个世上绝无仅有的“铜鼓坪”已留下来自全国各地和30多个国家及地区的50多万中外游人的足迹。据郎德旅游接待组保存的旅游登记簿统计，全国有32个省市自治区的客人到过郎德；到过郎德的国外游客来自法国、日本、美国、意大利等地，其中尤以法国、日本、美国游客居多。有些游客多次前往郎德考察，逗留时间也比较长。沉睡多年的郎德寨，成了世人关注的热点。郎德寨的旅游收入也因此逐年增加，1994年以来，年均旅游收入30多万元，占年度总收入的1/3。

以铜鼓文化活动为“龙头”的郎德民族风情游，为创建文明村寨、促进脱贫致富奔小康发挥了积极作用。10年间，郎德寨的粮食产量由人均260公斤增至409公斤，经济收入由人均250元增至1500元，电视机由5台增至77台，缝纫机由20部增至97部，自行车由15辆增至62辆，手表由10多块增至400多块，盛装银饰由15套增至118套（平均每户1套，每套约值5000元人民币）。

“中国南方及东南亚地区古代铜鼓和青铜文化第四次国际学术讨论会”在贵州召开前夕，贵州省文化厅在省博物馆举办“郎德开放成就展”。国家文物局致函祝贺：“苗寨郎德，是在改革开放中，积极探索利用和保护民族村寨，大力发掘民俗资源，弘扬优秀民族文化传统的成功实例。……我们衷心希望贵州全体文博工作者，发扬光大郎德经验，为弘扬中华民族优秀文化传统，促进社会主义物质文明和精神文明建设不断努力，并取得更加卓越的成就。”文化部部长孙家正在观看“郎德开放成就展”时指出：“通过文物保护开展文化扶贫，很有贵州特点。随着社会的发展，民族服饰、生活用具、生活习惯逐步现代化。在此过程中，原地保护民族文物，并做到保护恢复与协调发展相统一，很不容易。郎德的经验在于抢救保护了民族文物并使之更加优美和完善，这种经验值得很好推广。”

诚然，郎德十年巨变不全是铜鼓文化活动的功劳，但铜鼓文化活动从理论与实践相结合的意义上研究郎德现象，总结郎德经验，具有重要学术价值。归纳起来，我认为：踩铜鼓——郎德寨的传家宝；铜鼓柱——郎德寨的摇钱树；铜鼓坪——郎德寨的聚宝盆。

（原文载于《当代贵州》1999年第2期）

开放式保护民族村寨的实践与收获

改革开放以来，贵州在大力保护民族文化的系统工程中，十分重视对民族村寨的保护管理工作。早在1984年，省文化出版厅就发出了《关于调查保护民族村寨的通知》，指出："我省各族人民在开发贵州高原的长期历史发展过程中，修建了许多具有地方特色和民族风格的自然村寨，生动地反映了我省各族人民的历史文化和创造才能，具有重要的民族、民俗文物价值。有选择地保护好具有地方特色和民族风格的民族村寨（包括汉族村寨），对于研究贵州的建筑艺术、民族历史，进而建立一批露天民族民俗博物馆，藉以推动两个文明建设，具有十分重要的意义。"1986年，省人大常委会公布《贵州省文物保护管理办法》。该《办法》特设"民族文物"一章，共两条，明确规定，"对具有地方特点和民族特点，并具有研究价值的典型民族村寨，以及对与少数民族的风俗习惯、文化娱乐、宗教信仰、节日活动有关的代表性实物、代表性场所及具有重要价值的文献资料，要加以保护"；"各级文化行政管理部门和城乡建设环境保护部门，应在调查研究的基础上，对于历史比较悠久、建筑具有特点、民俗具有特色的典型村寨，根据其科学研究价值报同级人民政府核定公布为不同级别的民族保护村寨"。在此前后，全省各级文化文物部门开展了广泛深入的"民族保护村寨"申报活动。经过十多年的努力，在调查研究、认真论证的基础上有效保护一批典型的民族村寨，并以民族文化村、民族文物村、露天博物馆、村寨博物馆、生态博物馆等名义对外开放，取得了较好的社会效益和经济效益。实践证明，依法保护民族村寨，有利于弘扬民族文化，发展民族经济，增进民族团结。

贵州是个大山区，各族人民在十分艰难的条件下开发贵州高原，创造具有鲜明地方特点和浓郁民族特色的历史文化，为丰富中华民族的文化宝库做出了独特的贡献。由于历史上的种种原因，少数民族依山傍水聚族而居，文化环境相对稳定，民族村寨自然成为民族文化的主要物质载体。从某种意义上说，民族文化即村寨文化。在贵州高原寻求民族文化的真谛，其主要对象不是城镇而是农村；不是地下而是地上；不是书架上的历史文献而是村寨里的现实生活。基于此，我们认为，民族村寨是民族文化的原生地，保护民族村寨是保护民族文化遗产的最佳方式和关键环节。对少数民族的文化遗产要作具体分析，即便是优良传统也应与时代精神相结合，否则，民族文化遗产难以存在下去，"保护"之说无从谈起。《中共中央关于加强社会主义精神文明建设若干重要问题的决议》指出："我们进行的精神文明建设，是继承发扬优秀传统而又体现时代精神，立足本国而又面向世界的精神文明建设。"保护民族村寨，主要属于精神文明建设范畴，绝不能借口"与国际接轨"而小视乃至忽视党的领导。保护什么，继承什么，扬弃什么，必须尊重当地领导和村民群众的意愿，顺应时代发展的潮流，不能照搬外国政府统治“土著民族”的那一套来对待我们的少数民族同胞，或站在一边说三道四，或居高临下发号施令。

在学术界，对民族村寨是实行开放式保护还是封闭式保护（或称有限量开放），一直存在分歧。有人担心，对外开放会加速民族文化的消亡，或曰现代文明侵蚀、污染民族文化。据权威人士披露，有位著名的外国博物馆学家“就怕现代化知识污染了这个文化”。这位先生看到咱们这些布依族的、苗族的、侗族的文化简直认为好得没法再好了，比他们的现代工业文化高明多了，就怕现代文化侵蚀了这些最好的文化。他希望我们的民族地区“慢一点现代化”，“尽量使他们保存自己文化的纯洁”。为此，他“总是在捍卫民族文化的独立性”。对于专家学者，“开放是限量的，是为科学研究服务的”。任何情况下，村民都应做到：“该种地的种地，该织布的织布，该吃饭的吃饭，该睡觉的睡觉。”即便有人观光考察，也“不要把自己降为展品，更不能兜售自己的用品”。否则，据说就失去了“生活的本色，品格的本色。”我们认为，如果真的那么做，有悖于保护民族村寨的宗旨。保护民族村寨的目的绝不仅仅在于“为人类学、民族学、民俗学、社会学、文化学、经济史学等科学研究提供了活标本”，更为重要的是要有利于村民的生存和发展，使被重点保护的典型民族村寨成为展示民族文化、创建精神文明的窗口。

因此，对民族村寨的保护与对出土文物的保护是有所不同的。将活生生的民族村寨和发展中的村寨文化定格在某种发展水平上是不可取的。我们知道，民族文化总是不断地发展和变化，今日的文化成就是经过若干时代的发展变化形成的，而且还要不断发展变化下去。企图使其一成不变，如像出土文物，那是办不到的，也是很不该的。

（原文载于《文化广角》2000 年第 11 期）

保护民族村寨是弘扬民族文化的根本

中国文物学会会长彭卿云，在为新近出版的《郎德上寨的苗文化》一书所作的《序》中写道：“郎德上寨古建筑群，实际上是一处现存的苗寨民居村落建筑。2001 年被公布为全国重点文物保护单位，乃是文物保护对象的新突破，是文物保护工作与时俱进的体现。在现有 1271 处全国重点文物保护单位中，作为民族村落公布的却是寥寥无几，而且公布时间最晚。20 世纪 90 年代以前，由于客观实际和主观认识的诸多局限，民族村寨文物未能也未来得及进入人们的视线，致使许多文化底蕴丰厚的民居村落长期处在天灾人祸的摧残之下，或毁灭于旦夕，或自生自灭，无人知晓，造成无可弥补的损失，从而成为我国文物事业长期存在的薄弱环节。自郎德上寨古建群等民居村落公布为全国重点文物保护单位之后，村落文化、乡土建筑逐渐引起人们的关注，越来越多的专家学者把注意力转入对古村文化的保护和研究，并取得了可喜的成果；越来越多的地方党政部门把对本乡本土的民居村落的保护、利用作为现代新文化建设的内容纳入议事日程，真正做到'守土有责'；越来越多的民居村落和乡土建筑被公布为各级文物保护单位，受到法律保护。据悉，正在遴选、申报的第六批全国重点文物保护单位名单中，民居村落和乡土建筑的数量激增，这都是可喜的趋势。郎德上寨的成功先例，在拓开人们眼界和思路，扩展文物保护新对象、新品类、新领域等方面所发挥的示范和推动作用日渐显著，令人鼓舞。保护、研究、宣传、展示郎德及其成功之路，仍然是当今的重要任务……郎德是民族村落文化保护成功的先例，《郎德上寨的苗文化》无疑是宣传、展示郎德这个先例的先例。”

民族建筑，特别是村寨建筑，具有丰富多彩的文化内涵。民族村寨是民族文化的原生地，它们不仅保存大量有形文物，而且蕴藏众多无形文物（即非物质文化遗产），这是宫殿、庙宇等古建筑不可比拟的。贵州在文物保护系统工程中，特别重视对民族村寨的保护和管理。早在 1984 年，省文化出版厅就发出了《关于调查保护民族村寨的通知》，明确指出：“我省各族人民在开发贵州高原的长期历史发展过程中，修建了许多具有地方特色和民族风格的自然村寨，生动地反映了我省各族人民的历史文化和创造才能，具有重要的民族、民俗文物价值。有选择地保护好具有地方特色和民族风格的民族村寨（包括汉族村寨），对于研究贵州的建筑艺术、民族历史，进而建立一批露天民族民俗博物馆，藉以推动两个文明建设，具有十分重要的意义。”1986 年，省人大常委会公布《贵州省文物保护管理办法》，特设“民族文物”一章，明确规定，“对具有地方特点和民族特点，并具有研究价值的典型民族村寨，以及对与少数民族的风俗习惯、文化娱乐、宗教信仰、节日活动有关的代表性实物、代表性场所及具有重要价值的文献资料，要加以保护”；“各级文化行政管理部门和城乡建设环境保护部门，应在调查研究的基础上，对于历史比较悠久、建筑具有特点、民俗具有特色的典型村寨，根据其科学研究价值报同级人民政府核定公布为不同级别的民族保护村寨”。经过多年努力，在调查研究、认真论证的基础上，有效保护一批典型的民族村寨，并以民族文化村、民族文物村、露天博物馆、村寨博物馆、生态博物馆等名义对外开放，取得了较好的社会效益和经济效益。郎德上寨在保护民族文化遗产、开展民族风情旅游中，走上了脱贫致富的康庄大道。

村寨保护促进文化旅游，文化旅游促进经济发展，经济发展促进村寨保护，三者良性循环，优势互补，相得益彰。试想，郎德上寨如果不是以其优美的自然环境和优秀的文化传统对外开放，村民怎能如此自觉保护自然环境和民居建筑？其盛装银饰怎能从 10 多套迅速发展到 100 多套？原因很简单：为满足对外开放的需要，就得身着节日盛装隆重接待客人；因为大量需要节日盛装，就得动手绣花、织带；因为盛行绣花、织带，传统工艺就得以继承和发展。本为自绣自穿的民族服饰，由于对外开放，逐步萌发商品价值，而价值规律又反过来刺激传统工艺品增加数量、提高质量。郎德妇女仅从出售手工艺品一项，年收入就多达 10 万余元。个别妇女，生产、销售工艺品，一年能收 5000 多元，比农业收入还高。近几年来，接待旅游团队、出售手工艺品，外出表演歌舞三项旅游收入，年均 100 万元以上，占全村年度总收入的 1/3。

同样道理，因为对外开放的需要，人人都得会唱歌，会跳舞，会吹芦笙，会敲铜鼓。铜鼓曾被某些考古学家称为“死亡的青铜文化”，但在郎德上寨，“铜鼓文化”不仅依然存在，而且获得发展。作为郎德铜鼓文化活动重要场所的“铜鼓坪”，既古老又年轻。说其“古老”，是因为郎德村民在铜鼓坪上“踩铜鼓”已有 600 多年的历史；但郎德寨的新铜鼓坪是在 1986 年为开展文化旅游的需要而修建的。村民别出心裁地用鹅卵石仿照铜鼓鼓面纹饰铺设坪面，使其酷似一面硕大无比的“铜鼓”。鼓坪上的每条芒、每圈晕，都用形状相似、大小相当的鹅卵石，一丝不苟嵌成“人”字纹。可村民不称“人”字纹而叫“鱼骨头”。苗胞敬重鱼，一是因为古代祖先以鱼为主要生活来源，二是因为母鱼子多，繁殖迅速，实为渔猎生活的遗风和生殖崇拜的表现。郎德村民将苗文化中的“鱼文化”“鼓文化”“笙文化”等丰富多彩的传统文化融于位居寨子中心的铜鼓坪上，这种艺术构思和建筑手法，是对“铜鼓文化”的一大发展。由于有了这样一个铜鼓坪，郎德寨的“铜鼓文化”迅速扬名中外，国内外许多影视单位竞相前往郎德上寨，以此铜鼓坪为场景，摄制影视作品。从某种意义上说，郎德人为继承和发展具有悠久历史的铜鼓文化做出了独特的贡献。

为满足客人的需要，在铜鼓坪上向客人敬酒、邀客人跳舞、陪客人照相、请客人吃饭、送客人礼品甚至为客人打“花猫”、拴彩带、挂彩蛋，尽展苗家风情，诚心使人感到，来郎德上寨做客是非常快活的事。事实正是这样，在铜鼓坪上，客人玩得确实比主人还开心。宾主手拉着手，踏着鼓声的节拍，围着铜鼓柱转圈，共跳“莽筒芦笙铜鼓舞”，是最为激动人心的。客人争相与身着节日盛装的村民在铜鼓坪上合影留念，并将合影带到大江南北、世界各地，有意无意宣传郎德。客观上，这是力度最大的宣传攻势，使郎德上寨闻名于世。“越是民族的，越是世界的”。郎德上寨开放式保护民族村寨的实践，雄辩证明了这一颠扑不破的真理。

郎德上寨的知名度越高，前来观光考察的中外客人就越多，村民保护村寨及传统文化的自觉性相应提高。最近在村党支部和村民委员会的领导下，由村文物管理组织和旅游管理组织提出保护村寨的乡规民约，经全体村民反复讨论，一致决定，在村寨四周划出保护范围和建设控制地带，在绝对保护区内严禁挖山采石、毁林开荒、建窑烧炭、狩猎打鸟、毒鱼炸鱼，寨内不准修建与原有木结构吊脚楼不相协调的砖房和洋楼。村民比谁都清楚，一旦损坏自然环境、丧失民族文化特点，便会损害民族形象，危及切身利益；而竭力保护并不断弘扬民族优秀文化，就能确保在可持续发展的道路上阔步前进。对郎德上寨苗族同胞卓有成效地保护自己的家园，分管文物工作的文化部副部长郑欣淼格外高兴。他在一篇题为《郎德识苗》的游记中写道："郎德实际上是一个自然村寨博物馆，展厅就是整个村寨，展品既有民居建筑，又有生活习俗，歌舞，服饰等。我冒着细雨在石块铺成的人字形小路上穿楼串户，看到郎德人引为自豪的吊脚楼保护得很好，10 年间新修的 20 多栋民居，不仅在整体布局上风格谐和，而且每栋建筑物的式样也严格遵循统一要求，村寨与青山绿水浑然一体。这种卓有成效的保护使我受到了鼓舞。"

郎德上寨采取开放式保护民族村寨的办法保护自然遗产和文化遗产，取得了显著成绩，这是有目共睹、有口皆碑的。两次亲临郎德进行学术考察的北京大学社会学教授周星由衷地说，"上郎德的建设乃是一个形象工程，目的是为文化展示，它造就了一个超前发展的小康苗寨。"

沉睡多年的郎德上寨，通过保护民族村寨、开展文化旅游，"打开山门迎远客，走出山门闯世界"，在欢歌笑语中奔上了脱贫致富的康庄大道，先后荣获省文化厅授予的"苗族歌舞之乡"称号，文化部授予的"中国民间艺术之乡"称号，被国家文物局列为"全国百座特色博物馆"之一，并被中国博物馆学会主编的《中国博物馆志》作为唯一的民族村寨博物馆收录，郎德上寨古建筑群于 2001 年被国务院公布为全国重点文物保护单位。

1998 年 8 月，由省文化厅主办的"郎德开放成就展"在省博物馆展出。国家文物局博物馆司致函祝贺称："苗寨郎德，是在改革开放中，积极探索利用和保护民族村寨，大力发掘民俗资源，弘扬优秀民族文化传统的成功实例。为更好地总结郎德经验，进一步研究郎德现象，贯彻'保护为主，抢救第一'的方针和'有效保护，合理利用，加强管理'的指导思想，举办"郎德开放成就展"是很有意义的。我们衷心希望贵州省全体文博工作者，发扬光大郎德经验，为弘扬中华民族优秀文化传统，促进社会主义物质文明和精神文明建设而不断努力，并取得更加卓越的成就。"文化部部长孙家正在参观"郎德开放成就展"时强调："通过文物保护开展文化扶贫，很有贵州特点。随着社会的发展，民族服饰、生活用具、生活习惯逐步现代化。在此过程中，原地保护民族文物，并做到保护恢复与协调发展相统一，很不容易。郎德的经验在于抢救保护了民族文物并使之更加优美和完善，这种经验值得很好推广。”

贵州民族村寨保护工作，受到民族学界的关注和肯定。中外著名的民族学家、中央民族大学教授林耀华生前撰文称：贵州是个多民族聚居的地方，民族文化绚丽多彩。把文物遗产和文化财富有机地结合起来，在博物馆展示中寻找到恰如其分的结合点，使文物与民族文化相映生辉，推出了贵州文物和民族文化系列博物馆，这是贵州文物工作者的一个有历史意义的创举，开辟了一条具有中国特色的民族文化博物馆的新路。在发掘民族文化方面，贵州走在全国的前列，树立了一个值得学习的样板。如果将建立贵州式的系列博物馆的办法推广到全国去，一定会带来中华大地民族文物博物馆的满园春色。特别值得一提的是贵州的民族村寨博物馆，本身就是一种类型的“文化村”。它是典型的文化村，但不是“模型”，而是“实地”。真实的地点，真实的人物，真实的生活，真实的风情。这种实地民族文化村，在当今世界，只有在中国，也只有在贵州才能见到。贵州办成了前人所没有做过的事情。郎德上寨苗族文化村，已经取得成功，吸引了大批国际参观者，受到好评。贵州建立实地文化村的经验是弥足珍贵的，他们开拓性的历史功绩已经立下了中国民族文化村的里程碑。今天，全国各地文化村、民俗村“热”正在兴起，追本溯源，中国民族文化村的事业是在贵州大地上起步的。

国家文物局在《关于推荐第六批全国重点文物保护单位的通知》中明确指出，“明清时期的优秀建筑（群）及具有典型特征的古代民居和民族建筑（群）”，可以作为推荐对象。据此，贵州省文物局将 5 个少数民族的 7 个村寨推荐为第六批全国重点文物保护单位，它们是松桃“德高现”苗族古建筑群、开阳马头寨布依族古建筑群、天柱三门塘侗族古建筑群、黎平肇兴侗族古建筑群、荔波水甫水族古建筑群（含邓恩铭故居）、三都怎雷水族古建筑群、务川龙潭村仡佬族古建筑群。如果这几个民族村寨获准公布为全国重点文物保护单位，那么，贵州人口较多的少数民族中，至少每个民族都有一个村寨建筑跻身于全国重点文物保护单位之列。

我国是个多民族的国家，各个民族都为缔造祖国的历史和文化做出了自己的贡献。但由于种种原因，在许多少数民族中，难以保存时代很早的文物。特别是在南方多雨、潮湿地区，明代中期以前的木构建筑很难保存下来。加上战争及火灾等原因，完整的明代建筑也不多见。即便是建于清初的优秀建筑，300 多年了，能够保存至今，也很不容易，值得珍惜。再者，许多民族建筑，不仅建筑工艺十分独特，社会功能更为特殊，堪称民族文化百花园中的奇葩。如果仅以年代早晚去研判，用同一把尺子去度量不同地区、不同民族的不同建筑，难免将许多优秀的民族民俗建筑物忽视掉。我们乐观地认为，在第六批全国重点文物保护单位名单中，会有更多的具有典型特征的民族村寨古建筑群出现在世人面前。

（原文载于《贵州世居民族研究》第二卷，贵州民族出版社，2005 年 12 月）

民族村寨不是出土文物

——兼论开放式保护民族村寨

做好民族村寨保护工作，对推进社会主义新农村建设，具有积极作用。但是对民族村寨是实行开放式保护还是封闭式保护，学术界一直存在分歧。有人担心，对外开放会加速民族文化的消亡，或曰现代文明会“侵蚀、污染民族文化”。据权威人士披露，著名的生态博物馆学家杰斯特龙先生“就怕现代化知识污染了这个（民族）文化”。这位先生看到咱们这些布依族的、苗族的、侗族的文化简直认为好得没法再好了，比他们的现代工业文化高明多了，就怕现代文化侵蚀了这些最好的文化。他希望我们的民族地区“慢一点现代化”。为此，他“总是在捍卫民族文化的独立性”。对于专家学者，民族村寨可以对其开放，但“开放是限量的，是为科学研究服务的”。客人来了，村民“该种地的种地，该织布的织布，该吃饭的吃饭，该睡觉的睡觉”，千万“不要把自己降为展品，更不能兜售自己的用品”，否则就失去了“生活的本色，品格的本色”。

但是，我认为，如果真的那么做，则有悖于保护民族村寨的宗旨。保护民族村寨的目的绝不仅仅在于“为人类学、民族学、民俗学、社会学、文化学、经济史学等科学研究提供了活标本”，更重要的是要有利于村民的生存和发展，使被重点保护的典型民族村寨成为展示民族文化、创建精神文明的窗口。保护民族村寨，与保护出土文物不同。将活生生的民族村寨和发展中的村寨文化定格在某种发展水平上是不可取的。民族文化总是不断地发展和变化的。今日的文化成就是经过若干时代的发展变化形成的，而且还会继续发展变化，企图使其一成不变，犹如出土文物，既不应该，也办不到。

贵州是山区，各族人民在十分艰难的条件下开发贵州高原，创造具有鲜明地方特点和浓郁民族特色的历史文化，为丰富中华民族的文化宝库作出了独特贡献。由于历史的种种原因，少数民族依山傍水、聚族而居，文化环境相对稳定，民族村寨自然成为民族文化的主要物质载体。从某种意义上说，民族文化就是“村寨文化”。在贵州高原，寻求民族文化的真谛，其主要对象不是城市而是农村，不是地下而是地上，不是书架上的历史文献而是村寨里的现实生活。民族村寨是民族文化的原生地，保护民族村寨是保护民族文化遗产的最佳方式和关键环节。

保护民族村寨旨在保护民族文化遗产的优秀部分，绝不能像某些学者所提倡的那样，不分青红皂白一概保护，甚至越是落后的东西越要保护。比如对他们视为“具有很高保护价值”的所谓“寨主是行政管理领袖，寨老是道德领袖，鬼司是精神领袖”的管理体制和“还没有出现农副产品和商品交易”的“自给自足的农业经济”，以及“严禁与外族人通婚，婚恋活动只限于本民族”的生育制度等等，都要“原状保留”，“使其延续下去”，以便“受到民族学家、人类学家、社会学家、文化学家、民俗学家等科学工作者的普遍欢迎”。

对少数民族的文化遗产要作具体分析，即便是优良传统也应与时代精神相结合，否则民族文化遗产难以存在下去。在保护民族村寨工作中，保护什么，继承什么，扬弃什么，必须尊重当地领导和村民群众的意愿，顺应时代发展的潮流，不能照搬外国政府统治“土著民族”的那一套来对待我们的少数民族同胞。

实践证明，开放式保护民族村寨是最为有效的保护方式。被列为“苗族村寨博物馆”对外开放的雷山县郎德上寨，正因为对外开放，才较为有效地保护村寨环境和民居建筑，特别是有效保存和发展独具特色的民族服饰、民族歌舞、民族节日、社交礼仪等优秀传统文化。郎德上寨由于自元末明初建寨以来，村民即有朴素的环境保护意识，迄今全寨森林覆盖率仍高达75%以上，使安装有“美人靠”的栋栋吊脚木楼掩映在竹木葱茏之中。数百年来，村民耕耘自食，传承远古遗风，沿袭秦汉习俗，盛行唐宋服饰，保留明清建筑，宛如世外桃源。在改革开放大潮中，采纳文物部门建议，村民投资投劳，整治寨容寨貌，弘扬民族文化，打开山门迎客，以其山清水秀的自然景色，鳞次栉比的吊脚木楼，饶有风趣的拦路敬酒，动人心弦的歌舞，工艺精湛的盛装银饰，别具一格的苗族佳肴，吸引了大批中外客人。10余年间，已接待来自全国各地和30多个国家或地区的中外观众近百万人。

村寨保护促进文化旅游，文化旅游促进经济发展，经济发展促进村寨保护，村民在欢歌笑语中奔上了脱贫致富的康庄大道。

郎德上寨的知名度越高，前来观光考察的中外客人就越多，村民保护村寨及传统文化的自觉性相应提高。乡规民约规定，在绝对保护区内严禁挖山采石、毁林开荒、建窑烧炭、狩猎打鸟、毒鱼炸鱼，寨内不准修建与原有木结构吊脚楼不相协调的砖房和洋楼。村民比谁都清楚，一旦破坏自然环境、丧失民族文化特点，便会损害民族形象，危及切身利益。

（原文载于《贵州日报》2006年6月1日）

创办民族文化保护利用示范区的构想

中共中央办公厅、国务院办公厅最近印发的《关于加强文物保护利用改革的若干意见》提出："建立国家文物保护利用示范区，依托不同类型文物资源，推动区域性文物资源整合和集中连片保护利用，创新文物保护利用机制，在确保文物安全的前提下，支持在文物保护区域因地制宜适度发展服务业和休闲农业。"贵州民族文化资源十分丰富，民俗文物异彩纷呈，建立各具特色的区域性文物保护利用示范区，拥有得天独厚的优越条件。

自20世纪80年代以来，贵州利用旅游热线上经过维修的文物建筑，建立了民族节日、民族建筑、民族刺绣、民族村寨、民族戏剧、民族婚俗等展示贵州文化特色的系列民族民俗博物馆。根据《关于加强文物保护利用改革的若干意见》，从"大文物"的视角着眼，广泛利用具有独特文化内涵的区域性乡土建筑、文化景观、文化线路、文化空间，以"大博物馆"的理念发展较大范围的以保护、展示某种文化特征为主要对象，可试办文物保护利用示范区，诸如都柳江侗寨鼓楼文化保护利用示范区、清水江苗族龙舟文化保护利用示范区、乌蒙山彝族土司庄园保护利用示范区、大娄山播州土司屯堡建筑保护利用示范区、赤水河川盐运输摩崖石刻保护利用示范区等等。兹以"侗寨鼓楼文化"为例，试谈建立社区文物保护利用示范区。

在贵州省黔东南苗族侗族自治州东南角侗族高度聚居的黎平、从江、榕江三县毗邻地区，有很好的条件试办以"侗寨鼓楼文化"为核心，包括花桥（风雨桥）、戏楼、凉亭、井亭、禾晾、水碓、水磨、民居等侗族木构建筑在内的"侗寨鼓楼文化保护利用示范区"。为此，应将文物视野放宽一些，在认真办好室内陈列展览的同时，将室外的种种"展品"保护、管理、利用好。积极主动与当地政府和村民协商，划出一定的保护范围，制定相应的保护措施，共同做好保护利用示范区这个"大博物馆"的建设、管理、利用工作。保护对象不局限以"侗寨鼓楼"为标志的各种木结构建筑，凡与特殊建筑有关的民俗文物和民俗事象，都应纳入其中。

侗族，是从古代"百越"族群发展而来的一个古老民族，主要分布在贵州、湖南、广西三省区，从事农业生产，同时兼营林业，酷爱种植杉木。侗族聚居的都柳江畔，杉林遍野，绿染苍天。侗族村民不仅酷爱种植杉木，还特别擅长营造以杉木为主要材料的木结构建筑物。民居多为干栏式，鼓楼建筑最壮观。侗寨鼓楼与汉族地区的钟鼓楼，不仅造型各异，功能也不相同。侗寨鼓楼是侗族村民共建、共有、共用的一种公共建筑物，具有多方面的社会功能，文化内涵极其丰富。其中对唱大歌，场面蔚为壮观。侗族大歌已荣登世界非物质文化遗产名录。

侗寨鼓楼通常建于村寨中心，村民围绕鼓楼建房，形成放射状，形同蜘蛛网。村民站在家门口，便可望见鼓楼，充分显示鼓楼在侗族村寨中的核心地位。有的鼓楼与戏楼遥相呼应，有的鼓楼与花桥（风雨桥）修建在一起，组成侗寨的“心脏”。也有一些鼓楼修在村头，与小溪、鱼塘、水田为伴，此乃防火使然。在数百座侗寨鼓楼中，从江县的“增冲鼓楼”是年代最早、体量最大、工艺最精的一座，已有300多年历史，早已成为全国重点文物保护单位。

侗族喜欢住水边。有河有水便有桥，河多水多桥梁多。据不完全统计，仅黎平、从江、榕江三县毗邻地带就有各式各样的侗寨桥梁300多座。与其他地方的桥梁一样，侗寨桥梁也是一种水上交通设施。不同的是，侗寨桥梁还有特殊民俗功能。许多侗族村寨，为适应迎宾送客、对歌交友的需要，在村头修建木质寨门。每当贵客进入村寨，于此举行“拦路迎客”活动。寨门造型多种多样，或似牌楼、凉亭，或似长廊、花桥，将风光如画的侗族村寨装点得更加美丽。花桥，亦即风雨桥，是对桥面修建长廊、廊上画有彩绘的各式桥梁的统称。贵州境内规模最大、工艺最精的风雨桥，当推全国重点文物保护单位黎平地坪风雨桥。桥中央修建鼓楼式亭子，形成“鼓楼”与“花桥”结为一体的特殊形制。长廊上，“鼓楼”内，彩绘“侗姑纺纱”“侗姑织锦”“侗姑插秧”“吹笙拉鼓”“琵琶弹唱”“芦笙比赛”“吹笙踩堂”“对唱大歌”“行歌坐月”“牯牛角斗”“激流放排”“南江小景”等20多幅侗乡风俗画，诚为侗族村寨的一个艺术橱窗。侗寨风雨桥，不仅修建在村寨内，还修建在田地间，起到“凉亭”作用。

侗族同胞修建鼓楼，深受大树启发，整体造型酷似一棵大杉树，村民称为“遮阴树”。在尚无鼓楼的年代，许多活动是在古杉之下进行的。后来为了满足社会、文化活动的需要，修建固定建筑物，便以杉木为原型。同样地，村民师承自然，模仿自然，修建凉亭。侗族村寨的凉亭，有修建在桥头的，有修建在路口的，还有修建在古树旁边的。有的凉亭悬挂对联：“休息片刻，即登大道；歌唱三曲，漫出阳关。”

侗族喜欢唱“侗戏”，侗族村寨戏楼多，有的一个村寨多达四五座，每个家族拥有一座。与鼓楼一样，戏楼也是以家族为单位，由侗族村民投工献料义务修建的。戏楼多建于寨子的中央，与鼓楼、花桥结合在一起，构成侗寨文化活动的中心。逢年过节，男女老幼，身着盛装，齐集于此，唱歌演戏、吹笙踩堂，热闹非凡。有些戏楼，建在鱼塘之上，台上演戏，台下养鱼，人欢鱼跃，相映成趣。

行歌坐月，又称“行歌坐夜”，是侗族未婚青年男女之间的一种社交活动，目的在于求爱，手段集体对歌，地点称为“月堂”。“月堂”本是一般民房，多为木结构干栏式吊脚楼，从其外表看去与普通民居别无二致。不过，作为“月堂”使用的侗族民居，其“软件”颇具特点。首先，房东必有大姑娘，而且还是能歌善舞、心灵手巧的“姑娘头”，侗族称为“腊米头”。侗寨有一习俗，姑娘学讲话就开始学唱歌。同一年龄段的姑娘各自组成歌队，在成年人的指导下学唱歌。侗族歌曲种类很多，有“大歌”“小歌”“儿歌”“蝉歌”“声音歌”“河边歌”“琵琶歌”“牛腿琴歌”等十余种。一支支侗族歌队，犹如一所所音乐学校。姑娘们在学习唱歌过程中，逐渐冒出个别声音特别好、记忆特别强的拔尖人物，这就叫做“腊米头”，意为“姑娘头”。声音好，能担任领唱；记性好，能背许多歌，如果脑子灵光，会见子打子，即兴编唱，那么，在与“腊汉”（即后生）对歌中就能起到“编导”“主演”“队长”的作用，成为歌队中的自然领袖。如果她家住房较为宽敞，地势较为适中，家境较为富裕，家人较为贤惠，那么，她家就很有可能被当作“月堂”用。如果“腊米头”的祖母、母亲或婶娘、嫂子诸人中，年轻时曾当过“腊米头”，婚后成长为“歌师”，那么，这种不同凡响的“月堂”，地位更高，名声更大，人气更旺。这样的“月堂”，总是被该村民众引以为荣。于是，其貌不扬的“月堂”，便成了其他村寨后生景仰的地方。

在侗族村寨，还有一种公共建筑物也是不可缺少的，否则，侗寨就根本不能存在，它就是水井。事实上，有无水井，是能否修建村寨的先决条件。水井多少，流量大小，决定村寨的位置和规模。寨中水井，为了卫生起见，建有防污设施。这类建筑小品的外部造型，因水井位置而异。若水从岩壁或斜坡涌出，则因地建造一个拱形井盖；若水从平地或洼地冒出，则除垂直修建圆形或方形石质井壁外，加建木质“井亭”于井上，路人喝足水后，还可小憩片刻。

侗族村民喜欢种糯谷，吃糯食。糯食既禁饿，又奇香无比，被称为“香糯”。深秋时节，糯谷成熟，村民用古老的“摘刀”将谷穗摘下，捆绑成把，悬挂在“禾晾”上。金灿灿的谷穗，成排成行地悬挂在鳞次栉比、高十余米的“禾晾”上，洋溢着丰收的喜悦。侗寨“禾晾”及粮仓，习惯修建在一起，保留古代集体贮粮的遗风。食用之前，从“禾晾”上取下“禾把”，置于火塘、炉灶上方的“炕架”上烘干，而后放进石碓内去皮，当地叫“舂米”。侗寨“舂米”，在屋檐下使用“踏碓”，在野外使用水碓。如今侗族村寨多用“打米机”加工粮食，原始的粮食加工工具逐步失去了昔日地位，成了名副其实的“文物”。适当集中一些水碓、水磨加以保护，迫在眉睫。但切忌任意制作崭新的水碓、水磨，修建新房子，盖上小青瓦或石棉瓦。原来覆盖杉树皮，现在也应覆盖杉树皮，尽量保持原真性。

通观都柳江两岸以鼓楼为核心的侗寨建筑，如读一部卷帙浩繁的历史文献，让人获知“百越文化”的许多信息。在成片保留侗族建筑文化特别丰富的黎平、从江、榕江交界处，推动区域性文物资源整合，集中连片保护利用，因地制宜，适度发展服务业和休闲农业，试办“侗寨鼓楼文化保护利用示范区”，很有意义，不难办到。一旦试验成功，便可逐步推广，在贵州各地建立独具地方特点和民族特色的文物保护利用示范区。

（原文载于《中国文物报》2018 年 11 月 13 日）

依法依规保持村镇博物馆的历史风貌

我在贵州从事历史文化遗产保护工作一辈子，已经退休 20 多年。由于工作关系，结识许多农民朋友，多次被保留“以十月为岁首”、时兴农历十月“过苗年”的苗族村民邀请下乡“过苗年”。最近又一次受邀到拥有“中国历史文化名镇”“中国历史文化名村”“中国民间艺术之乡”“中国传统村落”“中国景观村落”等多重身份的黔东南苗族侗族自治州雷山县郎德镇郎德上寨“过苗年”，前后 12 天，沉浸在欢乐气氛中：铜鼓声、芦笙声、酒歌声，声声入耳，回荡山谷；外村人、外省人、外国人，摩肩接踵，川流不息；小轿车、越野车、大轿车，一部接一部，挤满停车场。该村 100 多栋吊脚楼民居和山寨门、铜鼓坪、芦笙场、风雨桥、山泉水井、水车水碾等乡土建筑，早被国务院以“郎德上寨古建筑群”为名公布为全国重点文物保护单位。1987 年，以“上郎德苗族村寨博物馆”的名义对外开放，并被中国博物馆学会 1995 年组织编著的《中国博物馆志》收录入“志”。20 世纪 90 年代，国家文物局副局长郑欣淼亲临郎德上寨考察，写了一篇《郎德识苗》游记，内中有言：作为全国第一座体现苗族风情村寨博物馆的郎德上寨，是明代洪武初年建立的，距今已有 600 多年历史。80 年代初，贵州省文物工作者就产生将一批典型的村寨立体保护起来的设想，郎德上寨以其特有的优势而首获膺选。郎德实际上是一个自然村寨博物馆，展厅就是整个村寨，展品既有民居建筑，又有生活习俗、歌舞、服饰等。

1998 年 8 月，贵州省文化厅主办的“郎德开放成就展”在省博物馆展出。国家文物局博物馆司致函祝贺：“苗寨郎德，是在改革开放中，积极探索利用和保护民族村寨，大力发掘民俗资源，弘扬民族优秀文化传统的成功实例。为更好地总结郎德经验，进一步研究郎德现象，贯彻‘保护为主，抢救第一’的方针和‘有效保护，合理利用，加强管理’的指导思想，举办“郎德开放成就展”是很有意义的。我们衷心希望贵州省全体文博工作者，发扬光大郎德经验，为弘扬中华民族优秀文化传统，促进社会主义物质文明和精神文明建设而不断努力，并取得更加卓越的成就。”9 月 5 日，文化部部长孙家正闻讯赶来参观，观后举行座谈。他在座谈会上讲：“通过文物保护开展文化扶贫，很有贵州特点。随着社会的发展，民族服饰、生活用具、生活习惯逐步现代化，在此过程中，原地保护民族文物，并做到保护恢复与协调发展相统一，很不容易。郎德的经验在于抢救保护了民族文物并使之更加优美和完善，这种经验值得很好推广。”

以“苗族村寨博物馆”的名义对外开放30多年的郎德上寨，如今举目可见“农家乐”“苗家乐”“芦笙手之家”“非遗传承人”的招牌悬于吊脚楼上，招徕观众游人食宿，留有联系方式，可以网上预约。与村民交谈得知，即便不是“过苗年”，每天也有若干旅游团队前来观光考察。至于零星客人，尤其是“自驾游”者，一住就是两三天。四川、重庆、湖南等地的退休老人，联袂而来，住上十天半个月是常有的事，许多还是回头客，犹如回乡“走亲戚”。

各路客人纷至沓来，接待条件相应改善，设在吊脚楼上的客房，设置了卫生间，装上了空调。客人在长桌边吃“苗家饭”时，除了免费喝酒，主妇偕其女儿或儿媳手持“酒海”（一种有柄有流的盛酒陶器）、酒碗，高唱《酒歌》敬客，宾主乐不可支。客人离开村寨，还要在寨子门口喝“牛角酒”，挂红鸡蛋，气氛异常热烈，令人终生难忘。

村民看到，接待观众游客食宿很能赚钱，比仅仅依赖民俗活动表演强得多。于是，凡有条件的人家，陆续在吊脚楼上开办“农家乐”“苗家乐”。曾多年担任村党支部书记、门外板壁钉有“远程教育‘一户一技能’党员示范户”“雷山县农村‘一户一技能’示范户”“‘美丽乡村·学在农家’示范户”“‘金种子’带富示范户”“星级文明户”“刺绣参观点”等标牌的一户农家，别出心裁开办“老支书苗家乐”，效益比哪家都好。曾参与省文化厅巡回举办“贵州民族节日文化展”在西安、北京、深圳等地表演民族节日歌舞的一位芦笙手，开设“芦笙手之家”，室内悬挂其在各地表演的大幅彩色照片，并不时为客人表演芦笙舞，收入也很可观。

作为村镇博物馆对外开放的传统村落，在旅游开发中不断涌现新气象，令人欢欣鼓舞，出现新问题，让人忧心忡忡，亟待有关部门联合调查，依法依规保持村镇博物馆的历史风貌。

我一直参与郎德上寨的保护利用工作。在我看来，以下问题有待解决：

第一，用玻璃窗将吊脚楼上的美人靠封闭起来，掩盖了苗族建筑特点。

在贵州苗岭山区旅行，只要看到吊脚楼上安装有宽敞明亮的美人靠，那一定是苗族人家无疑。美人靠，又称“吴王靠”“飞来椅”“鹅颈椅”，是建筑学上的一个术语。乍一听这名词，很容易让人想到江南一带的园林建筑和皖南民居。是的，江南园林、皖南民居举目皆是美人靠。美人靠是皖南民居楼上天井四周设置的靠椅的雅称。皖南民居二楼是女子们的日常活动场所。古代闺中女子不能轻易下楼外出，百无聊赖之时，只能凭栏倚靠在天井四周的椅子上遥望外面的世界，窥视楼下迎来送往的应酬，故称此类椅子为“美人靠”。又有传说称，美人靠是春秋时代吴王夫差专为西施设置的，因名“吴王靠”。殊不知，苗岭山区也有美人靠，村民称为“豆安息”，意为“供人休息的木椅子”。其实，就是安装在建筑物上当靠背用的弯曲形栏杆。因向外探出的靠背弯曲似鹅颈，有些汉族地区又把此物称为“鹅颈椅”。“飞来椅”，大概是取其安装在楼上，形同“天上飞来”的椅子之意吧？

在风景秀丽的苗岭山区，由于村民皆在依山傍水的山间河谷地带安家落户，其住房背山面水而立，故在美人靠上凭栏远眺，总能尽情欣赏“青山绿水苍翠欲滴、云卷云舒变幻无穷”的山区景色。美人靠多半安装在吊脚楼二楼堂屋外廊上，其下是通道，每当行人过此，不论认识与否，楼上楼下总要打个招呼，遇到生人还格外热情，这是苗家的规矩。如因地势所限，房子坐向不当道，遂将美人靠安装在当道一侧，以便交流。美人靠两端柱子上，挂有镜子，堪称苗族妇女的开放式梳妆台。姑娘们常爱坐在宽敞明亮的美人靠上做针线。三三两两，梳着古代发型，头戴耀眼饰物的苗族村姑，哼着小调，坐在美人靠上绣花，是苗岭山区的特有景致。凡到苗寨观光考察的中外客人，都会情不自禁地背依美人靠，留影作纪念。

苗族村民在吊脚楼上安装美人靠，用意多重，其社会功能、文化内涵多姿多彩。主要用途是方便姑娘们在此梳妆打扮，纺纱织布，飞针走线，刺绣挑花，制作服饰，准备嫁妆。从某种意义上说，苗寨美人靠，是苗族姑娘的开放式闺房。当然，也是家庭主妇尤其是小媳妇们为自己、为家人特别是为婴幼儿缝制衣服的家庭作坊。苗族姑娘擅长女红，苗族服饰丰富多彩，有美人靠的一份功劳。换言之，苗寨美人靠，既是苗族姑娘的开放式闺房，又是苗族服装的家庭式作坊。

反观江南一带的汉族传统民居，虽然也有美人靠，但安装在天井内的走马转角楼上，且靠背全封闭，外来人员从下往上看，只能看见窗户而看不见人面。居住在闺楼上的姑娘想要观察楼下动静，必须借助密密麻麻的窗户雕刻。那采光不佳的窗户雕刻，其作用相当于今日的毛玻璃、太阳膜，是用来遮盖闺女脸面的。古代汉族闺女“大门不出，二门不迈”，成天蜗居在闺阁内，来者想要看见她们的面庞很不容易，即便相亲，也不例外。

苗族姑娘则不然，她们不仅要出门，而且还要多与外界交往，才能解决人生大事。苗族是个开放的民族，社会文化不封闭，民居建筑也不封闭。反映在装修上，便是美人靠一定要安装在醒目处，以便与外界交流。可是，近来受到城里人用玻璃窗封阳台的影响，有些苗族村民修建新房，用铝合金玻璃窗将吊脚楼上的美人靠严严实实封闭起来；甚至有人不惜花钱进城购买铝合金玻璃窗，请来师傅将老房子上的美人靠封闭起来，以为时髦。岂知如此不仅有碍观瞻，掩盖了苗族建筑特点，不经意间还“侵犯”了苗族姑娘的“开放权”。

第二，在吊脚楼旁修建砖混结构建筑，改变了传统苗寨的建筑结构。

苗岭山区苗族村镇苗族民居，一般是四榀三间、上下三层的木结构吊脚楼，间或也有六榀五间者。前者有的建有耳房，作厨房用。如今，有的农户扩建耳房，楼下当厨房，楼上当客房。但采用砖混结构，只是屋面覆盖小青瓦，改变了传统苗寨的建筑结构。村民这样做，不仅为了增加收入，也有防火考虑。在全木结构的房子内，忙不迭地为来自五湖四海的客人炒菜做饭，曾经出现火情，差点酿成火灾。砖混结构建筑，用的是水泥砖墙，钢筋混凝土楼板，防火性能比木房子好。如何做到两全其美？是个有待解决的问题。

第三，在吊脚楼的屋面上开设老虎窗，改变了传统苗寨的建筑造型。

为满足不断增加的来此作“休闲游”客人的需要，并提高开办“农家乐”“苗家乐”的收入，有的农户在本不住人因此楼层较矮、光线较差的三楼上装修客房，开老虎窗。在吊脚楼屋面上开设老虎窗，改变了传统苗寨的建筑造型，虽然实用，但不美观。如何按照《历史文化名城名镇名村保护条例》规定：“保持和延续其传统格局和历史风貌，维护历史文化遗产的真实性和完整性，继承和弘扬中华民族优秀传统文化，正确处理经济社会发展和历史文化遗产保护的关系”，是又一个有待解决的问题。

第四，新建体量大、尺度高的吊脚楼，改变了传统苗寨的原真形象。

通过不同渠道富起来了的苗族村民，尤其是老人留在农村务农、本人外出打工或者参加工作的成功人士，已在城市定居就业，看到家乡文化旅游红红火火，纷纷回乡投资建房，目的很明确：不是自己住，而是开商店办旅馆；甚至出租给外地人开设商店办旅馆。因此，普遍体量大、尺度高，外表虽然也像木结构吊脚楼，但实际是砖混结构，只是把外表包装成“木房子”，即所谓“穿衣戴帽”是也。

第五，用白色瓷砖“包装”苗寨老井，破坏了传统村落的朴实风格。

随着现代化的迅速发展，想在城市中看到农村常见的木结构建筑物，不是一件容易的事。因此，住在高楼大厦的城里人羡慕起田园生活来。他们将下乡观光旅游称之为“返璞归真”。一批保存文物特别丰富的历史文化村寨，受到人们的青睐，变成了极有魅力的民族风情旅游点。沉睡多年的郎德上寨，在旅游业蓬勃发展的今天，“打开山门迎远客，走出山门闯世界”，引起世人的极大关注。引人关注，争相扶持，有喜有忧。比如卫生部门出于好心，把几眼山泉老井“包装”了一番：将原先村民用鹅卵石垒砌的井壁和用青石板铺墁的井坪，蒙上白生生的瓷砖，看上去着实分外干净，可也格外刺眼。虽说几口山泉老井实现了“现代化”，但与周围环境显得很不协调，破坏了传统村落的朴实风格。

第六，有关部门提出整改意见，依法依规保持村镇博物馆的历史风貌。

《国务院关于进一步加强文物工作的指导意见》提倡：“发挥文物资源在促进地

区经济社会发展、壮大旅游业中的重要作用，打造文物旅游品牌，培育以文物保护单位、博物馆为支撑的体验旅游、研学旅行和传统村落休闲旅游线路。”中共中央办公厅、国务院办公厅《关于加强文物保护利用改革的若干意见》，鼓励“在确保文物安全的前提下，支持在文物保护区域因地制宜适度发展服务业和休闲农业”。《历史文化名城名镇名村保护条例》规定：“在历史文化名城、名镇、名村保护范围内从事建设活动，应当符合保护规划的要求，不得损害历史文化遗产的真实性和完整性，不得对其传统格局和历史风貌构成破坏性影响。”

在服务业和休闲农业开展得比较早、比较好的村镇博物馆（有的又称生态博物馆、露天博物馆），对于上述问题，应该如何解决？建议有关部门联合考察，提出整改意见，依法依规保持村镇博物馆的历史风貌。

（原文载于《贵博论丛》，广西师范大学出版社，2020 年 1 月）

保护民族村寨　守住民族之魂

——保护利用郎德上寨苗族传统文化的启示

我与雷山县郎德镇郎德上寨结缘，始于 1984 年。当年，我的工作单位贵州省文化出版厅发出《关于调查民族村寨的通知》称：“我省各族人民在开发贵州高原的长期历史发展过程中，修建了许多具有地方特色和民族风格的自然村寨，生动地反映了我省各族人民的历史文化和创造才能，具有重要的民族、民俗文物价值。有选择地保护好具有地方特色和民族风格的民族村寨（包括汉族村寨），对于研究贵州的建筑艺术、民族历史，进而建立一批露天民族民俗博物馆，藉以推动两个文明建设，具有十分重要的意义。”

我时任文物处处长，在调查许多民族村寨的基础上，建议遴选郎德上寨为保护试点。之所以如此，因为我认为，郎德上寨符合《通知》要求：

首先，历史比较悠久，并有历史见证可寻；

其次，建筑具有特点，能让人看出是什么民族的村寨；

再次，民俗具有特色，除建筑外，吃的、穿的、用的、玩的、说的、唱的等等，都有自己的特色，在婚丧嫁娶、衣食住行等方面，都有好传统；

第四，风景优美，景色迷人，能作为我省自然村寨的代表。

郎德上寨的历史文化、村寨建筑、民族风情、自然环境，都具有典型的苗族村寨特点。将其作为典型苗寨加以保护利用，有利于提高苗族人民的自豪感和郎德上寨的知名度，有利于增进世人对苗族文化的了解。

事实正是这样。郎德上寨苗族村民，以拥有山清水秀、竹木葱郁、吊脚木楼、华丽服饰、能歌善舞、热情好客的自然景观和民族风情而自豪。共同拥有自豪感，铸成民族凝聚力，这是郎德上寨的民族魂。凭借这个民族魂，强烈吸引大江南北和世界各地对苗族文化饶有兴趣的观众游人联袂前来参观考察。郎德上寨苗族村民认为，凡是前来参观考察的观众游人都是他们的客人。热情待客是苗族村民的优良传统。客人参观考察郎德上寨，心中留下美好记忆，由此对苗族产生好感，村民感到自豪，认为自己为弘扬苗族文化做出了贡献。

苗岭山区苗族文化的名片

沉睡多年的郎德上寨，通过保护民族村寨、开展文化旅游，打开山门迎远客，走出山门闯世界，在欢歌笑语中奔上了脱贫致富的康庄大道，荣获省文化厅授予的“苗族歌舞之乡”称号，文化部授予的“中国民间艺术之乡”称号，被国家文物局列为“全国百座特色博物馆”之一，并被中国博物馆学会主编的《中国博物馆志》作为唯一的民族村寨博物馆收录。郎德上寨古建筑群，于 2001 年被国务院公布为全国重点文物保护单位，2007 年跻身于“中国景观村落”，2008 年成为“奥运圣火走过的地方”，2010 年被公布为“中国历史文化名村”……一言以蔽之：成了苗岭山区苗族文化的一张名片。

保护利用协调发展相得益彰

村寨保护促进文化旅游，文化旅游促进经济发展，经济发展促进村寨保护。保护利用，协调发展，良性循环，相得益彰。为满足对外开放的需要，村民身着节日盛装隆重迎客；因为必须身着盛装，就得绣花、织带，传统工艺因此得以继承发展。本为自缝自穿的民族服饰，由于对外开放，萌发商品价值，而价值规律又反过来刺激传统工艺品增加数量、提高质量。许多妇女生产销售手工艺品，收入比农业生产还高。有条件的农户开设“农家乐”“苗家乐”，接待观众游人。如今，表演苗族歌舞、出售手工艺品、开设食宿接待等旅游收入，占全村年度总收入的一半以上。

因为对外开放的需要，人人都得会唱歌，会跳舞，会吹芦笙，会踩铜鼓。铜鼓曾被某些考古学家称为“死亡的青铜文化”，但在郎德上寨，“铜鼓文化”不仅依然存在，而且获得发展。作为郎德铜鼓文化活动重要场所的铜鼓坪，既古老又年轻。说其古老，是因为村民在铜鼓坪上“踩铜鼓”已有 600 多年的历史；但新铜鼓坪是在 1986 年为开展文化旅游的需要而修建的。村民别出心裁用鹅卵石仿照铜鼓纹饰铺设铜鼓坪，使其酷似一面硕大无比的“铜鼓”。这种艺术构思和建筑手法，是对铜鼓文化的一大发展。由于有了这样一个铜鼓坪，郎德寨的铜鼓文化扬名中外，国内外许多影视单位竞相前往郎德上寨，以此铜鼓坪为场景摄制影视作品。从某种意义上说，郎德人为继承发展具有悠久历史的“铜鼓文化”做出了独特的贡献。

为满足客人的需要，苗族村民热情向客人敬酒、邀客人跳舞、陪客人照相、请客人吃饭、送客人礼品，为客人打“花猫”、拴彩带、挂彩蛋，展示苗家风情，诚心使人感到，前来郎德上寨做客是非常快乐的事。在郎德上寨，客人玩得比主人还开心。宾主手拉着手，踏着鼓声的节拍，围着铜鼓柱转圈，共跳“芒筒芦笙铜鼓舞”，是最为激动人心的。客人争相与身着节日盛装的村民合影留念，并将合影带到大江南北、世界各地，有意无意宣传郎德。客观上，这是力度最大的宣传攻势，使郎德上寨闻名于世。“越是民族的，越是世界的。”郎德上寨开放式保护民族村寨的实践，充分证明这一颠扑不破的真理。

回首郎德上寨保护苗族文化的历程，让我深刻领悟到：村民具有顽强的凝聚力，他们把保护历史文化遗产、向世人展示苗族文化，视为光荣使命，堪称郎德上寨的民族魂。

做好民族文化遗产保护利用工作，关键要有民族魂，这是珍贵的启示。

（原文载于《黔东南日报》2020 年 3 月 23 日）

保护村寨遗产　助推脱贫致富

在贵州，有许多这样的村寨：文化遗产十分丰富，物质生活相对贫乏。40 多年前的丹寨县石桥村，就是这样的一个少数民族村寨。

1979 年，贵州开展第二次文物普查，分外关注民族村寨和传统工艺。1984 年春，我所在的文化出版厅文物处，专程到苗族聚居的丹寨石桥调查，重点是白皮纸生产作坊。据王氏、杨氏、刘氏等几大姓氏的苗族村民说，他们的祖先是从“洞庭滨湖平原”辗转迁徙到“贵州苗岭山区”的。由于地处边远，交通闭塞，经济发展缓慢，科学文化落后，皮纸用途不多，销量不大。辛亥革命后，经济文化有了较大发展，各地纷纷创办学校，民间契约普遍实行，文人互赠书画，民间剪纸、刺绣逐渐增多，纸张供不应求。当时石桥大户投资兴办纸业，在天然石桥对面的大石壁下设槽造纸。由于纸质优良，很快打开销路，村民纷纷开槽造纸，20 世纪 30 年代初，槽户 30 多家，产品远销贵阳、遵义、重庆、长沙、武汉等地。1934 年在贵阳举行“画纸”评比，石桥荣获第二名。此为石桥白皮纸生产鼎盛时期。当时 110 户居民中，有 80 户人家造纸。

苗族民间流传至今的《造纸歌》《找书找纸歌》，歌唱苗族先民制造竹纸、白皮纸，是客观历史的真实反映。抗战胜利后，王尤金、王尤方等又在河两岸建槽造纸。内战爆发，销量大减，产品积压，不得不贱卖赊销，部分亏损倒闭。新中国成立后，石桥白皮纸生产获得新生。1951 年恢复到 24 家，从业人员 120 人。1953 年发展到 48 家，从业人员153人。此时，雷山、都匀纷纷创办纸厂。雷山聘请王能、王习斌、杨国清等7人去作技术指导；都匀蜡纸厂聘请王时芳、王仲庸、王文科等6人去作技术指导。因机制纸大量投入市场，石桥白皮纸销量下降。1955年成立同心造纸工业社。1957年改建为公私合营丹寨县纸厂。1958年改为国营丹寨县石桥纸厂。1978年改名丹寨县国画纸厂。“文化大革命”期间，濒临倒闭。

造纸术是我国的四大发明之一，但作为古代造纸技术的物证、古老文明的遗存，为数不多了。所幸石桥还保留着传统造纸作坊，理当予以保护。但意想不到的是，听了我们的汇报，有的领导居然说：“在高科技飞速发展的今天，土法造纸已是过时的老古董了，还有必要保护吗？”

其实不然，用传统工艺和设备生产的白皮纸，在民用和军工上，特别是在少数民族社会生活中，还是供不应求的商品。古老的传统生产工艺，仍然具有顽强的生命力。国际上对我白皮纸生产传统工艺颇为欣赏者大有人在。1982年，中国历史博物馆组织一个包括传统造纸技术在内的“中国古代传统技术展览”在加拿大多伦多科学中心表演了几个月，来自世界各地的观众100多万人。外国朋友称赞我造纸表演“就像变魔术”，把造纸工人誉为“魔术师”。殊不知，操作表演的技术工人和传统设备，来自遥远的贵州省丹寨县苗族村寨石桥村。

1984年2月28日，我们与主管工业的丹寨县副县长（苗族）研究石桥白皮纸生产工艺保护问题。次日，与县文化馆的同志下乡考察石桥白皮纸生产工艺，访问了一些造纸老人，拍摄了许多操作照片。回到县里，以文化出版厅文物处的名义，同县轻工业局签订《保护石桥白皮纸作坊合同》。次年秋，邀请文化部文物保护科学技术研究所的专业人员，对石桥白皮纸作坊全面录像。同年11月2日，省政府将“丹寨石桥白皮纸作坊”公布为文物保护单位。

石桥一带，漫山遍野生长当地人称为“构皮树”的楮树，其皮是生产白皮纸的上等材料。树皮造纸，古已有之，《后汉书·蔡伦传》记载：“用树肤、麻头及敝布、鱼网以为纸。”《本草纲目》载：“蜀人以麻、闽人以嫩竹、海人以苔、吴人以茧、楚人以楮为纸。”苗族先民长期居住在楚地，是较早养蚕的民族，丝织品在苗族中普遍应用。苗岭山区丧俗，素以丝绸殉葬。若无丝绸，用白皮纸。石桥生产的白皮纸，被苗族村民用于剪裁刺绣图案，包裹盛装银饰，制作祭祀用品，如“保爷”“花竹”“花树”“花桥”“花幡”“清明”“小山神”“口嘴标”等等，其社会功能独具民俗文化价值，是苗岭山区苗族村民的服饰文化、婚恋文化、丧葬文化、祭祀文化赖以生存的重要条件。

石桥，因一座天然“石拱桥”（习称“天生桥”）连接河岸山崖而得名。造纸作坊即建在天然石桥下方 50 米外“大崖脚”石壁下。石壁宽约百米，高约 80 米。石壁前倾，上丰下俭，可以避雨，是天造地设的天然厂房。

用“构皮”造纸，须经十余道工序：剐皮、晒干、蒸煮、河沤、漂白、漂洗、选料、扬清、碓打、袋洗、兑水、打槽、兑料、抄纸、起帘、榨干、晒纸、揭纸、打捆。其中多道工序离不开水。村民还用水力冲碓，用水碓打料。有的槽户就在河岸上、崖脚下、山洞里，架锅、建槽，利用天然水源制料、抄纸。苗岭主峰雷公山森林茂密，竹木葱茏，溪水、山泉终年不竭。石桥水源极为丰富。水质特好：水中含有碱，有利于漂白，这是石桥白皮纸质量优良的先决条件。石桥不仅生产白皮纸，还生产彩色纸，其中彩纸又分为云龙纸、皱褶纸、凹凸纸、压平纸、花草纸、麻丝纸。由于石桥白皮纸运用手工操作，工艺独特，纸质优良，具有韧性强、光泽好、吸水性强等优点，深受国内外青睐，远销东南亚、澳大利亚和西欧。军工上，用于擦拭枪炮。金融业，用于捆绑纸币。生活中，用于制作油纸、雨伞和书写契约文字、裱糊门窗花格。

石桥苗族村民沿用古法生产白皮纸，其工艺流程与《天工开物》的图解基本一致。石桥使用的水碓、碓杆、水轮、曲柄轴等，与《天工开物》如出一辙。一些主要设备，已被中国国家博物馆收藏。

2005 年，退休 7 年的我，被省文化厅聘为“非物质文化遗产保护工作专家委员会委员”，分工修改《石桥古法造纸工艺申报文本》，撰写《省级专家评审意见》《省级文化行政主管部门审批意见》。我在后者写道：“石桥古法造纸设备及工艺，是特殊的自然环境与独特的民族风情有机结合的产物。白皮纸被苗族村民主要用于剪裁刺绣图案、包装盛装银饰和满足宗教活动需要，其社会功能独具民俗文化价值，是苗岭山区苗族村民的服饰文化、婚恋文化、丧葬文化、祭祀文化赖以生存和发展的重要条件。同意将石桥古法造纸工艺申报为国家级非物质文化遗产名录。”不出所料，在第一批国家级非物质文化遗产名录中，列有“丹寨石桥皮纸制作技艺”。此后，石桥村民以省级“文保”为依托，以国家“非遗”为抓手，传承弘扬皮纸制作技艺，将石桥打造成一座没有栅栏的“村寨博物馆”，通过保护历史遗产，开展文化旅游，助推脱贫致富，取得良好效果。

（原文载于《黔东南日报》2020 年 3 月 30 日）

参见拙作：《深入发掘民族村寨的文化内涵》（《中国文物科学研究》2007 年第 4 期）、《保护民族村寨要有利于村民的生存和发展》（《中国民族报》2009 年 6 月 5 日）、《把“最具魅力民族村寨”建设成社区性民族民俗博物馆》（《贵州日报》2012 年 3 月 12 日）。

开展文化旅游

贵州民族文化旅游资源及特点

旅游是现代人颇为流行的一种生活方式。无论你到何地旅游，也不管你是否能意识到，旅游地的民族文化遗产总是强烈地吸引着你，迫使你自觉不自觉地去审视它，亲近它，研究它。改革开放以来，贵州旅游业之所以能蓬勃发展，得益于民族文化遗产在新时代中发挥了重要作用。

贵州民族文化的精华，大量储存在民族村寨里的文物中。贵州民族文物是贵州各族人民在特定的自然环境中创造出来的，是天人合一的产物。可是，每当人们谈到贵州省的天地人，我们总不爱听“天无三日晴，地无三里平，人无三分银”这几句话，觉得只有周恩来说的“山川秀丽，气候宜人，资源丰富，人民勤劳”，才是贵州的真实写照。

是的，周总理说的完全正确。但说贵州“天无三日晴，地无三里平”，也不全是贬义。天文、地理之类自然条件原本客观存在，对人类进步、社会发展无疑具有一定的影响。随着生产力的发展和科学技术的进步，其消极影响会越来越小，某些消极因素甚至会转变为资源优势。

比如“天无三日晴”，说明雨量充沛，而“地无三里平”表明地势落差大。设若干旱少雨，江河断流，或一马平川，放眼无垠，何以“西电东送”？有人认为，21世纪是“为水而战”的世纪。别的地方闹水荒，贵州“天无三日晴”，没有什么不好。

再说，如果贵州没有山，没有水，哪来世界闻名的黄果树大瀑布？哪来游人如织的㵲阳河、马岭河、红枫湖和龙宫、樟江等国家级风景名胜区？在生产力十分低下的古代，人们面对莽莽群山、滔滔江水，叹为“穷山恶水”，而如今身临其境，恐必惊呼“山清水秀”了。

“人无三分银”固然不是优势，但也不必当作包袱。既然我们的祖先能在贵州高原这片神秘的土地上劳动生息并创造别具一格的民族文化，那么，在共产党的领导下，在西部大开发中，为什么不能将经济滞后当作一种动力而奋发脱贫呢？

其实，“人无三分银”也只反映物质生活方面，至于精神生活，贵州拥有自己的优势。由于历史上受诸多制约，贵州高原特别是民族地区社会发展相对缓慢，因而保留下来的传统文化较为完整。比如由苗族、布依族、侗族、水族、瑶族等少数民族的吊脚楼民居和鼓楼、花桥、船廊、凉亭、花房、月堂等民俗建筑构成的建筑文化；由百余种不同服装款式构成的服饰文化；由千余个民族节日集会构成的节日文化，无不充分说明，贵州民族文化资源是极为丰厚的。

长期以来，人们一直认为，贵州旅游资源的主要特点是自然风光加民族风情。通过参加编制《贵州省旅游发展总体规划》的讨论，引发思考：贵州旅游资源的地方特点和民族特色究竟是什么？经过反复琢磨，深深感到，美丽的自然风光与浓郁的民族风情的有机结合，是贵州旅游资源的精髓。所谓“有机结合”即不是简单的一加一等于二，而是一个事物的两个方面。也就是说，贵州旅游资源的优势乃自然风光与民族风情水乳交融，地域文化与主流文化水乳交融，优良传统与时代要求水乳交融，彼此密不可分。

自然风光与民族风情水乳交融

比方说，森林茂密、绿染苍天、被誉为“世界级”旅游胜地的黔东南，那美丽的自然风光与浓郁的苗侗风情根本分割不开。山清水秀、竹木葱茏的都柳江畔，与鼓楼矗立、花桥横卧的侗族村寨，本身就是一幅极为完整的侗乡山水风情画，很难将其截然分为自然风光与民族风情两部分。那漫山遍野的杉树林，并非全是天生的。苗村侗寨有个风俗，每生一个孩子，村民即为其种植100棵小杉树，18年后，孩子长大成人，即以部分杉木为其办婚事，称此举为“种十八杉”。此种良好风俗为营造漫山遍野的杉林发挥了至关重要的作用。面对莽莽林海，谁能将这美丽的自然风光与优良的民族风情割裂开来？

鼓楼、花桥、吊脚楼，无疑都是人文景观，但一座座鼓楼酷似一株株古杉，一座座花桥酷似一排排卧杉，一座座干栏式吊脚楼酷似一个个鸟巢，显然都是仿生学在建筑文化中的巧妙应用。在贵州高原，民族文化中的仿生学广泛蕴藏于民族服饰、民族歌舞、民族节日、民间工艺、民俗用品等方方面面。譬如服饰中的鸦雀服、羽毛裙、蝙蝠衫、蝴蝶帽、虎皮纹披风、牛角形银冠；歌舞中的《蝉之歌》、锦鸡舞、斗鸡舞、斗牛舞；节日上使用的牛角龙、牛腿琴、狮子灯、蚌壳灯；蜡染刺绣等民间工艺品中的蚕龙、鱼龙、蜈蚣龙、鸡头龙；民俗用品中的鱼形火镰、鱼形墨斗、鱼尾扁担、鱼形拉手等等，无不充分说明，在历史发展长河中，贵州各族人民善待自然，师承自然，在与大自然协调共处中，创造丰富多彩的民族文化。

不能否认，在生产力发展水平十分低下的古代，贵州的生存条件的确没有平原和滨湖地区那么好。唯其如此，贵州各族人民在敬畏自然、崇拜自然中，因地制宜铸就善待自然、师承自然的优良品德。他们虔诚地崇拜山、崇拜洞、崇拜树，贵州许多山林、岩洞与古树因此得以完好保存至今。

贵州最大特点是溶洞遍布全省，许多溶洞曾是古代先民的“家”，贵州因此成为人类发祥地之一。有的溶洞还在住人，保持着洞居、半洞居或崖居、半崖居的古老居住方式。更为有趣的是，苗瑶民族至今还保留人死以后要回到洞中去的习俗，他们称之为“进城”。将山洞视为人类诞生地和归宿地，这是贵州“喀斯特文化”的一大特点。而另外一些溶洞，则是开展民俗文化活动的场所，比如“跳圆”“跳洞”“打鸡”等等。春节期间，苗族青年在温暖的山洞或洞口围成圆圈跳芦笙舞，称为“跳圆”或“跳洞”。而那些“情窦未开”的女童群集于避风的山洞或洞口，以手拍打用鸡毛做成的毽子，俗称“打鸡毛毽”。用于开展此类活动的山洞简称“打鸡洞”。国家级风景名胜区织金洞原来就叫“打鸡洞”。你说“打鸡洞”究竟是自然景观还是人文景观？两者都是，系自然风光与民族风情的有机结合。

诸如此类，不胜枚举。结论自然是：贵州各族人民在特定的自然环境中，由敬畏自然、崇拜自然，到善待自然、师承自然，创造出与大自然和谐发展的民族文化，从而为今日发展贵州旅游业奠定了坚实的基础。

地域文化与主流文化水乳交融

我们这里说的“地域文化”是指具有贵州地方特点的民族文化，“主流文化”是指以汉族为主体的中原传统文化。这样划分未必恰当，但叙述起来比较方便。地域文化常常被人视为“土著文化”，比如傩戏、地戏就被某些专家视为“贵州土产”。其实傩是一种分布很广的传统文化现象，别的省区也有。而且，古代中原特别盛行。武陵山区的苗族同胞将傩称为“闹”，显然与傩同音。究竟是汉族学苗族还是苗族学汉族？各有各的说法。我以为，苗族学汉族的可能性大一些。苗族村民还傩愿（苗语称“桥闹”），必用“把队查”（即“汉傩师”），且多唱汉词，足见汉文化对苗文化影响之深。但同时，在还愿过程中又有苗族特点，时而用苗语演唱，显示出苗傩与汉傩有区别。有许多这样的现象：一些本来属于中原地区的东西，传到边疆民族地区之后，在中原地区反而逐步消失了，却在边疆民族地区保留了下来，并且因地制宜发展了，以致让人产生错觉，误以为是边疆民族地区的“土特产”。

举几个例子：苗族的极限数是“十二”，汉族的极限数为“九”。苗族十二年吃一次“鼓藏”；为求子祈寿而举办的“栽花竹”“栽花树”活动由十二位上有父母或下有儿女的“全福人”参加；红白喜事送礼，或为十二个蛋，或为十二元钱；苗巫在“扫寨”仪式中朗诵：“扫过灾星，赶走火鬼，火不烧寨，水不冲田，家家打谷一百二十仓，人人活到一百二十年。”总之，在苗胞心目中，“十二”是个极限数，吉祥数。而汉族呢？常以“九牛二虎”“九死一生”“九泉之下”“九霄云外”等等表述极限。因此，“九”与“十二”成了汉文化与苗文化在数字应用中的明显区别。如果我们说，苗族以“十二”为极限数、吉祥数，是苗文化的一大特点，想必无甚问题。

但是，古代汉族难道不是也曾以“十二”为大数吗？记得《木兰辞》中有句：“昨夜见军帖，可汗大点兵。军书十二卷，卷卷有爷名。”陆游诗中亦说：“一身去国三千里，万死投荒十二年。”就是清代曹雪芹写《红楼梦》，也要“拼”出“金陵十二钗”。全国重点文物保护单位北京天坛祈年殿，檐柱总共十二根，也以“十二”为吉祥数。以“十二”为基数，可变化出三十六天罡，七十二地煞，组成一百零八将。凡此种种，可以认为，“十二”既是苗族的吉祥数，也是汉族及其他民族的吉祥数，只不过苗族应用得更为广泛一些罢了。

其他方面，诸如苗族服装，侗族头饰，十分精彩，极具地方特点和民族特色，如将其与汉族地区出土的古代陶俑、壁画相比较，不难发现某些相似之处，此乃充分说明，地域文化与主流文化一脉相承，水乳交融。

优良传统与时代要求水乳交融

一说到优良传统，就会有人提醒我们：千万别让现代文明冲击民族文化。甚至有人要求我们“原汁原味”地将民族文化定格在某个发展阶段上，一丝一毫都不要改变，据称如此才算“正宗”。

“正宗现象”，屡见不鲜。一些小面馆、小饭店，竞相标榜“正宗”，诸如“正宗贵阳肠旺面”“正宗遵义羊肉粉”“正宗苗岭酸汤鱼”“正宗花江狗肉”等等，以此招徕食客，据称也能奏效。

一种风味食品，之所以成为著名品牌，定然有其独到之处。也就是说，具有特殊的烹调方法和独特的地方风味。尽可能忠实地保持某种食品的“原汁原味”，是保住这道食品的关键环节。如果抛开了原汁，失掉了原味，那就成为另外一种食品了。但是，永远的“原汁原味”，即所谓的“正宗”，恐怕未必最受欢迎。就拿贵阳名吃“肠旺面”来说，如今的味道与当初的味道已不完全相同，至少没有从前那么油腻，那么辛辣。

这很正常。“肠旺面”并非开天辟地就存在，而是逐步形成的。只有不断发展变化，才能适应人们不断变化的口味，才能继续存在下去。否则，难免遭到淘汰。从这层意义上说，一切“正宗”的东西，不一定总比经过改革、与时俱进的东西好到哪里去。

“原汁原味”常被引申到民族文化上。不少人，尤其是外省人、外国人，总希望我们的民族文化永远保持“原汁原味”，不要有丝毫改变。我们也常以拥有众多“原汁原味”的民族文化资源而备感自豪。但仔细想想，民族文化是在长期历史发展过程中形成的，而且毫无疑问还要不断发展下去，绝不可能定格在某个历史发展阶段上。想叫属于历史范畴的民族文化永远保持“原汁原味”，恐怕很难办到，似乎也无必要。

民族文化就像风味食品一样，不能全然抛开原来的汁，也不能完全没有原来的味，但随着时代的发展，又不可能不注入新鲜的汁，也不可能不产生新鲜的味。在“原汁原味”的基础上形成的“新汁新味”，实践证明，往往更适合时代的需要，因而更富生命力。

其实，古往今来，一切优良传统总是与时代要求相结合才能生存和发展。许多古建筑，既有前代建筑的基因，又有当代建筑的特点，并非一成不变，代代雷同。比如月亮山区的苗族民居，从干栏建筑到干栏式建筑直至穿斗式吊脚楼，就有一个继承与发展的交融关系，新旧之间，并不排斥。看了月亮山区的苗族民居，就像参观一个民族建筑博物馆，让人增长不少见识。

我常常这样想：如果优良传统排斥时代要求，苗族服装就不会如此丰富多彩。苗族服装拥有100多种不同的款式，那肯定是一代又一代不断创造出来的。雷山苗族妇女，有的穿裙子，有的穿裤子，黄平苗族姑娘居然在长裤子外面套上一条裙子。这种着装方式，始于民国初年。这类服装款式是古代传统与现代风格的结合，具有鲜明的时代特点。松桃一带苗族妇女穿的“奥满襟”（满襟衣），与慈禧太后穿的衣服很相似，但又不完全一样，是古代苗族服装与清代满族服装的结合，后来成为武陵山区苗族村妇独有的服装款式了。

（原文载于《贵州民族报》1990年3月12日）

建立具有民族特色的贵州文化旅游史迹网

改革开放以来，贵州广大民族文化工作者，在研究和保护民族文化工作中，抓住两个“三结合”，即研究中的“自然风光与民族风情相结合、地域文化与主流文化相结合、优良传统与时代精神相结合”；保护工作中的“文物维修与博物馆建设相结合、文物保护与旅游开发相结合、文化建设与经济发展相结合”，初步建成了具有地方特点和民族特色的系列文化史迹网。

贵州在贯彻执行“保护为主、抢救第一、合理利用、加强管理”的文物工作方针中，采取“文物维修与博物馆建设相结合、文物保护与旅游开发相结合、文化建设与经济发展相结合”的办法，抢修大批文物古迹和革命遗址，并因地制宜，利用旅游线上经过维修的文物建筑开办了近百座专题博物馆和文物陈列室，初步形成展示贵州民族文化风采的系列史迹网。贵州系列博物馆大致可分为综合性博物馆、专题性博物馆、纪念馆、革命文物陈列室、历史文物陈列室、古生物化石陈列室六大类。一批著名的专家学者实地考察了贵州的一些专题博物馆并参观了贵州在北京、天津、西安、南京、广州、深圳等地举办的民族民俗文物展览后，一致认为："贵州在全国开风气之先，以远见卓识筹建系列博物馆，是对民族文化的系列化抢救。"国家文物局局长吕济民多次深入贵州考察后说：贵州省的博物馆很有特色。众多博物馆中，社会历史类、民族民俗类、革命纪念类都有，而以民族民俗类居多。这种发展博物馆的方向是正确的。贵州的文物博物馆事业在发展上已经创造和摸索出自己的路子，有鲜明的地方特点和民族特色。这条路子可以在中国推广。国家文物局副局长马自树认为：贵州的一些工作值得肯定，如在北京、西安、深圳等地举办"贵州酒文化展览""贵州蜡染文化展览""贵州民族节日文化展览"等，效果不错，反映良好。这些展览突出了民族特点，不仅弘扬了民族文化，也宣传了贵州，并在此基础上发展专题博物馆和文物陈列室，方向是对的。从全国看，发展的重点不是大而全的博物馆，而是专题和专业博物馆，这也是世界博物馆事业的发展趋势。

贵州的绝大多数博物馆，是以列为文物保护单位的文物建筑为馆舍建立起来的。对此，中国文物保护科学技术高级工程师祁英涛说："利用维修好的古建筑举办博物馆、展览馆，这一决策是十分正确的，是对古建筑最好的利用，也符合《文物保护法》的规定。"建筑大师张开济说："有人会问这是不是为了省钱？是不是权宜之计？我认为不是。这样做更合理，也符合世界潮流。"著名古建筑专家罗哲文进一步指出："文物与博物馆两项事业可以说是孪生兄弟，血肉相连，密不可分。文物与博物馆又好像作战的前线与后方，两者同等重要。文物工作为博物馆提供大量的展品。博物馆如果没有展品就有如作战没有武器和给养，不仅不能作战而且无法生存。如果没有发挥文物作用的阵地，文物工作也就不能起作用，没有生机。许多文物保护保管机构自身所办的陈列室、展览馆，实际也是博物馆性质。不少的古建筑、遗址、石窟等保护单位也就是一个实物博物馆。这两个事业难以分开可想而知。利用古建筑、革命遗址、名人故居等开设博物馆、陈列室，是文物博物馆相结合的一种好方式，不仅是在目前中国经济尚短缺情况下多办馆的一种形式，也是国内外都采用的一种方法。"

在众多专题博物馆中，民族村寨博物馆深受专家青睐。中国文物学会会长彭卿云说："在现有 1271 处全国重点文物保护单位中，作为民族村落公布的却是寥寥无几，而且公布时间最晚。20 世纪 90 年代以前，由于客观实际和主观认识的诸多局限，民族村寨文物未能也未来得及进入人们的视线，致使许多文化底蕴丰厚的民居村落长期处在天灾人祸的摧残之下，或毁灭于旦夕，或自生自灭，无人知晓，造成无可弥补的损失，从而成为我国文物事业长期存在的薄弱环节。自郎德上寨古建筑群等民居村落公布为全国重点文物保护单位之后，村落文化、乡土建筑逐渐引起人们的关注，越来越多的专家学者把注意力转入对古村文化的保护和研究，并取得了可喜的成果；越来越多的地方党政部门把对本乡本土的民居村落的保护、利用作为现代新文化建设的内容纳入议事日程，真正做到‘守土有责’；越来越多的民居村落和乡土建筑被公布为各级文物保护单位，受到法律保护。郎德上寨的成功先例，在拓开人们眼界和思路，扩展文物保护新对象、新品类、新领域等方面所发挥的示范和推动作用日渐显著，令人鼓舞。”中央民族大学教授林耀华撰文称：“把文物遗产和文化财富有机地结合起来，在博物馆展示中寻找到恰如其分的结合点，使文物与民族文化相映生辉，推出了贵州文物和民族文化系列博物馆，这是贵州文物工作者的一个有历史意义的创举，开辟了一条具有中国特色的民族文化博物馆的新路。特别值得一提的是贵州的民族村寨博物馆，本身就是一种类型的‘文化村’。它是典型的文化村，但不是‘模型’，而是‘实地’。真实的地点，真实的人物，真实的生活，真实的风情。这种实地民族文化村，在当今世界，只有在中国，也只有在贵州才能见到。贵州办成了前人所没有做过的事情。郎德上寨苗族文化村，已经取得成功，吸引了大批国际参观者，受到好评。贵州建立实地文化村的经验是弥足珍贵的，他们开拓性的历史功绩已经立下了中国民族文化村的里程碑。”

（原文载于《贵州经济报》1995 年 11 月 21 日）

别有情趣的文化旅游

文化旅游是方兴未艾的旅游活动中极有魅力的一种。多民族的贵州具有丰富多彩、风格独特的文化旅游资源。在贵州开展文化旅游具有较好的基础。

丰富多彩的文化旅游资源

文化旅游是以参观、考察文物古迹、风景名胜、风土人情为主要内容的一种文化活动。它不是一般地“游山玩水”，也不是一般地观赏一下名胜古迹，欣赏一下异乡风情，而是多少要作一些考察、研究，从中得到某种享受和知识的高层次的文化活动。

我省的文物古迹相当丰富，并且很有特点，是开展文化旅游的重要物质基础，潜力很大。文物普查发现，贵州有数以万计的文物古迹，目前已公布为县级文物保护单位的有 1500 多处，公布为省级文物保护单位的有 237 处，公布为全国重点文物保护单位的 8 处。这些文物古迹具有鲜明的地方特点和浓郁的民族风格。从前，人们很少注意贵州的建筑文化。1985 年 6 月，“贵州侗族建筑及风情展览”在北京展出之后，人们眼界大开，盛赞贵州少数民族在开发贵州高原的艰苦历程中创造了别具一格的民族文化，为丰富中华民族的文化宝库做出了独特的贡献。展览结束不久，大批专家、学者便联袂来到贵州，深入侗村苗寨，考察民族建筑。他们发现，苗族的吊脚楼，布依族的石板房，侗族的鼓楼、花桥，彝族的土司庄园等等，都具有宝贵的文物价值和旅游开发价值。于是乎，在国务院 1988 年公布第三批全国重点文物保护单位的名单上，便出现了山地建筑的典范——镇远青龙洞和民族建筑的代表从江增冲鼓楼、毕节大屯土司庄园的名字。

贵州的风景名胜与人文景观有着密切的关系。著名的黄果树瀑布附近就有许多值得参观、考察的历史文化，仅以人们常说的“石头书”而言，就有石板铺墁的古驿道，石头建造的古石桥、古营盘，以及刻画在石头上的摩崖石刻和岩画等等。这些人文景观，大大丰富了黄果树的文化内涵。又如织金“打鸡洞”，也与民族文化有关。有人不了解其中奥秘，以为“打鸡洞”名称不雅，改了许多名字，有改称“全宏洞”的，有改称“大吉洞”的，有改称“织金洞”的，还有改称“地下世界”的。虽然都是好意，却忽视了它的民族文化价值。所谓“打鸡洞”是由“打鸡毛毽”而来的。“打鸡毛毽”是当地苗族少女春节期间普遍开展的一项文化活动。因为洞口避风暖和，有利于开展这种游戏，于是便将此洞称为“打鸡洞”。如果游客有幸在此同身着节日盛装的苗家少女对打鸡毛毽，岂不十分有趣?

贵州的民族风情堪称文化旅游的迷宫。作为民族风情重要内容的民族节日，一年之中有 1000 多次（处）。人们在节日集会上穿的服装、吃的饮食、跳的舞蹈、唱的歌曲，乃至于交际中说的话，祭祀中念的词，都有许多使人迷惑不解的地方——这正是贵州文化旅游的宝贵资源。

较好的文化旅游基础

多年来，贵州各级文化（文物）部门做了许多工作，为开展全省文化旅游打下了一定的基础。首先是通过广泛、深入的文物普查和民族节日调查，基本摸清了全省各地，特别是旅游线上的文物古迹和民俗风情的“家底”，已编写出《贵州省文物分布图》《贵州省文物概况一览表》《贵州省民族节日概况一览表》《贵州古建筑》《侗寨鼓楼研究》《贵州侗寨鼓楼风雨桥》《贵州节日文化》《贵州节日歌舞》和《贵州文化旅游指南》等图书资料。并对旅游线上有较高参观、考察价值的平坝天台山、安顺府文庙、关岭滑石哨、福泉古城垣、黄平飞云崖、镇远青龙洞、台江文昌宫、雷山郎德寨、修文阳明洞、遵义杨粲墓和遵义会议会址等数 10 处文物古迹、革命遗址及民族村寨进行了保护性维修，为开展文化旅游创造了条件。

其次是，在上述旅游线上，已经建立了一系列具有地方特色和民族风格的小型多样的专题博物馆（或陈列室），为开展文化旅游奠定了基础。在西线，已建立了平坝天台山民族戏剧博物馆、安顺蔡官屯地戏文物陈列室、安顺府文庙蜡染文化博物馆、兴义下五屯民族婚俗博物馆；在东线，已建立了福泉古城屯堡博物馆、黄平飞云崖民族节日博物馆、镇远青龙洞民族建筑博物馆、台江文昌宫民族刺绣博物馆、雷山郎德寨民族村寨博物馆；在北线，已建立了遵义会议纪念馆和酒文化博物馆。这一系列专题博物馆的建立，无疑是开展贵州文化旅游的坚实基础。

别具一格的文化旅游特点

目前，贵州可以省会贵阳为中心，开辟东、西、北三条文化旅游线。上述三线，各有特点，可概括为：东线——民族文化，西线——岩溶文化，北线——革命文化；南线则是综合文化。

东线拥有诸如镇远青龙洞、黄平飞云崖等闻名遐迩的文物古迹，和㵲阳河风景名胜区那样美丽的自然风光，但最迷人的还是民族风情，它同时也是最能体现贵州文化旅游特点的路线。民族风情的内容十分广泛，包括衣食住行、吃喝玩乐、婚丧嫁娶、人生礼仪等各个方面。而这些丰富多彩的民族风情又几乎凝聚在民族村寨里。村寨的主要标志是建筑。苗族村寨的基本特点是：依山傍水聚族而居，吊脚楼房鳞次栉比。侗族村寨的基本特点是：鼓楼矗立，花桥横跨，竹木葱茏，流水淙淙。无论是苗村还是侗寨，多半因山就势建在山坡上，一坡一坡的吊脚楼，以杉木为柱，以杉板为壁，有的还以杉皮为“瓦”，全然是杉的世界。楼上几乎都有廊，如果廊上安装美人靠，连楹做成牛角形，那一定是苗族的民居无疑。寨脚有河，河边有成群的水车、水碾、水碓、水磨。寨后古木参天，几株最高最大的古树叫“保寨树”。苗寨的“保寨树”通常见枫香树。寨子一般都有“寨门”。侗寨的寨门有的是座风雨桥。进入苗村侗寨，别有一番情趣。身着节日盛装的村民常常以拦路酒、拦路歌等阻拦客人进寨的特殊方式隆重迎接客人。这拦路酒、拦路歌，少则三五道，多至十二道，最后一道使用牛角杯。过了重重关卡，进得寨中，一般都不直接进屋。如是苗寨，先被带到铜鼓坪（或木鼓坪）、芦笙场上“踩铜鼓”（或“踩木鼓”）、跳芦笙。如是侗寨，则被带到鼓楼内或歌坪上唱大歌、踩歌堂。在鼓楼、歌坪唱罢跳罢，进屋吃饭，用餐之前先祭祖，敬罢祖先敬客人。敬酒敬双杯，有人说“好事成双”，村民说，“您是用两只脚走来的”。吃饭、喝酒、唱歌同时进行。有的地方，饭前唱赞美歌，饭中唱敬酒歌，饭后唱感谢歌。晚上，在苗寨的游方场上可听男女青年对唱情歌；在侗寨的“月堂”里可看男女青年“行歌坐月”。离开苗村侗寨，还有一番仪式，诸如喝酒打花猫、挂花带、拴彩蛋、送鞋垫，以及赠送糍粑及糯米饭等等。这种种人生礼仪，无一不是古老文化的遗存。

西线的红枫湖、龙宫、黄果树、打鸡洞（织金洞）都是国家重点风景名胜区，其共同特点是皆与岩溶息息相关。红枫湖，山中藏湖，湖中藏岛，岛中藏洞，洞中藏湖，那山、那岛、那洞，皆为石灰石。鬼斧神工的龙宫、打鸡洞是令人叹为观止的岩溶洞。气势磅礴的黄果树瀑布群，也是因为岩溶地貌造成的落差，才有如此壮观的场面。岩溶是西线自然风光的精髓，可以说，是岩溶地貌（外国人叫“喀斯特”），造就出如此美妙的西线山、水、洞风光。

西线岩溶不仅是自然风光，同时也融合于人文景观之中。例如全国重点文物保护单位——普定穿洞，不仅是口天然岩溶洞，还曾经是古人类居住过的地方，出土了许多珍贵的石器、骨器等文物。早期溶洞住人，晚期溶洞埋人，贵州境内遍布岩洞葬。平坝县的下坝棺材洞，一洞就有棺材近千口。文物部门曾清理过几副棺材，获得一批宋代苗族彩色蜡染衣裙，堪称稀世珍宝。溶岩还被当地人用于铺路、架桥、作画、建房，俨然以岩溶做“纸”写文章，形成一部卷帙浩繁的“石头书”。

北线文化旅游的中心是国家历史文化名城遵义。它包括老城的红军总司令部旧址（即遵义会议会址的主体）、红军总政治部旧址、“万人大会”旧址等等；新城的毛泽东、张闻天、王稼祥等遵义会议期间旧居、遵义县革命委员会旧址等等；在城郊有红花岗战斗遗址、红军山邓萍烈士墓及遵义战役红军烈士纪念碑。市北50千米处，还有娄山关战斗遗址及为纪念娄山关战斗修建的纪念碑。贵阳与遵义之间，还有许多与革命斗争有关的文化遗存，如抗日战争期间囚禁抗日爱国将领张学良和杨虎城的修文阳明洞和息烽玄天洞。北线是进行爱国主义和革命传统教育的不可多得的生动课堂。

南线既有荔波邓恩铭烈士故居等革命遗址，又有福泉古城垣、都匀百子桥历史文物，特别还有融民族风情、文物古迹、自然风光于一体的“茂兰喀斯特森林自然保护区”。到南线观光旅游，可获得多层次的享受、多方面的知识。

（原文载于《贵州日报》1996年8月7日）

参见拙作：《我省西线旅游区的文物古迹》（《贵阳晚报》1984年7月25日）、《有关专家就我省博物馆事业开展可行性论证　建议在旅游线上建立多种类型的专题博物馆》（《贵州日报》1986年6月22日）、《我省在旅游线上举办专题文物展览》（《贵阳晚报》1986年12月13日）、《贵州文化旅游资源初探》（《贵州经济报》1989年1月16日）、《对贵州文化旅游资源的评价》（《旅游调研》1989年第1期）、《旅游线上风光风情并茂　我省拟建一批民族民俗博物馆》（《贵州日报》1989年2月22

日）、《有关专家称在旅游线上建立专题博物馆代表当代中国民族地区发展博物馆事业的方向》（《贵州文物报》1989年10月20日）、《对贵州文化旅游资源的评价及其特点的认识》（《旅游学刊》1990年第2期）、《贵州民族文化旅游资源及特点》（《贵州民族报》1990年3月12日）、《黔东南初步建成民族文化旅游线》（《贵州日报》1990年7月27日）、《苗岭腹地藏瑰宝——一个风情独具的旅游文化圈》（《贵州日报》1993年1月28日）、《建立文化旅游史迹网》（《贵州日报》1993年12月30日）、《到贵州系列博物馆去旅游》（《贵州日报》1994年9月22日）、《郎德苗寨发展民俗旅游》（《中国旅游报》1995年1月17日）、《办好民俗博物馆　促进文化旅游》（《中国文物报》1995年6月11日）、《民俗博物馆与文化旅游》（《贵州民族报》1995年7月24日）、《苗岭腹地藏瑰宝——黔东南民俗文化旅游圈》（《旅游研究与实践》1995年第3期）、《建立具有民族特色的贵州文化旅游史迹网》（《贵州经济报》1995年11月21日）、《文物保护与旅游开发相结合》（《贵州日报》1996年1月17日）、《适应文化旅游需要　办活各类博物馆》（《贵州日报》1996年3月20日）、《别有情趣的文化旅游》（《贵州日报》1996年8月7日）、《红军遗址荟萃　长征精神永存——为遵义旅游区定位》（《贵州日报》1997年5月26日）、《发展镇远旅游业要在历史文化内涵上下功夫》（《贵州日报》1999年11月18日）、《学术考察与文化旅游的处女地——月亮山苗族风情撷粹》（《旅游研究与实践》2001年第1期）、《完善旅游线上的系列专题博物馆》（《贵州日报》2001年4月5日）、《文化保护与旅游开发协调发展的成功实例》（《贵州日报》2002年10月6日）、《贵州民族文化的旅游价值》（《文化广角》2002年第10期）、《石门坎纪游》（《毕节日报》2002年10月15日）、《谈贵州旅游资源的地方特点和民族特色》（《旅游研究与实践》2004年第1期）、《漫谈荔波综合旅游区的建筑文化》（《黔南日报》2004年5月10日）、《旅游线上百余博物馆织就我省文化史迹网》（《贵州日报》2005年1月18日）、《贵州新春旅游主打民族特色》（《中国文化报》2005年2月21日）、《于细微处看精华——深入发掘贵州民族文化旅游资源的文化内涵》（《贵州日报》2005年6月28日）、《旅游厕所不要“别具一格”》（《贵州日报》2005年7月12日）、《文化与旅游协调发展的成功之路——赞开放式保护民族村寨的理论与实践》（《小城镇建设》2005年第10期）、《郎德——文化保护与旅游开发的成功实例》（《理论与当代》2007年第1期）、《苗侗村寨在旅游开发中遇到问题》（《民族》2007年第1期）、《贵州郎德上寨扩展文物保护范围发掘文化旅游资源》（《中国文物报》2007年8月29日）、《深入发掘乡村旅游的文化内涵》（《贵州日报》2007年9月10日）、《将邓恩铭故里建设成红色旅游景点》（《贵州日报》2011年11月21日）。

妥善处理关系

文化保护与旅游开发协调发展的成功实例

据说一位资深国际旅游学家认为，“世界上还没有一例开发旅游不破坏民族文化的，假若有，那简直是个奇迹。”大概基于这种认识，一份由众多权威人士提出的旅游发展总体规划在论及文化保护与旅游开发的关系时写道：“以民族村寨为代表的文化遗产正遭遇不可挽回的破坏和面临消亡的危险，除非采取保护它们的行动。”如此尖锐地提出问题，的确发人深省，应竭力避免在旅游开发中损坏民族文化。不过，采取有效措施，在保护民族文化遗产的前提下发展旅游业，并通过开展文化旅游促进民族文化的保护，使两者协调发展、相得益彰的成功实例，在贵州还是存在的，那便是“中国民间艺术之乡”“全国历史文化名村”雷山县郎德上寨。

深居于苗岭腹地的苗寨郎德分为上下两个自然村寨，作为“露天苗族风情博物馆”对外开放的郎德上寨，现有100多户，500多人。村民背山面水落寨，依山就势建房，鳞次栉比的吊脚楼从山脚修到山腰。楼上安装美人靠，具有典型的苗族民居风格。寨后古木参天，一派郁郁葱葱。这些不能砍伐的“保寨树”，保留了远古时代的遗风。寨内条条小路，全以鹅卵石铺成“鱼骨形”。一条叫望丰河的小溪呈“S”形从寨脚流过，溪畔数十架竹筒水车日夜旋转。郎德上寨是清代咸丰、同治年间苗族农民起义将领杨大六的故乡，当年用于抗清自卫的围墙、战壕、隘门等战斗遗址迄今犹存。村寨于1987年正式对外开放，10多年来已接待来自全国各地和30多个国家及地区的中外宾客70多万人。最近几年的旅游收入均占全村年度总收入的三成以上。村民通过开展民族文化旅游走上了脱贫致富的康庄大道，人均粮食产量400多公斤，经济收入2000多元。

衡量民族文化是否因为对外开放遭到破坏，可从自然生态与文化生态两个方面来审视。郎德上寨，早自元末明初形成以来，村民即有保护自然环境的优良传统，其森林覆盖率一直保持在75%以上。为切实有效地保护村寨环境，订有乡规民约。在申报全国重点文物保护单位过程中，又确切划定保护范围，经过村民讨论，一致决定，在绝对保护区内严禁挖山采石、毁林开荒、建窑烧炭、狩猎打鸟、毒鱼炸鱼。寨内民居及附属建筑，统统列为保护对象，严禁乱拆滥建，并明确规定不得在保护范围内修建与原有木结构吊脚楼不相协调的砖房或洋楼。对外开放以后，村民生活普遍提高，陆续修建新房，但就是没有一栋砖房或洋楼，全寨一百多户，仍然清一色地修建木结构吊脚楼。更不大兴土木、刻意修建什么“接待站”“陈列室”“资料中心”之类洋设施，随意改变村寨原有格局。

随着时代的变化，农村不断出现砖房和洋楼，即使是作为“生态博物馆”对外开放的某些名气很大的村寨也不能幸免。为什么郎德上寨可以避免？这与村寨的旅游管理关系极大。

与许多对外开放的民族村寨不同，郎德上寨的旅游开发是全民性的，并非由旅游部门或村寨领导圈定表演人员和接待农户，而是人人都可以参加表演，户户都可以接待游客。因此，人人都能通过文化旅游受益，家家都可通过旅游接待获利。凡是到过郎德上寨旅游的人都知道，进入村寨时，有 12 道拦路酒迎接，进入村寨后在铜鼓坪观赏歌舞表演，并与身着民族服装的全体村民共跳莽筒芦笙铜鼓舞，最后还可随便登上吊脚楼参观，选购民族民间工艺品。在拦路迎客和歌舞表演中，人人都是“演员”，个个都能受益。利益大小，略有区别，以“工分”表示。例如，身着盛装、拦路敬酒、吹笙唱歌并在铜鼓坪上表演多个节目者，每场可得 12 分；身着便装、拦路迎客并在铜鼓坪上表演多个节目者可得 10 分；身着盛装、拦路迎客只在铜鼓坪上共跳莽筒芦笙铜鼓舞者（多为老妇），可得 8 分；身着便装、拦路迎客只在铜鼓坪上共跳莽筒芦笙铜鼓舞者（多为男童），可得 6 分；村主任、村支书等村干部的待遇视其所扮角色而定，绝无半点特殊。据称每场可获接待费 400 元左右，留下 15% 的公共留存，每个工分可分得 0.15 元，多时可达 0.2 元。平均按 10 分计算，每场每人可分到 1.5～2 元。一般两天来一批客人，有时一天来两三个团队，平均每天不少于一批。综合统计，每家每天可获六七元至十多元。加上出售手工艺品，收入还算可观。有些能歌善舞、心灵手巧的村姑，仅旅游收入一项，一年能挣三四千元。

由于身着民族服装、表演民族歌舞接待中外客人，可获现金收入，人人都体会到，做好民族村寨保护工作，可补农业生产之不足。如今“吃饭靠农业，花钱靠旅游”，已经成为郎德上寨的普遍现象。实践证明，拥有精美的节日服装并擅长歌舞表演，经济收入颇丰，所以孩子们从小就十分努力学唱歌、学跳舞、学吹芦笙、学“踩铜鼓”。女孩子特别热心学绣花，以便能有一身好衣服、一套好手艺。在郎德上寨，对外开放不仅没有造成民族文化“不可挽回的破坏和面临消亡的危险”，反而刺激民族文化更加繁荣昌盛。开始接待旅游团队的 1987 年，全村寨仅有 18 套盛装银饰，而如今拥有 120 多套，平均每户至少一套。女孩子凡是能够上场跳舞的都有盛装银饰，有的多至两三套，连成年时期的盛装都备齐了。至于男孩子唱歌、吹芦笙，更是无人不通。有的男青年还被外省请去表演、教授苗族歌舞，每月收入上千元。全寨每年都有二三十人在全国各地从事此类活动，每人半年收入五六千元。这从一个侧面说明，旅游开发促进了民族文化的保护、发展与繁荣。

妇女们欣喜地发现，利用业余时间制作工艺品也可赚钱，而且工艺越高，赚得越多。因此，提高编织、刺绣等技艺成了她们努力的方向。与附近那些不对外开放的村寨比较，郎德上寨妇女们的工艺水平普遍高得多。由村外嫁到郎德上寨的媳妇们，受到旅游环境的熏陶，手艺迅速提高。由此可以看到，旅游开发有利于弘扬民族文化。事实说明，传统文化必须随着时代的发展而发展才能具有生命力。新时代为民族文化的发展提供了极好的机遇。文化旅游在弘扬民族文化中发挥了积极的作用。

旅游对郎德上寨固然重要，但无论如何，郎德上寨毕竟是个自然村寨，村民主要从事农业生产，旅游只是副业。农忙季节，若有客来，多由老人及儿童接待，主要劳力依然上山干活。好在田地距离寨子都不远，聚散较为方便，一般都能做到生产、接待两不误。

细想起来，身着节日盛装，露天表演歌舞，花上两个钟头才挣得一块多钱，收入太低了。但村民并不十分在意，他们认为，“脚杆不出门，看到天下人”，有客总比没有客人好。与附近苗寨相比，对外开放的郎德上寨，不仅生活水平提高了，文化水平也提高了。“打开山门迎远客，走出山门闯世界”，使郎德上寨尝到了保护民族村寨、开展文化旅游的甜头，从而大大提高了促进两者良性循环的自觉性。随着旅游业的蓬勃发展，郎德上寨的自然环境越来越美，民族风情越来越浓，民间工艺越来越精。若要总结文化保护与旅游开发协调发展的经验，郎德上寨是个好地方。

（原文载于《贵州日报》2002 年 10 月 6 日）

妥善处理村寨保护与旅游开发问题

贵州是个多民族的省份，民族村寨蕴藏着丰富多彩的民族文物。在旅游业蓬勃发展的今天，民族村寨作为一种资源被开发利用，收到了一定的经济效益。与此同时，旅游开发，或多或少对民族村寨的保护工作造成一定的冲击。换言之，民族村寨在旅游开发中遇到了问题，需要妥善处理。

拓宽活动场所问题

乡村旅游，方兴未艾。被文化部授予“中国民间艺术之乡”称号、被国家文物局列为“全国百座特色博物馆”之一的贵州省雷山县郎德上寨，在乡村旅游中，以其山清水秀的自然景色，鳞次栉比的吊脚木楼，饶有风趣的拦路敬酒，动人心弦的铜鼓芦笙，工艺精湛的盛装银饰，别具一格的苗族佳肴，吸引大批中外客人，年接待旅游团队上千个，有时一天接待十余个，日进游客千余人。

郎德上寨是个仅有 100 多户 500 多人的苗家小寨，由于游客日益增多，石板山路略显狭窄；村民祭祖时用于“踩铜鼓”（即踏着铜鼓节奏跳舞）的鹅卵石铜鼓坪，有时不敷使用。于是，旅游部门筹集大笔资金，拟加宽村寨山路，拓展村中铜鼓坪，并在铜鼓坪周围修建能让观众免遭日晒雨淋的“看台”和购买民间工艺品的“商场”。考虑到“郎德上寨古建筑群”是全国重点文物保护单位，旅游部门不得不找文物部门协商。恰在此时，清华大学建筑学院著名教授陈志华等受国家文物局委派，来贵州考察民族村寨，为申报世界文化遗产做准备。第一站到郎德上寨。陈志华教授对建筑环境、建筑布局、建筑造型、建筑用材、建筑工艺、建筑民俗等方方面面仔细考察后，兴奋地说：“寨子小巧玲珑，非常幽美，十分协调。”当天，县旅游局负责同志专程赶到郎德上寨，向陈教授介绍“开发”郎德上寨的计划，信心满满地说:“旅游要发展，寨子必须发展。”陈教授不以为然。

作为文物保护的民族村寨应不应该“发展”以及如何“发展”？陈志华教授在考察中讲了许多意见。他认为，衡量被作为文物保护的民族村寨保护得好与不好，可从三方面看：一看真实性，二看完整性，三看有效管理。他说，看了郎德上寨，令人着迷；问了村民和领导，管理也很到位。对于拓宽铜鼓坪一事，他征询了村民的意见，村民说：“坪子太大，游人太多，那是别人玩的地方，不是我们的寨子了。”他很欣赏村民的看法，认为被作为文物保护的民族村寨接待游客，应有“瓶颈”。山路的宽窄，铜鼓坪的大小，就是“瓶颈”。

陈志华教授认为，作为文物保护的民族村寨要保持原真性，保持原生态，不要搞“开发”，最好也不要提“发展”。“既要保护，又要发展”，不大可能。“发展”就要改变原样，就会丧失原真性。民族村寨开展旅游可以赚钱，但主要还是靠农业。民族村寨的旅游规模要适可而止。民族村寨有一定容量，不能任意“扩容”，否则，会破坏原真性。村寨要发展，应该给出路，根据需要，另建新区，与受到保护的民族村寨保持一定距离，互不影响。

陈志华教授说，村寨旅游，只是文物价值的一种体现，作为文物保护的民族村寨，不是“旅游经济”，而是文化遗产，应把经济活动变成文化活动。

新建旅游厕所问题

随着“乡村游”“风情游”“民族文化游”的蓬勃兴起，许多民族村寨被开发为旅游景点。在贵州，以鼓楼、风雨桥为特征的侗族村寨，以吊脚楼为特征的苗族村寨，以石板房为特征的布依族村寨，纷纷向游人开放，收到了可观的社会效益和经济效益。苗族聚居的雷山县郎德寨，对外开放 10 多年来，已接待来自全国各地和 30 多个国家及地区的中外游客百余万人，年旅游收入 100 多万元，占年度总收入的三成以上。村民通过保护民族村寨，开展文化旅游，走上了脱贫致富的康庄大道。

为适应旅游发展的需要，旅游部门投资修建“卫生厕所”，因其只供旅游者使用，村民称为“旅游厕所”。在民族村寨增添设施，应与原有建筑相协调，避免破坏原有风貌。但是，主事者为了追求“别具一格”的视觉效果，按照城市厕所修建，外面贴瓷砖，内铺马赛克，特别显眼。从江县的银潭村是个侗族聚居的民族村寨，全村 350 多户，1700 多人。一条小溪，穿寨而过，四周青山，苍翠欲滴，有国家一级保护树种红豆杉 100 余株，直径最大的 1.8 米。寨内民居，清一色的木结构，木装修。全寨拥有 3 座鼓楼，富有典型的侗寨风格。旅游部门将其开发为旅游景点，接待中外宾客，可谓慧眼独具。可美中不足的是，新修了两座“别具一格”的“旅游厕所”。一座为砖混结构，并在砖墙上以石板贴面，且着意勾出“虎皮纹”，与附近建筑很不协调。另外一座虽为木结构，但外部造型刻意模仿鼓楼。鼓楼是侗族村民心目中的“神殿”，具有崇高无上的地位。在鼓楼内不仅不能大小便，就连说脏话、粗话都不可以。修建“鼓楼式旅游厕所”，亵渎了鼓楼。建议旅游部门，在对外开放的民族村寨，不要修建“别具一格”的“旅游厕所”，以免破坏民族村寨的原有风貌。

新建侗寨鼓楼问题

鼓楼矗立，花桥横卧，吊脚楼房鳞次栉比，是侗族地区的突出特色。

侗寨鼓楼是侗族村民共建共有共用的公共建筑物，其功能至少包括十个方面：一、聚众议事。遇有大事要事，集体商议决定，地点就在鼓楼。从前，“款众”在“款首”主持下制定“款约”。“款约”议定通过之后，刻碑勒石，立于鼓楼之中。二、排解纠纷。村民之间发生纠葛，需要众人排解，便聚集在鼓楼里裁决。如果什么人犯了过错，需要当众处理，也在鼓楼里进行。三、击鼓报信。遇有重大事件，登楼击鼓召唤，众人闻声而至。击鼓报信有报警报喜之分，村民可从鼓声得知是警是喜。四、对唱大歌。相互间可以通婚的歌队对唱大歌，多在鼓楼里进行。五、摆古休息。工余时间，村民聚集在鼓楼里，夏天休憩纳凉，冬天烤火取暖，老人们在鼓楼里给后生讲述历史知识，传授生产技能，教唱侗歌、侗戏。六、吹笙踩堂。逢年过节，村民们在鼓楼坪上或鼓楼必有的火塘边，吹芦笙，踩歌堂，载歌载舞，通宵达旦。七、存放芦笙。在下种以后的一段时间里，为了不误农时，将芦笙的所有音孔用棉花或皮纸塞紧，不使漏气，存于鼓楼内，民俗认为，这段时间吹芦笙，“当年谷子不饱米”。八、悬挂牛角。将战死或老死的“打牛”，即专门用以格斗的水牯牛的犄角悬挂在鼓楼柱上，作为村民团结、侗寨富有的标志。九、拾物招领。村民拾到物品，无法归还失主，便放在鼓楼里，让失主前来认领。十、施舍草鞋。为方便过往行人，将草鞋挂在鼓楼柱上，任行者取用。

侗寨鼓楼，集社会、文化、交际活动于一体，在侗族社会中拥有至高无上的地位。一个寨子居住几个房族，往往建有几座鼓楼和相应的戏楼及花桥。鼓楼整体造型酷似一棵大杉树，村民称为“遮阴树”。立面造型有三重檐、五重檐、七重檐直到十五重檐。在贵州400多座侗寨鼓楼中，建于清初的从江增冲鼓楼为十三重檐八角攒尖顶，通高20余米，是年代最早、体量最大、工艺最精的一座，于1988年被国务院核定公布为全国重点文物保护单位。

鼓楼虽然可爱，但有个趋向值得注意，即近年新建的鼓楼，一座比一座高大，一座比一座华丽。一些地方，甚至利用财政拨款，在县城修建钢筋混凝土的“侗寨鼓楼”，竞相比高、比大、比“第一”。目前，已从“十七层”攀比到“二十三层”“二十九层”。报载：“坐落在从江县城的从江鼓楼，是我国目前最高且耗资最多的鼓楼，占地470平方米，高46.8米，共29层，真可谓‘侗乡第一楼’也！”这个“创纪录”，有可能被打破。

财政拨款修建高大“鼓楼”，不仅耗资巨大，而且失去了“侗寨鼓楼”的社会功能；用钢筋混凝土修建高大“鼓楼”，改变了“侗寨鼓楼”的材料、结构和工艺，从而失去了民族文化的原真性。

侗寨鼓楼，作为侗族文化的标志，需要捍卫自己的原真性、纯洁性。

（原文载于《文化广角》2007年第4期）

参见拙作:《别将历史文化村寨变为旅游附庸》(《中国文物报》2003年2月14日）、《保护历史文化村寨必须用好旅游这把双刃剑》（《文物工作》2003年第9期）。

媒体传播录

保护村寨文物

我省各地采取积极措施保护少数民族历史文物

我省各级文化部门采取多种措施，保护具有民族学和民俗学价值的少数民族历史文物。

侗寨鼓楼、风雨桥，具有独特的建筑工艺。鼓楼是侗族人民进行多种社会活动的场所。省文化局已先后拨出专款对列为省级文物保护单位的从江增冲鼓楼、信地鼓楼和黎平纪堂鼓楼以及地坪风雨桥进行维修。分布在我省各地的摩崖、碑碣和岩画，形式多样，内容丰富，是研究少数民族历史不可多得的第一手文物资料。我省各级文化部门已普遍为它们进行捶拓、装裱。省文物主管部门还举办了全省摩崖、石刻拓片展览，并拟将在大方县修建陈列室，集中保护省内各种彝文碑刻。

贵州历史上曾出现过具有重要地位的少数民族人物，如明初著名彝族女土司奢香、清末侗戏鼻祖吴文彩和布依族学者莫友芝等，他们的墓葬都得到了妥善保护。对各种具有文物价值的少数民族生产工具、生活用具、文化用品、服饰和工艺美术品等，各级文化部门也都注意做好征集工作。一些民族自治地方正在积极筹办民族、民俗文物陈列室和博物馆。

（原文载于《贵州日报》1982年10月20日）

贵州开展民族村寨调查保护工作

最近，贵州省文化出版厅向全省各级文化（文物）部门发出通知，布置民族村寨的调查、保护工作。《通知》说：贵州是个多民族的省份，贵州各族人民在开发贵州高原的长期历史发展过程中，修建了许多具有地方特色和民族风格的自然村寨，生动地反映了我省各族人民的历史文化和创造才能，具有重要的民族、民俗文物价值。有选择地保护好具有地方特色和民族风格的民族村寨（包括汉族村寨），对于研究贵州的建筑艺术、民族历史，进而建立一批露天的民族、民俗博物馆，藉以推动两个文明的建设，具有十分重要的意义。《通知》要求各地在文物普查的基础上，广泛开展对民族村寨的调查保护工作（《调查保护提纲》附后），并将调查结果报告我厅文物处。我厅拟在各地调查的基础上，会同有关部门选择一批典型村寨，提请省人民政府公布保护。

《民族村寨调查保护提纲》，对调查的内容和要求、调查的步骤和方法以及对民族村寨的保护要求和措施等等，都作了明确规定。

（原文载于《民族学通讯》1984 年第 34 期）

从江县公布三个民族保护村寨

从江县人民政府在最近发布的《关于文物保护的通知》中，公布了 3 个民族保护村寨，它们是：侗族聚居的高增寨、增冲寨和信地寨。这 3 个侗族寨子，鼓楼矗立，花桥横跨，吊脚楼房鳞次栉比，具有鲜明的侗寨特点。村民的饮食、服饰、文化艺术和风俗习惯也颇具特色，保留着古老的历史文明，可为建立露天民族民俗博物馆提供选点依据。

（原文载于《贵阳晚报》1984 年 7 月 28 日）

丹寨县石桥白皮纸作坊列为文物保护单位

被专家们视为我国传统造纸技术的典型代表——丹寨石桥白皮纸生产作坊，已被列为文物保护单位。最近，省文物管理委员会和文化出版厅邀请前来我省录制少数民族文物古迹资料的北京民族文化宫录像队，对全套造纸设备和传统工艺进行了录像，同时还对南皋河畔的水利设施和附近苗寨也进行了录像，为这里建设露天造纸博物馆做准备。

中国历史博物馆的科技史专家曾多次来到这个造纸作坊进行考察，并曾组织苗族工人出国表演传统造纸工艺。专家们认为，在苗岭山区开办露天造纸博物馆，是发展我省民族文物和博物馆事业的重要内容。

（原文载于《贵州日报》1985 年 11 月 11 日）

贵州省人大常委会公布文物保护管理办法

贵州省第六届人民代表大会常务委员会第二十次会议于9月3日通过并公布了《贵州省文物保护管理办法》，这是该省历史上关于文物保护管理工作的第一个立法。

《贵州省文物保护管理办法》共分十章四十条，体现了贵州的地方特点和民族特点。专列了“民族文物”一章，明确规定：“对具有地方特点和民族特点，并具有研究价值的典型民族村寨，以及对与少数民族的生活习惯、文化娱乐、宗教信仰、节日活动有关的代表性实物、代表性场所及具有重要价值的文献资料等，要加以保护。”并规定“对于历史比较悠久、建筑具有特点、民俗具有特色的典型民族村寨，根据其科学研究价值……核定公布为不同级别的民族保护村寨。”

这个《办法》还从贵州实际出发，作了具体规定。在“馆藏文物”一章中规定：“基层文物收藏单位，不能保证文物安全的，可交省博物馆代藏”；在“文物保护单位”一章中规定“具有重大历史价值和革命纪念意义的城镇，可由省文化行政管理部门会同城乡建设环境保护部门，报省人民政府核定公布为省级历史文化名镇。”

（原文载于《中国文物报》1986年11月14日）

贵州开展民族文物工作成绩斐然

近年来，贵州省各级文物部门因地制宜，扬长避短，大力开展民族文物工作，取得了显著成绩，受到了各有关方面的称赞。

贵州省为摸清全省民族文物的家底，在3个自治州、10个自治县组织了400多人参加的文物普查队伍，调查不可移动的民族文物2500多处，征集流散在民间的民族民俗文物1万多件，拍摄民族文物及民族风情照片1万多张，积累民族文物资料150多万字。并对8个民族的30多个典型村寨进行调查，编写了近百万字的调查报告，绘制了100多幅民族建筑实测图。在普查的基础上，又公布了1200多处各级文物保护单位名单。各地文物部门还通过多种渠道筹集经费700多万元，对50多处民族文物古迹和革命遗址进行抢救维修，并将能够参观游览的及时向群众开放。

为充分发挥民族文物的宣传教育作用，贵州省的文物主管部门编辑出版了《贵州侗寨鼓楼风雨桥》《侗寨鼓楼研究》《贵州文物古迹传说选》《贵州省民族节日概况一览表》《贵州节日文化》《贵州酒文化》《贵州蜡染文化》《贵州古建筑》《贵州文物概况一览表》《贵州文物分布图》等文物图书资料200多万字。同时，与北京民族文化宫和贵州电视台合作，录制并播放了《侗寨风情录》《“侗展”在北京》《邀来远客话贵州》等宣传贵州民族文物的专题录像；并在北京、西安、天津、南京、济南、青岛、无锡、深圳等地举办“贵州侗族建筑及风情展览”“贵州苗族风情展览”“贵州酒文化展览”“贵州蜡染文化展览”“贵州民族节日文化展览”；还积极筹办“贵州民族服饰展览”“贵州建筑文化展览”“贵州苗族龙舟展览”“贵州民族乐器及戏剧文物展览”等专题民族民俗文物展览，为建立各种类型民族民俗博物馆（陈列室）做准备。

目前，贵州省已初步形成了民族文物工作网。在民族区域自治地方，建立了 15 个文物管理委员会，23 个文物管理所，培训了一支包括苗、布依、侗、彝、水、回、仡佬、土家、壮、满等 10 多个少数民族干部在内的民族文物工作队伍。

（原文载于《中国文物报》1989 年 1 月 13 日）

国家拨巨款维修大屯彝族土司庄园

国家文物局最近决定拨出巨款，维修毕节大屯彝族土司庄园。首批拨款 60 万元已经到位。

大屯土司庄园位于毕节县东北部的大屯彝族乡大屯村，离城 90 余千米，始建于清道光元年（1821 年），为彝族土司后裔余象仪所建，其后又经过余达父扩建，形成横宽 50 余米、进深 60 余米、占地 3000 多平方米的庞大建筑群。

大屯土司庄园的主人余象仪、余达父，系明末四川永宁宣抚使奢崇明的后裔。“安奢之乱”后，奢崇明之子为避灾祸，改姓余，隐居贵州。清末，奢崇明的 11 世孙余达父，过继给其伯父余象仪，移居毕节大屯。余达父虽然为土司后裔，前清举人，但曾留学日本，参加辛亥革命，是少数民族上层人士中不可多得的民主主义者。他的生平事迹，使这座建筑物更具保护、研究价值。该建筑物于 1982 年被省政府公布为省级文物保护单位，1988 年被国务院公布为全国重点文物保护单位。

（原文载于《贵州日报》1993 年 2 月 9 日）

全国人大常委聂大江畅谈我省民族文物保护工作

3 月 30 日～4 月 2 日，全国人大常委、全国人大教科文卫委员会副主任聂大江等一行8人，在省人大常委会副主任、省人大教科文卫委员会主任李仁山等的陪同下，对我省少数民族文物保护工作进行了专题考察。先后考察了平坝天台山伍龙寺古建筑和民族戏剧博物馆，安顺府文庙和蜡染文化博物馆，兴义下五屯刘氏庄园和民族婚俗博物馆，安龙十八先生墓、王囊仙起义纪念碑，兴仁鲤鱼坝苗寨，镇宁石头寨，安顺地戏等，然后在贵州民族学院召开专家教授座谈会并观看了该院学生的侗歌、芦笙等表演。考察组实地察看了各地的民族文物保护情况，认真听取了各地文物部门的情况介绍。4月2日下午，在省委常委、副省长胡贤生，省人大常委会副主任李仁山，省长助理马文骏等领导参加的汇报会上，省文化厅副厅长李嘉琪，受省政府委托，向考察组汇报了贵州民族文物工作。在考察中和听取汇报后，聂大江、全国人大教科文卫委员会顾问李宣化、国家文物局法制处处长彭常新等就民族文物保护问题先后发表谈话。其中，聂大江对贵州少数民族文物工作发表了自己的看法。他说，贵州文物有自己的特色、优势。旧石器时代的文物、革命时期的文物都有特色。特别是少数民族文物，种类很多。仅就所看到的黔西南州的材料介绍而言，文物种类相当多。这些文物，都有历史、艺术、科学价值。在省委、省政府的领导下，文物部门有自己的思路，做了大量的工作，取得了显著成绩。

他非常赞成搞专题博物馆。他说，中国现在的社会发展水平，达不到“县县办综合性博物馆”的水平，现在“县县办综合性博物馆”不是好事，它发挥的效益有限，有的县连个库房也没有，没有保存文物的基本条件。偏僻的县，流动人口极少，而博物馆一年一个人看一次就够了，博物馆又不像油盐酱醋的事天天得要。要建，搞一些小规模、专题性的比较合适；贵州大体上按照这样的路子，小规模，专题化，尤其与旅游结合，搞在旅游线上，比较好。开展旅游很重要的一点是靠文物资源。自然风光只是旅游的一条腿，加上文物就两条腿，两条腿一般长就会跑得快，郎德上寨就是一个成功的例子。下一步新的经济增长点是旅游。我们看到黔西南一线，既有自然景观，又有人文景观，再加上贵州龙，很可能发展很快。

（原文载于《贵州文物工作》1997年第2期）

国家文物局负责人赞扬我省民族文物保护工作

在11月5日召开的民族文物工作座谈会上，国家文物局副局长马自树说，贵州民族文物保护工作，在全国居于领先地位。国家文物局将一如既往大力支持这一工作，并在经费上给予适当的倾斜。

马自树邀集省民委、文化厅、民族学院、民族研究所、民族出版社和博物馆等单位的民族学家和文物工作者进行座谈。在听取专家学者们的发言后，他说，贵州民族文物资源非常丰富，是个民族文物大省。贵州省领导一向十分重视民族文物工作，分管文物工作的秦天真等老同志给国家文物局留下了深刻的印象。贵州采用建立系列专题民族民俗博物馆的方式，保护、抢救、开发、利用民族文物资源，取得了显著成绩。

参加座谈的国家文物局博物馆处负责同志，希望贵州好好总结开发民族文物工作的经验，准备在明年召开的全国民族文物工作会议上推广。国家文物局调研处和博物馆处的负责同志，会后即到黔东南等民族地区开展民族文物调研工作。

（原文载于《贵州日报》1997 年 11 月 16 日）

贵州文物保护居全国先进行列

党的十一届三中全会以来的 20 年，是贵州文物保护事业在改革中开拓前进并取得显著成绩的 20 年，国家文物局领导多次指出，贵州省的文物工作起步较晚，但步子较大，已跻入全国文物工作的先进行列。

20 年前，由于“文化大革命”，文物古迹损失惨重。党的十一届三中全会以后，贵州在全国全面开展文物普查之前，率先在全省范围内开展文物普查活动。在 1 年多的时间里先后组织了 800 多人的文物普查队伍，普查地面文物 5000 多处，征集流散文物 3000 多件，拍摄文物照片 1 万多张，墨拓摩崖、石刻拓片 500 多幅，积累文物普查资料 4800 多份，通过这次文物普查及其后开展的文物补查、复查活动，基本摸清了省内各种文物特别是地面上不可移动文物的分布、历史、现状和价值等情况。在此基础上，编印了《贵州省文物概况一览表》，出版了《贵州省文物分布图》，编写《贵州省文物志稿》和《贵州省志・文物志稿》，为日后全省文物保护事业的迅速发展奠定了基础，并为全国开展文物普查及编辑出版《中国文物地图集》提供了经验。1983 年“全国文物普查与文物志编写工作座谈会”在贵阳召开，《光明日报》载文称赞贵州“全省文物普查和文物志编写工作都走在全国各地的前面。”

到目前为止，全省有全国重点文物保护单位 9 处，省级文物保护单位 240 处，州、市、县（特区）级文件保护单位 1500 多处。

各级文物保护单位公布后，各地通过财政拨款、群众集资、社会赞助等多种渠道筹集文物维修经费 5000 多万元，分轻重缓急，对 300 多处文物古迹和革命遗址进行了抢救维修。与此同时，从本省实际出发，在全省范围内大张旗鼓、广泛深入开展“抢救民族文物”活动，两年多时间，征集各类民族文物1万多件，其中苗族服饰3000多件（套），初步建立了苗族服饰库。在此期间，对10个民族的30多个自然村寨作了重点调查，绘制200多幅典型建筑实测图，编印了100多万字的调查报告，还录制了许多文物古迹、民族村寨和传统节日的音像资料。同时，还编辑出版30多种文物图书、资料。还与中央电视台、贵州电视台、文化部文物保护科学技术研究所、北京民族文化宫等单位合作，录制并播放了《侗寨风情录》《“侗展”在北京》《邀来远客话贵州》《贵州文物掠影》《夜郎遗风拾零》《贵州民族文化展示团饮誉京华》等专题节目。

从1985年起，省文化出版厅和省博物馆从大量的民族文物藏品中精选出数千件，在贵阳、北京、西安、天津、济南、淄博、青岛、许昌、南京、无锡、苏州、杭州、深圳、顺德、广州、重庆、成都、太原、呼和浩特以及美国华盛顿州斯波坎市等地，举办各种专题民族民俗文物展览。

20年前，全省仅有1个博物馆——省博物馆和1个纪念馆——遵义会议纪念馆。现在，全省已建立各级文物管理委员会30多个，各级文物保护管理所80多个，各类博物馆、陈列室60多个，拥有一支包括10多个民族的500多人的文物工作队伍。

（原文载于《贵州民族报》1998年9月21日）

国家文物局再度拨款维修刘氏庄园

最近，国家文物局下拨专款，维修刘氏庄园。

兴义市郊下五屯刘氏庄园，是贵州军阀鼻祖刘显世及其族人的居落，也是贵州民族婚俗博物馆的馆舍。这处具有重要历史意义和极高艺术价值的近现代典型建筑物，随着南昆铁路建成通车，迅速成为西南黄金旅游线上的热点。为全面保护刘氏庄园和进一步办好贵州民族婚俗博物馆，国家文物局再度下拨20万元作维修启动金用（刘氏庄园于2013年被公布为全国重点文物保护单位——作者注）。

（原文载于《贵州日报》1999年1月13日）

我省又有两处民俗文物建筑申报国保单位

我省继8月初推荐29处文物古迹为第五批全国重点文物保护单位后，根据国家文物局有关专家的建议，又于9月上旬将雷山县郎德寨和安顺市西秀区云山屯补充申报为全国重点文物保护单位。

郎德上寨位于雷山县郎德镇西隅。建于元末明初，现有118户，568人，全是苗族。村民依山傍水修寨，因地制宜建房，栋栋吊脚木楼从山脚修到山腰。山上古木参天，一片郁郁葱葱；寨前清溪环绕，水车遍布岸边。寨内小路全以鹅卵石铺成鱼骨形。新老铜鼓坪亦以鹅卵石镶嵌，模仿铜鼓鼓面纹饰，独具民族特点。逢年过节，村民身着节日盛装，在铜鼓坪上吹芦笙，敲铜鼓，唱歌跳舞，祭祖娱乐。贵客进寨，拦路迎接，以歌下酒，饶有风趣。该寨是“咸同苗族农民起义”将领杨大六（苗名陈腊略）的故乡。杨大六故居以及当年杨大六率众抗击清军修建的战壕、围墙、隘门、兵库等遗址迄今犹存。寨内辟有文物陈列室，展示郎德上寨的民族风情以及作为“苗族风情博物馆”对外开放所取得的成就。郎德上寨先后荣获省文化厅授予的“苗族歌舞之乡”称号，文化部授予的“中国民间艺术之乡”称号，并被国家文物局列为“全国百座特色博物馆”之一。

云山屯及其附近的本寨位于安顺市西秀区七眼桥镇东南8千米，是一处保存完好的古代军屯村寨。明洪武十四年（1381年），朱元璋任命颍川侯傅友德为征南将军，派其往征云南，直取梁王。事平后在滇黔通衢屯田驻军，以图永镇。屯居峡谷中，由东、西两屯门为前后关口，民居顺缓谷修建，或为单体式，或为三合院，或为四合院，倚山就势排列于街道两侧。其最大特点是以石头奠基，石块砌墙，石板盖顶，且多半于墙体留有枪眼，楼上辟有狗洞。本寨前有三岔河作屏，后有青龙山为障，加上自成体系的封闭式三合院、四合院和5座坚固的石碉楼，可谓固若金汤（郎德上寨古建筑群、云山屯古建筑群于2001年被公布为全国重点文物保护单位——作者注）。

（原文载于《贵州日报》2000年10月20日）

贵州立法保护民族村寨显成效

民族村寨是民族文化的原生地，其不仅保存大量有形文物，而且蕴藏众多无形文物，即非物质文化遗产，这是宫殿、庙宇等古建筑不可比拟的。贵州省在文物保护系统工程中，特别重视对民族村寨的保护和管理。早在1984年，省文化出版厅就发出了《关于调查民族村寨的通知》。1986年，贵州省人民代表大会常务委员会公布《贵州省文物保护管理办法》，特设“民族文物”一章，明确规定：“对具有地方特点和民族特点，并具有研究价值的典型民族村寨，以及对与少数民族的风俗习惯、文化娱乐、宗教信仰、节日活动有关的代表性实物、代表性场所及具有重要价值的文献资料，要加以保护”；“各级文化行政管理部门和城乡建设环境保护部门，应在调查研究的基础上，对于历史比较悠久、建筑具有特点、民俗具有特色的典型村寨，根据其科学研究价值报同级人民政府核定公布为不同级别的民族保护村寨。”经过多年努力，在调查研究、认真论证的基础上，贵州省有效保护了一批典型的民族村寨，并以民族文化村、民族文物村、露天博物馆、村寨博物馆、生态博物馆等形式向公众开放。

贵州许多民族村寨中的地标性建筑，诸如侗寨鼓楼、风雨桥等等，不仅具有历史价值，而且具有实用功能，备受村民青睐，得到妥善保护。黎平县地坪乡的干部和群众，奋勇抢救遭受洪水袭击的全国重点文物保护单位地坪风雨桥，受到文化部和国家文物局的嘉奖，成为贵州各族人民自觉保护文物的典范。

贵州立法保护民族村寨成果显著，一些民族村寨已经成为相关民族的文化名片。截至目前，已有7个村寨被公布为国家历史文化名村，它们是：西秀区七眼桥镇云山屯村、锦屏县隆里乡隆里村、黎平县肇兴乡肇兴寨、赤水市丙安乡丙安村、从江县往洞乡增冲村、开阳县禾丰布依族苗族乡马头村、石阡县国荣乡楼上村（截至本书出版时，贵州省有16个国家级历史文化名村，12个省级历史文化名村——作者注）。在此之前，雷山县郎德上寨古建筑群、开阳县马头寨古建筑群、松桃苗族自治县寨英古建筑群被公布为全国重点文物保护单位；苗岭山区雷公山麓苗族村寨、六洞九洞侗族村寨，被国家文物局列为《中国世界文化遗产预备名单》。郎德上寨还是中国民间艺术之乡、中国百座特色博物馆、中国景观村落、奥运圣火走过的地方。村民在有效保护、合理利用民族文化资源中尝到了保护民族村寨、开展文化旅游的甜头，大大提高了保护与利用良性循环的自觉性。随着旅游业的蓬勃发展，郎德上寨的环境越来越美，风情越来越浓，工艺越来越精，收入越来越高，名声越来越大，游客越来越多，迄今已接待来自全国各地及30多个国家和地区的中外宾客百余万人。

（原文载于《中国文物报》2010年4月30日）

开展学术研究

丹寨县编写出一份民俗调查报告

省文化出版厅在丹寨县组织了一个民俗文物调查组，对该县苗族聚居的石桥大簸箕寨进行了全面调查，编写了近7万字的《丹寨县石桥大簸箕寨民俗调查报告》，并附20多幅照片。

（原文载于《贵州日报》1984年5月2日）

为探索侗寨鼓楼和花桥奥秘　我省将召开学术讨论会

今年夏天，我省将在北京民族文化宫举办“贵州侗族建筑及风情展览”。建筑艺术精湛、民族风情独特的侗寨鼓楼、花桥（风雨桥）届时将引起人们的极大兴趣。为探索鼓楼、花桥的奥秘，确定它们在建筑学和民族学上的文物价值和科学定位，我省将召开鼓楼、花桥学术讨论会。省文物管理委员会和省文化出版厅在向省内外文物保护和民族研究等部门的专家、学者发出的邀请信中将要探讨的几个论题是：一、鼓楼和花桥的建筑历史；二、鼓楼和花桥的建筑艺术；三、鼓楼和花桥的建筑社会功能；四、鼓楼和花桥在其他方面的历史价值、艺术价值、科学价值。

座谈讨论会后，主办单位将编印《侗寨鼓楼花桥学术论文集》（后改为在贵州人民出版社出版《侗寨鼓楼研究》《贵州侗寨鼓楼风雨桥》——作者注）。

（原文载于《贵阳晚报》1985年1月25日）

一些专家赞扬我省调查保护民族村寨

自从我省开展民族村寨调查保护工作以来，全国许多专家、学者纷纷来信表示关注。中国民族学研究会理事、中国历史博物馆民族文物专家、中国民族博物馆筹备领导小组成员宋兆麟来信说：“欣闻贵州省要在文物普查基础上进一步搜集民族文物，并利用原来的村寨筹建一批露天博物馆……我敢断言，此举是民族学研究和民族博物馆事业发展的新趋势、新尝试，一定会引起国内外学者和旅行家的极大兴趣。”全国著名博物馆学家、全国文物保护委员会委员、中国历史博物馆研究员王振铎来信说：“听到你省一些设想和初步计划，铎认为很好。贵州为多民族地区，这是非常重要的。祝你们成功。”从事民族文物工作有50多年历史的著名民族学家、80多岁的中南民族学院教授吴泽霖来信表示，要亲临贵州，实地考察。上月中旬，他派两名助手随文化部文物局的高级工程师杜仙洲到我省的雷山、黎平、从江等苗乡侗寨进行了半个月的考察，为他来贵州考察做准备。

（原文载于《贵阳晚报》1985年2月6日）

首都部分专家学者谈贵州民族文物保护工作

杜仙洲（文化部文物保护科学技术研究所古建筑专家、高级建筑工程师）说：“鼓楼、花桥是地地道道的土著文化，建议你们都去看看。比较起来，增冲鼓楼好，很高，很大，又很古老，值得好好保护。鼓楼上的鼓是用一根很大的桐木，中间掏空，两头蒙上水牛皮，叫做‘款鼓’。‘款鼓’本身就是文物。侗寨鼓楼很多，要分级保护。花桥也看了不少。地坪花桥不错，造型好，环境也美，水碧绿碧绿的。民族村寨，可以有选择地保护几个。因为随着生活方式的变化，居住方式也会变。要有预见性，做好保护工作。大的寨子如果保不住，可以保护小的、中等的。要赶紧录像，做好历史记录。”

王天木（又名王振铎，全国文物委员会委员，中国历史博物馆研究员）说：“贵州要多收民族、民俗文物。你们收民族服装，各时代、各民族的都要收。贵州的民族、民俗文物可以到北京来办展览。原始社会、封建社会遗留下来的东西，包括民族学、民俗学方面的东西，都要注意收集，好好保护。这不是保护落后的东西，而是保护历史发展的记录。你们侗族地区还有‘懒碓’，也叫‘瓢碓’，是水碓中最老的一种。千万不要看不起‘懒碓’，在国外的书上是找不到的。我国的《农书》有，我是在书上看到的，不能视为落后的东西而嫌弃它。文物是讲历史唯物主义，讲社会发展史，表明一个民族的智慧。”

殷海山（国家民委文化司副司长）说：“贵州到北京办‘侗族建筑及风情展览’，

抓对了。这可能是个突破。这样做，不仅有科学价值，还有娱乐价值。应当赞成，应当帮助。”

马寅（中国民族博物馆筹备领导小组负责人）：“贵州民族文物工作搞得不错，我们感谢贵州省委对民族文物工作的重视和支持。我们想在少数民族聚居的地方，为每一个民族办一个博物馆。贵州可以建苗族、布依族、侗族、水族四个民族的博物馆。另外，还想为贵州每个民族拍一部电影，也请你们帮助一下。”

金天明（中央民族学院副教授、民族学系主任）说：“调查保护少数民族村寨，有选择地办一些露天民族民俗博物馆，这很有远见。费孝通先生一定十分赞赏。我们愿意为你们贵州培训民族文物工作干部，打算带学生到你们贵州去实习。”

（原文载于《贵阳晚报》1985 年 3 月 11 日）

《侗寨鼓楼研究》即将出版

一本探索侗寨鼓楼奥秘的书——《侗寨鼓楼研究》已由贵州人民出版社出版。它是由贵州省文物管理委员会办公室和文化出版厅文物处主持编写的。该书收集的 9 篇文章，从侗寨鼓楼的历史渊源、建筑艺术和社会功能几个方面探索侗寨鼓楼的历史价值、艺术价值、科学价值和民族民俗文物价值，对确定侗寨鼓楼在历史学、建筑学、民族学、民俗学等方面的科学地位，有一定的参考价值。

（原文载于《贵阳晚报》1985 年 4 月 3 日）

有关专家就我省博物馆事业开展可行性论证
建议在旅游线上建立多种类型的专题博物馆

省文物管理委员会和文化出版厅，于 5 月下旬邀请民族、历史、建筑、方志、党史、文物和博物馆等学界的部分专业工作者，就我省文物博物馆事业发展战略进行可行性研究。

大家认为，充分利用我省丰富多彩的民族文物资源和已经列为文物保护单位的文物建筑，在东西两条旅游线上发展一批小型多样的民族民俗博物馆，如蜡染博物馆、刺绣博物馆、民族节日博物馆、民族建筑博物馆、民族村寨博物馆等，将文物保护与博物馆建设结合起来，将文博事业与旅游业结合起来，将文化发展与经济振兴结合起来，扬长避短，发挥优势，是发展我省文博事业的战略目标。

最近几年，我省通过广泛深入的文物普查，基本摸清了省内各种文物资源的分布和价值。我省民族文物十分丰富，并且很有特点，有发展各种类型的民族民俗博物馆的深厚基础。但目前要拿出很多钱新建博物馆不大可能。从贵州实际出发，利用现有文物建筑，配合旅游业，在民族文物资源特别丰富、民族风情十分独特、交通比较方便的旅游线上建立多种类型的专题博物馆，是一个费省效宏发展我省文博事业的积极方针。

（原文载于《贵州日报》1986 年 6 月 22 日）

我省开展民族节日文化研究

8 月 20～21 日，省文物管理委员会和文化出版厅在贵阳召开了“贵州民族节日文化研讨会”（图六八），就“节日文化”研究的对象与方法、“节日文化”在民族文化中的地位与作用、如何开展贵州民族“节日文化”研究为“两个文明”建设服务等

图六八　贵州民族节日文化研讨会（简家奎摄）

问题，进行了广泛的探讨。

来自北京中央民族学院的民族学教授陈永龄、王辅仁和副教授徐仁瑶、马启成、祁庆富等以及该院来贵州实习的学生共 80 多人参加了讨论。

（原文载于《贵州日报》1987 年 8 月 29 日）

著名古建筑学家来我省考察讲学

我国著名古建筑学家杜仙洲、祁英涛目前在镇远青龙洞开办的我省第三期古代建筑学习班讲学。他们在评价我省古代建筑时说："年代不早，手法古老"；"淡雅无华，土而不俗，有如'贫女巧梳头'。"他们建议重点保护少数民族村寨，将其建成露天民族民俗博物馆。他们还向国家有关部门积极推荐从江"增冲鼓楼"和黎平"地坪花桥"为全国重点文物保护单位。

（原文载于《贵州日报》1987 年 11 月 22 日）

我省 10 种文物图书面世

图六九　1985 年出版的《侗寨鼓楼研究》

我省为多民族的聚居地，具有丰富多彩的民族文化资源。为全面、系统地介绍我省各族人民在开发贵州高原的长期历史发展过程中所创造的传统文化，最近，省文化部门编辑了《贵州侗寨鼓楼风雨桥》《侗寨鼓楼研究》（图六九）《贵州侗族音乐》《贵州文物古迹传说》《贵州古建筑》《贵州节日文化》《贵州节日歌舞》《苗寨郎德》《传统文化的迷宫——镇远》《贵州文化旅游指南》《贵州省文物分布图》等 10 多种文物图书交出版社公开出版发行。

（原文载于《贵州经济报》1990 年 3 月 19 日）

我省完成《中国民族民俗文物辞典》撰写任务

我省已出色完成《中国民族民俗文物辞典》撰写任务。

《中国民族民俗文物辞典》是中国民俗学会民族民俗博物馆专业委员会主持编写的。我省承担其中苗族、布依族、侗族、水族、仡佬族5个民族的撰写任务。由于我省在编写工作中组织有方，使得辞条的撰写工作不但进度快，而且质量高，成为全国12个片区中的佼佼者。年前撰写完成的800个条目，达到了编写规范、配图适当的要求，受到编委会的表扬。

（原文载于《贵州日报》1999年1月20日）

我省民俗文物登录《中国民族建筑》

历时十余年、作者数百人、由五卷三十五篇构成的宏篇巨著《中国民族建筑》，最近荣获优秀图书奖，我省一批优秀民俗文物建筑入第一卷。该卷由民族概况和云南、贵州、四川、重庆、西藏等篇组成，其中我省所占篇幅最大，计125页。

贵州篇收入苗族、布依族、侗族、土家族、彝族、仡佬族、水族、瑶族等8个少数民族的优秀民俗建筑照片230多幅，图纸110多张，10余万字。按民居建筑、民俗建筑、墓葬建筑、古代建筑编排，具有鲜明的地方特点和浓郁的民族特色。

民居建筑收录了苗族的雷山县郎德上寨、布依族的关岭布依族苗族自治县滑石哨寨、侗族的黎平县肇兴寨等20多个典型民族村寨的住房，全面介绍各个民族的居住环境、村寨布局、建筑造型、装饰工艺、室内陈设及文化内涵。民俗建筑收录了苗族的铜鼓坪、芦笙场、游方坡、龙船廊，侗族的鼓楼、戏楼、花桥、水井、萨坛、禾晾，彝族的土司庄园和瑶族的防鼠粮仓等等。全国历史文化名城镇远和全国重点文物保护单位遵义杨粲墓、镇远青龙洞、从江增冲鼓楼和黎平地坪风雨桥、平坝天台山伍龙寺、织金财神庙等古代建筑，占有突出地位。

（原文载于《贵州日报》2001年3月16日）

《中国民族民俗文物辞典》问世　贵州条目居全国之首

《中国民族民俗文物辞典》，最近由山西人民出版社出版。全书收录56个民族的民俗文物 8100 多条，其中贵州 1200 多条，占 15%，居全国之首。

全书 240 多万字，插图 5000 多幅，按服装佩饰、饮食器具、家庭用具、居室陈设、礼仪器物、宗教器物、建筑设施、生产工具、捕猎工具、交通工具等 16 类编排。贵州参与编写苗族、布依族、侗族、水族、仡佬族的文物条目，兼及彝族、土家族、壮族、汉族等民族的文物条目。贵州收录条目最多、所占篇幅最大。

（原文载于《贵州日报》2005 年 6 月 14 日）

考察民族村寨

振兴民族文化　争取智力支边
贵州邀请专家学者考察民族文物

为发展民族文化文物事业，贵州省文物管理委员会、民族事务委员会和文化出版厅，前不久邀请北京、武汉等地的专家、学者和有关方面的负责同志到该省民族地区考察民族文物。中宣部宣传局、文化部文物局、北京民族文化宫、中国社会科学院民族研究所、中央民族学院、中南民族学院、中国历史博物馆、《民族画报》社、《民族团结》杂志社等10多个单位的20多位文物保护、民族研究和新闻出版工作者应邀前往贵州进行了考察。中宣部宣传局局长王树人、文化部文物局局长吕济民和文化部文物保护科学技术研究所高级工程师杜仙洲等参加了这次特殊的“智力支边”活动。

考察人员分三批在贵州进行了为期一个多月的考察，行程550多千米，实际考察了10多个县市的十几个少数民族村寨，30多座侗寨鼓楼、风雨桥和10多处省级文物保护单位。最后一批考察人员在黎平、从江一带侗族村寨参加侗族群众对大歌、踩歌堂、演侗戏、抬“官人”、祭“祖母”、送婚礼等丰富多彩的文化活动和社会活动，兴致勃勃地与村民手拉着手在鼓楼坪上唱耶歌、踩歌堂，与侗族村民欢度春节（图七〇）。

专家们认为，贵州省的民族文物资源十分丰富，发展民族文物和博物馆事业的潜力很大。他们对贵州省大抓民族文物工作、积极筹办以民族村寨为基础的露天民族民俗博物馆十分赞赏，认为是抓住了重点，把握了方向，有利于发挥自己的优势。他们热情洋溢地为贵州出谋献策，表示要尽可能地从人力、物力、财力、智力等各个方面支持贵州做好民族文物工作，为振兴贵州经济多做贡献。

中共贵州省委、省顾委和省人民政府对考察活动十分重视。省委常委、省委宣传部部长龚贤永，省顾委副主任、省文物管理委员会主任秦天真，省政府秘书长、省文物管理委员会副主任褚振民等同考察人员进行了座谈，倾听了考察人员的意见。

（原文载于《光明日报》1985年4月26日）

图七〇　中宣部宣传局、文化部文物局领导年三十在侗寨考察（冯玉照摄）

中央民族学院学生来我省民族村寨实习

应省文物管理委员会办公室和省文化出版厅文物处的邀请，中央民族学院民族学系高年级学生，暑假期间来我省关岭的布依族村寨滑石哨、雷山的苗族村寨郎德上寨、从江的侗族村寨高增寨实习，结合教学，为我省调查民族村寨，征集民族文物。

（原文载于《贵州日报》1986年8月17日）

人大文博班赴黔实习　既采集文物又撰写了论文

最近，贵州省平坝县下坝乡桃花村棺材洞“出土”了7件彩色蜡染衣裙（平坝棺材洞于2013年被公布为全国重点文物保护单位——作者注），引起专家们的重视，认为其堪称稀世珍品。这些蜡染衣裙是中国人民大学历史系文博班师生近期赴黔实习采集的，同时采集到的文物还有260余件（图七一）。

图七一　中国人民大学“文博班”实习汇报会

该“文博班”分为考古发掘、历史名城、酒文化及龙舟文化 4 个队，访问了包括寨老、理老、银匠、木匠、歌师、巫师等“活文物”在内的各界人士 500 多人，考察了 170 多个文物点，既帮助当地收集到大量的文物资料，又在当地支持下写了一批有相当水平的论文。这一两全其美之举受到教育界、文物界人士的称赞。

（原文载于《光明日报》1987 年 8 月 12 日）

同济大学师生赴黔测绘民族村寨建筑

上海同济大学师生一行 30 余人，应贵州省文物管理委员会和文化出版厅的邀请，最近赴黔测绘民族村寨建筑。目前，师生们在苗族聚居的雷山县郎德寨工作，然后将分赴毕节、关岭等地，对彝族、布依族的典型村寨建筑物进行测绘。为做好黄果树附近的布依族村寨滑石哨的保护、开放工作，他们还将为该寨制定保护、发展规划，并为在寨内修建一座陈列馆提出设计方案。

（原文载于《中国文物报》1987 年 8 月 21 日）

京津高校师生来黔考察民族村寨文物

最近，北京中央民族学院民族学系的少数民族研究生和天津南开大学历史系博物馆专业的本科毕业生，在辅导老师的带领下来贵州实习，专题考察贵州民族文物工作，重点是民族村寨博物馆。

（原文载于《贵阳晚报》1990年5月31日）

抢救乡村文物

贵州积极开展民俗文物调查征集工作

近几年来，贵州省组织文物工作者深入少数民族自然村寨，开展民族民俗文物调查、征集工作。目前，已征集到一万多件民族民俗文物，并在此基础上编写近百万字的调查报告。贵州是我国多民族聚居区。多年来，贵州省各级文物部门十分重视保护民族建筑，省文化行政管理部门把最能体现侗族文化特点的鼓楼、戏楼和花桥等，报请省人民政府公布为文物保护单位，对具有地方特点和民族特色的民族节日、酒文化、蜡染、刺绣、龙舟、音乐、舞蹈、戏剧、体育及碑刻、木雕、石雕等民俗文物开展调查和征集，为创办各种类型的民俗博物馆创造了条件。目前，已在镇远县青龙洞初步建立了民族建筑博物馆，年内将在黄平飞云崖建立民族节日博物馆。

（原文载于《中国文物报》1987 年 9 月 18 日）

贵州开展抢救民族文物活动

近年来，贵州广泛开展抢救民族文物活动，据不完全统计，全省已征集到民族、民俗文物一万多件。最近，贵州省再次组织文物工作者深入少数民族居住区开展民族、民俗文物征集工作，争取在一年时间内，筹办一个全面反映贵州各族人民历史贡献的“贵州民族文化展览”。

（原文载于《中国文物报》1988 年 8 月 26 日）

省财政拨专款征集苗族服饰

为全面系统抢救苗族服饰文化，省财政部门最近增拨专款，支持省博物馆继续征集苗族服饰，以最快速度在省博物馆建成一个高水平的苗族服饰收藏、陈列、研究中心。启动资金7万元已拨出。

我省苗族人口居全国之首。其服装款式多达百十种。近年来我省大力开展“抢救民族文物”活动，已征集民族服饰4000多件套，其中苗族服饰3000多件套，包括头帕、帽子、衣服、裤子、裙子、鞋子、胸兜、围腰、背扇、花带、荷包、绣片以及各种银饰等等，并在省博物馆内组建了我国首家苗族服饰库。

（原文载于《贵州日报》1999年8月26日）

贵州建成苗族服饰库

苗族人口居全国之首的贵州省，经过多年努力，该省初步建成我国首家苗族服饰库。

苗族是个具有悠久历史的跨境民族，贵州被公认为大本营。据1995年底抽样调查，居住在贵州高原的苗族同胞有419万人，占全国苗族人口总数的49.8%。由于历史上的种种原因，苗族分布呈大分散、小聚居格局。语言属汉藏语系苗瑶语族苗语支，其下又分3个大方言7个次方言18种土语。长时间、远距离、大幅度的民族迁徙，使各地苗族之间在服饰上存在很大的差异，从而造就出极为丰富多彩的服饰文化。据初步调查，不同的服装款式多达百十种。

近年来，贵州大力开展“抢救民族文物”活动，征集民族服饰4000多件套，其中苗族服饰3000多件套，包括头帕、帽子、衣服、裤子、裙子、鞋子、胸兜、围腰、背扇、花带、荷包、绣片以及各种银饰等等，并在省博物馆内组建了苗族服饰库。为了充分利用馆藏，让更多人了解苗族服饰的民族特色和艺术特色，该库还先后举办了“贵州苗族银饰展”“苗族节日盛装展”等，在省博物馆贵州苗族服饰库的带动和帮助下，黄平飞云崖民族节日博物馆、台江文昌宫民族刺绣博物馆、安顺府文庙蜡染文化博物馆、兴义下五屯民族婚俗博物馆等也都收藏、陈列有众多的苗族服饰。

为全面系统抢救苗族服饰文化，贵州省有关部门决定，大力支持贵州省博物馆继续征集苗族服饰，要以最快的速度建成高水平的中国苗族服饰库。

（原文载于《中国文化报》1998年8月6日）

贵州文物部门积极抢救非物质文化遗产

长期以来，贵州省各级文物部门积极抢救非物质文化遗产，取得显著成绩。

有形文化遗产与无形文化遗产是相辅相成、不可分割的。比如侗族建筑的精华——鼓楼、戏楼、风雨桥，固然看得见、摸得着，但其建筑工艺、社会功能却是无法用度量衡记载的。因此，贵州文物部门在保护建筑时，非常重视对与其有关的非物质文化遗产的保护。古建筑保护工作者，在对鼓楼、戏楼、风雨桥进行拍摄、测绘、维修的同时，访问侗族工匠，记载修建法则、工艺、习俗等看不见、摸不着的非物质文化部分，特别重视对与鼓楼有关的音乐、舞蹈、戏剧等侗族文化遗产的收集。与此同时，还出版《侗族音乐》《侗寨鼓楼研究》《侗寨鼓楼风雨桥》等图书，拍摄《侗寨风情录》专题片，使“鼓楼文化”完整地保护下来。

贵州拥有各种不可移动文物6000多处，其中许多集有形文化遗产与非物质文化遗产于一身。由贵州文物部门编纂的《中国文物地图集·贵州分册》将数百处蜡染、刺绣、银饰、制陶、造纸、酿酒等传统手工工艺和民族节日活动场所收入其中。贵州许多民族节日活动场所修有专门建筑，如铜鼓坪、芦笙堂、赛马场、斗牛塘、对歌台、妹妹棚、坐花房等等，节日期间有木鼓舞、铜鼓舞、芦笙舞等民间舞蹈表演，场面十分壮观。

（原文载于《中国文化报》2007年5月30日）

参见拙作：《要把珍贵的民族民俗文物抢救到手》（《光明日报》1985年9月16日）、《我省“抢救民族文物”活动成绩显著》（《贵阳晚报》1989年4月4日）、《国家再次拨款抢救刘氏庄园》（《贵州日报》1995年1月5日）、《保护抢救贵州龙化石有进展》（《贵州日报》1995年8月16日）、《保护抢救“贵州龙”专项斗争取得可喜成果》（《中国文物报》1995年9月24日）、《贵州龙化石保护抢救研究开发方案》（《贵州文物工作》1995年第3期）、《抢救珍贵化石》（《贵州日报》1998年7月13日）、《抢救民族文物　建设精神文明——贵州民族文物工作的探索与收获》（《中国文物报》1998年7月29日）、《抢救黔山石头书》（《中国文物报》2004年4月7日）、《黄平抢救飞云崖碑刻》（《贵州日报》2006年2月17日）、《开阳大力抢救文物资料》（《贵州日报》2006年3月31日）、《抢救民族文物迫在眉睫——从贵州民族文物工作说起》（《中国文物科学研究》2006年第3期）、《继续保护抢救民族文物中的非物质文化遗产》（《守望与思考》，贵州民族出版社，2009年6月）、《抢救少数民族古建筑的“化石”》（《中国民族报》2009年10月23日）、《抢救转瞬即逝的村寨文化遗产》（《中国文物报》2012年2月10日）、《抢救土司建筑文化》（《贵州日报》2012年3月26日）。

举办专题展览

“贵州侗族建筑及风情展览”在京举行闭幕座谈会

6月30日晚，中央民族学院新饭厅，掌声阵阵，笑声盈盈，40多位贵州籍的侗族大学生为祝贺“贵州侗族建筑及风情展览”取得圆满成功联欢、座谈。

办展人员向侗族大学生们介绍了“侗展”在京展出的盛况，评述了这次展览为宣传贵州、宣传贵州侗族所取得的成就。大学生们不时报以热烈的掌声，为家乡人在北京办了一件漂亮事而欢欣鼓舞。许多学生当即表示，要努力学好本领，回乡建设贵州，为振兴贵州出力。会上，歌坛新秀肖梅演唱了赞美家乡的侗歌。

“贵州侗族建筑及风情展览”在京展出一个月，于6月30日晚在“贵州是个好地方”的欢歌笑语中宣告闭幕。

（原文载于《贵阳晚报》1985年7月5日）

上海青年宫邀请“侗展”赴沪展出

共青团上海市委将于今年9月举办青年艺术节。为扩大民族文化交流，加强民族团结，上海青年宫给我省文物管理委员会和文化出版厅来函，邀请“贵州侗族建筑及风情展览”进宫展出。展出事宜，有关单位正在筹办中。

（原文载于《贵阳晚报》1985年8月22日）

我省在旅游线上举办专题文物展览

在11月11～25日这段时间里，“贵州古代建筑文化展览”“黄平民族节日文物展览”“遵义酒文化展览”和“贵州省抢救民族文物汇报展览（蜡染部分）”，相继在黔东南的镇远青龙洞、黄平飞云崖，黔北的遵义和省会贵阳开展。这是我省为配合旅游筹办的具有地方特点和民族风格的小型展览。

我省是个多民族的省份，民族文物资源十分丰富。配合旅游，发展一批民族民俗博物馆，具有得天独厚的条件。近年来，省文物主管部门在努力做好旅游线上文物古迹抢救维修的同时，在全省范围内大张旗鼓地开展“抢救民族文物”活动，为举办多种类型的展览做了充分的准备。

应邀担任我省文物保护顾问的文博专家单士元、张开济、杜仙洲、祁英涛、于坚、罗歌、苏东海、施力行、索文清、祝大震等观看了上述展览，并为进一步办好展览，使其转化为专题博物馆发表了意见。

（原文载于《贵阳晚报》1986 年 12 月 13 日）

我省民族节日文化表演队为首都国庆助兴

国庆期间，天安门内游人如织，正在端门东朝房举办的“贵州民族节日文化展览”吸引了潮水般的观众。据统计，昨日参观节日文化展览、观看节日歌舞表演的中外观众达一万多人次。连日来，我省“节日文化表演队”还在紫禁城、颐和园、西苑饭店等旅游热点演出，并同文化部、国家文物局、故宫博物院、中国历史博物馆、中国对外文物展览公司的领导同志以及守卫故宫的武警某部干警联欢，给国际旅游年的首都文化活动增添了光彩。

（原文载于《贵州日报》1988 年 10 月 3 日）

贵州美酒令人醉　侗歌苗舞更醉人

——“贵州民族节日文化展览”在京纪实之一

今年是北京国际旅游年。9 月是北京的黄金旅游季节。在这旅游季节里，紫禁城内游人如织。故宫的游人，常被来自端门东朝房的鼓声所吸引。人们涌向东朝房，被三道关口拦住了去路。第一道，苗族青年设置的拦路鼓；第二道，侗族青年设置的拦路歌；第三道，各族青年设置的拦路酒。来自民族村寨的男女青年用阻拦客人进“寨”的特殊方式，将中外游人迎进“贵州民族节日文化展览”大厅。厅内数十个身着节日盛装的模特儿与数百件节日文化用品及节日饮食器具，组成一个壮观的场面，将贵州高原上的民族节日文化活动，典型地展现在观众面前。厅内陈列的铜鼓可以敲，芦笙可以吹，与其他文化展览大不相同。中外游人看了这个别开生面的展览，一个个被巧夺天工的节日盛装、琳琅满目的节日活动、风味独特的节日饮食所陶醉。有位观众题词："迷人的节日风情，动人的节日歌舞，诱人的节日饮食，醉人的节日文化。"另一位观众则写道："贵州美酒令人醉，侗歌苗舞更醉人。"

（原文载于《贵阳晚报》1988 年 10 月 30 日）

黔中歌舞动京城　域内域外传美名

——"贵州民族节日文化展览"在京纪实之二

9 月 27 日是国际旅游日，首都各大宾馆、饭店举行盛大庆祝活动。"贵州民族节日文化展览"表演队被邀请到西苑饭店参加联欢。同时被邀请的还有著名歌唱家董文华。是夜，西苑饭店大院内，火树银花，热闹非凡。在"贵州民族节日文化展览"表演队演出之前，先由某中学钢鼓队表演。孩子们的精彩表演作了很好的铺垫。晚上 8 点整，钢鼓队演出结束，正在收拾道具，观众欲走之际，铜鼓芦笙响起来了。顿时观众驻足，游人骤增，将身着节日盛装的贵州民族节日文化表演队围得水泄不通。演出开始了，由松桃苗族青年表演花鼓舞，那惊心动魄的鼓声，令人眼花缭乱的舞姿，不时博得阵阵掌声。其后接着表演苗族铜鼓舞、木鼓舞、芦笙舞、板凳舞以及侗族大歌，牛腿琴歌、革家民歌、苗族飞歌等十几个歌舞节目。当一群姑娘手持酒杯演唱敬酒歌时，一个个迈着山民特有的步伐走向人群，向观众敬酒。从未见过这种场面的中外游人被这突如其来的举动惊呆了。拍手、喝酒，欢呼照相，忙得不亦乐乎。人们挤进演出队，要求留影纪念，唯恐丧失良机。本来只演一场，结果演了三场，比其他几个演出点，多演一个多小时。事后，著名诗人朱子奇在《北京晚报》发表一篇特写，刊发了一首诗，内中有句："黔中歌舞动京城，域内域外传美名。"

（原文载于《贵阳晚报》1988 年 10 月 31 日）

紫禁城内度佳节　乡音乡情更撩人

——"贵州民族节日文化展览"在京纪实之三

"贵州民族节日文化展览"在京展出期间，适逢中秋节和国庆节。对民族文化颇有研究的著名民族学家林耀华、陈永龄及文化名人林默涵等兴致勃勃地来到天安门看“节展”，他们从民族学、文化学、社会学等各个方面高度评价这个展览，一致认为，贵州民族节日文化颇有开发、研究价值。过中秋节时，全国政协副主席程思远专程前来参观，并与办展人员合影留念，共享民族团结。文化部副部长王济夫偕国家文物局、中国历史博物馆、故宫博物院、中国对外文物展览公司的领导同志前来参观展览，并与办展人员联欢，大家在紫禁城内武英殿前度过了一个愉快的团圆节。

中秋过后，国庆来临，贵州籍老同志周林、韩念龙和吴向必等相邀来到端门，与家乡子弟共庆佳节（图七二）。他们看到家乡子弟如此热情、卓有成效地宣传贵州，十分激动。他们仔细地观赏了每一件展品，并就如何使古老的贵州民族文化打出去发表了许多很好的意见。一些在京工作和学习的贵州同志看了展览也十分兴奋。有位在京学习的贞丰同志在留言簿上写道：“能在北京城看到家乡的民族歌舞及文化展览，真是一件值得自豪的事。观看中，我的思绪回到了家乡。希望继续做好贵州民族文化的宣传工作。使全国乃至全世界都能真正认识贵州、了解贵州。”

（原文载于《贵阳晚报》1988 年 11 月 1 日）

图七二　贵州籍的省部级领导周林、韩念龙、吴向必与“贵州民族节日文化展览”办展人员合影（赵明勇摄）

贵州将推出系列民俗文物展览

贵州省继去年在西安、北京、天津、深圳等地巡回举办“贵州民族节日文化展览”“贵州酒文化展览”“贵州蜡染文化展览”之后，今年又将在省内外举办“民族建筑展”“民族服饰展”“民族戏剧展”“民族婚俗展”“刺绣艺术展”“文化旅游资源展”和“文博工作十年成就展”等，为建立各种专题民族民俗博物馆奠定基础。

为迎接新中国成立40周年和首届贵州民族艺术节，该省文物部门正在加紧在旅游热线上充实和发展一批小型多样的专题民族民俗博物馆（陈列室），它们是东线的福泉“大夫第”古城屯堡博物馆、黄平飞云崖民族节日博物馆、镇远青龙洞民族建筑博物馆、台江文昌宫刺绣博物馆、雷山郎德寨民族村寨博物馆以及西线的平坝天台山民族戏剧博物馆、安顺府文庙蜡染文化博物馆、安顺蔡官屯地戏文物陈列室、关岭晒甲崖露天岩画博物馆、兴义下五屯民族婚俗博物馆。这10个专题民族民俗博物馆建成后，将对开展民族文化旅游产生积极影响。

（原文载于《中国文物报》1989年3月11日）

贵州举办少数民族服饰展览

3月15～20日，贵州省文化厅在省博物馆举办了少数民族服饰展览。按地区展出了各种民族服饰160多套，1400多件。这些民族服饰是近几个月从50多个县市的数百个民族村寨中征集来的，并系统拍照、绘图，整理了大量的科学记录资料。文物部门计划将全省各地各种类型的民族服饰收齐，建立完整的贵州民族服饰库，提供展览和研究。

（原文载于《中国文物报》1989年4月7日）

贵州民族节日展览应邀赴美

“贵州民族节日文化展览”最近应邀赴美国参加为纪念华盛顿州建州100周年而举办的中国、苏联、日本、联邦德国“四国艺术节”。这次参展的民族节日盛装有蜡染、刺绣、挑花、织锦等各种服装40多套。此外还有苗寨风光、苗族节日和节日盛装等彩色图片120多幅。随展的苗族民间艺术家们还将在艺术节上表演苗族飞歌、情歌、酒歌、山歌、花鼓及苗族花鼓舞、木鼓舞、铜鼓舞、芦笙舞等节目。

（原文载于《中国文物报》1989 年 7 月 7 日）

贵州民族文化代表团将举办汇报展览

访问美国归来的贵州民族文化代表团，不日将在我省“首届民族民间艺术节”上举办汇报展览，表演苗族节日歌舞，展示苗族节日盛装。

这个代表团举办的汇报展览，主要是苗族节日盛装展览，分为苗寨风光、苗族节日、节日盛装 3 个部分，展出彩照 70 多幅，盛装 18 套，披肩、背扇、围腰、裙子、荷包、袖片等服装部件 90 多种。来自我省农村的 7 位苗族姑娘还将在艺术节上现场表演刺绣、挑花、蜡染、织带等制作服装的传统工艺。

该团的节日文化表演队，将在艺术节期间演出苗族飞歌、苗族情歌、苗族酒歌及苗族花鼓舞、木鼓舞、铜鼓舞、芦笙舞等 20 多个节目。

（原文载于《贵州日报》1989 年 8 月 6 日）

苗家儿女载誉归

8 月中旬，在贵州省举行的“首届民族民间艺术节”上，有个引人注目的展览——“中国贵州民族文化代表团赴美参加四国艺术节汇报展览”。许多观众交口称赞这个以苗族青年农民为主组成的民族文化代表团，在大洋彼岸展示具有悠久历史的苗族文化所取得的喜人成就。

这个代表团一行 13 人，从 1989 年 6 月 28 日～7 月 21 日在华盛顿州斯波坎市为纪念华盛顿州建州 100 周年而举办的“四国艺术节”上，活动了 24 天。他们除举办琳琅满目的“中国贵州苗族节日盛装展览”外，还配合展览表演了蜡染、刺绣、挑花、织带等制作民族服装的传统工艺；演出苗族飞歌、酒歌、情歌及花鼓舞、木鼓舞（图七三）、铜鼓舞、芦笙舞等民族节日歌舞节目 20 多场，以及开展各种友好活动。汇报展览中有件特殊的展品是艺术节总裁尚·黑根斯写给中国文化部领导的一封感谢信。信中说：这些展览和演出使四国艺术节达到了高潮。中华人民共和国和贵州省应为拥有这样优秀的民族文化代表团而感到骄傲。我非常希望今后能有机会再次同他们合作。

图七三　苗族青年农民在“四国艺术节”上表演木鼓舞（樊申炎摄）

为精美的苗族服装所倾倒

在“四国艺术节”上举办展览的除中国、苏联、日本、联邦德国外，还有美国，一共 5 个展厅。中国展厅分为古代中国、今日中国及苗族节日盛装 3 个展室。在苗族节日盛装厅中，共展出苗寨风光、苗族节日、节日盛装等彩照 70 多幅，盛装 18 套，披肩、背扇、裙子、围腰、花带、荷包、袖片等服装部件 90 多件。这些精湛的苗族节日盛装及其部件，多角度、多层次地反映出苗族同胞的社会生产、社会生活、风俗习惯及高超的手工技艺，是苗族历史文化的重要组成部分，堪称用针线“写”在纺织物上的历史书。这些展品一到展厅，就把在艺术节上布置展览的各国朋友迷住了。一群美国工作人员，情不自禁地放下手头的活帮助我们布置展厅，就连艺术节总裁尚·黑根斯的夫人和女儿也自愿加班为我们熨烫、悬挂展品。她们说：“我们从来没有见过这样美丽的服装，我们为能参加布置这样精彩的展览、首先看到这样精彩的服装而高兴。”黑根斯的女儿很想穿苗族盛装照个相，但因担心这些展品是“文物”而不便启齿，后来她向一位苗族表演人员借了一套服装，高高兴兴地照了一张相，并风趣地说：“我也快成‘文物’了。”当地一些苗族朋友看了展览，兴奋不已。他们激动地说：“美国观众为精美的苗族服装所倾倒，我们感到很光彩。”

苗族青年是唱着歌长大的

贵州民族文化代表团在“四国艺术节”上共演出了 20 多场，场场观众爆满，有的观众只好站着看或者坐在地上看。不少观众提前一个多钟头来到表演厅等候。观众来自美国各地。有位来自芝加哥的老工人，特意买了一张“季票”来看演出，除开幕式那天的两场演出未赶上外，一连看了 13 天 17 场。当他得知我代表团只按计划演出两周时，十分惋惜地说："我是打算看三个月的，可惜你们就要走了，将来我一定要到贵州苗寨去做客。"许多美国朋友也表示了同样的愿望。

美国观众对苗族青年具有如此高超的歌舞技艺感到难以理解。他们不仅热情地向我表示祝贺，还好奇地询问"你们是不是经过专门训练？""你们是怎么组织起来的？"当告知是临时从农村抽来的时，他们惊叹不已。有位女记者为弄清苗族青年能歌善舞的奥秘，兴致勃勃地进行了详细的采访，并在报上写了一篇热情介绍苗族文化的文章，题目是：《在中国，苗族青年是唱着歌长大的》。这样的譬喻，是何等准确而形象啊！

"我们的故乡在中国贵州"

中国贵州民族文化代表团的成员或能歌善舞，或能编会织，或对苗族文化有所研究，因此，在国外开展各种民间友好交往具有许多有利条件。许多友好组织及人士多次热情邀请代表团去座谈、联欢，饶有兴致地向代表团询问苗族的各个方面。我们有问必答，并辅之有趣的即兴歌舞表演，使美国朋友得到极大的满足。有个叫"银靴钉舞蹈团"的民间组织，邀请代表团到妇女俱乐部联欢，互教互学传统民间舞蹈，彼此十分融洽。

邀请代表团去做客的美国朋友中既有上层社会人士，也有普通市民。特别值得一提的是，当地有 300 多名自称为"蒙"的苗人，他们的语言及风俗习惯与中国苗族极为相似。他们讲的苗语我们几乎都能听懂。这些苗族人据说是十多年前从印度迁来美国的。他们对代表团的到来极为高兴，天天都有人来看展览和表演，并多次邀请代表团到他们的住地去赴宴和联欢，用苗族饭菜和礼节接待代表团。他们当中的青年人身着节日盛装与我们同台表演苗族芦笙舞和苗族民歌。他们多次对代表团说："我们的故乡在中国贵州，我们很想到贵州去看看。"

"亲不亲，故乡人"。他乡遇故知，怎不格外亲？欢迎朋友来苗寨，交杯共欢饮。

（原文载于《中国文化报》1989 年 9 月 6 日）

"你们的展览和演出使四国艺术节达到高潮"

——"四国艺术节"纪实之一

今年 8 月，在贵州省首届民族民间艺术节上有个引人注目的展览——"中国贵州民族文化代表团赴美参加四国艺术节汇报展览"。展览分为应邀赴美、服装展览、歌舞表演、民间交往、参观游览、满载而归 6 个部分，展出实物 270 多件，彩照 180 多幅。许多观众饶有兴致地观赏这个简要介绍前不久应邀赴美参加"四国艺术节"的贵州民族文化代表团在美开展民间文化交流的展览，交口称赞以苗族青年农民为主组成的民族文化代表团在大洋彼岸展示具有悠久历史的苗族文化所取得的成就。这个代表团一行 13 人，从 1989 年 6 月 28 日～7 月 21 日，在斯波坎市为纪念华盛顿州建州 100 周年而举办的“四国艺术节”活动了 21 天。他们除举办琳琅满目的“中国贵州苗族节日盛装展览”外，还配合展览表演了蜡染、刺绣、挑花、织带等制作民族服装的传统工艺，演出苗族飞歌、酒歌、情歌及花鼓舞、铜鼓舞、芦笙舞等民族节日歌舞节目 20 多场，应邀赴宴、联欢、座谈、参观、游览、野炊 20 多次，收到各界朋友赠送的各种礼品 800 多件。汇报展览中有件特殊的展品是艺术节总裁尚·黑根斯写给中国文化部和贵州省政府领导的一封感谢信。信中说：“非常荣幸能够接待中国贵州民族文化代表团在‘四国艺术节’期间举办展览和演出。这些展览和演出使‘四国艺术节’达到了高潮……中华人民共和国和贵州省应为拥有这样优秀的民族文化代表团而感到骄傲。我唯一感到遗憾的是这个以苗族为主体的代表团未能在美国多住一段时间，并在其他较大的美国城市演出。我非常希望今后能有机会再次同他们合作。谨代表‘四国艺术节’对你们组织这样好的代表团到斯波坎来办展和演出表示衷心的感谢。”

（原文载于《贵州文物报》1989 年 10 月 20 日）

“美国观众为精美的苗族服饰所倾倒”
——“四国艺术节”纪实之二

在“四国艺术节”上举办展览的除中国、苏联、日本、联邦德国外，还有美国，共 5 个展厅。中国展厅分为古代中国、今日中国及苗族节日盛装 3 个展室。在服装展厅中共展出苗寨风光、苗族节日、节日盛装等彩照 70 多幅，盛装 18 套，披肩、背扇、裙子、围腰、花带、荷包、袖片等服装部件 90 多件。这些以精湛的挑花、刺绣、蜡染、织锦、织带等传统工艺制作而成的苗族节日盛装及其部件，多角度、多层次地反映出苗族同胞的社会生产、社会生活、风俗习惯及高超技艺，是苗族历史文化的重要组成部分，堪称用线“写”在纺织物上的历史书。这些展品一到展厅，就把在艺术节上布置展览的各国朋友迷住了。一群美国工作人员，团团围观开箱，情不自禁地放下手头活帮助中国展厅布展，就连艺术节总裁尚·黑根斯的夫人和女儿也自愿加班为我们熨烫和悬挂展品。她们说：“我们从来没有见过这样美丽的服装。我们为能参加布置这样精彩的展览、首先看到这样精彩的服装而高兴。”黑根斯的女儿很想穿苗族盛装照个相，但因担心这些展品是“文物”而不便启齿，后来她向一位苗族表演人员借了一套服装，高高兴兴地照了一张相，并风趣地说：“我也快成‘文物’了。”在苗族服装展厅里，观众熙熙攘攘，络绎不绝。当地一些苗族朋友看了展览，兴奋不已，他们激动地说：“美国观众为精美的苗族服装所倾倒，我们感到很光彩。”一位日本办展人员说：“中国的苗族服装受到称赞，我们也跟着沾了光。”代表团除在展厅内展出民族服装外，每位成员都身穿苗族服装，家乡的打扮。他们走到哪里都十分引人注目，出入海关受到种种优待。代表团在美期间应接不暇，来回途中一路顺风，在某种意义上也是沾了服装的光。

（原文载于《贵州文物报》1989 年 10 月 20 日）

“在中国，苗族青年是唱着歌长大的”
——“四国艺术节”纪实之三

贵州民族文化代表团在“四国艺术节”上的种种活动，处处突出节日气氛，高潮是身着节日盛装表演节日歌舞。从 7 月 4～17 日共演出了 20 多场，场场观众爆满，有的观众只好站着看或者坐在地上看。不少观众提前一个多钟头来到表演等候，有的还用衣物、拎包等为朋友占位子。观众来自美国各地，有从西雅图、旧金山等西海岸的一些城市来的，也有从波斯顿、纽约等东海岸的一些大城市来的，还有从加拿大的一些地方赶来的。有位来自芝加哥的老工人，特意买了一张“季票”来看演出，除开幕式那天的两场演出未赶上外，一连看了 13 天 17 场。当他得知我代表团只按计划演出两周时，十分惋惜地说，“我是打算看三个月的，可惜你们就要走了，我一定要到贵州苗寨去做客。”许多美国朋友同他一样，纷纷打听到贵州苗寨怎么走。

美国观众对苗族青年具有如此高超的歌舞技艺感到难以理解，每当演出结束后都有不少观众迟迟不肯离去。他们不仅热情地表示祝贺，还好奇地询问“你们是不是经过专门训练？”“你们是怎么组织起来的？当告知是为在国内巡回举办《贵州民族节日文化展览》而临时从农村抽来的时，无不惊叹不已。有位女记者为弄清苗族青年能歌善舞的奥秘，兴致勃勃地详细采访了代表团中熟知苗族风情的人士。当她明白苗族的社会结构、生产特点及传统的恋爱、婚姻等习俗后，立即在报上写了一篇热情介绍苗族文化的文章，题目是：《在中国，苗族青年是唱着歌长大的》。

（原文载于《贵州文物报》1989 年 11 月 20 日）

“我们的故乡在中国”

——“四国艺术节”纪实之四

中国贵州民族文化代表团成员多是苗族农村青年，团长是多年从事民族文化工作的苗族干部。他们都有一技之长，或能歌善舞，或能编会织，或对苗族文化有所研究。因此，在国外开展各种民间交往具有许多有利条件。许多友好组织及人士多次热情地邀请代表团去座谈、联欢、赴宴，饶有兴致地向代表团询问这个具有悠久历史和灿烂文化的世界性民族——苗族的各个方面。我方有问必答，并辅之以有趣的即兴歌舞表演，使美国朋友得到极大的满足。有次在当地知名律师、“四国艺术节”法律顾问斯温顿家做客，除了回答他提出的种种询问外，还在电话上为他远在千里之外休假的夫人演唱苗族酒歌，通过电话，向其夫人敬酒。有个叫“银靴钉舞蹈团”的民间组织，邀请代表团到妇女俱乐部联欢，互教互学传统民间舞蹈，彼此十分融洽。邀请代表团去做客的美国朋友中有社会地位较高的律师、总裁、工程师、摄影师、总经理及计算机专家等高级知识分子，也有工人、护士及艺术节的志愿工作者等普通市民。

特别值得一提的是，当地有 300 多位自称为“蒙”的苗人，他们的语言及风俗习惯与中国苗族极为相似。他们说的苗语，代表团成员几乎都能懂。这些苗族据说是十多年前从印度迁来的。他们对代表团的到来极为高兴，天天都有人来看展览和表演，并多次邀请代表团到他们的住地去赴宴和联欢，用苗族饭菜和礼节接待代表团。他们当中的青年人身着节日盛装与我们同台表演苗族芦笙舞和苗族民歌。他们多次对代表团说：“我们的故乡在中国贵州，我们很想到贵州去看看。”据我驻旧金山总领事馆介绍，这些苗族对我国是友好的。以苗族农民为主体的贵州民族文化代表团在与他们的多次交往中，体会尤其深刻。一位美国记者曾以《中国苗族舞蹈家会见美国的“堂兄弟”》为题，在《斯波坎发言人报》上发表文章，热情报道了代表团与当地苗族会见和联欢的动人场面。

（原文载于《贵州文物报》1989 年 11 月 20 日）

“朋友给我两份爱　我给朋友三份爱”

——“四国艺术节”纪实之五

在与当地苗族联欢的宴会上，我代表团负责人对促成两国苗族在斯波坎市会面的美国白人朋友及中国汉族朋友表示由衷的感谢。代表团到达斯波坎市的第二天，就有新闻记者来到代表团下榻的宾馆采访，第三天“四国艺术节”总裁特意为代表团的到来安排记者招待会。在记者招待会上，有位叫吉姆·坎埒顿的记者告诉代表团，当地有些“蒙”族，问我们愿不愿意会见。我当即表示欢迎他们来看展览及表演。果然，开幕式那天，他就带着几位朋友来了。一看就认出是苗族，一开口更证实是苗族。大家兴高采烈地用苗语、汉语和英语聊了好半天。他们当中的一位负责人邀我明天去做客。我以演出较多，且已有安排为由，建议过几天再说。经请示旧金山总领事馆，确定于7月12日赴宴联欢。当这位记者得知这个消息后便跟踪采访，并邀请一位研究苗族历史的东华盛顿大学教授与他一起来到苗族住地，介绍给代表团认识。这位热心的记者，的确为促成中美两国苗族“堂兄弟”在斯波坎市的会面出了力。

代表团此次能在斯波坎市宣传苗族文化并同当地苗族会面，还与中国对外文物展览公司的汉族朋友分不开。这个公司的一些同志不仅为促成这次对外文化交流积极地从中搭桥，他们当中的一位女摄影师还多次深入贵州苗族地区拍摄照片，收集资料，为实现苗族文化走向世界，默默无闻地做了许多扎扎实实的工作。“中国贵州苗族节日盛装展览”就是以她为主设计布置的，大量照片是她亲自拍摄制作的。美国苗族朋友为有这样一位真诚的汉族朋友而激动不已。当我代表团负责人将这位能讲英语的摄影师介绍给他们时，他们当中一位有影响的人士激动地含着泪水说：“我们苗族有句古话，朋友给我两份爱，我给朋友三份爱。”说话间，一位中年妇女便将亲手绣制的一幅具有民族特色的壁挂赠给这位摄影师。在之后一些日子里，当地苗族组织的负责人多次与我代表团负责人磋商共同在美巡回举办苗族风情展览诸事，都请这位摄影师参加。他们希望她继续为弘扬苗族文化做出贡献。大家对进一步开展两国民族文化交流都颇有信心。

（原文载于《贵州文物报》1989年12月20日）

参见拙作：《贞丰举办民族化文物展览》（《贵州日报》1981年2月26日）、《毕节地区举办文物汇报会展览》（《贵州日报》1981年4月10日）、《为纪念建党六十周年我省筹办文物展览》（《贵州日报》1981年5月19日）、《黔南州国庆期间将举办民族民俗文物展览》（《贵州日报》1981年9月23日）、《安龙举办文物展览》（《贵州日报》1981年10月24日）、《我省举办宣传〈文物保护法〉流动展览》（《贵阳晚报》1983年4月16日）、《铜仁举办“红军在黔东革命文物展览”》（《贵州日报》1984年10月28日）、《“侗寨鼓楼图片展览”在省内巡回展出》（《贵阳晚报》1985年3月5日）、《建筑艺术的精华 民族乡文化的瑰宝——写在侗族建筑及风情展览会上》

（《贵州日报》1985年8月1日）、《“贵州古建筑文化展览”开放半年观众六万》（《贵阳晚报》1987年8月13日）、《贵州酒文化展览、蜡染文化展览在京开幕》（《中国文物报》1988年7月1日）、《“两展”在天津展出》（《贵州日报》1988年7月10日）、《丰富多彩轻歌漫舞　贵州民族节日文化展览巡礼》（《中国文物报》1988年7月15日）、《我省在外举办三个专题民族文化长展览》（《贵州文化》1988年第2期）、《贵州利用严打成果举办“抢救珍贵化石展”》（《中国文物报》1996年8月18日）、《贵州利用严打成果举办“抢救珍贵化石展”》（《贵州文物工作》1996年第3期）、《筹办贵州侗族建筑及风情展览的点滴回忆》（《中国文物报》2016年1月12日）。

建立专题馆室

我省筹办一批民族民俗博物馆

近年，省文物部门先后组织了100多位文物工作者深入苗、布依、侗、彝、水、回、瑶、汉等8个民族的30多个自然村寨，全面系统地开展民族民俗文物调查征集工作，征集了一万多件民族民俗文物。目前，已在镇远青龙洞初步建立了民族建筑博物馆，年内还将在黄平飞云崖建立民族节日博物馆。今后一两年内，将在台江文昌宫建立苗族刺绣博物馆，在台江施洞口建立苗族龙舟博物馆，在雷山郎德寨、关岭滑石哨、从江高增寨分别建立苗、布依、侗3个民族村寨博物馆（即露天民族民俗博物馆）。此外，还拟在即将举办的“贵州酒文化展览”“贵州蜡染文化展览”和“贵州民族乐器及戏剧文物展览”的基础上，建立酒文化博物馆、蜡染文化博物馆及乐器戏剧博物馆。

（原文载于《贵阳晚报》1987年8月30日）

贵州民族村寨博物馆受到观众好评

贵州省3个民族村寨博物馆试行开放一年来，已接待十几个国家和国内数千名旅游爱好者，受到一致好评。

这3个典型村寨分别是雷山县郎德寨、关岭布依族苗族自治县滑石哨、从江县高增寨。上述村寨各具特色。郎德寨，竹木葱茏，吊脚楼房，鳞次栉比；滑石哨，古木参天，石头建筑，形同城堡；高增寨，鼓楼矗立，花桥横跨，民居建筑，层层出挑。各寨村民的服饰、饮食、节日风俗等都有各自民族的特点。

民族村寨博物馆的建立，使民族文化完整而又具体地展现在游人面前，为保护文化遗产、开展科学研究、发展文化旅游、繁荣少数民族的经济文化，都起到了促进作用。

（原文载于《中国文物报》1988年5月20日）

贵州开放一批专题博物馆

一批专题民族民俗博物馆，最近在贵州旅游热线上开门迎客，它们是东线的镇远青龙洞民族建筑博物馆、黄平飞云崖民族节日博物馆、福泉古城屯堡博物馆、雷山上郎德民族村寨博物馆；西线的平坝天台山民族戏剧博物馆、安顺府文庙蜡染文化博物馆、兴义下五屯民族婚俗博物馆；北线的遵义酒文化博物馆。这些专题民族民俗博物馆，有的是在国内巡回举办“贵州侗族建筑及风情展览”“贵州民族节日文化展览”“贵州酒文化展览”及“贵州蜡染文化展览”基础上建立的；有的是在近几年广泛深入开展“抢救民族文物”活动的基础上建立起来的。这些博物馆的建立，对于保护民族文化遗产及发展文化旅游具有重要意义，已引起文化界、旅游界及民族学界关注。

（原文载于《中国旅游报》1989年8月19日）

在旅游线上建立专题博物馆
代表当代中国民族地区发展博物馆事业的方向

新华社在报道贵州系列专题博物馆时这样写道：“有关专家认为，在旅游线上建立小型多样、生动活泼的专题博物馆，集中展示当地民族文化艺术成就和民族风格风情，在一定程度上代表了当代中国民族地区发展博物馆事业的方向。”

过去，我省只有一个省博物馆，自建馆以来，做了大量的工作，取得了一定的成绩，对认识贵州，对促进贵州的“两个文明”建设发挥了积极作用。为配合我省旅游业的发展，省文化厅决定在东、西、南、北几条旅游线上建立系列专题博物馆。这些专题博物馆几乎全是设在维修后的文物古迹内，投资少，速度快，又起到保护文物古迹的作用，引起了文物界和有关专家的关注和重视。最近，中国国际广播电台以《中国贵州的系列博物馆》为题，用20多种语言向外播出，很受欢迎。今年4月16日，新华社以《贵州省在旅游热线上建立一批专题博物馆》为题，发表了该社记者石新荣写的报道。4月26日，《中国文化报》也发表了该报记者宋合意的文章《展示民族风情，发展文化旅游，贵州省正在建设专题博物馆系列》。9月24日，该报又发表了记者刘德伟的文章《用之可以尊中国——贵州省专题博物馆巡礼》。此外，《中国文物报》《中国旅游报》《贵州日报》《中国博物馆通讯》以及国家文物局主办的《文物工作》等都对我省发展系列专题博物馆进行了报道。

省委、省政府和专题博物馆所在地的地、州、市、县委对建立专题博物馆也十分关心和重视。省长王朝文视察了平坝天台山地戏博物馆，省委副书记丁廷模、龙志毅参加了建在遵义的贵州酒文化博物馆开馆仪式，并为开馆仪式剪彩。可以预料，我省系列专题博物馆对弘扬民族文化，对促进旅游业的发展，对“两个文明”建设将起到越来越重要的作用。

（原文载于《贵州文物报》1989 年 10 月 20 日）

游客如织的飞云崖民族节日博物馆

位于黄平城东 12 千米的飞云崖民族节日博物馆，是我省系列专题民族民俗博物馆之一。飞云崖向为黔东名胜，地处古驿道旁。明正统年间开始在此建寺，称“月潭寺”，并由月潭公馆接待过往官绅。现存建筑有大官厅、小官厅、接引阁、滴翠亭、皇经楼等 10 余栋，为省级文物保护单位（飞云崖古建筑群于 2006 年被公布为全国重点文物保护单位——作者注）。每年农历四月初八，附近数万苗胞在此聚会，跳笙、对歌、赛马、斗雀，狂欢三天三夜，是贵州千余个节日集会中较大的一个活动点。为充分利用现有文物建筑，因地制宜建立博物馆，省文物主管部门帮助黄平在此建立了我国第一个民族节日博物馆。该馆于 1988 年初正式开放。展览内容分为节日概况、节日服饰、节日活动、节日饮食 4 个部分，比较全面地介绍了贵州高原上的各种民族节日。该馆现有各种民族节日服饰、文化娱乐用品及节日饮食用具等文物藏品千余件。部分藏品曾参加在西安、北京、深圳、广州等地举办的“贵州民族节日文化展览”，受到中外观众好评。该馆附近设有蜡染、刺绣、泥哨等民族民间工艺品作坊，可供观众参观、选购。为方便外地观众在此食宿，还建有民族形式的配套设施。开放一年多来，吸引大批观众游客前来参观，已接待中外观众游人 30 余万人次。

（原文载于《贵州日报》1990 年 4 月 5 日）

贵州系列博物馆“八五”又添新成员

“六五”“七五”期间，贵州采取文物维修与博物馆建设相结合，文物保护与旅游开发相结合，文化建设与经济发展相结合的办法，抢修了大批文物古迹和革命遗址，并利用旅游线上经过维修的文物建筑开办了 40 多个博物馆、陈列室，初步形成了独具特色的贵州博物馆系列，引起了国内外文博界的关注。国际博物馆协会亚太地区主席、中国博物馆学会理事长吕济民在为即将出版的《贵州系列博物馆》一书所作的序中写道："贵州拥有很多的优越条件，有很大的优势，只要因地制宜，因势利导，充分发挥优势，定能开辟一条具有地方特点和民族特色的发展道路。我认为，贵州的文物博物馆工作是按照这个路子走的，并取得了很大的成绩。这个方向是对的，应该坚定地走下去，继续朝着这个方向前进。"

"八五"期间，贵州继续采取这套实践证明行之有效的做法，相继又建立了17个各具特色的博物馆、陈列室。它们是贵阳市的镇山露天民俗博物馆、甲秀楼—翠微园陈列室、阳明祠陈列室、尹道真祠贵州名人陈列室、周渔璜故居陈列室、花溪西舍文物陈列室、赵以炯故居陈列室，黔东南苗族侗族自治州的锦屏龙大道故居陈列室、镇远周达文故居陈列室、榕江红七军军部旧址陈列室，遵义地区的遵义黎庶昌故居陈列室，安顺地区的关岭晒甲山露天岩画博物馆，毕节地区的大方奢香博物馆，铜仁地区的思南乌江博物馆，黔西南布依族苗族自治州的民族婚俗博物馆、兴义贵州龙陈列室，六盘水市的盘县红二六军团总指挥部旧址陈列室。

（原文载于《中国文物报》1996年1月21日）

贵州高原54个博物馆年接待观众200万人次

据最新统计，贵州高原现有功能各异的博物馆、陈列馆54个，年接待观众200万人次，博物馆进一步形成系列。

"六五""七五"期间，贵州采取文物维修与博物馆建设相结合、文物保护与旅游开发相结合、文化建设与经济发展相结合的办法，抢修了大批文物古迹和革命遗址，并利用旅游线上经过维修的文物建筑开办了40多个博物馆、陈列室，初步形成了独具特色的贵州博物馆系列，引起了国内外文博界的关注。"八五"期间，贵州相继又建立了十几个各具特色的博物馆、陈列室。据悉，《贵州系列博物馆》即将出版，国际博物馆协会亚太地区主席、中国博物馆学会理事长吕济民为之作序，肯定了贵州的文物博物馆工作。

（原文载于《光明日报》1996年1月23日）

受到称赞的贵州系列博物馆

贵州现有各种不同类型的专题博物馆和具有博物馆性质的陈列室50多座，初步形成了具有地方特点和民族特色的博物馆系列。一批知名的专家学者实地考察了一些专题博物馆，参观了某些专题博物馆在北京等地举办的巡回展览后认为：“贵州在全国开风气之先，以远见卓识筹建系列博物馆，是对民族文化的系列化抢救。”

国际博物馆协会亚太地区主席、中国博物馆学会理事长吕济民说，贵州省的博物馆有特色，50多个博物馆中，社会历史类、民族民俗类、革命纪念类等都有，而以民族民俗类居多。这种发展方向是正确的，可以在全国推广。国家文物局古建专家组组长罗哲文进一步指出：贵州省利用古建筑、革命遗址、名人故居开设博物馆、陈列室，是文物博物馆相结合的一种好方式，是对文物最好的保护。

在众多的专题博物馆中，民族村寨博物馆最受专家青睐。贵州已经建立了一批民族村寨博物馆，走在了国内国外探索村寨博物馆建设的前列。中外著名的民族学家、中央民族大学教授林耀华说，在发掘民族文化方面，贵州走在全国的前列，树立了一个值得学习的样板，如果将建立贵州式的系列博物馆的办法推广到全国去，一定会带来中华大地民族文物博物馆的满园春色。特别值得一提的贵州的民族村寨博物馆。这种博物馆，就是一种类型的文化村，但不是“模型”，而是“实地”。真实的地点，真实的人物，真实的生活，真实的风情。今天，全国各地文化村、“民俗村热”正在兴起，追本溯源，是在贵州大地上起步的。

最近，贵州省文化厅编了《贵州系列博物馆》的书稿，中国历史博物馆研究员、中国民俗学会民俗博物馆专业委员会主任宋兆麟在为该书撰写的序中写道：“该书从不同角度阐明了贵州博物馆的兴起、特点和所产生的积极社会影响。乍看起来，这是对该省博物馆事业的总结，其实是一座发展民族文化的丰碑，其中有不少可贵的经验令人深思，值得国人借鉴”。他认为，值得借鉴的经验主要有四条：一是领导重视，二是专家指导，三是扬长避短，四是着力开放。他逐条分析道：“贵州省是我国多民族的省份之一，有着极其丰富的民族文化资源，但像贵州这样的民族省在国内不是少数，可是唯有贵州省高度重视民族博物馆的建设；贵州省多次邀请全国各地专家考察本省的民族博物馆资源，对发展民族博物馆作了战略性部署，在博物馆的种类、地理布局、陈列手法等方面，都是建立在科学研究的基础上的；从文物资源来说，贵州虽然历史文物丰富而又有特色，但是民族文物更胜一筹。文化部门决策人在重视历史文物的前提下，把重点放在发展民族博物馆事业上，扬长避短，“牵牛鼻子”，从而带动了贵州省整个文博事业的发展；贵州办的博物馆没有集中在省会，而是分散在各个旅游点上，使文博工作与旅游业结合起来。有些博物馆还走出省门，展示在京师，“黔中歌舞动京城，域内域外传美名”，引起了很大反响，对弘扬民族文化做出了重要贡献。

（原文载于《贵州政协报》1996年4月4日）

乌江水电开发公司资助乌江博物馆建设

位于乌江中游的贵州省思南县，利用经过局部维修的府文庙创办了我国第一家以水命名的专题博物馆——乌江博物馆。该馆运用大量的文物、图片、拓片、模型和标本，全面展示乌江流域的文物古迹、风景名胜、民族风情、土特产品，生动形象地进行“认识乌江、热爱乌江、保护乌江、开发乌江”的宣传教育。此举深受乌江流域水利部门的青睐，贵州乌江水电开发公司除积极提供展品和资料外，还慷慨赞助3万元，修复思南府文庙，建设乌江博物馆。

（原文载于《中国文物报》1997年4月20日）

青龙洞民族建筑博物馆改陈完毕

省博物馆最近派出业务骨干帮助旅游线上的专题博物馆修改陈列展览。坐落在全国历史文化名城镇远城东的青龙洞民族建筑博物馆日前已改陈完毕，向观众开放。

青龙洞是全国重点文物保护单位之一，是一座具有地方特点和民族特色的山地建筑博物馆。为扩大青龙洞的知名度，省文化厅于1986年在此举办“贵州省民族民间建筑文化展览”，从而建立了我国第一座民族建筑博物馆——贵州民族建筑博物馆（图七四）。国家文物局的专家对展出的精致木雕、石雕和彩照等藏品，赞不绝口。

（原文载于《贵州日报》1997年11月4日）

贵州民族婚俗博物馆旧貌换新颜

建在兴义下五屯刘氏庄园内的贵州民族婚俗博物馆，12月3日以崭新的面貌迎来了改陈后的第一批观众——参加南昆铁路通车典礼的嘉宾。

贵州民族婚俗博物馆建成于1989年。这个选题新颖的专题婚俗博物馆一问世，便引起广泛的关注，观众络绎不绝。为迎接南昆铁路通车后新的旅游高潮的到来，省文化厅拨出专款并派出专人帮助修改已经开放8年的展览。承担改陈任务的省博物馆专业人员，在调查研究的基础上，从内容到形式对原有展览进行了修改，使其更为生动、形象地反映贵州少数民族在恋爱、婚姻与家庭等方面的优良传统和时代精神。此举对消除历史上造成的种种偏见具有积极的作用，受到社会各界的好评。

图七四　贵州民族建筑博物馆

改陈后的新展览共展出表现苗族、布依族、侗族、土家族、彝族、仡佬族、水族、白族、瑶族等少数民族婚恋习俗的彩色照片124张，各类实物200多件，展线150米。

（原文载于《贵州日报》1997年12月11日）

我省四十二个专题博物馆陈列室被《中国博物馆志》收录

我省42个各具特色的博物馆和文物陈列室，最近被国家文物局和中国博物馆学会组织编纂的《中国博物馆志》收录。

文博界的专家学者，对我省利用文物古迹并促进旅游业的发展建立的镇远青龙洞民族建筑博物馆、黄平飞云崖民族节日博物馆、台江文昌宫民族刺绣博物馆、雷山上郎德苗族村寨博物馆、福泉大夫第古城屯堡博物馆、安顺府文庙蜡染文化博物馆、平坝天台山民族戏剧博物馆、兴义下五屯民族婚俗博物馆、遵义贵州酒文化博物馆、铜仁东山傩文化博物馆10余个专题民族民俗博物馆，特别关注，认为此举既是宣传贵州民族文化的“窗口”，又是吸引中外游客的“磁铁”，在“两个文明”建设中，已经发挥并将继续发挥积极作用。

贵州收录入《中国博物馆志》的博物馆和陈列室，民族民俗类16个，占38%；革命遗址类17个，占40%；历史文化类9个，占21%。42个博物馆、陈列室，有40个（占90%以上）是在党的十一届三中全会以后建立的。

（原文载于《贵州日报》1993年10月14日）

黔东南初步建成民族文化旅游线

在我省黔东南苗族侗族自治州，已初步建成一条民族文化旅游线。人们在两三天内，可观览黄平飞云崖民族节日博物馆、施秉菜花湾和诸葛洞纤道、镇远青龙洞民族建筑博物馆、台江文昌宫民族刺绣博物馆、雷山上郎德民族村寨博物馆以及云台山、㵲阳河、清水江等处的名胜风采。

中外游人对民族村寨尤感兴趣。在此不仅可受到拦路酒、拦路歌接待，还可同村民一起跳舞、唱歌、喝酒、吃饭。有的甚至可以留宿，住在吊脚楼上。晚上，在月光下观赏头上梳着古式发髻、上插鲜艳花朵的苗族姑娘们在“游方场”上与村外来的心上人对唱情歌的有趣场面。

（原文载于《贵州日报》1990年7月27日）

参见拙作：《民族民俗博物馆的设想》（《贵州民族研究》1983年第4期）、《为筹办露天民族民俗博物馆贵州开展民族村寨调查保护工作——附民族村寨调查提纲》（《民族学通讯》1984年第34期）、《谈贵州民族民俗博物馆的建设》（《中国博物馆》1985年第1期）、《关于民族村寨保护工作的调查报告——兼谈露天民族民俗博物馆的建设》（《贵州民族研究》1985年第2期）、《有关专家就我省博物馆事业开展可行性论证　建议在旅游线上建立多种类型的专题博物馆》（《贵州日报》1986年6月22日）、《贵州新近建成一批专题博物馆（陈列室）》（《中国博物馆通讯》1988年第9期）、《贵州的系列专题博物馆》（《中国博物馆》1989年第2期）、《旅游线上风光风情并茂　省拟建一批民族民俗博物馆》（《贵州日报》1989年2月22日）、《苗岭山中的风情博物馆》（《贵阳晚报》1989年7月30日）、《一批专题博物馆落成　我省首届民族民间艺术节期间将开门迎客》（《贵州日报》1989年8月6日）、

《台江文昌宫刺绣博物馆》(《贵州文物报》1989年8月26日)、《苗寨露天博物馆》(《贵州经济报》1989年9月11日)、《雷山郎德寨民族村寨博物馆》(《贵州文物报》1989年9月20日)、《改革中的贵州文物博物馆事业》(《中国文物报》1989年10月6日)、《贵州新近建成一批专题民族民俗博物馆》(《中国文物报》1989年11月1日)、《苗族龙舟博物馆刍议》(《中国博物馆》1990年第2期)、《贵州将建石刻艺术博物馆彝族文化博物馆》(《贵州民族报》1990年3月12日)、《飞云崖民族节日博物馆》(《贵阳晚报》1991年7月28日)、《建立系列专题博物馆 促进民族地区发展》(《文物工作》1992年第5期)、《透视贵州系列专题博物馆》(《中国博物馆》1993年第4期)、《思南府文庙与乌江博物馆》(《贵州日报》1993年12月2日)、《把婚俗博物馆办活》(《贵州日报》1994年3月11日)、《奢香博物馆在大方建成开馆 经过维修的奢香墓同时开放》(《贵州日报》1994年4月17日)、《奢香墓和奢香博物馆》(《贵州政协报》1994年5月19日)、《青龙洞——山地建筑博物馆》(《长江日报》1994年6月28日)、《雷山有座独特的民族村寨博物馆》(《贵阳晚报》1994年8月6日)、《我国首家村寨博物馆》(《贵州日报》1994年8月25日)、《贵州省新近建成两个专题博物馆》(《中国博物馆通讯》1994年第6期)、《九五贵州好风光 专题民俗博物馆群体亮相》(《现代旅游报》1995年2月21日)、《办好民俗博物馆 推进文化旅游》(《中国文物报》1995年6月11日)、《奢香博物馆》(《中国博物馆志》,华夏出版社,1995年6月)、《平坝天台山民族戏剧博物馆》(《中国博物馆志》,华夏出版社,1995年6月)、《上郎德苗族村寨博物馆》(《中国博物馆志》,华夏出版社,1995年6月)、《民俗博物馆与文化旅游》(《贵州民族报》1995年7月24日)、《〈中国博物馆志〉问世 我省42个馆室志上有名》(《贵州日报》1996年1月2日)、《夜郎遗风拾零——各具特色的贵州系列专题博物馆》(《文物天地》1996年第1期)、《贵州民族民俗博物馆巡礼》(《当代贵州》1996年第2期)、《适应文化旅游需要 办各类博物馆》(《贵州日报》1996年3月20日)、《知名学者论贵州系列博物馆》(《贵州文史丛刊》1996年第4期)、《夜郎遗风拾零——贵州系列博物馆巡礼》(《文化月刊》1996年第10期)、《巩固 充实 完善 提高 发展 办活贵州系列专题博物馆》(《文物工作》1996年第6期)、《露天民族风情博物馆郎德苗寨获“中国民间艺术之乡”称号》(《贵州日报》1997年3月26日)、《丰富多彩民俗“套餐”——贵州系列民俗博物馆一瞥》(《四川民族经济报》1997年8月1日)、《独特的民族风情博物馆——郎德》(《贵州外事侨务》1997年第5期)、《婚俗博物馆旧貌换新颜》(《中国文物报》1998年1月25日)、《我国唯一的露天民族民俗博物馆——郎德》(《贵州画报》1998年第1期)、《郎德苗寨博物馆》（《贵州民族》1998年第3期）、《镇远建成文化名城博物馆》（《中国文物报》1998年6月17日）、《我省郎德蔡官跻身全国百座特色博物馆》（《贵州都市报》1998年8月4日）、《民族戏剧博物馆》（《贵州民族》1998年第4期）、《民族建筑博物馆》（《贵州民族》1998年第6期）、《中国首家民族村寨博物馆》（《贵州风貌》1999年第1期）、《郎德苗寨博物馆成为教学科研基地》（《中国博物馆通讯》1999年第4期）、《郎德苗寨博物馆建成苗文化之窗》（《贵州都市报》1999年5月24日）、《蜡染刺绣博物馆》（《贵州民族》1999年第3期）、《郎德苗寨博物馆》（《中国文化报》1999年6月12日）、《一位人类学教授评说郎德苗寨博物馆》（《贵州民族报》1999年11月4日）、《完善旅游线上的系列专题博物馆》（《贵州日报》2001年4月5日）、《郎德桥梁建筑博物馆》（《贵阳日报》2001年11月12日）、《旅游线上百余博物馆织就我省文化史迹网》（《贵州日报》2005年1月18日）、《建立“黄果树崖文化博物馆”》（《贵州日报》2005年2月22日）、《变严肃为活泼　贵州因地制宜建设博物馆》（《中国文化报》2005年5月19日）、《婚俗博物馆　越办越红火》（《中国文物报》2005年8月31日）、《用活民俗文物　办活民俗博物馆》（《中国文物报》2008年4月13日）、《建立社区性大博物馆》（《中国文物报》2008年8月22日）、《奢香墓与奢香博物馆》（《民族》2009年第6期）、《建立社区性博物馆　保护各具特色的民族文化圈》（《民族》2010年第10期）、《把郎德上寨建成名副其实的村寨博物馆》（《中国文物报》2011年3月2日）、《民俗博物馆与非遗传承人》（《中国文物报》2012年1月11日）、《把“最具魅力民族村寨”建设成社区性民族民俗博物馆》（《贵州日报》2012年3月12日）、《典型传统村落也是一种博物馆——以郎德上寨为例》（《中国文物科学研究》2016年第1期）、《建议贵州建立红军标语漫画博物馆》（《中国文物报》2016年5月3日）、《能否建个独木龙舟博物馆》（《中国文物报》2016年7月22日）、《试办社区博物馆》（《贵州文化遗产》2016年第4期）、《不妨试办一些社区博物馆》（《贵州文化遗产》2017年第3期）、《建议开办石门坎社区博物馆》（《中国文物报》2019年2月26日）、《依法依规保持村镇博物馆的历史风貌》（《贵博论丛》，广西师范大学出版社，2020年1月）、《因地制宜办个粮仓博物馆》（《贵州文化遗产》2020年第3期）、《贵州博物馆的发展之路》（《贵州全域旅游》2021年总第26期）、《贵州系列专题博物馆发展纪实》（《贵州文化遗产》2022年第4期）。

关注郎德现象

郎德苗寨欢度“鼓社节”

作为“露天民族风情博物馆”对外开放的贵州省雷山县郎德上寨，今年3月9～13日（农历猴年二月猴日至鼠日）一派欢腾，热烈欢度十二年一次的盛大传统节日“鼓社节”。

“鼓社节”，当地苗族语言叫“农略”，有的译为“吃鼓藏”。节期5天。白天，男女老少，身着节日盛装，在铜鼓坪上“踩铜鼓”（即踩着铜鼓声音的节拍跳集体舞），跳芦笙。夜间，青少年在“游方场”上谈情说爱，唱“游方歌”；中老年人在吊脚楼上喝酒唱歌，彼此祝福，称为“闹寨”。节日中的郎德，铜鼓声声，酒歌阵阵，通宵达旦，热闹非凡。

特地从美国、日本等国及台湾、香港、北京等地专程前往郎德考察苗族风情的百余名旅游者，兴致勃勃地与苗族村民欢度佳节。省、州、县有关部门的负责人和文化、旅游、新闻、出版等单位的专业工作者数百人，参加了郎德的节日活动。

为使中外游人全面了解当地苗族风情，村民以《郎德苗寨博物馆》为题，举办了内容丰富的展览，并在铜鼓坪上为来宾表演各种文艺节目。郎德寨自1986年对外开放以来，已接待来自30多个国家和地区的旅游者近10万人。郎德苗寨博物馆，已成为宣传民族文化的窗口，贵州民族风情旅游的明珠。

（原文载于《贵州日报》1992年3月23日）

郎德苗寨欢度“苗年”

至今仍保留着“以十月为岁首”纪年传统的雷山县郎德寨，今年农历十月第一个卯日至丑日，即十月初五至十五（阳历11月18～28日），欢度具有悠久历史的苗年。

当地苗俗认为，每年十月的第一个“卯日”（俗称兔场天）是旧年的最后一天，次日（即辰日俗称龙场天）是新年的第一天。在这前后的12天中，家家户户按照祖规，杀年猪、宰鸡鸭、捕鱼虾、打糍粑，进行祭祖先、祭保爷、祭农具、祭耕牛、祭果树、祭田地、踩铜鼓、跳芦笙和游方、闹寨等活动，共庆人寿年丰，举寨一派欢腾。

这个仅百来户人家的苗族村寨，自1986年被当作“露天民族风情博物馆”对外开放以来，每年都有数以万计中外游人来此观光考察，其中尤以苗年期间人数最多。今年苗年胜过往年，天天都有客人光临，仅寅、辰两天，村民的旅游收入就将近3000元。

（原文载于《贵州日报》1993年12月22日）

郎德苗寨发展民俗旅游

郎德是苗岭腹地的一个苗族小寨，位于贵州省黔东南苗族侗族自治州首府凯里市东南27千米的雷公山麓、丹江河畔，1986年被贵州省文化厅辟为“苗族村寨博物馆”对外开放。山清水秀的自然景色，鳞次栉比的吊脚木楼，鲜艳夺目的民族服饰，动人心弦的铜鼓芦笙，饶有风趣的拦路敬酒，别具一格的美味佳肴，吸引了中外游人观光考察。8年来，已接待包括来自30多个国家和地区的中外游客30多万人。

郎德寨苗胞至今仍保留“以十月为岁首”的周代传统纪年法。今年农历十月初十（虎日）至十一日（牛日）为节期，开展祭祖、祭牛、祭田、祭树、游方、踩鼓、饮酒、闹寨等活动。

去年雨水偏多，收成不算太好，但郎德寨仍有90%左右农户杀了年猪。据不完全统计，郎德寨1994年旅游收入，仅接待游客、出售商品和外出表演3项就达30万元，占全村各项收入的1/3。

郎德苗寨在开发民俗旅游、弘扬民族文化中发生的巨大变化，引起了各级领导、各界人士、各族群众的关注。前不久，全国人大委员长乔石到郎德视察，题词鼓励：“加强民族团结，发展民族经济。”

（原文载于《中国旅游报》1995年1月17日）

郎德苗寨获“中国民间艺术之乡”称号

我省雷山县郎德苗寨，最近被文化部授予“中国民间艺术之乡”称号。

“郎德苗族村寨博物馆”是贵州省“七五”期间建立的系列专题民族民俗博物馆之一，坐落在苗岭腹地雷山县，北距黔东南苗族侗族自治州首府凯里27千米。被当作露天民族风情博物馆对外开放10年来，总共接待了国内和30多个国家及地区的观众、游客50多万人，为客人表演敬酒歌、芦笙舞、铜鼓舞等苗族歌舞1000多场，并应邀派出30多位青年到北京、广州、深圳、成都、承德、贵阳等地的一些旅游景点表演、教授苗族歌舞。

（原文载于《贵阳晚报》1997年3月25日）

郎德苗寨开放十年硕果满枝

雷山县郎德寨通过保护民族村寨、开展文化旅游，“打开山门迎远客，走出山门闯世界”，在欢歌笑语中奔上了脱贫致富的康庄大道。

地处雷公山麓、苗岭腹地的郎德上寨居住着百来户苗族同胞，1987年被列为首批重点保护村寨对外开放以来，在有关部门和社会各界的关心、扶持下，整治寨容寨貌，弘扬民族文化，以其山清水秀的自然景色，鳞次栉比的吊脚木楼，风情浓郁的民族歌舞，工艺精湛的盛装银饰，饶有风趣的拦路敬酒，动人心弦的铜鼓芦笙，吸引大批中外游人前来观光、考察。10年来，已接待国内和30多个国家及地区的中外游客50多万人。其中包括不少国家的驻华使节和乔石、布赫、彭珮云、司马义·艾买提等党政领导同志。被文化部授予“中国民间艺术之乡”的称号。

村寨保护促进文化旅游，文化旅游促进苗寨变化，10年间，粮食产量由人均260公斤增至409公斤，经济收入由人均250元增至1500元。电视机由5台增至77台，缝纫机由20部增至97部，自行车由15辆增至62辆，手表由10余块增至400多块，银饰由15套增至118套（平均每户一套，每套价值约5000元）。教育事业获得长足发展：适龄儿童入学率由85%上升为100%，初中生由28人增至67人，高中生由6人增至23人，中专生由4人增至15人，大专生由2人增至7人。村寨建设取得突出成绩：新修寨门3座，砌石头堡坎302米，铺墁石路5378米，拓宽公路1500米，新建小学校、风雨桥各1座，铜鼓坪、芦笙堂、篮球场共3个，陈列室、接待室共17间等。还安装了闭路电视，开通了程控电话。

在接待中外游人的同时，郎德村民还外出表演和打工，据不完全统计，仅出县出省和出国表演、教授苗族歌舞就达 200 多人次。

近几年来，接待旅游团队、出售手艺品、外出表演歌舞三项收入年均30万元以上，占全村总收入的 1/3。

（原文载于《贵州日报》1997 年 12 月 16 日）

“郎德开放成就展”将在省博物馆亮相

郎德苗寨博物馆已跻身于全国百座特色博物馆行列，这是国家文物局在关于拍摄《中国博物馆》大型电视系列片的通知中确认的。

经有关部门批准，国家文物局决定委托中国博物馆学会与深圳市新闻影视中心等单位联合选择我国不同类型的 100 座博物馆，拍摄一部大型电视系列片《中国博物馆》，在中央电视台和国内外有关电视台播放，使祖国悠久的历史和灿烂的文化在海内外产生更广泛的影响。从全国 1800 多座博物馆筛选出的百座特色博物馆，我省雷山县上郎德苗族村寨博物馆和安顺市蔡官村地戏博物馆名列其中。

为配合摄制工作和“8・28 活动”，省博物馆将联合有关部门，于 8 月下旬举办“郎德开放成就展”，以丰富的实物和精美的照片，并辅之以精彩的表演，生动形象地介绍郎德苗寨博物馆在社区建设、人与自然、对外开放以及可持续发展教育中可资借鉴的经验。

（原文载于《贵阳晚报》1998 年 8 月 3 日）

“郎德开放成就展”在筑展出

8 月 21 日，省博物馆门前热闹非凡。身着节日盛装的郎德村姑娘以敬拦路酒的传统习俗取代剪彩仪式，迎接前来观看“郎德开放成就展”的观众。

为祝贺省第八次党代会的召开，迎接“8・28 活动”，由文化厅主办、省博物馆承办的“郎德开放成就展”以 200 多幅彩色图片、100 多件实物，生动形象地展示了黔东南苗族侗族自治州雷山县郎德上寨秀丽风光和浓郁的民族风情，同时向人们展示经过 10 年奋斗，实现了一个在开放前人均年收入不足 300 元到 10 年后人均收入超过 1500 元的巨大变化。郎德苗寨 1997 年被文化部授予“中国民间艺术之乡”称号，1998 年跻

图七五 “郎德开放成就展”工作人员合影

身全国百座特色博物馆之列。开放以来，先后接待国内和 30 多个国家及地区的中外游客 50 多万人次，外出表演、教授苗族歌舞 200 多人次，是贵州向国内外展示苗族文化的亮丽窗口，也是我省从民族文物保护促进文明村寨建设的典范。此次展览是在郎德苗族村寨博物馆的基础上充实有关内容而成的，8 月 27 日闭展后移至郎德长期展出（图七五）。

省政协原主席龙志毅、文化厅及有关部门领导观看了展览。

（原文载于《贵州日报》1998 年 8 月 22 日）

国家文物局关注郎德现象

8 月 18 日，国家文物局博物馆司就“郎德开放成就展”，致函贵州省文化厅，肯定郎德经验，关注郎德现象，并希望我省全体文博工作者，发扬光大郎德经验，为弘扬中华民族优秀文化传统，促进社会主义物质文明和精神文明建设而不断努力，取得更加卓越的成就。

全面展示郎德苗寨博物馆的秀丽风光、浓郁风情、开放成果的“郎德开放成就展”，由省文化厅主办、省博物馆承办。国家文物局博物馆司专为一个展览发函致贺是该司建立以来第一次。在此之前，国家文物局通知省文化厅，决定将郎德苗寨博物馆列为全国百座特色博物馆之一，不日将派员为其录制电视专题节目，在中央电视台播放。国家文物局博物馆司在贺函中写道：“苗寨郎德，是在改革开放，积极探索利用和保护民族村寨，大力发掘民俗资源，弘扬优秀民族文化传统的成功实例。更好地总结郎德经验，进一步研究郎德现象，贯彻‘保护为主，抢救第一’的方针和‘有效保护，合理利用，加强管理’的指导思想，举办“郎德开放成就展”是很有意义的。我们衷心希望贵省全体文博工作者，发扬光大郎德经验，为弘扬中华民族优秀文化传统，促进社会主义物质文明和精神文明建设而不断努力，并取得更加卓越的成就。”

（原文载于《贵州民族报》1998 年 9 月 7 日）

郎德苗寨博物馆建成苗文化之窗

地处贵州高原苗岭腹地的郎德苗寨博物馆，是个以民族建筑、民族服饰为主要物质载体，以社会生产、社会生活为主要展示对象的民族民俗博物馆。这座别具一格的村寨博物馆，自 1987 年对外开放以来，以其山清水秀的自然景色，鳞次栉比的吊脚木楼，鲜艳夺目的节日服饰，动人心弦的铜鼓芦笙，饶有风趣的拦路敬酒，别具一格的美味佳肴，吸引众多中外游客、学者参观考察。截至目前，已接待来自国内和 30 多个国家及地区的中外观众 60 多万人。

前往郎德苗寨博物馆参观考察的中外学者，将郎德视为学习、研究苗族建筑文化、服饰文化、铜鼓文化、芦笙文化以及人与自然、环境保护、旅游开发、文化扶贫等诸多方面不可多得的第二课堂和非同寻常的科研基地。沉睡多年的苗寨郎德，已成为展示、研究具有悠久历史的贵州乃至中国苗文化之窗。

（原文载于《贵州都市报》1999 年 5 月 24 日）

一位人类学教授评说郎德苗寨博物馆

北京大学社会学人类学研究所教授、博士生导师周星，撰写一篇题为《“村寨博物馆”民俗文化展示的突破与问题》的学术论文，阐述了他对郎德苗寨博物馆的看法。他写道：“改革开放以来，与民俗文化在各地民间的陆续复兴相同步，民俗文化也越来越被看作是一类可开发的资源。发掘民间民俗文化并予以展示有几种基本方式，如建立民俗博物馆、展示商业化操作的‘民俗村’、各类民俗表演等”。他认为，村寨博物馆在民俗文化展示的方法上有很好的突破，集中体现在村寨博物馆最大限度地展示了民族文化的“原生态”。他认为，中外观众看到的郎德“文物”在村民生活里的存在状态，几乎是任何其他形式的博物馆或文化展示形式无法表现和无法比拟的。

周星将郎德苗寨博物馆与一般的民俗博物馆作了一番比较后认为：在一般的民俗博物馆或其他的例如历史和考古博物馆里，较少发生或不被看重的几种“关系”，在村寨博物馆里出现了。一是另一层面上的“人”与“物”的关系，即村民们和他们所制作、使用、保存乃至废弃的那些实物间的关系，其中包括他们对这些东西的感情、赋予的意义及各种解说，有关的故事等等。他认为，村寨博物馆应该展示社会生活的动态，包括人们的起居、劳作、娱乐、社交等，尽量使之较好地做到“动静结合”的展示。

对郎德苗寨博物馆的“拦路酒”“拦路歌”“踩铜鼓”“跳芦笙”之类民俗文化表演，周星认为，这些表演，说起来和城市里的商业化“民俗村”的表演没有太大不同，但村寨里表演的背景和场景，还是要朴实和自然得多。除社区聚落的真切背景外，即便同为表演，村民与演员还是有所不同。

周星在肯定郎德苗寨博物馆的成功经验的同时，也指出了一些存在的问题。他认为，其中最大的是伦理问题，即村寨博物馆里的村民是否可被看作类似于“展示品”的存在，游客和参观者如何理解当地人也希望“发展”的愿望；村寨博物馆里“民俗文物”的定义及其消解：为了“展示”的表演，如何影响到村民对自身文化的认同；自外、自上而来的力量在多大程度上能够影响村寨博物馆社区人民的生活方式，以及如何估价这些影响等等。

（原文载于《贵州民族报》1999 年 11 月 4 日）

郎德制定乡规民约保护生态环境

雷山县郎德寨为强化环保意识，优化生态环境，走可持续发展之路，新近制定了积极可行的乡规民约。

郎德寨自古具有朴素的环保意识，十分重视植树护林，迄今森林覆盖率仍在 75% 以上。1987 年被当作苗族村寨博物馆对外开放以来，已接待中外宾客 60 多万人，旅游收入占年度总收入的1/3。今年10月，旅游收入突破5万元，创月收入的历史记录。

为确保优越的生态环境不受破坏，郎德党支部、村委会、文物办，在村民中深入开展环保教育。最近，经过群众讨论，在村寨四周划定1000多亩绝对保护区，严禁在保护区内开山采石、毁林开荒、建窑烧炭、狩猎打鸟、毒鱼炸鱼。与此同时，寨内民居亦被列为保护对象，明确规定不准修建与原有木结构吊脚楼不相协调的砖房和洋楼。

（原文载于《贵州日报》1999年11月27日）

郎德上寨成为民俗教学科研基地

由于拥有纯粹浓厚的苗族原生态文化，雷山县郎德上寨受到世界各地的高等学府和科研机构青睐，大批师生和专家学者纷纷以该地为教学科研基地，前往考察。10多年来，已接待北京大学、清华大学、中国人民大学、美国华盛顿大学、中国社科院、中国国家博物馆、法国巴黎人类学博物馆等著名大学和科研单位的在校师生和专家学者数千人次。不少音乐学院、美术学院、戏剧学院的在校师生，前往郎德上寨采风，将其视为不可多得的第二课堂。一些高等院校和科研机构的研究人员，以郎德上寨的苗文化为其研究对象，在实地考察中撰写学术著作。郎德上寨在保护与开放民族文化资源实践中，已成为中外闻名的教学科研基地。

一位资深国际旅游学家认为："世界上还没有一例开发旅游不破坏民族文化的，假若有，那简直是个奇迹。"《贵州省旅游发展总体规划》在论及文化保护与旅游开发的关系时写道："以民族村寨为代表的文化遗产正遭遇不可挽回的破坏和面临消亡的危险，除非采取保护它们的行动。"由于郎德上寨采取切实有效的保护行动，尝到了保护民族村寨、开展文化旅游的甜头，从而大大提高了促进两者良性循环的自觉性。随着旅游业的蓬勃发展，郎德上寨的自然环境越来越美，民族风情越来越浓，民间工艺越来越精。

（原文载于《贵州日报》2005年2月3日）

贵州郎德上寨扩展文物保护范围发掘文化旅游资源

"中国民间艺术之乡""全国百座特色博物馆"郎德上寨，自其村寨建筑被列为全国重点文物保护单位、中国世界文化遗产预备名单之后，名声大振，游人如织，每天接待旅游团队 10 余个。为适应文物保护和文化旅游发展的需要，日前，村党支部和村委会召开会议，研究扩展文物保护范围、发掘文化旅游资源问题，决定以保护“咸同农民起义”遗址、遗迹为核心，进一步做好文物保护工作，为发展民族文化旅游提供新景点。

清咸丰初年，地处贵州高原苗岭山区的“苗疆六厅”连年大旱，虫灾为害，颗粒无收，官府横征暴敛。咸丰五年（1855 年）春，在苗族青年腊略（清军称其为杨大六）的带领下，郎德上寨爆发农民起义。起义期间，杨大六为抵抗清军，在郎德上寨东南后山上修筑围墙，挖掘战壕，并在通往榕江和凯里的山坳上分别修建隘门。130 多年过去，围墙、战壕、隘门和军火库、跑马道、射箭场等遗址、遗迹尚存。杨大六故居几经维修，保护完好。

（原文载于《中国文物报》2007 年 8 月 29 日）

参见拙作：《郎德散记》（《中国文化经济信息》1989 年第 3 期）、《雷山县郎德苗寨》（《中国旅游报》1990 年 10 月 13 日）、《在郎德过苗年》（《中国文化报》1994 年 1 月 30 日）、《郎德寨的拦路酒》（《贵阳晚报》1995 年 3 月 11 日）、《上郎德苗族村寨博物馆》（《中国博物馆志》，华夏出版社，1995 年 6 月）、《夜宿郎德寨》（《人民日报》海外版 1996 年 1 月 18 日）、《郎德寨苗族的传统美德》（《贵州民族研究》1997 年第 1 期）、《文化部授予郎德苗寨“中国民间艺术之乡”》（《贵州都市报》1997 年 4 月 8 日）、《贵州举办“郎德开放成就展”》（《中国博物馆通讯》1998 年第 10 期）、《省府决定撤销报德乡建立郎德镇》（《贵州日报》1998 年 12 月 28 日）、《郎德村民保护古树》（《贵州日报》1999 年 1 月 4 日）、《郎德为何竹木葱茏》（《贵州日报》1999 年 3 月 5 日）、《郎德苗寨博物馆成为教学科研基地》（《中国博物馆通讯》1999 年第 4 期）、《郎德寨的铜鼓文化》（《中外文化交流》1999 年第 4 期）、《郎德苗寨风情浓》（《中国文物报》2000 年 3 月 5 日）、《郎德苗寨的“鸟树文化”》（《民族》2000 年第 4 期）、《郎德“扫火星”》（《贵州日报》2000 年 4 月 7 日）、《郎德电话开通旅游兴旺》（《贵州日报》2000 年 5 月 25 日）、《郎德寨的葫芦瓜》（《民族》2001 年第 7 期）、《郎德的桥》（《中国文物报》2001 年 11 月 23 日）、《郎德风情浓　游客大幅增》（《贵州日报》2002 年 5 月 13 日）、《去郎德寻古风人数剧增》（《中国文物报》2002 年 7 月 5 日）、《郎德上寨环境保护进村规民约》（《贵州日报》2002 年 9 月 16 日）、《铜鼓声声郎德寨》（《现代农村》2003年第1期）、《郎德上寨古建筑》（《贵州文物工作》2003年第4期）、《又到郎德“吃鼓藏”》（《贵州外事侨务》2004年第4期）、《郎德上寨的美人靠》（《中国民航报》2005年1月4日）、《郎德上寨历史悠久的“鸡酒文化”》（《民族》2005年第2期）、《郎德上寨的吊脚楼》（《贵州政协报》2005年2月17日）、《“苗王”故里郎德寨》（《贵阳日报》2005年2月20日）、《在郎德上寨过“吃新节”》（《贵州外事侨务》2005年第1期）、《郎德寨门拾趣》（《中国旅游报》2005年4月18日）、《郎德上寨“平杨王”故居》（《贵阳日报》2005年5月20日）、《郎德上寨修复“杨大六桥”》（《贵州日报》2006年2月17日）、《郎德——文化保护与旅游开发的成功实例》（《理论与当代》2007年第1期）、《郎德酒歌》（《中国文物报》2008年3月21日）、《郎德上寨的民居建筑》（《古建园林技术》2008年第1期）、《郎德奇迹》（《中国民族报》2009年1月23日）、《郎德革命史迹盼保护》（《贵州日报》2010年8月11日）、《加强保护郎德上寨各类文化遗产》（《贵州日报》2011年2月21日）、《把郎德上寨建成名副其实的村寨博物馆》（《中国文物报》2011年3月2日）、《郎德上寨艺术录》（《艺文论丛》2011年第4期）、《在保护中传承——展望郎德上寨古建筑群》（《中国文物报》2013年2月22日）、《郎德上寨保护记》（《文化广角》2014年第5期）。

拓宽保护视野

世界罕见的重大科学发现

——贵州龙化石被认定

国际古脊椎动物学会会员、中国科学院古脊椎动物与古人类研究所研究员赵喜进最近经考察认为：贵州是“龙乡”之一。贵州龙化石的科学价值和收藏价值与大家都知晓的恐龙蛋化石，都是非常重要的。贵州龙比恐龙古老，其化石是研究早期海相化石很珍贵的科学标本。

今年4月下旬，赵喜进与国家文物鉴定委员会秘书长刘东瑞等应邀前往地处黔桂滇毗连地带的贵州省兴义市，对文化、公安部门历年收缴的700多件贵州龙动物群化石（图七六）进行涉案鉴定和全面鉴定，将226件定为珍贵化石标本。他们认为，如此珍贵的贵州龙动物群化石集中从兴义市顶效镇绿荫村光堡堡采到，“是一重大科学发现”；这批标本，“是研究早期爬行动物演化的不可多得的化石材料”。他们进而认为，“贵州兴义是我国已知的海相地层中唯一同时发现二亿四千万年前三叠纪爬行动物和鱼化石的产地”。“如此众多的爬行动物化石和鱼化石在一个产地相同层位中发现，在世界上相关的海相地层中也是罕见的”，“具有极其重要的科学价值”。

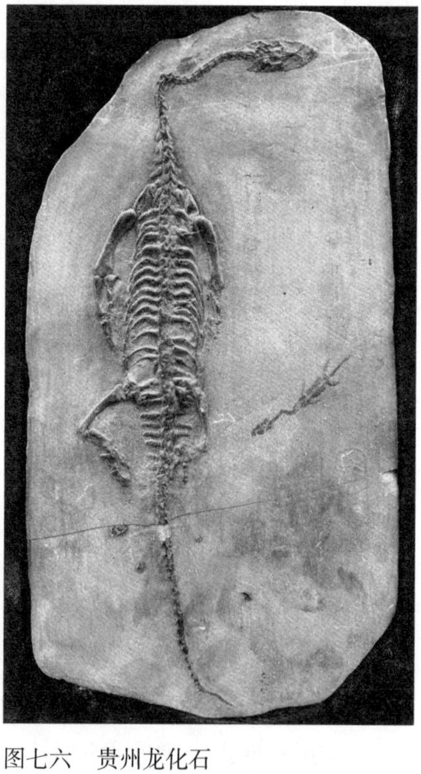

图七六　贵州龙化石

赵喜进是享誉国内外的恐龙专家，早年毕业于莫斯科大学，多年从事古爬行动物的研究，现任中科院古脊椎动物与古人类研究所古爬行动物研究室主任。最近，他在处理河南恐龙蛋化石和兴义贵州龙化石被盗事件中，起着举足轻重的作用。他说，以后不管什么地方，只要发现同一时期相同形态、相同结构的古爬行动物化石，都可归到“贵州龙”中。因上文提到的贵州龙，是“属”名和“科”名，也就是说，学术界已公认有独立的贵州龙科、贵州龙属。“贵州”二字的学术价值，远远超过行政区划和地理概念。

这位恐龙专家认为，贵州也有恐龙化石，可建座贵州龙动物群专题博物馆。他说这是贵州的“专利”，对开发贵州很有好处。应将贵州龙列为科研课题，适当时候在贵州召开一次有关贵州龙动物群的国际学术研讨会。

根据他的建议，省、州、市有关部门已对贵州化石和化石出产地采取了必要的保护措施。

（原文载于《光明日报》1995年5月21日）

贵州龙化石考察研究纪实

保护现场被盗掘了

考察一开始便带有权威性质。应贵州省文化厅的要求，国家文物鉴定委员会邀请中国科学院古脊椎动物与古人类研究所派员对兴义市公安局最近收缴的涉案贵州龙动物群化石依法进行科学鉴定，同时对历年收缴的数百件化石进行全面鉴定，以便妥善管理，开发利用。鉴定组由研究员赵喜进、副研究员金帆、助理研究员吕君昌组成，1995年4月20日，在国家文物鉴定委员会秘书长刘东瑞的带领下从北京来到贵阳。次日，在省文化厅副厅长李嘉琪、黔西南州文化局局长王尽杰、兴义市副市长韦琼等陪同下察看了化石出土现场——兴义市顶效镇绿荫村光堡堡。

光堡堡古脊椎动物化石保护区，是兴义市文物保护单位，竖有石碑式保护标志。由于横遭盗掘，标志已被推倒，石碑身首分离。经实地测量踏勘，盗掘面积14000多平方米，残存盗洞280多穴。面对此情此景，观者众口一词：这是一场触目惊心的违法犯罪活动，损失令人痛心！

重大发现

4月22～23日，专家们对州市文化、公安部门历年收缴的分藏于州文化局、市文管所、市公安局的700多件贵州龙动物群化石逐一鉴定，经认真筛选，反复比较，将226件各具特色的龙、鱼化石定为珍贵标本。其中一级龙化石17件，二级龙化石35件，三级龙化石112件；二级鱼化石28件，三级鱼化石34件。涉案鉴定的50多件龙、鱼化石，有26件被定为珍贵标本。其中一级7件，二级9件，三级10件。许多珍贵化石为胡氏贵州龙。此外还有兴义龙、贵州中华真鳄鱼、兴义亚洲鳞齿鱼等等。此次全面鉴定，令人兴奋地发现有大量贵州龙新种和贵州龙未定属种。仅被定为珍贵化石标本的26件涉案龙、鱼化石，就有24件为贵州龙新种、贵州龙未定属种和幻龙类新种。

专家们对鉴定中的重大发现十分欣喜，迅速作出了鉴定结论：距今二亿四千万年前的中三叠纪，贵州兴义一带生活着各种各样的海洋生物，其中尤以脊椎动物最为丰富。不仅有在浅海活动的幻龙类，而且还有不少鱼类化石，如东方肋鳞鱼、贵州中华真鳄鱼和全骨鱼类未定新属种等。其中最多的还数贵州龙。当然还有不少海生无脊椎动物化石。它们在埋藏沉积后，保存到现在，组成了三叠纪地层中的贵州龙动物群。里面不仅有成年化石，还有发育成长的幼年个体，显示出该动物群的多样性。贵州兴义是我国已知的海相地层中唯一同时发现三叠纪爬行动物和鱼化石的产地。此外，还必须强调，这里的贵州龙化石具有一些原始特征，是研究早期爬行动物演化的不可多得的化石材料。另外，贵州中华真鳄鱼及全骨鱼类未定新属种等也填补了我国在这一鱼类演化重要阶段的不少空白，具有极其重要的科学价值。

兴义会议达成共识：切实保护

4月24日下午，兴义市举行了一次别开生面的“贵州龙动物群学术讨论会”。中国科学院古脊椎动物与古人类研究所，国家文物鉴定委员会，贵州省文化厅，贵州科学院山地资源研究所，黔西南州委、州政府、州政协、州检察院，兴义市政府、政协、文化、公安、旅游和顶效镇、绿荫村以及黔西南州所属各县文化、文物部门的有关人员200多人出席了会议。中国科学院古脊椎动物与古人类研究所赵喜进研究员、国家文物鉴定委员会秘书长刘东瑞、贵州省文化厅李嘉琪副厅长、黔西南州人民政府吴柳年副州长、兴义市人民政府顾问胡隆甲前市长等，就贵州龙动物群化石的学术价值和保护利用发了言。他们认为，贵州龙动物群化石是贵州特别是兴义不可多得的财富。保护、利用好这笔珍贵资源对于提高贵州、兴义的知名度，发展贵州、兴义的经济和文化具有难以估量的作用。大家认为，当务之急是做好宣传教育工作，加大办案力度，刹住偷挖盗掘风，尽快尽多地将盗掘出土的各类化石收缴上来，从重从快打击那些盗掘、倒卖、走私珍贵化石的首要分子。要充分发挥党的政策的感召力，孤立打击极少数，团结教育大多数。专家们提出，组织力量深入调查，将埋藏化石较为集中的地段划为重点保护区，就地聘请保护人员，切实作好保护工作。专家建议，对盗掘现场，根据实际需要和有关规定，在专业人员指导下进行必要清理、科学发掘。对已收缴入藏的所有化石，要分级保管，科学处理，确保安全。专家们呼吁，大力培养专业人才，开展科学研究，运用先进手段，向广大干部群众开展科普教育。积极创造条件，在兴义市建立贵州龙动物群专题博物馆。

与会专家郑重指出，由于贵州龙动物群化石具有重大科研、收藏价值，深受国内外科研、教学、文博等部门的青睐，因此遭到不法之徒的染指，成了他们猎取的目标。近来北京、上海等地海关，多次查获企图走私出口的贵州龙化石。贵州龙动物群化石源源外流，给国家造成了不可弥补的损失。专家学者和领导同志建议，请省政府召集有关方面共同研究贵州龙动物群化石的保护、管理、研究、利用等问题。

4 月 25 日下午，副省长龚贤永看望从兴义回到贵阳的北京专家和文化厅的同志，对专家们前来贵州帮助指导工作表示感谢。他要求省文化厅会同有关部门做好贵州龙动物群化石的保护管理和开发利用工作。

（原文载于《光明日报》1995 年 5 月 21 日）

贵州采取措施保护开发龙化石

《世界罕见的重大科学发现——贵州龙化石被认定》一文 5 月 21 日在《光明日报》头版头条刊发后，各界人士十分关注。中央人民广播电台除据此播发新闻外，还邀请本报编辑何东平、贵州省文化厅副厅长李嘉琪、著名古生物专家赵喜进向广大听众介绍贵州龙化石发现、保护、报道经过及开发前景。国家文物局副局长彭卿云来电感谢报纸的报道，认为这有助于加强文物保护意识。中科院院士秦馨菱、黄山博物馆韩小庐等撰文献计保护化石。《北京周报》外文版与编辑联系扩大报道，《新民晚报》《报刊文摘》等报刊迅即发表消息报道。贵州省党政领导、贵州龙化石地点黔西南州以及有关部门对贵州龙化石的保护、开发、利用工作给予了极大的关注。

中共贵州省委书记表示，感谢《光明日报》、中央人民广播电台的报道，一定要做好化石保护工作。省委副书记、省长陈士能专门听取汇报，要求借此东风振兴当地经济，在黔西南州首府兴义市建立贵州龙专题博物馆。副省长龚贤永认为，贵州龙化石地点可升为省级文物保护单位。老红军、原省文物管理委员会主任秦天真要求把贵州龙化石同珍贵文物一样妥善保护。省政协分管文化工作的副主席听取情况汇报后表示，抓紧组织政协委员前往现场考察，为当地政府出谋献策，切实把贵州龙化石的保护、管理、开发、利用工作做好。

5 月 25 日，黔西南州和兴义市两级人民政府专门召开联席会议，邀请省文化厅、省博物馆和州、市文化、公安等部门的专家、领导参加，研究贵州龙化石的抢救、保护、开发、利用等问题。与会人员认为，世界罕见的贵州龙动物群化石在兴义被发现，对黔西南州和兴义市是件大事，须花大力气做好保护工作。州长黄康生说，具有如此重要价值的发现对提高贵州的知名度，发展黔西南州和兴义市的经济、文化具有极为重要的作用。他要求州、市有关部门立即对化石地点划定保护范围，由政府发布公告，明令禁止在保护范围内开山采石、乱掘滥挖；同时要立即开展专项斗争，在顶效镇绿荫村召开群众大会，公捕、公判盗掘、倒卖贵州龙化石的首要分子，限期收缴盗掘出土的一切化石，并依法奖励立功者。他还布置有关部门运用各种舆论工具开展生动形象的宣传教育活动，使保护贵州龙化石成为广大干部群众的自觉行动。黄康生州长说，要制定切实可行的开发方案，使贵州龙化石的保护开发工作成为州、市经济文化建设的重要项目。用两三年的时间，要在“龙乡”兴义市建成独具特色的贵州龙博物馆。

会后，黔西南州和兴义市文化、文物部门的专业工作人员立即下到化石地点踏勘，重新划定保护范围，将50多万平方米划为保护区，并在四周打下50个界桩。另外还健全了保护组织，落实了保护措施。

6月16日，省政府召开“贵州龙保护开发座谈会”，专门研究保护、抢救、研究、宣传、开发贵州龙问题（图七七）。

（原文载于《光明日报》1995年6月11日）

图七七　贵州龙保护开发座谈会

贵州龙化石向世人展示

展示二亿多年前古生物诸多奥秘的展览——“贵州龙”展览会，11月24日在贵州省博物馆开幕，由本报报道引发的“贵州龙热”又掀高潮。

“贵州龙”因首先在贵州发现而得名，它是生活在距今二亿四千多万年前三叠纪中期的一种爬行动物，比活跃于侏罗纪时代的恐龙还早一亿几千万年。“贵州龙”具有许多原始特征，是研究早期爬行动物演化的珍贵材料。

今年5月21日，本报头版头条刊登《世界罕见的重大科学发现——贵州龙化石被认定》的消息，引起了国内外舆论界、学术界的关注，贵州省党政领导予以高度重视，对“贵州龙”化石的保护、开发、利用作了周密部署。此次“贵州龙”展览的举办即其中的一个步骤。贵州省委副书记、省长陈士能今天在开幕式上讲话，希望通过展览激励各族干部群众，特别是青少年热爱科学、热爱家乡，把贵州的建设事业搞好。

此次展览由贵州省文化厅、“贵州龙”化石出产地黔西南州人民政府、兴义市人民政府联合主办，为期一个月。

（原文载于《光明日报》1995年11月25日）

参见拙作：《贵州龙化石屡遭破坏有关部门呼吁深入宣传〈文物保护法〉》（《贵州日报》1995年3月20日）、《“贵州龙”化石迭遭破坏》（《中国文物报》1995年4月2日）、《贵州龙化石劫难记》（《贵阳晚报》1995年4月22日）、《贵州龙动物群化石经专家鉴定多属珍贵的化石标本》（《贵州日报》1995年5月5日）、《贵州龙化石弥足珍贵专家呼吁采取措施加强保护》（《中国文物报》1995年6月4日）、《“龙乡”保护贵州龙》（《贵阳晚报》1995年6月8日）、《贵州龙化石鉴定记》（《文化广角》1995年第6期）、《有关贵州龙化石的报道引起关注我省积极采取保护措施》（《贵州日报》1995年6月23日）、《两亿多年前袖珍“龙”体被发现——学术界全面认定贵州龙化石珍贵价值》（《四川文化报》1995年7月7日）、《陈士能在中央台发表广播讲话努力保护开发贵州龙化石》（《贵州日报》1995年7月18日）、《龚贤永委托召开“贵州龙”保护开发座谈会》（《文化广角》1995年8期）、《贵州龙化石地点被列为省级保护单位》（《贵州日报》1995年8月11日）、《保护抢救贵州龙化石有进展》（《贵州日报》1995年8月16日）、《兴义表彰保护贵州龙化石有功人员》（《贵州日报》1995年8月24日）、《珍贵的贵州龙》（《人民日报》海外版1995年8月29日）、《贵州龙》（《文史天地》1995年第8期）、《贵州龙是啥模样？“贵州龙特别展”将在筑展出》（《贵阳晚报》1995年9月7日）、《神秘珍奇的贵州龙化石》（《当代贵州》1995年第9期）、《我省筹办“贵州龙特别展”》（《贵州日报》1995年9月17日）、《保护抢救“贵州龙”专项斗争取得可喜成果》（《中国文物报》1995年9月24日）、《“贵州龙特别展”将办》（《中国文化报》1995年9月24日）、《贵州龙化石保护抢救研究开发方案》（《贵州文物工作》1995年第3期）、《话说“贵州龙”》（《贵州都市报》1995年10月14日）、《贵州堪称古生物王国》（《贵阳晚报》1995年10月25日）、《“贵州特别龙展”在贵阳举行》（《中国旅游报》1995年12月9日）、《贵州破获盗卖古生物化石案》(《科技日报》1996年5月23日）、《关岭收缴两车海百合化石》（《贵州都市报》1996年5月24日）、《贵州在严打中重视对古生物化石的保护》（《中国文物报》1996年6月9日）、《贵州利用严打成果举办“抢救珍贵化石展”》（《贵州文物工作》1996年第3期）。

附录

附录一：1981 年 6 月 2 ~ 21 日的《侗寨调查日记》

1981 年 6 月 2 日

上午，与贵州高等艺术专科学校教师杨宗福同志，从贵阳坐长途汽车前往黔东南苗族侗族自治州首府凯里。此行的主要任务是，到侗族高度聚居的榕江、从江、黎平三县侗族村寨调查侗族文化，包括建筑、音乐、戏剧、节日等等。杨宗福同志，侗族，湖南省新晃侗族自治县人，1965 年从贵州大学艺术系毕业，分配到贵州省文化局农村文化工作队工作，从此与我相识、相知，成了好朋友。他是学习音乐的，目前在教书。我是苗族，湘西土家族苗族自治州凤凰县人，与他虽然不属同一民族，但也算是“老乡”。我于 1963 年从中央民族学院历史系毕业，是学习民族学的，先他两年分到省文化局，目前在做社会文化工作，重点是文物工作。我俩打算合作调查侗族村寨文化，为各自的工作单位收集资料，并为定于 7 月份在黔南布依族苗族自治州的惠水县举办的全省“六月六歌节”做准备。

到了凯里，晚上无事，听杨宗福同志介绍侗族音乐。他个子与我差不多高，1.7 米左右，但比我瘦一点，而且，额头有点儿凸出，眼窝有点儿凹陷，侗族特点较为明显。他自豪地说，侗族男女老少，都以能唱歌为荣。年长的教歌，年轻的唱歌，年幼的学唱歌，代代相传，已成风俗。侗族村民在不同的场合，唱着不同的歌。侗族民歌，主要有“嘎老”“嘎琵琶”“嘎果吉”“嘎笛”“嘎孖”“嘎拜岑”等多种。他不厌其烦地向我作了简要介绍，我像个如饥似渴的学生，迅速地在随身携带的硬皮笔记本上记录下来：

（一）“嘎老”

“嘎”，意为“唱”和“歌”，“老”，则含有“老”“大”“长”“古”的意思。“嘎老”，被翻译为“大歌”，是侗族音乐中最为流行、最受喜爱、男女老少必学爱唱的一种多声部无伴奏合唱歌种。内容主要有《祭祖歌》《迁徙歌》《寻祖宗歌》《祖公上河歌》《祖公落寨歌》等。一般有六七段歌词，长的叙事歌多达一百段以上，要连续唱几个晚上。一首完整的“嘎老”，侗语叫一“枚”，一枚又包含若干“角”，也就是若干“段”。“嘎老”是一种严肃的群体演唱的歌曲，在盛大节日、庄重场合招待贵客时演唱。演唱活动多在鼓楼里进行。一般有两个声部，多的三个声部，由五至十多人组成的“大歌队”演唱。唱高声的叫“所胖”，唱低声的叫“所特姆”。从音乐上看，每段的结构基本相同，曲调也一样。每段开始都由一个人领唱，叫“起顿”，就像一个小引子，尔后是全体歌队同唱，叫“跟夺”，这是音乐的主体部分，最后进入尾声的“拉嗓子”。“嘎老”节奏复杂，节拍不易掌握，但旋律明快流畅。曲调建立在五声音阶的“羽”调式上，既包含和声成分，又有对位的成分，是中国民间最富特色的支声复调音乐之一，有很高的艺术价值。

（二）“嘎琵琶”

“嘎琵琶”，即“琵琶歌”，是用侗族琵琶伴奏，一人独唱或多人齐唱、对唱的一种歌曲。有自弹自唱，也有他人伴奏，音乐活泼轻快。侗族琵琶有大、中、小之分，是侗族的民间弹拨乐器，用杉木自制而成，音箱为椭圆形。“嘎琵琶”流行于侗族各村寨，其中以榕江县的“晚寨琵琶歌”、黎平县的“洪州琵琶歌”以及“六洞”地区、车江、坑洞、双江等地最为流行。一般用小嗓子唱，但在榕江县的车江一带，除女声仍用小嗓子外，男声已用本嗓唱。从曲调和演唱风格看，各地的琵琶歌都不相同，因而，才有“晚寨琵琶歌”“洪州琵琶歌”之分。琵琶歌的内容多为情歌。

（三）“嘎果吉”

“嘎果吉”，被翻译为“牛腿琴歌”。“牛腿琴”是侗族村民自制的形似牛腿的一种拉弦乐器，用两根木头挖空、蒙上薄板修制而成。音量不大，但与大琵琶配合演奏时，效果很好。因为“牛腿琴”的音色优美动听，侗族村民就模仿其“果吉、果吉”的声音，称这种歌为“嘎果吉”。歌词一般比较短小，用小嗓子唱，称“嘎腊”。“腊”，含有“小”的意思。“牛腿琴歌”流行于黎平县的岩洞、口江、坑洞，榕江县的车江，从江县的增冲、信地等村寨。曲调基本相同，速度缓慢，给人一种缠绵悱恻、亲切动人的感觉。

（四）“嘎笛”

“嘎笛”，就是“笛子歌”，在黎平县的古邦、梅更、水口和榕江县的云洞等地很流行。伴奏的笛子有两种：一种称“笛”，音较高；一种叫“草笛”，也称“笛套”，都是竖吹。古邦一带的“笛歌”，有三种曲调。他哼了几句，我记不下来。

（五）“嘎孖”

“嘎孖”，可以翻译成“河歌”或“流水歌”。歌词短小，曲调平和，音程没有大的跳动，是一种节奏比较自由、具有吟诵风格的无伴奏徒步歌，适合于抒情和即兴对答唱。用小嗓子轻声唱，给人以轻柔之感。歌词精练生动，感情丰富细腻，很受侗族男女青年的青睐。

（六）“嘎拜岑”

“嘎拜岑”，流行于黎平、从江毗连的“六洞”地区。“拜”，含有“去”和“走”的意思；“岑”含有“山”和“坡”的意思，可以直接翻译为“山歌”。用本嗓演唱，体现出侗族村民开朗质朴的性格特征。歌词较短，但并不限于四句。音乐曲调一般在开始时都有一声长腔，有放开嗓音或向对方打招呼的意思。结束时，用半真半假的声音高呼一声“噢——”。曲调和节拍都较为自由，但有规律，音程跳跃，也是一种抒情性的徒步歌。如果用高亢的声音演唱，会给人一种豪迈的感觉。

杨宗福同志强调：这六类侗族歌种，都有自己特定的歌词和曲调，有各自的特点和演唱风格，在不同的场合演唱，给人以美的享受。

他说的这些，我不全懂，下去慢慢领会吧。我想把重点放在：一、侗族村民为什么喜欢唱歌？二、在什么场合下唱歌？三、各种不同的歌曲，歌词的主要内容是什么？四、采取什么样的组织形式开展歌咏活动？我想通过实地调查，从中了解侗族歌咏活动与侗族社会结构、侗族乡土建筑的内在关系。我深深感到，认识杨宗福同志真好，他既懂西洋音乐，又懂侗族音乐，对我调查侗族文化一定大有帮助。认识他之初，只晓得他是“吹黑管的”，殊不知，他对侗族音乐也很有研究，真是“天助我也”。

1981年6月3日

一早与杨宗福同志从凯里坐长途汽车前往榕江，途中翻过苗岭，人称“雷公山”。高山之上，白云入怀，多有雷电，人以为是“雷公”居住的地方，故名。无论是上山的公路还是下山的公路，陡坡、急弯都很多。“陡坡”“急弯”“连续弯路”的警示标志，一个接着一个，令人目不暇接。路面都是砂土，有的地段，没有砂子，全是泥土，连路边树叶都尽是尘埃。多日久旱不雨，汽车一过，尘土飞扬，名副其实的“洋（扬）灰路”。

车子翻过山坳，一路“左转右拐”，不时“前扑后仰”，刹车沿坡而下。苗岭南坡，森林茂密，沟壑纵横，溪涧遍地，流水潺潺，属珠江水系，著名的河流是“都柳江”。侗族主要聚居在都柳江及其数不胜数的支流河畔。

侗族是个具有悠久历史的民族，现有人口140多万，聚居在湘黔桂三省区毗连地带，即贵州的黎平、从江、榕江、锦屏、天柱、玉屏，湖南的新晃、通道和广西的三江、龙胜等县；散居于贵州的剑河、镇远、三穗、岑巩，湖南的芷江、会同、靖县、绥宁、城步，广西的融水、罗城和湖北的宣恩、恩施等地。其语言属汉藏语系壮侗语族侗水语支，分南北两个方言，彼此可以通话。

侗族主要从事农业生产，同时兼营林业，特别擅长种植杉木。以杉木为建筑材料修建的鼓楼、花桥（风雨桥），具有很高的建筑艺术价值和独特的民族风格。侗族妇女善于纺织，使用脚踏纺车能一手纺出两根纱，所织成的“侗布”“侗锦”，精致、美观、耐用。男女老少善于唱歌，“侗族大歌”独具特色。在统一的多民族国家里，勤劳智慧的侗族人民为缔造伟大祖国的光辉历史和中华民族的灿烂文化，做出了独特的贡献。

1981年6月4日

上午，与杨宗福同志在榕江县文化馆听取刘放同志介绍情况。刘放，广西人，壮族，中等个子，身材消瘦，两眼深陷，工作敬业。他操着一口浓厚的广西话说：平永河、寨蒿河、都柳江，在榕江的“三江口”汇合。都柳江，明代称“合江”，以“烂土河（天河）”“打见河”“马场河”三条河汇合而得名，清代改称“都江”，后与广西的“柳江”并称为“都柳江”。都柳江发源于贵州省黔南布依族苗族自治州独山县，流经榕江县的兴华、定威、八开、都江、古州、都什、八吉，进入从江县，境内全长77.3千米，自然落差84.5米，集雨面积6700平方千米，多年平均流量145立方米/秒，历为黔桂两省区的水上交通枢纽。昔日都柳江航道百舸争流，古州码头日均停泊船只300余艘。从榕江到从江，有机动货船改为客运班船通航，可坐四五十人。榕江境内的大山，主要有五榕山、四万山、月亮山、大平山。山上遍布樟木、楠木、杉木、竹子。榕江地处亚热带“常绿针叶、阔叶植被带”，森林总面积为327万多亩，活立木蓄积量达968万多立方米，森林覆盖率68.67%。榕江县有9个民族，忠诚区、乐里区侗族多；苗族分布在八开区；水族靠近黔南布依族苗族自治州三都水族自治县。榕江境内的水族，埋葬死人时，不丢“买路钱”，自称是“古州主人”。汉族，大多是经都柳江上来的。侗族古歌称，祖先从江西来。他们说，侗族、苗族原来是两兄弟，在“三江口”分路，然后，大部分苗族北上苗岭，到雷公山去了。留下来的苗族也不少。目前，榕江有23万人，其中侗族8.5万多人，苗族5.6万多人，水族、布依族、壮族、仡佬族共计1万多人，其余为汉族。

我在凯里、雷山、台江、剑河一带苗族村寨做民族调查，苗族村民大多认为是从榕江过来的。人死以后，要回到榕江去。榕江从前叫“古州”，因此人死了，叫“到古州去啦”。

在刘放同志介绍情况时，在场有位叫“练衡秋”的老人，比刘放同志胖，据说是当地贤达。我头一回知道有姓“练”的。他大概知道我是苗族，便主动向我们介绍起“苗王庙”来。他说，“苗王菩萨”，木头雕的，穿苗族衣服，右衽大襟，脚上穿草鞋，头上包头帕，嘴巴吸长烟杆，祭祀的人在他烟锅里装上烟丝，给他点燃，他能吸出烟子来。相传洪荒时代，中原洪水泛滥，加上战争频仍，“苗王”带领几多童男童女向南迁徙，躲到荒山野岭，山岭因而称为“苗岭”。童男童女自相婚配，繁衍成苗岭山区的苗族村民。因此，“苗王”是苗岭山区苗族村民的“入黔始祖”。民国二十八年至二十九年（1939～1940 年），刘汉昌当榕江县长时，把“苗王菩萨”烧了。“苗王庙”建筑，是新中国成立后才倒塌的，遗址在榕江县第一中学校舍内……

关于恢复“苗王庙”，我事先听说过有不同意见，所以不敢表态赞成。况且，这次出差，主要是调查侗族文化，于是，有意把话题岔开：“请刘放同志继续介绍侗族文化活动情况。”

刘放同志说，寨蒿区的“晚寨”，“琵琶歌”很出名，建议我们到“晚寨”去调查。“牛腿琴歌”，车江出名，可以到河对面的车江公社第三大队第二小队找社员吴芝林调查。吴芝林，不仅是著名歌师，还是侗戏师傅。关于“侗戏”，刘放同志介绍说，演出之前，先祭祀戏师傅，朗诵“阴师阳师，吴文彩师”。演出结束之前，表演一小段“阳戏”，是喜剧，让观众轻松一下。侗戏悲剧多，观众爱哭，调整一下情绪。或者打“霸王鞭”，气氛热烈，观众破涕为笑，送钱感谢演出。侗戏班子，按姓氏组织，象征兴旺发达，彼此间有攀比、炫耀之意，也有按自然村寨组织的。应邀到别的寨子演出，所有戏班子成员都去。不参加戏班子的，不能去。演出不收费，吃住都由邀请演出的寨子招待。招待演出的寨子，有时也给戏班子送礼，礼品包括糖果、毛巾、鞋垫，甚至于猪、羊。

下午，与杨宗福同志步行前往车江公社第三大队第二小队，寻找侗戏师傅吴芝林。途中跨过“榕江大桥”，桥位于“平永河”与“寨蒿河”（车江）汇合处，全长540米，刚建成不久。未建桥之前，从县城到车江，用船摆渡。

过了大桥，即到车江。车江大坝，宽敞平坦，土地肥沃，气候炎热，非常适合种植西瓜。榕江西瓜，远近闻名。早在清代，榕江就有西瓜种植。20 世纪 70 年代中期，从广东引进新种子和新技术，在榕江试种推广。80年代初期，全县种植面积达1.6万亩，总产量达 2.5 万吨，产品销往南方各大城市。1981 年，榕江西瓜，在“全省西瓜鉴评会”上夺冠。

在西瓜地里劳动的侗族村民告诉我们，吴芝林老汉年纪大了，不做活了，一定在家。在西瓜地里劳动的侗族村民，个个忙于绑扎棚子，看守西瓜。西瓜地里，遍地是瓜，绿中泛白，煞是好看。在这满坝子是西瓜的美景中，最为醒目的是鳞次栉比、吊脚楼式的看瓜棚。种瓜的农民，担心西瓜被人偷，日夜看守。我刻意问杨宗福同志：“你说，这些看守西瓜的人，主要是看什么人？”他不假思索回答：“看偷瓜的人呗！”我很拗口地纠正道：“你说的不确切，应该是：看瓜人看看瓜人。”“怎么会？”“不是当地人偷瓜，莫非外地人来偷瓜？”

按照“看瓜人”的指点，我们顺利找到了吴芝林老汉。他在他家周围种有许多竹子的院子里接待我们。他说，今天有点不舒服，要不然，跟谁谁谁种榕树去了。他的家人说，他与几个老汉，常常外出种榕树。“前人栽树，后人歇凉，人老了，给后人留下一些树歇凉”，吴芝林老汉得意地笑着说。知道他有文化，我问：“贵庚？”他说：“生于辛酉年，民国十年。”他生于1921年，今年正好60岁，阅历丰富，能说会道。

这个健谈的老汉，看上去，是个“筋骨人”，牙齿掉了不少，依然精神抖擞，他左手拿着“牛腿琴”，右手拿着琴弓，兴致勃勃为我们演唱“牛腿琴歌”。其中一首，据他说，歌词大意是:“星光月色常把大地来照明，江山河水永世存。心心相印成良伴，船上有桨不会沉。想要做对画眉共一坡，做对天鹅飞天庭。不怕雷雨不怕风霜打，红花绿叶四季春。”杨宗福同志为他录音，我给他俩照相。之后，一位青年妇女，看不出是他的姑娘还是他的儿媳妇，为我们表演脚踏纺车，一手纺出两根棉纱，还一边纺纱一边唱歌，似笑非笑，落落大方。

离开吴芝林老汉家，在车江侗寨转悠，无意中看到了“二帝阁”。阁矗立于村寨中央，始建于清道光年间，光绪十七年（1891年）重建。坐北向南，楼阁式三重檐四角攒尖顶木结构，翼角起翘，彩塑瑞兽，周边筑有院墙围护，其建筑造型、社会功能，均与真正的“侗寨鼓楼”迥然不同，反倒与汉族的传统建筑极为相似。

1981年6月5日

上午，与杨宗福同志、榕江县文化馆的杨芳明同志，从榕江县城坐班车前往寨蒿。杨芳明同志，是榕江县八开区的苗族，1964年，曾带领我到忠诚区调查农村文化活动。因为我俩都是苗族，对我格外热情，向我介绍了许多有趣的当地苗族风俗。听他讲故事，的确很好笑，不得不佩服他的“田野调查”功力。但我怀疑，有些“故事”是不是他“创作”的，或经过他“加工”的。

当年我与杨芳明同志到忠诚，任务是总结、介绍忠诚“社会主义文化室”的活动经验，中心是如何通过“活学活用毛主席著作，占领社会主义文化阵地”。通过实地调查，我写了一篇调查报告，得到领导赏识，被打印上报到文化部，作为会议文件，在“全国农村文化工作会议”上交流，后来，还刊登在《农村文化工作》上。这是我1963年9月参加工作后，第一次在“全国性”刊物上发表文章，记忆特别深刻，一直珍藏至今。

从那以后，17年过去了，我再次与杨芳明同胞合作，调查农村文化活动，分外兴奋。他依旧十分健谈，主动给我与杨宗福同志，滔滔不绝地讲述“寨蒿”的历史。

寨蒿，是“寨蒿区”所在地，街上建有湖南、江西、福建、五省四个会馆，从前很热闹。寨蒿对门有“卫城”。寨蒿附近有“三州”“五里桥”等地名。“三州”从前设有土官……

到了寨蒿，需要过河，船老板不在，是杨芳明同志为我们解决过河问题的。寨蒿河，水比较大。他说，有一回，涨洪水，没有船，他游泳过河，一只手把照相机高高举起，牢牢抓住，绝不脱手，心想，万一被洪水冲走淹死了，人们捞到尸体，会证明他是“爱护公共财物”的。我们小时候读书，都受“五爱”教育。当年的“五爱”，即爱祖国、爱人民、爱劳动、爱科学、爱护公共财物。杨芳明同志告诉我，他是党员，“共产党员是用特殊材料铸成的”。

下午，杨芳明同志带领我们访问寨蒿区文化站的周恒山同志。周恒山介绍说，1979 年建立文化站以来，他收集民歌 2000 多首。《贵州日报》1979 年 12 月 3 日第 4 版发表了他的《侗乡歌海行》。他说，凡是要开会，得先通知“唱琵琶歌”，这样，村民才肯来，凡是走得动的，会走路的，都来。寨蒿区管辖的“晚寨”，是个侗族村寨，小姑娘从八九岁就开始学唱歌。在家里学，由母亲教、姐姐教、嫂子教，一边弹琴，一边唱歌，自弹自唱。别家的姑娘，也可以来学唱歌。教学唱歌，不回避人。一般教唱大歌、叙事歌、劝世歌。太小的孩子，不学唱情歌，长大一点才学。歌师自然形成，男女都有。掌握歌词多，特别是古歌，还要会编新歌，才能成为歌师。吴良珠，40 多岁，大队长，是歌师，会弹琵琶会唱歌。周恒山同志说，明天是端午节，文化站老早就安排有活动，不能陪我们去晚寨，“太遗憾啦！”

1981 年 6 月 6 日

上午，与杨宗福、杨芳明二同志，离开寨蒿，步行前往“晚寨”，途中爬了一段很长的上坡山路，出了一身汗。“爬坡出汗”？有些不解。我对他们说，从小爬坡，习惯了，从没出汗。今天爬坡，出身大汗，好怪啊。我立马意识到：“不惑出头，年纪大了。”爬到一个山坳，回眸爬过的山坡，还真的有点“一览众山小”的感觉。山坳上长有几株古树，歇下来，收收汗。古树下立有一块碑。顿时兴起，掏出笔记本，一字不落地抄写碑文：“挽寨众等，为出示晓谕事：兹因本处系青龙之山，古树三株，原为培修风水，来往暂息之所，于前清嘉庆年间，刊碑勒禁，不准砍伐，留至于今。但彼时之碑记细小，被火毁坏无存。现时人心不古，贪饕无厌之辈，每欲暗价购买砍伐。恐有射利之徒，不于良心，私偷出售，岂不破坏地方？想人民生命悠关，莫可轻忽，众等特议，禀请县政府照准，饬令再为刊碑禁止，永远不准砍伐。如有妄行，准予拿解等谕。除存案外，复加刊禁，俾得周知。切切此谕。”碑额题刻“禁止晓谕碑”，刻于民国元年，即 1912 年。碑为青石质，方首，高 0.64 米，宽 0.43 米，厚 0.05

米，不算高大，但作用不小。

抄写完碑文，杨芳明同志说："晚寨快到了。"那意思显然是催我们赶路。沿着山路往下走，两边都是树木，抬头不见天日，要是下小雨，都淋不到人。走到最低处，要过一条小河沟。河沟上修建有一座小巧玲珑的风雨桥。过了桥，爬一段山路，因路有石阶千余级，村民称为"千磴坎"。路面用青石板铺垫。自山脚风雨桥始，至"岑颓坳"止，长 500 多米，宽约 1.5 米，保存完好。有石碑记载，是侗族老人吴文魁在光绪初年捐资修建的。吴文魁（1818～1894 年），侗族，"晚寨"当地人，热心公益事业，因修桥铺路而名闻乡里。吴文魁墓，位于道旁，土封石围，呈圆丘形，底径 3 米许，高 2 米许。

下午，到了"晚寨"，立即调查琵琶歌。"晚寨"，从前写作"挽寨"，距离榕江县城 90 多里，有 180 多户，700 多人，全是侗族。问村民为什么要唱歌，回答说："解漾"。"漾"，当地土语，"疲劳""困乏""烦腻"之意。做一天活，做"漾"了，晚上唱歌，可以解乏。

在一家木楼上，碰到三个小姑娘，她们在做饭，一个叫吴长菊，13 岁，一个叫吴雪玉，14 岁，一个叫吴凤莲，12 岁，都会唱琵琶歌。说话间，一位穿着整洁的中年妇女面带笑容走上楼来，不像刚收活，难道她是客人？杨芳明同志解释说，侗族有个习惯，家里有客来，主人要穿戴整洁，这是侗族人的规矩。她是这户人家的主妇。她介绍说，女孩子长到七八岁，开始学唱琵琶歌。学时分班，各有各的师傅，不同师傅，合不起来，声音高低、速度快慢，都不合。女孩长到七八岁，就"逼"大人要琵琶。学到十五六岁，学会了，成了歌手，算是"出师"。至少要掌握 300 多首歌，才算"出师"。

我问一首歌一般有多少句，一句歌一般有多少字，然后计算了一下：每首歌，头十句至六七十句；每句歌词，十多个字至二三十个字。就算每首 20 句，每句 10 个字，300 首，应有 6 万字。也就是说，至少要能背诵 6 万字的歌词，才能算"出师"，不得了。

琵琶歌的内容，为古歌、老歌（即现成的歌）、情歌。情歌又分为教育歌和"诉情歌"。晚上，邀约在家里唱。打完谷子以后，春耕大忙以前，经常凑在一起唱。到哪家唱歌，主人家都欢迎。平时在家里唱，过节在室外的晒谷坪上唱，唱给众人听。今年过年，一连唱了七天。有时候，村寨之间互相邀请歌队去唱歌。去年有一回，去了一个月，七八个人，还有个"老奶"（即四五十岁以上的老年妇女）。白天晚上都唱，人人爱听，一般是年轻人唱。特别爱唱歌的，生了孩子，也还可以唱。70 多岁，还有唱的。一般出嫁以后，人多时才唱歌。人多不唱歌，不热闹。一个人在家，可以唱歌，但如果有人来，人家不请你唱，你也唱，人家会说你"轻"，不稳重。

晚上很晚了，在一个农户家的木楼上吃夜饭。吃饭前，先喝酒，不给饭碗，主人给我们夹菜，我们只能用左手接，或者主人把菜拈起来，放在桌面上，迫使我们抓来吃，意在让我们多吃点，快点吃。菜肴中，有腊鱼、腊肉，新鲜蔬菜，蛮丰盛的。吃饭不给饭碗，也是有“说法”的。侗族村民多用糯米饭待客。在侗族村民看来（苗族村民也一样），糯米饭不算“饭”，只有大米饭才算饭。而吃糯米饭，可以用手抓，不必用饭碗装。喝酒吃菜，加糯米饭，饱了，用不着再吃大米饭了。也有聪明人，先吃几口饭，然后再喝酒，原因是：“喝酒之前先吃饭，免得地球打转转。”他们的经验是，有了米饭压底，喝酒不容易醉。其实，这是不能喝酒人的招数。凡是能够喝酒者，并不担心喝醉，反倒担心不醉。

苗村侗寨，有个风俗，凡用糯米饭制成的食品招待客人，一般都不递给碗筷。糯米饭、糯米粑（糍粑）、绵菜粑、清明粑、油炸粑……，用手抓吃，自然不必使用碗筷。吃用糯米饭酿造成的甜酒（有人称“醪糟”，古代人称“醴”），要给饭碗，也给筷子，但只给一支筷子，不给一双筷子，仅作搅拌用。有歌唱道：“公公自古不离婆，秤杆哪能离开砣；口渴喝碗甜酒水，只用一根筷子薅（搅）。”

“晚寨”的侗族民居，多为两层木楼，楼下圈养牲口，存放农具、肥料，安置石碓、石磨，楼上住人。煮饭、烤火，纺纱、织布，都在楼上。村民的灶台，设在木楼上，用木料打好一个框架，中间填土，敷上泥巴，以便烧火。

“晚寨”有座鼓楼，矗立于村寨中央，始建于清道光年间，民国年间及1976年两度维修。坐东北向西南，依自然台地修建，楼面正面与台地上的“歌坪”齐平，鼓楼后部的檐柱，置于台地下端，形成吊脚楼。面阔三间，进深一间，层高3.6米。明间梁架抬升，做成四角攒尖顶，通高约7米，占地面积约18平方米。楼内修建火塘，周边安装护栏、坐凳。闲暇时刻，村民在此休息、唱歌。

晚上，住在农民家。住宿不收费。伙食费，按“标准”支付：每人每顿饭，开给房东半斤粮票，3角钱。我们的出差补助，每天8角钱。

1981年6月7日

一大早，未吃早饭（贵州农村一般每天只吃两顿饭，“早饭”要到上午11点左右才得吃），便与杨宗福、杨芳明二同志，从“晚寨”步行返回寨蒿。往回走，感觉比去的时候快，可能是因为路熟，而且是下坡。在乡下行走，每次都让人感到，去的时候慢，回来的时候快，不知什么缘故。乡下人说是“祖先扯脚杆”，催促家人归。

到了寨蒿，有意再到文化站看望周恒山同志，想听他“诉苦”。他毫无顾忌地说：“我的水平，不亚于文化馆，能编歌舞，还能搞文学创作。”他说，1979年，文化站的全年经费是1500元，其中还包括工资。1980年，经费减到800元。有时候，两三个月不寄钱来。今年先是说给2000元，后来说给1500元。3月份说，要撤销文化站，实际是要换人。从5月份起，没寄钱来了。这些年来，还一再被扣口粮，从45斤减到27斤。有时候，每个月只能吃19斤。那时，爱人是知青。去年当代课教师，他到爱人那里去吃饭，来回走12里路。有些天，一天只能吃一顿饭，仍坚持整理民歌。从2000多首民歌中，精选了200多首，搞了个《浪花》资料，因为没钱，印不出来。

基层的同志确实艰难，除了表示同情，也没有别的办法，只好请他上街吃顿便饭，喝点儿小酒，聊表恻隐之心。

午饭后，与杨宗福、杨芳明二同志辞别周恒山同志，从寨蒿坐班车回榕江，途经忠诚、车江，沿江而下，道路平坦，一个瞌睡醒来就回到榕江了。喝了酒坐车，睡得特别香。

1981年6月8日

天刚蒙蒙亮，便与杨宗福同志匆忙赶到榕江县城下边的“三江口”，坐汽船前往从江。“突突突——”，打破清晨平静，汽船顺水而下，划出一个箭头。伫立船首，江风拂面，心旷神怡。岸上古榕婆娑，江中木排蠕动，小船穿梭其间，各忙各的营生。住户分布在山坡上，住房鳞次栉比，都是木楼，覆盖树皮，摄入镜头，倒也好看。汽船经过八吉、传洞、停洞、平江、下江、大榕洞、小榕洞、四寨河口等渡口，随时上下乘客。我曾经从重庆坐船到巫山，客人上船下船，大多来去匆匆，就像长江江水那么湍急。而在都柳江看到的则很不一样，上下乘客，不慌不忙，慢悠悠的，就像都柳江的流水，从容不迫。由于这个缘故，70多千米的水路，走了四五个钟头，中午时分才到达从江，下船上岸，正好听到中央人民广播电台的报时广播：“嘀——嘀——叮，刚才最后一响，是北京时间12点整。”

下午，在从江县文化馆，与杨宗福同志听取人称“阿庆嫂”的包宗玉同志介绍情况。包宗玉，身材适中，长相俊秀，两只袖筒挽得老高，一副随时准备干活的样子，活脱脱一个干练的能人，看上去30多岁，绝对不到40岁。她说：从江挑选了一对好歌手，是“俩娘崽”（即两母女），准备参加省里举办的“六月六”歌节，“被黎平县拐走了”，不得已，才改为皮林的。皮林，有上下两个寨子，上皮林，属于从江县，下皮林，归黎平县管辖。上皮林女子侗族大歌队，四个人，演唱8首歌，录音了6首。她们不仅都是歌手，还是歌师，曾在黔东南苗族侗族自治州歌舞队工作过，都是40岁上下，有三个40岁，一个42岁，能唱几百首。这次合唱5首，一首一个调子。另外，每个人，还单独演唱一首，有笛子歌、琵琶歌、山歌等等。她们从小就一起唱歌。到黎平县教人唱歌，也都是一起去，坐不得车，晕车得很，怕出远门。寨子里有条约，姑娘尽可能不要嫁到别的村寨去。

男子侗族大歌，“小黄歌队”最出名。吴世雄，是支书，又是歌手、琴手，1956

年参加全省会演。吴邦才，党员，歌手。潘井仁，唱高音。吴大安，是歌师，还是侗戏师傅，1956 年参加全省会演，扮演《朱郎娘美》中的朱郎，到云南昆明演出过。整个演出时间是半小时。

对于从江县的民间歌手，包宗玉同志了如指掌，如数家珍。谈及从江县的农村文化活动，她口若悬河，滔滔不绝，使我不能全部记录下来。她是榕江寨蒿的，在从江工作多年，不仅能讲侗族话，还能唱侗族歌。她好像说过，是母亲还是父亲，上一辈有一方是侗族。她能说会道，八面玲珑，是不是扮演过革命样板戏《沙家浜》中的阿庆嫂，不清楚，但同事们都称她为“阿庆嫂”。

1981 年 6 月 9 日

上午，打电话回省文化局，报告工作进度。之后，与杨宗福同志继续听“阿庆嫂”介绍从江县“侗歌”、节日活动情况。她说：

从江县有 23 万人，其中苗族 9.1 万人，侗族 8.9 万人，汉族 2.2 万人，壮族 1.5 万人，瑶族 0.4 万人，水族 0.1 万人。少数民族占 88.4%。贯洞区、丙妹区、西山区、下江区、停洞区，侗族较多。春节统计，贯洞区有侗族歌队 386 个，停洞区有侗族歌队 36 个，下江区有侗族歌队 21 个，以上 3 个区共有侗族歌队 443 个。老年歌队、中年歌队、青年歌队、少年歌队、男子歌队、女子歌队，是分开的。有的寨子，又分为上寨歌队、中寨歌队、下寨歌队。皮林女子歌队，从十几岁一直唱到现在，队员都 40 多岁了。有的一家人，分别参加 3 个不同的歌队。石龙女，40 多岁，参加一个队；她的大女儿，21 岁，参加一个队；二女儿，16 岁，参加一个队；最小的女儿，才 6 岁，还没入队，也学会了不少歌。贯洞区洛香公社大桥大队的石婢香，17 岁，会唱 200 多首歌。老歌手都唱不赢她。她奶（即她祖母）是老歌手。文化馆专门收集了她的歌。有的寨子，有“娘崽歌队”（即母女歌队），歌队多得没法统计。

在侗族村寨，会讲话就会唱歌。小姑娘，背妹妹的，唱歌哄妹妹，歌是自己“拣”来的。十一二岁参加歌队。一个歌队，最少七八人，最多十七八人。一般十来个人。一个队有一两个老人当歌师。男的教男的，女的教女的。一般母亲是什么音调，女儿也是什么音调。侗族大歌有高音、中音、低音的区别，也有唱 4 个声部的。嗓子最好的，记性最好的，起歌（即领唱）。从十一二岁参加歌队，唱十来年，到 20 多岁，才基本学完。男的从十一二岁，唱到 35 岁左右，算“腊罕”。“腊罕”，侗族语，也写作“腊半”“腊喊”“罗汉”，即小伙子。姑娘叫“腊米”“腊乜”“腊也”。姑娘一般只需学唱歌，小伙子除了学唱歌，还要学习弹琵琶，学拉“牛腿琴”，学吹笛子。小伙子如果不参加歌队，要遭“轰”，搞不好，要被拆板壁，或者被罚甜酒、糯米饭。几乎人人都参加了歌队。不能随便变动队伍，因为要经常比赛。每年秋后到第二年春天，都唱歌。栽秧到打谷子这段时间，唱得少一点。冬天，在火塘边唱，在歌师家中唱，或在房屋宽敞的人家唱。热天，在院坝唱，在晒坝唱。冬天，在鼓楼里唱，凑柴火烧。热天，有人负责挑凉水。平时不来不要紧，比赛时一定要到齐。平时练习，节日比赛，要比输赢。中年以后，可参加歌队，也可不参加歌队。

姑娘一般不嫁出本寨。同一寨子同一个姓，可以“开亲”（通婚），但同宗不行。

秋后节日多，有芦笙节、歌节、斗牛节、祭“萨岁”。“萨岁”是古代侗族女英雄，与官军作战99天，最后牺牲。每年大年初一，唱歌纪念她。男的扛鸟枪、佩马刀，扎稻草人，到坝子放枪，放炮，把草人脑壳砍下来，吹芦笙欢庆胜利。每家每户买鞭炮来放。晚上唱歌比赛。龙图一带，玩得最热闹。

芦笙节，有固定的时间和地点。各寨有各寨的时间，轮流过，邀请别的村寨参加。往往有几十到百把个芦笙队参加。芦笙队出村寨时，吹三遍。路上碰到鼓楼，又吹三遍。到了芦笙场附近，燃放三个“铁铳”。“铁铳”也称“铁炮”“地炮”，用铁铸成，状如油灯灯座，灌上火药，置于地上，点燃火药，发出巨响，震耳欲聋。还要吹奏三遍芦笙，气氛极其热烈，山寨一片沸腾。所有芦笙队都来了，大家一起在芦笙场上使劲吹。各吹各的调，然后分组比赛，以声音大，又整齐，为胜利。之后，获胜的芦笙队再比赛，最后产生最好的芦笙队，由主持比赛的村寨请客、招待，送纪念品，所花费用由主持比赛的村寨各家各户凑。比赛中，要休息，姑娘们穿着盛装，手撑纸伞或布伞，用鱼尾扁担挑着红色木桶，给吹芦笙的人送甜酒。进场时，放铁铳、鞭炮。吹芦笙的小伙子接酒后，要给姑娘们回礼。吹芦笙后，还要对歌，主人和客人对，男的和女的对。最后，小伙子们吹着芦笙，浩浩荡荡，一路送姑娘们回家。

秋后，尤其是过年前后，邀请歌队对歌，时间自定。有邀请男队的，有邀请女队的，也有男女歌队同时邀请的。派人去邀请。主人准备好歌，准备食品，费用由大家凑。可以集体接待，也可以分户接待。客人什么都不要带，只要“带”歌来就行。进入村寨，主人拦路对歌，一直拦到鼓楼，要唱好半天。客人如果唱不赢主人，不能进入村寨，不能进入鼓楼。鼓楼中间烧火，男女歌队，围着火塘，坐在长板凳上，或者大原木上，对唱大歌。客人的女队和主人的男队，坐在里圈；客人的男队和主人的女队，坐在第二圈；第三圈、第四圈，是听歌的村民。以后几天，都在鼓楼里唱歌。通常连唱三四天，也有连唱七八天的。客人回去时，主人唱送别歌，客人唱感谢歌。

放牛打架，即过“斗牛节”，也要对歌。放牛打架，在秋收以后的猪场天进行。牛，是专门喂养来打架的，由集体喂养。打架时，分“堂”进行。

下午，继续听“阿庆嫂”介绍侗戏活动情况。她说：

从江县一度曾有200多个侗戏班，每个戏班都有自己的名称，如仁和班、顺和班等。今年春节活动统计，有 132 个“团”，其中，停洞区 14 个，下江区 18 个，贯洞区 70 个，丙妹区 30 个，缺西山区数字。贯洞区，叫作“侗戏团”；丙妹区，叫作“侗戏班”；停洞区、下江区、西山区，叫作“侗戏队”。从江县全县，共有戏台 166 座，其中西山区有 9 座，贯洞区有 68 座，下江区有 8 座，停洞区有 14 座，宰便区有 6 座，加鸠区有 5 座，丙妹区有 56 座。有十七八座戏台，台下设有座位。宰便戏台，台下座位 600 多个；龙图戏台，台下座位 1000 多个；贯洞戏台，台下座位 1000 多个；西山戏台，台下座位 600 多个；独洞公社戏台，台下座位 600 多个；小翁大队戏台，台下座位 600 多个，都是村民自己搞的。有的是村民自带凳子看戏，看完带走。丙妹区的丙梅侗寨，除了三座戏台外，还有一个室内舞台，台下能坐 600 多人，是 3 个大队 5 年前修建的。

有的一个寨子，有两三个侗戏班子。有按家族组织的，有按生产队组织的，也有按自然村寨组织的。村寨大了，农户多了，搞几个队。负责人有男有女，都是戏师傅。一般一个戏班子一个戏师傅，40 多岁。戏师傅坐在一边，临场提词，他念一句，演员唱一句。演员在戏台上，横向来回走“8”字。乐队以二胡为主，两至三把，琵琶一至两把。开始和结束，使用打击乐，有锣、有鼓、有镲。一个乐队一般七八个人，最少四五个人。一个戏班，二三十人，大的 40 多岁。自愿参加，角色由戏师傅安排。有年轻人的人家，都参加。不能参加演出，搞服务。经费由各家各户凑。丙梅公社有个蔬菜队，几个妇女，是干部家属，凑了 38 块钱给戏班子。或者几个人搭伙凑钱买演出服装。汉族村民也有给戏班子送东西的。排一出戏送一回。自愿送，多少随便。比较富裕的戏班子，服装价值高达两三千元。有的村民，天天砍柴卖，不吃盐巴也要凑钱演戏。文化馆只从业务上指导，经费上支持不过来。参加哪个戏班子，是固定的。有的姑娘嫁出去了，还时不时回来参加演出。多在本寨子演出，有时也到别的寨子去演出。外出演出，有时是应邀去，有时是主动去。文化馆不提倡出去演出，担心村民负担重，承受不起。一般是人家来接，才去演出。有外县来接的，也有外省来接的。出去演出，一般去五六十人，在一个寨子演两三天。有时多达几百人，全部由邀请的寨子接待。如果今年你出去 500 人，明年人家的戏班子，同样回访你 500 人。春节期间，初一不演，要祭“萨岁”，“踩歌堂”，吹芦笙，打秋千。初二开始演戏，一直演完正月。丙梅演到二月初二“龙抬头”。剧目很多，有名的是《珠郎娘美》。

听过包宗玉同志的介绍之后，与杨宗福同志渡过都柳江，过河便到了丙梅，考察戏楼。丙梅，是侗族语言的音译，是个分布在江边的大寨子，230 多户，1100 多人，原为一个大队，现为三个大队。村民凑木料、凑钱财、凑粮食，修建戏楼。现有三座戏楼，一座修在上寨，是第十、十一、十二、十三，四个生产队修建的。100 多米外，中寨有座戏楼，是第七、八、九，三个生产队修建的。下寨，又有一座戏楼，是第一、二、三、四、五、六，六个生产队修建的。中寨的戏楼，楼下安装打米机，是个机房。戏台柱子上有副对联："春风吹艺苑，百花争艳；阳光照舞台，千曲竞佳。"下寨的戏楼对联是："寒夜过去，百花园里朵朵齐争艳；曙光到来，落实政策人人笑开颜。"横批是"同心协力"。

调查中，碰到侗戏师傅贾光明，54岁，侗族。他说，上寨有四个戏师傅，中寨一个戏师傅，下寨三个戏师傅。今年春节他们演唱《二度梅》《吴金汉》《三打白骨精》《龙女与江鹏》《严文进》《进寿宝》《刘三姐》七出戏。现在准备排演《柳毅传书》《友邻的幸运》。栽完秧子，过"吃新节"时演出。现在改名叫"三大队业余文艺队"。侗戏班子，全部民兵都参加，男女共有74人，16～18岁，27人；18～20岁，11人；20～25岁，7人；25～30岁，13人；30～33岁，6人；35～37岁，9人。姑娘18～20岁，21人。十一二岁的也参加，不算在内。主要演员十三四人。不会演戏的，搞后勤，如化妆、扫地、送水、递衣服、维持秩序。演出服装有长袍6件，女上衣8件，男装8套，裙子8条，丑角服装14套，绸带40多根，绑腿6双，围腰8条。乐器有大鼓1面（直径50厘米），小鼓1面（直径16厘米），铜锣3面，镲2副，二胡5把，琵琶1把。丙梅侗戏班子，有50多年历史。丙梅公社的平瑞大队，成立了一个侗戏班，订有公约，擅自缺席，要遭罚款。

1981年6月10日

上午，与杨宗福同志、从江县委宣传部钟映辉同志（苗族）、从江县文化馆越世同志，由从江县城坐吉普车前往增冲侗寨，小廖同志开的车。钟映辉同志是从江当地苗族人，人高马大，皮肤黝黑，像北方人，家住乡下，对苗族风俗十分熟悉，为人也很憨厚，明明在说笑话，却一脸严肃。越世同志，镇远县人，汉族，个子不高，但不算瘦，在从江工作多年了，仍然操着一口地道的镇远地方话，但会讲苗族话、侗族话，擅长摄影，身背两部照相机，交叉挎在胸前，一部需要调光圈、定速度、对焦距，一部什么都不管，举手就可以拍摄，光线不够，还会自动"扯火闪"。只见他忽左忽右，左右开弓，动作麻利，神气十足。可怜我虽在省里工作，还一直使用老掉牙的"禄来福来"。司机小廖，转业军人，随和爱笑，一脸轻松。老钟同志说："小廖是我看着长大的，跟他老者一样，老实巴交。"难怪，小廖总是开口闭口称他为"钟叔"。和这样一些朋友下乡，不好玩才怪。

我们乘坐的"反帮皮鞋"吉普车，在泥泞的林区山路逶迤穿行，遇到水沟，还得找些木料架"桥"。好在沿途不缺木料，非但不缺，路边还躺着许多被锯成规格一致的大树，多得数不过来，有的都长出"菌子"（蘑菇）了。据说是"大跃进"时砍伐的，准备拉去修铁路。我想，如果还没烂，就拉到山下去，那就值钱了。民族文化与山上草木一样，当地人不觉得稀奇，但它们的价值，换个地方就不一样了。

一直往上爬坡，途经架里“牛打场”“坨苗坳”。架里“牛打场”，是个山间小盆地，中间为放水牯牛打架的地方，四周小山上挖掘有许多个小平台，是参加格斗的水牯牛站立休息的地方。水牯牛来到斗牛场地，先在斗牛场上转一圈，叫“走场”，以示“报到”，然后回到各自的平台上休息，寻找打架对象。“坨苗坳”，又写作“托苗坳”，有几株古老的罗汉杉，胸围一丈二尺多，传为侗族姑娘送别“罗汉”即“腊罕”（小伙子）时种植的，拥有一大串爱情故事。乡下古树都有故事，大多与爱情有关，说明人类的生息繁衍不能离开自然的有效保护。

下午，与杨宗福、钟映辉、越世三同志驱车到达增冲侗寨，作短暂调查，因为还要再回来，今天不过是通报一声而已。增冲侗寨，有一座很高很大的鼓楼，鼓楼内聚集许多侗族村民。他们说：“往几年，栽完秧，找饭去了。”增冲，是个老寨子，大寨子，原来曾为公社驻地，现在是一个大队，154 户，813 人，全部是侗族，姓石的最多，占 80%，其他是杨、吴、雷等姓。在雄伟壮观的鼓楼上，悬挂有几块木匾，其中一块是清道光七年（1827 年）制作的。鼓楼内，树有三块石碑，一块立于清康熙十一年（1672 年），一块立于清道光七年（1827 年）仲春月上浣朔二日，一块立于清光绪二十二年（1896 年）六月二十日。鼓楼中间，矗立四根合抱大柱子，直通楼顶。其外八根，安插穿枋，层层收缩。这座鼓楼造型为八角十三重檐，据说有七丈多高。1978 年 10 月，县里拨款 2000 元维修过。鼓楼宝顶，被 5 挺机枪扫射过。“文化大革命”中，县里来的人，想将鼓楼拆掉，群众反对才保住。据说鼓楼上有鼓，用杉木制成，有五尺长，直径一尺，两头蒙上水牛皮，一头报警，一头喊人开会。有客人来，也敲鼓。开会，唱歌，摆故事，吹芦笙，在鼓楼内进行。有人犯错误，要当众认错，也在鼓楼里宣布。白天，鼓楼里有凉水给众人喝。冬天晚上，鼓楼内都烧火，众人烤火聊天。“增冲鼓楼”是年龄最大的一座，虽然 1978 年维修过，但不够彻底，依然破旧。同一时期的“则里鼓楼”，破损更甚，惨不忍睹。

在增冲，草草考察了民居、风雨桥、水碓等建筑。有栋民居，刚立屋架，还没盖瓦，看得出来，柱子是旧的，据说是从别的村寨购买的，很便宜，才几百块钱，因为有人在室内上吊自杀，不得不贱价处理。

与杨宗福、钟映辉、越世三同志，从增冲驱车，前往信地。途中路过一座“信地寨门桥”。桥位于“宰兰”寨，因此又叫“宰兰寨门桥”，建于清光绪十七年（1891 年）。虽然称“桥”，桥下无水，实为寨门。“桥”上修建有悬山青瓦顶长廊四间，长 18 米许，宽 4 米许，高 4.5 米。东部一间跨越公路，形成寨门。檐下南北装修“披檐”，形成重檐，高 6 米许。其余三间，每间抬升为重檐圆形攒尖顶“桥楼”，通高 7.5 米。长廊檐下，南北装修“披檐”，内设栏杆、坐凳，供村民歇脚休息，也是拦路迎客、拦路送客的活动场所。

夜宿信地农户家。

1981 年 6 月 11 日

上午，与杨宗福、钟映辉、越世三同志考察信地鼓楼、风雨桥。无意碰到信地公社信地大队第七生产队队长杨正全。他说，“信地”是个大地名，下面分为“宰友”“宰兰”几个小寨子。有鼓楼、风雨桥的寨子叫“宰友”，48 户，全是侗族。鼓楼建于清乾隆年间。这座鼓楼，坐东向西，占地面积大约 100 平方米，密檐式十三重檐八角攒尖顶木结构，通高 21 米许。底层平面呈八边形，边长 3.2 米。顶层檐下设置如意斗拱，斗拱下装漏窗。翼角起翘，彩塑鸟兽等吉祥动物，各级封檐板上，彩绘侗族风情画，反映生产和生活，像连环画。画技不算高，水牛不像牛，但看得出是牛。1979 年维修，花了一个多月，用去 1280 元，其中瓦片 670 元，木料 80 元，石灰 25 元，木工 513 个，513 元。贷款还没还清。据说是 85 年前修建的，不能上去。鼓楼下边，有座风雨桥，始建于清代，1925 年重建。东西向，跨小溪，单跨简支木梁桥，长 14.5 米，宽 3.2 米，上建小青瓦重檐悬山顶桥廊五间，通高 4.5 米。桥廊内设置栏板、坐凳，有几位村民在桥上休息，开口就问：“你们是从哪里来的？”得知我们来得很远，感到非常自豪：“想不到，省城都晓得我们。”

下午，途经荣福，前往往洞，在往洞调查。荣福也是个侗族村寨，有座鼓楼矗立于村寨中，始建于清代，1915 年重建。坐西朝东，占地面积 80 多平方米。密檐式十三重檐八角攒尖顶，通高 21 米许。底层平面呈八边形，边长 2.5 米。顶层檐下设置如意斗拱，下装漏窗。翼角起翘，彩塑鸟兽等。各级封檐板上，彩绘侗族风情画。楼内顶层放置牛皮木鼓。地面石板铺墁，中间修建火塘，直径 1.8 米。周边设置护栏、坐凳。沿着一条小河沟往下走，便到“往洞”。往洞是增冲公社所在地，有 131 户，616 人，全部是侗族，姓吴的占 80%。公社妇联主任吴秀琼是当地人，为我们当翻译。全寨共同出钱买了一头“打牛”，花 1300 块钱。按劳动力出钱，一个生产队出 200 块，最多的农户出 10 多块，最少的农户 2 块多。喂了 8 个月，打了两回架，都打赢了。买来之前牛角就包了铁。专人喂养，各家各户轮流割草喂养牛，饲养员轮流到各家各户吃饭。饲养员是个五保户，他的田地由青年们帮助耕种。

晚上，在往洞深入调查，观赏对歌。吃饭之前，对鼓楼、风雨桥进行拍照、测量。往洞拥有两座鼓楼。往洞大寨鼓楼，矗立于村寨中，建于清道光年间。坐北向南，占地面积 86 平方米。密檐式九重檐四角攒尖顶木结构，通高 17 米许。底层平面呈方形，边长8米许。楼体八级，屋檐平面为方形，其中二三层屋檐间彩塑“二龙戏珠”。顶层檐下设置如意斗拱，斗拱下装漏窗，窗外正面屋檐上彩塑人物。翼角起翘，彩塑鸟兽等，各级封檐板上，彩绘侗族风情画。楼内顶层放置牛皮木鼓。地面青石板铺墁，中间修建火塘，直径1.8米。周边设置护栏、坐凳，供村民对歌、休憩。往洞风雨桥，与鼓楼相对应，也是两座，其中一座较长的建于清乾隆四十二年（1777年）。东西向，跨往洞河。二跨木梁桥，长36米，宽2.9米，高3.6米。上建小青瓦悬山顶桥廊十一间，高4米许，中间及两端抬升为重檐，通高4.2米。桥廊内设栏杆、坐凳。

晚饭还没熟，趁等待吃饭之机，我与杨宗福同志来到一户人家的木楼上，但见5个八九岁的小姑娘坐在木凳上集体背诵歌词。小姑娘们，腿脚很短，木凳子高，坐在木凳上，脚都不着地，不停地摆动。她们先背诵歌词，然后放声高唱，杨宗福同志兴致勃勃地及时录音。木楼上有一位老年妇女和一位中年妇女，在用木盆埋头洗脚，小姑娘们先洗过了。她俩一边弯着腰洗脚，一边指导孩子们背歌、唱歌。中间有时唱“断”了，她俩给接上。孩子们唱些什么？身为女子歌队领唱的公社妇联主任吴秀琼说“是情歌”，歌词大意是：“我们从小就相好，我又没有得罪你，你为哪样嫌弃我？”这是准备长大后万一失恋时唱的悲情歌。

“吃饭了！吃饭了！”和公社干部一起做饭的老钟同志在楼下大声喊。我们走下一栋木楼，又爬上另一栋木楼，来到公社的木楼上吃饭，吃的“白斩鸡”、鸭子、小白菜和腊鱼。饭后，寨老敲击鼓楼上的牛皮鼓，召唤村民到鼓楼里来对唱大歌。鼓楼中央的火塘内，放有许多奇形怪状的大木头，大热天，燃起熊熊烈火，众人或坐在火塘边的木凳上，或站在有座位者的背后，一个两个，汗流浃背。坐在木凳上的几个歌队，先是一个队唱大歌，另一个队不服气，迫不及待唱了起来，我们为其录音、拍照。一个为男队，一个为女队，男队年龄偏大。对歌对到深夜零点，转移到木楼内继续进行。一时因为辈分不合，对不起来。按照侗族习俗，不同辈分，不能对唱情歌，只能对唱互不交接的歌曲。所谓“辈分”，指的是相同辈分的男女歌队。具体说来，是男女之间可以通婚的歌队。很快就有了可以对歌的歌队，气氛热烈。木楼内对唱情歌，内容一般为“抑己扬人”，即贬低自己，颂扬别人。因此，接着唱的歌队，开头一句都是“你不要这样说”。对到凌晨2点过，还不肯结束。成年人唱歌，孩子们站在背后默唱，观者如堵，驱之不散。

深夜，我们继续调查侗族民歌活动，确切得知，别的寨子歌队来对歌时，在主客男女歌队之间进行。主人男子歌队列坐在火塘的上方（即北边），主人女子歌队列坐在火塘的下方（即南边），客人男子歌队列坐在火塘的右边（即西方），客人女子歌队列坐在火塘的左边（即东方）。未必所有鼓楼都坐北向南，按照地势，以“上方”

为北方。往洞，有130多户，600多人，拥有19个歌队，其中小歌队7个（男子2个、女子5个），青年歌队10个（男子3个、女子7个），中老年歌队2个（男女各1个）。孩子们从六七岁开始学唱歌。自由组合，男的教授男子歌队，女的教授女子歌队。先背诵歌词，然后才集体唱歌。唱到十七八岁，才到鼓楼对唱。中等水平的，能唱七八十首，水平较高的，能唱两百多首。一个大歌队，最少4个人，最多不超过10人。其中一人领唱，一人唱高音。第一女子歌队8人，领唱石老农（18岁），高音吴金叶（21岁），其他吴成兰（18岁）、吴老妮（18岁）、吴老能（17岁）、吴老南（19岁）、石老网（19岁）、吴秀琼（19岁）。吴秀琼原是领唱，现是公社妇联主任。第一男子歌队5人，领唱石安德（32岁），高音吴昌雄（50岁），其他吴冬璋（30岁）、吴正中（29岁）、吴友福（33岁）。唱高音的吴昌雄是歌师。

1981年6月12日

上午，与杨宗福、钟映辉、越世三同志，从往洞返回增冲，在增冲再作深入调查。途中，老钟同志问："你们说，昨天晚上，哪样菜最香？"大家异口同声说"鸭子"。老钟同志"揭秘"道："吃鸭子，要晚上吃，点煤油灯吃更香。"原来是，鸭子不容易煺毛，许多细毛桩子还留在皮子里，如果灯光太亮，看得清楚，下不了口。

到了增冲，村民杀猪招待我们，特地请我们吃"红肉"，即混合着"槽头血"的猪肉。当地风俗，猪杀死后，用火焚烧猪毛，不用开水烫，毛桩子还在，一块带皮猪肉，像一把刷子，戏称"刷子肉"。村民拿给我们吃的猪肉，用烧红的铁锅"烙"过，基本烙熟了，可血是生血，红彤彤的，有点"茹毛饮血"的味道，心中不免胆怯。可转念一想，人家好心好意用美味佳肴热情招待我们，不敢吃也得吃呀。"槽头血"里，拌有生姜、大蒜、盐巴、香葱、薄荷、芫荽、花椒、木姜子等作料，吃起来，味道很香，只是看到别人满嘴血红，有点那个。主食是糯米饭，徒手抓吃，不用饭碗装，这风俗与苗族一样，洗不洗手，我都能接受。侗族的糯米饭，比我们老家的糯米饭香得多。村民告诉我，今天吃的是"香糯"。"香糯"，米粒细长，不是椭圆的，一户人家蒸，隔壁几家都能闻到香味。

吃饱喝足后，抄录鼓楼内的碑文。《万古传名》碑，为残碑，残高0.85米，宽0.6米，残存500余字。碑文尚可辨认的有："男女俱无，应当结子，招婿上门，承鼎家烟……偷牛马，挖墙拱壁，禾谷鱼，共罚钱十二千文正……男不愿女，女不愿男，出纹银八两，钱一千七百五十文，禾十二把正……强奸妇女，嫁去丈夫，共出银三千三百文赔理……男女坐月，身怀六甲……男女坐月，男出银女出布为凭，罚银一两四钱……拐带，父母不愿，赔酒水十件、肉一盘洗面……横行，大事小事不得咬事俱控，如有多事等，罚银五十二两……偷棉花、茶子罚钱六千正。偷柴瓜、割蒿草、火烧山，罚钱一千二百文……”纵观残存碑文，是块乡规民约碑，记载青年男女通过“行歌坐月”，“男出银、女出布为凭”明确关系后而毁约，“罚银一两四钱”。恋爱期间即“身怀六甲”或“强奸妇女，出钱三千三百文赔礼”。失火烧毁自家房子，“用猪两头退火神”；如殃及“四五家、十余家，除猪两头外，加铜钱三百三十千文”等乡规民约，立于康熙十一年（1672 年）。另一块碑可见：“引进油伙等项，罚银二十四两正……近年吾党之中，有好强过人者，肆行无忌……民凡事不依乡规，殊堪痛恨……亦不得奔城……失火烧自己的房子，用猪两头退火神……若临寨四五家、十余家，猪两头外，加铜钱三佰三十三千文。”也是乡规民约碑，碑文楷书阴刻，16 行，满行 35 字，共计 500 余字。记“男女无生育者，可接养他人子女；准招婿上门；不可私灭子女，虐待老人……”等乡规民约，立于光绪二十三年（1897 年）。此碑额题《遗德万古》，方首，高 1 米，宽 0.6 米，厚 0.07 米。

蹲下抄写了碑文，再站起来转着圈抄写鼓楼上的对联：“粼粼碧波映日月；荡漾川流抱侗乡。”“松柏青翠春常在；锦绣山峦好春光。”“古楼声声今又是；芦笙曲曲凯歌扬。”“鱼米之乡将更美；仙女下凡厌天堂。”“名楼艺高，雕龙画凤，映照碧树，千秋永盛；侗寨秀丽，精文就武，辅佐英才，万代长春。”“龙凤呈祥，楼阁直耸冲霄汉；风云聚会，山峦起伏绕碧波。”“物华天宝，龙楼凤阁，交辉呈异彩；人杰地灵，山清水秀，世代显鳞波。”“百福龙宫，聚众议事击金鼓；万福凤阁，集民歌舞庆玉楼。”

在新民公社担任主任的石国安，增冲寨人，今年 45 岁。他告诉我们，他父亲是个木匠，曾经对他讲过，“不晓得增冲鼓楼是什么时候修建的”。但又说，道光五年、光绪二十二年（当年他父亲 9 岁）、1953 年维修过 3 次。土地改革，鼓楼没有受到破坏。1959 年，撤下鼓楼上的木匾，当作黑板用。“文化大革命”中，要拆除鼓楼，群众反对。

在增冲侗寨，听取往洞公社石书记介绍情况，他也是增冲侗寨人。他说，原来这里叫“增冲公社”，后来改称“往洞公社”，全公社有 5 个大队，667 户，其中汉族 45 户，苗族 3 户，其余全是侗族，共有 3760 多人。今年插秧，一个星期就插完了。没插完的，不好意思。往年前前后后要插一个多月。去年约有 20% 的困难户，主要是因为还债多。今年有 10% 左右的困难户，主要是缺劳力，有病痛，或不善于安排。过去，农历三四月间，百分之七八十缺粮，要到县外去找粮食。现在群众互相帮助，不必外出找粮食。如今，有粮户与缺粮户的比例倒过来了。百分之七八十的农户，粮食能接上。增冲大队，161 户，缺粮的 17 户，有余粮的占 40%，可以互相接济。部分群众还有余粮出售。卖粮不受干涉。

石书记如数家珍地介绍说，全公社国家负担是：公粮11万斤，余粮49万斤，“超购粮”5万斤，共计65万斤。公社不脱产干部补助粮2.5万斤。大队干部，要给误工补助。军属、五保户要照顾。生产队还要留储备粮、卖猪奖售粮、干部补贴粮。从他说话的口气和面部的表情，明显可知，农民负担重了。

在增冲，我们进一步深入调查侗族民歌。据村民介绍，侗族民歌，就其内容而言，可分为古歌、劝世歌、礼俗歌、祭祀歌、盘问歌（又称“谜语歌”）、苦难歌、爱情歌、儿童歌、新民歌几大类。古歌，唱历史；劝世歌，教人如何为人处世；礼俗歌，夸耀别人，贬低自己；盘问歌，盘问对方，有如猜谜。“多耶”中，特别是五年一次的大型“多耶”中，盘问什么时候有什么动物活动，该做什么活。拦路歌，也有盘问知识的，如什么时候种棉花，什么时候薅棉花，什么时候收棉花，以及如何纺纱、织布、染布、捶布等。从曲调分，可分为大歌、“多耶”歌、琵琶歌、“牛腿琴”歌、笛子歌、酒令歌、哭泣歌、河边歌（侗族语叫“嘎仰”）、山歌（侗语叫“嘎摆进”，即上坡歌）、儿童歌、叙事歌（又分为琵琶叙事歌、牛腿琴叙事歌、合唱叙事歌）、拦路歌、蝉儿歌。占卜祭祀等活动，也有歌，并有三四种不同的调子。

增冲大队，花2800元，买了一头“打牛”；又花2600元，购买侗戏服装道具。都是村民自愿集资购买的。我算了一下，一共花了5400多块钱，相当于我100多个月的工资（我每月工资52.5元）。

下午，离开增冲，一直下坡，途经新民（坨苗）、停洞，到达平江。

到了平江，先在“打牛”圈调查斗牛。牛圈修建在室内，用很粗糙的木料竖向装修。村民说，不能横向装修，只能竖向装修，免得水牯牛用牛角顶，用脖子扛。不少村民坐在牛圈外的木板凳上聊天。牛圈上挂有一块木头制作的“甲”字形木牌和一块像菜刀的木牌子。“甲”字牌中央竖向写有“大雷公”三个大字，背面竖向写有一首诗:“坐阵鸭塘马鞍乡，奉旨出征都柳江;欢迎沿途来比角，试看疆场称高强。”村民说，这头水牯牛是前不久从凯里的鸭塘地方买来的，取名“大雷公”。外出参加比赛时，要举着这块“甲”字牌打头阵。菜刀形的木牌子，是通知放牛打架的“火牌”。“火牌”是火速传递的意思，一旦接到“火牌”，必须按照“火牌”指定的路线迅速传递。这块“火牌”写有《斗牛通知》：“农忙季节已过，人心欢乐，我大队定于古历五月十三日，牛斗松批牛塘，请各大队牵打牛来参加娱乐。请各地男女老少参观。请送摆也、冬岑、东孖、平查、平江止。停洞新寨大队。”村民说，这是新寨大队传来的斗牛“火牌”。“火牌”的“刀背”上砍了一个缺口，表示紧急，收到“火牌”后，不能停留。平江是通知下达的最后一站，不再下传。平江侗族村民，正在研究参加斗牛的事。这正好给我们提供了解斗牛风俗的机会。

平江侗族村民，花1700块钱，从凯里的鸭塘地方买了这头取名“大雷公”的水牯牛喂养，专门用来打架。全寨120多户，110户凑钱，只是没有劳力的五保户没有凑钱。“大雷公”是头“碰牛”。村民说，斗牛，有“碰牛”“顶牛”的区别，主动进攻的称为“碰牛”，等待进攻的称为“顶牛”。这头“大雷公”已经喂养了5个月，打了两次架。头一回拉脚，第二回赢了。侗寨斗牛的规矩是，斗了十来分钟，还不分输赢，便用绳索套住斗牛的脚杆，同时拉开，使其脱离接触，双方都算“赢”。

“大雷公”由专人喂养，每天轮流由两个人割草送来，有一百五六十斤。饲养“大雷公”的人员，轮流到农户家吃饭。全寨人，每年给饲养员做两套衣服。斗牛放出去打一次架，每户给饲养员3分钱的烟钱。饲养员将青草捏成一把一把的，喂到“大雷公”嘴中。有时还要喂稀饭。夏天太热，一天将“大雷公”牵到河中泡两三次澡，期间不能让它与别的水牯牛见面，更不能让它与母牛交配。晚上，牛圈上锁，不让外人接近，以免“大雷公”受到伤害。据说，历史上曾有“敌方”歹人乘人不备，将钉子钉在对方斗牛头上，致使对方斗牛丧失战斗力。

每次斗牛打架，先发通知。得到通知后，做好斗牛准备。参不参加斗牛，由村民商量决定。一般情况是，太远了不去。在农村，二三十里，算是远的，不去。近的地方去，有走路去的，也有“扎船”去的。“扎船”指的是扎木排或者竹排，当“船”使用，人和斗牛都乘“船”前往。应战之前十多天，便做好准备，给斗牛喂米酒、加饲料，喂养好点。男性村民，常来牛圈看望斗牛，在牛圈商量斗牛对策。出战头一天，由巫师举行“骂白口”（也称“打白口”）仪式，目的是万一有何失言，都不会妨碍斗牛打架。平江大队有6个生产队，轮流举行“骂白口”。做法是：买一条狗来杀，一家来一个人，出一样的钱，一起喝酒、吃肉、吃饭。先在牛圈外把狗打死，煮熟，把一块狗肉，一只公鸡，一碗大米，三条鲤鱼，三杯米酒，摆放在大木板凳上，然后由巫师焚烧三炷香，一份纸，举行祭祀仪式。巫师朗诵完祭祀词，点燃三个“铁铳”，发出三声巨响，火焰冲天，动人心魄。之后吃饭。饭后，将芭茅草、白纸花、鸡毛、狗骨头绑在一起，插在牛圈上。村民认为，举行了“骂白口”仪式，不管什么人说了对本寨子斗牛不利的话，都不起作用，等于事前封住了他的嘴巴。平江这个牛圈上，插有6把“骂白口”留下的物件，说明至少曾经放斗牛出去打过6次架。

举行“骂白口”仪式的当天晚上，众人在牛圈外敲锣打鼓，吹芦笙，直到深夜。半夜鸡叫，起来喂牛。天亮以后，将牛圈关闭严实，防备有人恶意伤害斗牛。如到远处斗牛，早上七八点钟，众人在“萨坛”门前集中。如是近处，十点左右集中。由巫师打开“萨坛”大门（门的钥匙由寨老保管），在门外放置长板凳，凳上放三杯酒、一缸茶、一碗米、一碗糯米饭、三条“腊鱼”（祭祀过后，带到斗牛场喂牛），举行祭祀仪式。仪式完毕，巫师叫众人放声“嗨麻”，即“打呜呼”。一个德高望重的人起头：“唉木鲁！”众人齐声高呼：“呜！呜！呜！”热血沸腾，头皮发麻，有如神助。

然后，由两个未婚青年，打开牛圈，把斗牛牵出来打扮：用一匹红布，包着一个熟鸡蛋，绑在斗牛右角根部。头戴大绣球，颈部系铃铛。背上放置侗族村民称为“龙来”的安插彩旗的木架，架上插5面彩旗，旗杆顶上缀有鸡毛。牛背上系彩带。另有两条彩带，从牛尾根部交叉挽到牛背上。全寨男女老少前来围观，芦笙手吹奏芦笙，锣鼓手敲锣打鼓，笙鼓齐鸣，以壮声威。出村寨之前，燃放铁铳，声振山谷。

斗牛队伍出村寨的行进序列是：旗帜、锣鼓、芦笙、“甲字牌”在前，斗牛行走在中间，众人身着盛装跟在斗牛之后。“甲字牌”，又称“高脚牌”，上书村民给心爱的水牯牛命名的雅号，如“大雷公”“大飞王”“小飞王”“快机王”“扫地王”“大碰王”“飞天王”“金钩王”。

斗牛队伍经过邀请斗牛的村寨，如果这个寨子的斗牛还没出行，需要等待，让其先行，才能通过，并要烧香烧纸祭祀这个寨子的“萨坛”。期间停止吹芦笙、敲锣鼓，以免惊动主人。经过不是邀请斗牛的寨子，不论这个寨子喂养的斗牛“出征”与否，同样不能敲锣打鼓、吹奏芦笙，都得“偃旗息鼓”，悄悄通过，忌讳声张，以示谦恭。

到了斗牛场（也称“斗牛塘”“牛打场”），找地方休息。斗牛场，由邀请开展斗牛活动的寨子负责整理，通常位于盆地中央，周围高，中间低，形同天然看台。在附近山坡上，要平整出许多块小平台，周边还要砌筑石墙，供前来参加打架的斗牛休息用。斗牛休息的地方，主人村寨、客人村寨，都可修整。主人村寨整理的休息场地，谁都可以用。客人村寨整理的休息场地，当年谁整理谁使用，第二年，谁都可以用。应邀参加打架的斗牛到齐后，各自寻找地方休息。主人在斗牛场中敲锣打鼓，客人前来报到，由主人给分配打架对子。如不同意，可自行挑选。由有经验的寨老，从个头大小、牛角长势、水牛个性等方面挑选对象。一般个头相当，才配对格斗。牛角长势，全凭经验。有人认为，有些水牯牛的角，长得“毒”，容易挖对方的眼睛，人家不愿意同它打架。另外，还要了解对方到底是“碰牛”或是“顶牛”。如果双方都是“顶牛”，打不起来。如果双方都是“碰牛”，容易碰破脑壳，至少造成脑震荡。因此，必须一方是“顶牛”，一方是“碰牛”，才打得起来。即便如此，为了避免打破脑壳，都要给斗牛戴上一个精心编织的圆形草垫，起缓冲作用，保护斗牛安全，避免脑震荡。经过双方协商，同意打架之后，各自用糯米饭、“腤鱼”（先前祭祀用过的）、米酒喂牛，然后牵牛入场。一般是，远处的先入场，近处的后入场。入场时，燃放三铳，并打“呜呼”，以壮声势。进场之后，让两头斗牛相距二三十米至四五十米。多少距离为宜，视斗牛个头和场地大小而定。一般情况是，两牛对视片刻后，“碰牛”飞奔撞上“顶牛”。打到一定时候，还不决出输赢，就得拉开，停止角斗，以免受到伤害。现在有手表，裁判看时间，打了几分钟，最多十来分钟，如果还不见分晓，便停止角斗。从前，农村没有手表，用烧香计时。时间一到，便用绳索套住斗牛的腿脚，使劲拉开。为了公平起见，让与角斗双方无利害关系的村民拉绳索，或角斗双方交换拉绳索，即你拉我的牛，我拉你的牛，以免“拉偏架”。不分胜负拉开，双方都不算输。如果打输了，得卷起旗子，卸下装束，不声不响地离开现场。对于打输了的斗牛，如果认为还有价值，可以继续喂养，否则杀了吃掉。这种牛，名声不好，卖不出去，除非当菜牛。打架打输了的牛，彼此不能打架；打架打赢了的牛，不屑与打架打输了的牛打架。因此，打输了，就杀掉，不再喂养了。

打赢的一方，趾高气扬，返回村寨，燃放三铳，热烈庆祝。晚上，众人前来牛圈探望，畅谈胜利，尽享欢乐。有亲戚关系的村寨，打赢的一方，要到打输的一方吃喝一两天。临走时，还可从打输的寨子抓一头猪，带回去杀了吃，损失由打输的寨子所有农户平均承担。打输的寨子，凑钱再买一头水牯牛，寻机与打赢的寨子放牛打架，赢了吃回来。如果又输，赢家一般不再吃了。往后，打赢的寨子与别的寨子放牛打架，如果打输了，曾经被吃过的寨子，可以与打赢的寨子一起去输家吃喝，把损失吃回来。因为寨子双方有亲戚关系，吃来吃去，当走亲戚。

民间传说，从前，苗族侗族村民农闲没有事情做，穷极无聊，民众闹事，有个“王”，叫他们放牛打架来玩耍，于是天下太平了。有人说，这个“王”其实就是诸葛亮。我们问：“寨子太小，喂养不起斗牛，不喂行不行？”村民说“不行”，因为你不喂养斗牛，就算“输”，有牛的寨子要来吃你。因此，小寨子也必须喂养斗牛。如果单独喂养不起，可以同大寨子一起喂养。

傍晚，我们下到河畔尽是大榕树的都柳江河滩，看见一群小孩玩“斗牛”游戏：每人用泥沙捏一团有如柚子大小的“泥沙球”，代表斗牛，将其滚动，让其相撞，破裂为败。

晚上，平江寨的侗族姑娘们，各自从家中带上做好的饭菜，装在竹篮里，用毛巾盖着，不让人看见，提到一位“歌师”家的木楼上，招待我们“喝姑娘酒”。“喝姑娘酒”，本村寨的男人不能参加，就连站在一边看也不行。因为我们是国家干部，并非可与之通婚的侗族村民，“喝姑娘酒”多少带有表演性质。有位男性老歌师，陪我们吃饭，为我们解说。房东有两个姑娘，晚上常有小伙子来她家“行歌坐月”。今晚，她家招待我们，并邀请七八个姐妹作陪。姑娘们事先在家准备了鱼、肉、蛋、“腤鱼”、豌豆、酸菜、面条等美味佳肴，带到“歌师”家会餐，称为“打平伙”。席间，姑娘们唱“酒令歌”，向我们敬酒。两三个姑娘来一轮，轮番劝酒。她们也喝酒，但不多。唱的多是侗族歌曲。有位姑娘用汉语唱敬酒歌，我们能听懂。听不懂的，由陪我们吃饭的老歌师翻译。据说他带出了好几批侗族歌队，培养了许多位侗族歌手。今晚招待我们吃饭的，是他带的第四批姑娘了。我们在楼上堂屋吃饭，右侧房间摆有一桌，吃饭的是中老年歌手和琴师。

饭后，在室外“晾禾架”下听村民唱侗族大歌。“晾禾架”，是村民用来晾晒糯谷的。村民搬来几条长凳，歌手坐在木凳上，放声唱大歌。这是一个“老年男子歌队”，“歌师”叫潘志杰，今年52岁，成员有石文国（57岁）、石文振（46岁）、石国进（49岁）、潘志庆（52岁）。潘志杰、石文国、石文振、石国进，除了唱大歌，还演唱琵琶歌、牛腿琴歌。

女子歌队也演唱了侗族大歌，成员是石增宪（19岁）、石行姣（18岁）、石淑级（19岁）、石祥鸾（19岁）、石孟莲（17岁），都还没有出嫁。

平江有许多著名的歌师。今年53岁的石世良，从1954年开始带侗族歌队，到现在已带了四批。

杨宗福同志为歌队录音后，放给大家听，众人都说：“好像我们唱的啊！”有人问，这录音机“要好多钱一个？”当得知300多块就能买一部，兴冲冲说：“不贵，比水牛便宜，建议大队买一个！”我惊奇问道：“花1700块钱，买一头牛打架，不可惜？”村民说：“不买不行啊！没得‘打牛’，就跟没得鼓楼、没得戏班、没得大歌队一样，人家看不起你，腊罕、腊米，脸上无光。”意思是，没得“打牛”，没得戏班、鼓楼、大歌队，村寨里的小伙子和姑娘们，没有颜面与村外人交往。

再录音时，有个醉汉老在讲话，众人劝他回家休息，他大声申辩。我们以为他生气了。村民说：“没得！没得！”过后方知，他说的是：“你们看不起我，不让我陪客！”

1981年6月13日

因为都柳江暴发洪水，下江渡船停止摆渡，过不了河，我们被迫从平江返回停洞，住在岸上区供销社开设的一家旅店里。白天无事，趁着洪水，下河捕捞鱼。司机小廖最能干，捞到不少无鳞鱼，当地称为“角角鱼”。老钟同志用“角角鱼”煮酸汤，鲜得不得了。一位武装部长（忘了是区武装部还是公社武装部）提来一瓶“青枫子酒”，与老钟对饮，结果被老钟灌得不省人事。

晚上，撰写《通知斗牛的火牌》，打算给报纸投稿。

1981年6月14日

洪水消退了，我们驱车回到了从江县城。

今天计划要办几件事：一、确定下步行动方案：明天去贯洞，然后去黎平；二、给黎平打个电话，请他们在从江、黎平结合部与我们接头；三、购买明天去贯洞的汽车票；四、向文化馆借 100 块钱；五、向宣传部的老钟同志了解从江县文化系统的干部队伍情况；六、向包宗玉同志了解从江县修戏台情况；七、冲洗胶卷；八、寻找“红苗”妇女龙云花；九、打电话回省文化局；十、请从江县县委宣传部和县文化局的有关同志吃顿便饭，酬谢他们的热情支持。

下午，向包宗玉同志了解从江县修戏台情况，准备写篇《从江侗寨戏楼多》的新闻稿。

晚上，便饭酬谢从江县县委宣传部和县文化局的有关同志。

晚饭后，钟映辉同志通过熟人找到了“红苗”妇女龙云花。龙云花在从江县城的家，不在大街上，而在山坡上，我们跟着她爬坡，来到了她家。真没想到，在从江，意外碰到失散 200 多年的同胞。

1981 年 6 月 15 日

上午，向县委宣传部干事钟映辉同志了解从江县文化系统干部情况。他说：文化馆有 10 个人，其中少数民族 5 人，汉族 5 人，汉族大多懂得少数民族语言。全斌，汉族，52 岁，母亲是侗族，生长在侗族村寨，精通侗语；陈春元，侗族，55 岁，懂苗语；黄能富，汉族，60 岁，懂侗语；石屏姣，女，侗族，43 岁，懂苗语；越世，汉族，47 岁，懂侗语、苗语；包宗玉，女，汉族，36 岁，懂侗语；黄继红，女，壮族，32 岁；副馆长吴生贤，侗族；梁维安，侗族 47 岁，在贯洞文化站；馆长江发源，汉族，55 岁，落实政策来的。电影公司和电影院、电影队，24 人，少数民族 18 人，汉族 6 人，汉族都懂少数民族语言，或为侗语，或为苗语，有的两种语言都懂。电影公司，经理石顺机，侗族；副经理莫润生，壮族；会计杨绍彩，侗族；出纳高先霞，汉族，懂侗语；修理员吴永隆，侗族。电影院，蒙继中，壮族；陈胜林，汉族，懂侗语；梁中名，侗族；陆秀芬，女，侗族；范元林，汉族，懂苗语、侗语；赖苏康，汉族，懂苗语、侗语。电影一队，韦正扬，苗族；石生忠，侗族；蒙正明，壮族。电影二队，韦友贤，侗族；陆艺飞，侗族；潘可林，女，苗族；吴德佩，汉族，懂苗语、侗语。电影三队，吴遵章，侗族；潘光德，苗族；欧小伍，汉族，懂侗语。电影四队，吴龙昭，侗族；莫小蕙，壮族；龙培华，苗族。县委宣传部 5 人，少数民族 3 人，汉族 2 人。部长潘年彬，苗族；副部长梁成，汉族，精通侗语；钟映辉，苗族；杨瑞，汉族；王竹仙，侗族。少数民族干部中，有 9 人能讲两种少数民族语言，有 2 人能讲三种少数民族语言。汉族干部中，有 4 人通晓苗、侗两种语言。全体人员中，90% 的人能讲少数民族语言。

立即撰写《从江县文化部门基本实现干部民族化》新闻稿：

从江县文化部门，重视干部队伍的民族化建设。

为适应开展民族文化工作的需要，县委给县文化馆、电影公司和电影院、队，配备了二十四名民族干部，占该县文化部门干部总数的百分之七十一。队长以上的九位负责人，有八人是民族干部。在十名汉族干部中，有六人会讲少数民族语。全系统三十四名侗、苗、壮、汉干部，百分之九十的人能讲一至两种民族语，基本实现了干部民族化。

中午，将《通知斗牛的火牌》《从江侗寨戏楼多》《从江县文化部门基本实现干部民族化》3 篇稿子从邮政局寄给《贵州日报》编辑汤先忠同志后，与杨宗福同志、从江县文化馆石屏姣同志（女，侗族），由从江县城坐车到龙图，调查《蝉》歌。县文化馆正在“龙图会场”排练《蝉》剧。据说此剧使用 20 多种曲调，演唱 40 多首歌词。演员都是贯洞区的侗族村民，来自贯洞公社、龙图公社、新安公社、洛香公社等 4 个公社。

下午，在“龙图会场”外，为侗族女歌手们照相，她们是：陆礼香，洛香公社大桥大队人，16 岁，从 10 岁开始学唱歌，现在能唱 1000 多首歌；陆素香，洛香公社洛香大队人，17 岁，9 岁开始学唱歌；石素云，新安公社佰伍大队人，16 岁，7 岁开始学唱歌；石龙孟，新安公社佰伍大队人，15 岁，7 岁开始学唱歌；石雪蝉，新安公社佰伍大队人，16 岁，9 岁开始学唱歌；石党云，新安公社佰贰大队人，17 岁，8 岁开始学唱歌。其中 16 岁的陆礼香，记性好，声音好，最能唱。有两个很出名的老歌师，一个是男的，50 多岁，一个是老太婆，60 多岁，从来没输过，今年输给了陆礼香。贯洞请陆礼香去当师傅，送给她一只羊，她家杀了一头猪招待。陆礼香的祖母是歌师，去年过世，70 多岁。陆礼香从小跟祖母学唱歌。7 岁开始，12 岁登场，在“踩歌堂”中担任领唱。她能唱侗族大歌、山歌、琵琶歌、河边歌，20 多种调子，1000 多首歌。

在龙图，从石屏姣同志处了解到，从江县的“小黄”寨，有 3 个大队，300 多户，全部是侗族。有 3 个歌队。男女分别组队。男孩子，从十来岁到十二三岁，组成“少年儿童歌队”，学习唱歌。从十四岁到十七八岁，成为“青年歌队”，与人对歌。十八岁到二十四五岁，为“中年歌队”，比较出名了，为主力队，可以代表本寨子同其他寨子的歌队对歌了。这个阶段，一般已经结婚，或者已经订婚。25 岁以后，一般不上场了，遇到高手、硬手，才出场应战，从中产生歌师。女孩子，七八岁到十一二岁，学习唱歌，为“儿童歌队”。十三四岁到十五六岁，能唱歌了。十七八岁到二十来岁，成了大姑娘，算是主力。结婚以后也还可以唱，但不多唱。一般女子歌队，结婚以后就解体了。如果与本村寨的男子结婚，必要时也还可以唱。有本事的，可以当歌师，培养下一代。男子歌队，寿命长些，有“一代腊罕唱四代腊米”的说法，即一代男子可以同四代女子唱歌。

从江县贯洞区新安公社郎寨大队，是公社所在地。全寨分为 8 个生产队，共有 190 多户，900 多人，建有一个侗戏班。我们对侗族戏剧活动进行了调查。介绍情况的是吴志华（侗族，25 岁），梁立儒（侗族，27 岁），戴忠良（侗族，27 岁）。他们说，1979 年成立“桂戏班”，有 35 人志愿参加。从黎平县龙额区古邦地方请来一位 60 多岁的老戏师教唱戏。晚上学习，教了五六个月。除了供给戏师傅吃饭，每天还开 5 角钱。他是个五保户，一共花了 150 多块钱。戏班子每个人凑 80 块钱，一共凑了 2550 块钱。花 1900 多块钱，到广西罗城购买服装和乐器。1980 年开始演出，到现在演了 60 多场，主要是元旦、春节演。在本大队、本公社演，也到外公社、外县演。出外演出多，不收钱。应邀外出演出，全体成员都去，吃住在邀请演出的村寨，一般三五天，多至十一二天。在黎平古邦就演了 12 天，吃住分散在各家各户。

出村寨时，敲锣打鼓，目的是告诉全寨。到了邀请演出的村寨，也敲锣打鼓，吹奏芦笙，通报到来。主人在寨门口迎接。先放三个铁铳，同时燃放鞭炮。姑娘们出来拦路，唱拦路歌。一般拦五六个小时，一直拦到天黑，有时拦到深夜十一二点。主人用楼梯、簸箕、纺车、锄头、犁耙、凳子、衣服、草人、水桶、鼎罐、辣椒、鸡笼等作障碍，主人与客人对唱，一问一答，客人唱对一样，主人取走一样，唱不出来，不收走。等到全部唱对，全部收走，主人将客人迎接至鼓楼。到了鼓楼，还要对歌，直对到主人饭菜做好后，才能收场。饭菜做好了，饭菜上面，覆盖物品，又要对唱一番。唱对一样，取走一样，全部唱对，才能吃饭。吃饭时，主人要唱敬酒歌，劝客人喝酒。酒足饭饱，客人要唱感谢歌。最后，还要唱“收碗歌”，收拾完毕，欢迎仪式才算结束。

第二天中午，开始侗戏演出。晚上也要演出。到底演几天，双方商量决定。演出的第二天下午，主寨的姑娘，从十四五岁到没出嫁的，来给客人送“晌午”：糯米饭和肉。客人当场吃完，并给姑娘们回赠五至十来斤糖果。如果没准备糖果，也可回赠“封包”，交姑娘们分用。

走的头一天下午，众人在鼓楼里吃饭。如果人太多，也可以在“鼓楼坪”上吃。主人家，每家来一个男人作陪。主客交叉坐下，目的是方便敬酒。菜肴上面，覆盖簸箕、杯子、碗、筷子、水瓢、水桶、手镯、顶针等物品，客人用歌拿开。吃饭之前，燃放三个铁铳。先是各吃各的，然后喝“转转酒”“交杯酒”，喝醉方休。通常是从下午四五点开始，喝到深夜十一二点结束。

离开寨子那天，姑娘们用竹竿悬挂毛巾、鞋垫、花带等物品赠送戏班子的小伙子。

戏班子回赠现金，每条毛巾 8 角左右。集体凑钱，封成红包，回赠给姑娘们。离开寨门时，对唱“分别歌”，从吃过早饭一直唱到下午三四点钟。唱到什么时候才放客人走，要看村寨路程远近。

第二年，邀请戏班子前来演出的侗寨戏班子，回访前来演出者，请不请都来。任何戏班子出外演出，每位成员，都得带两三块钱，作为馈赠用。因此，出外演出，是赔本生意。村民说：“唱戏唱本家，看戏看哑巴。”“唱的是颠子，看的是哈子。”当地语言，“颠子”，疯疯癫癫；“哈子”，傻里傻气。

有的戏班，为了在春节期间到某个村寨演出，要是人家不邀请，则自己用红纸写个通知，派人贴到人家墙壁上，说某月某日是个好日子，要到这里来演出。寨子看到通知，准备热情接待。第二年，这个寨子的戏班，便“主动”回访。因此，每个侗寨，都有戏班。大的寨子，有好几个。否则，无法与人交往。不能与人交往，是件丢人的事，会妨碍青年找对象。

新安公社郎寨大队的吴志华、梁立儒、戴忠良，都是戏班子的成员。他们介绍说，他们叫“戏班”，不叫“剧团”。戏班里头，有负责人，分管内、管外，叫“内管班”“外管班”。“内管班”，负责排练；“外管班”，负责喊人。凡是参加戏班，每次排练、演出，都得到场。制定有纪律，违反纪律要受到处分。迟到、早退、无故缺席，一次罚款两角钱，作灯油费用。犯一次，罚一次，不累计。有时候，罚违反纪律者砍伐一挑柴禾，作为戏班子冬天烤火用。吴志华说，有一次，他被罚“踩塘”，就是冬天穿着鞋子、袜子踩水塘。

戏班子，志愿参加，志愿退出。参加戏班要交钱，退出戏班不退钱。如果是戏班不要他了，可以退钱。实际上，没有被戏班不要的，因为不能演戏可以搞后勤。郎寨村的戏班子，开始报名的有 60 多人，后来搞义务劳动，烧石灰，修公路，筹集活动经费，只有 35 个人参加，戏班就是 35 个人。烧制一窑石灰，可以得 900 多元；修建一段 500 米的公路，可以得 1100 多元。每个人，交 80 元，钱不够，从家里拿一点钱来添加。女孩子参加戏班子，只交一半的钱，40 块，嫁到别的寨子，可以退钱。如果她有兄弟参加，钱就不退了，她兄弟只需补交 40 块。戏班建立一年多来，演出 30 多出戏，有《穆桂英下山》《辕门斩子》《三气周瑜》《黄鹤楼》《借兵伐楚》《马踏武营》《夜斩马曹》《大战长坂坡》。乐器有京胡 1 把，铜锣 2 面，板鼓 1 面，打击乐 1 套。乐队 5 个人，不是专门的，但拉京胡的例外。除了京胡，其余乐器，个个都会用。戏班里有 4 件长袍、4 件靠，价值 1900 多元。总共有道具 20 多件，有些是自己制作的。

他们还津津乐道地介绍了郎寨大队的生产情况。原来，平均每人每年有 370 多个劳动日，每个劳动日 10 分，分得 3700 个工分。去年分组了，平均每人每年有 130 多个劳动日，得1300个工分。今年，估计平均每人只需用八九十个劳动日，就能把活做完。今年插秧，每户两三天，全大队前后十来天就满栽满插了。往年，要插一个多月到40天。劳动积极了，效力提高了，做活的时间减少了，休息时间增加了。

在新安公社郎寨大队调查侗戏活动之后，与杨宗福、石屏姣二同志前往“上皮林”石屏姣同志的娘家。

“上皮林”，包括三个寨子：“佰伍”“佰贰”“务幸”。“务幸”，是侗族话；“佰伍”“佰贰”，实际上，是汉语。意为这两个寨子在官方（不知是明代还是清代）为其“取名”时，分别有一百五十户、一百二十户。依此类推，有些侗族地区被称为“仟伍”“仟柒”，说明当时那一带侗族村寨有一千五百户、一千七百户。

佰伍寨和务幸寨，合为一个大队，232户，1123人，只有6户汉族，2户苗族，其他全是侗族。今年实行包干到户，每人平均分得6分田，1分多一点土（全大队有142亩土），田土人均7分多。主要种植水稻、麦子、红薯、高粱等粮食作物，和油菜、黄麻、花生、棉花等经济作物。去年人均口粮421斤，平均每人差3个月的粮食。每户按5人计算，每人每月30斤，每户每年缺少口粮750斤。解决办法，一是借，二是买。高价粮，35元100斤，每户需要筹集262.5元。过去，靠喂养猪赚钱，秋后卖黄麻，也可以得一点钱。今年主要靠油菜，全大队收获油菜籽62000多斤。最多的一户，收1000多斤。收300多斤油菜籽的农户，占60%以上。全部出售，一点不留。油菜籽，有任务，每人1.5斤，每斤0.36元，每出售100斤油菜籽，奖售粮食30斤。议价粮，0.525元1斤，奖售粮也一样。开始供应50%大米，50%面粉，现在都是供应麦子了，1斤抵1斤，是州里和省里的文件。社员交麦子给国家，每斤只按82%计算。平均每个社员要负担国家任务粮120多斤。

佰伍，是个自然村寨，有170户，分为14个生产队，石屏姣同志估计有大大小小的侗族大歌队30多个。小孩子的歌队多得很，尤其是女孩子的歌队特别多，统计不上来。大人的女子歌队有12个，男子歌队2个，主要是指对外对歌的。至于寨子里到底有多少个歌队，没统计过。石梅艺等人，从小就在一起唱歌。起初是9个人，1955年过芦笙节时，与另外一个歌队合并，人数多达17人。比赛过后，又分开了，石梅艺她们这个歌队，仍然为9个人。从1954年开始学唱歌，第二年登场赛歌。唱到现在，快30年了，还有6个人。石梅艺，1957年到黔东南州歌舞队唱歌，1960年回来。石屏姣，1957年到黔东南州歌舞队唱歌，1969年分到县文化馆，直到今天，还在县文化馆工作。石孟额，嫁给本村寨，1959年到黔东南州歌舞队唱歌，1960年回村寨。石玉芝，嫁到外村寨去了，离开了歌队。石玉娥、石百婵，也嫁到外村寨去了，离开了歌队。石又姣，嫁给本村寨。石梅艺、石孟额、石又姣，还经常参加赛歌，唱帮腔。石梅艺，现在成了歌师，带徒弟。她们几个人，现在分别属于3个不同的歌队，但都是佰伍寨的，正组队准备参加省里将在惠水举办的“六月六”歌节比赛。

石屏姣同志的父母都健在，下边还有个兄弟。她父母向我们介绍“皮林”一带的侗族传统节日。阴历正月，祭“萨岁”。“萨岁”是个英雄人物，一位老奶奶，带领众人打败坏人，保佑一方平安。正月初一至初五，祭祀“萨岁”。找一个老头子，起得很早，把“萨堂”洗得很干净，然后把“萨岁”请出来，供村民祭祀，全寨村民身着盛装，举行规模盛大的“踩歌堂”活动，并在村寨里转一圈。阴历四月初八，过“下秧节”，吃黑糯米饭。阴历六月十五日，过“粽粑节”，家家户户包粽子，吃粽子，走亲戚，送粽子。阴历七月十五日，过“吃新节”，吃新米，吹芦笙，对歌比赛。芦笙队与芦笙队比，歌队与歌队比，不是年年比，两年比一次。阴历十月十二日，过“冻鱼节”，吃“冻鱼”。阴历十月中旬，天气凉了，用酸汤煮鲤鱼，冷却以后，放一晚上，会“冻”起来，成为“冻鱼”。佰伍寨、佰贰寨、务幸寨、塘洞寨、庆云寨，都姓石，原来是兄弟，但有的过“冻鱼节”，有的不过。即便是过，也有不同。时兴过“冻鱼节”的，阴历十月十一日下午用酸汤煮鲤鱼，当天不吃，放一晚上，让它冷冻，第二天吃。佰伍寨、佰贰寨、务幸寨，是老大的后代，在吃早饭的时候吃“冻鱼”。庆云是老三的后代，吃晚饭的时候吃“冻鱼”。当年老三放牛去了，没赶上早饭，家里人留下一份“吊颈鱼”给他吃。塘洞的侗族村民，是老二的后代。当年家里吃“冻鱼”时，喊老二来吃，他耳背，没听见，没得吃。因此，同是一个祖宗的后代，塘洞的侗族村民，不过“冻鱼节”。

夜宿石屏姣同志父母家，床前有几个“腤鱼”桶。吃饭的时候，主人用“腤鱼”款待我们，据说这是待客的上等菜。

1981年6月16日

仍然滞留在“上皮林”石屏姣同志家，天气很好，白天看了“吴勉石屋”“过化”石刻，并到“下皮林”玩。

“吴勉石屋”，在从江境内上皮林“天门山”，相传明洪武年间，侗族农民起义领袖吴勉率众反抗朝廷，活动于天门山一带，故名。“过化”摩崖石刻，位于黎平境内“石帽山”崖壁上，离地2.4米。竖长方形，高7.5米，宽7.2米，竖向楷书阴刻“过化”两个大字，每字2.33米见方。款识竖向楷书阴刻“万历十一年邓子龙书”。邓子龙，明代“靖州参将”，万历十一年（1583年）征皮林，击败侗族农民起义军。“过化”源于《尚书》“君子所过者化”。

住在上皮林石屏姣同志家，每天傍晚都听到寨子背后丛林中的蝉鸣声，很像侗族大歌中的曲调。我建议杨宗福同志用录音机将蝉鸣声录制下来研究。另外，我还发现，侗族姑娘系的围腰，不是方形的，而是菱形的，下方呈三角形，从颜色到形状，都像蝉翼。更有甚者，围腰（也可称为“胸兜”）顶部，有几道刺绣花纹，很像蝉儿的颈部花纹。于是我想，侗族姑娘的服装，是不是仿照蝉儿制作的?

我们还从村民中了解到，侗族村民唱歌，“是跟蝉儿学来的”。民间故事说，有两兄妹，成天在山上劳动，妹妹觉得枯燥无味。于是，跟着蝉鸣哼哼，哼呀哼呀，竟不见人了，原来是跟着蝉儿飞走了。飞到什么地方，她不晓得，只晓得那里人人都会唱歌，男女老少都唱歌，曲调和蝉鸣一个样。她在那里学唱歌，学了多久，记不得了，最后变成了“歌仙”，被派到侗寨教授村民唱大歌。

在上皮林石屏姣同志父母家的堂屋里，深入向石屏姣同志及其母亲了解侗族民歌活动。她们说：侗寨的孩子，从小就学唱歌。男女孩子分开学。平常在“歌师”家学习唱歌，女孩子在“姑娘头”家练习，男孩子在“腊罕头”家练习。姑娘头，又称“腊米头”。“腊米头”“腊罕头”，在唱歌中自然形成，相当于青年男女中的“自然领袖”。本村寨的男女歌队，不进行对歌比赛，都是这个寨子和另外一个寨子比，而且是男的与女的比，同性别之间不比赛。比赛地点多在鼓楼，也可以在村口、“萨岁”前的空地和“踩歌堂”的地方。每个侗族村寨，都有固定的地方。对歌比赛的时间，主要有两个：一是春节期间，一是 7 月中旬。

春节之前，一般会有可与之通婚的寨子，通过某种方式发出邀请，请在春节期间，前来对歌娱乐。如果没有接到邀请，你想到哪个寨子去玩，也可以主动告知对方，说春节期间要来你们寨子对歌。外出对歌，一般十来人或二三十人，也有去 100 多人的。但唱歌的人没有这么多，许多是去看热闹的。唱歌的七八个人，最多十来个人。大队人马到了人家的寨子门口，先与主人对唱一阵子歌。侗族村寨，一般都修建有寨子门。侗寨的寨门，修得很讲究，有的像是牌楼，有的像是“花桥”，有的就是地地道道的风雨桥。有时候，就在通往村寨的交通要道处，用刚从竹林中砍伐的竹子构筑一座临时性寨门。主人于寨门口放置长凳、撮箕、簸箕、纺车等家具拦路。主人唱“拦路歌”，客人唱“开路歌”。客人唱对一样，主人取走一样。全部“开”完，才能放行。“开”不完，受奚落。遇到这种情况，客人燃放铁铳，或者鞭炮，表示歉意。也有由主人村寨的老人出面说情的，虚情假意地训斥几句，叫青年们让客人进入村寨。于是，拦路的人们，以及前来看热闹的主寨子村民，齐声打“呜呼”，让客人进入村寨，分户接待。晚上，到鼓楼对歌。大半来的客人是男子歌队，由主人的女子歌队与其对歌。如果客人来的是女子歌队，则由主人的男子歌队与其对歌。一个村寨，不可能男女歌队同时到同一个村寨去做客、对歌。春节期间外出对歌，要对三至五天。

春节期间，外出演戏，也要对歌。晚上在鼓楼对歌，白天在戏楼唱戏，侗寨热火朝天。来演戏的是男子，主人寨子由女子歌队与其对歌。戏班离开寨子回家时，主人寨子的姑娘向客人馈赠糯米饭。糯米饭，用青菜叶子包裹，外面用稻草捆绑成为牛腿形，一包一斤多。除了糯米饭，还赠送亲手织的头帕，长一尺五至二尺，两头有须。也有送毛巾的，用鸡毛、小珠子装饰，写上自己的名字，送给客人作为留念。小伙子得到礼品后，给姑娘们回赠糖果或钱财。对歌完毕，放行之后，有的互送礼品，属于个别活动。感情好的，姑娘送给小伙子鞋垫、袜底、手镯之类。小伙子用珍贵的东西回赠姑娘，这就表明，他俩有了恋爱关系。如果前来演戏、对歌的小伙子，歌唱得不好，也会得到姑娘赠送的一包牛腿形的“礼品”，只不过，里面包的不是糯米饭，而是牛屎。

7月中旬，吃新米，过“吃新节”，举行芦笙比赛，对歌比赛。小伙子们吹芦笙，姑娘们来送甜酒。然后，送酒的姑娘，在不同村寨之间举行对歌比赛。小伙子不参加对歌，他们与不同村寨的芦笙队比赛吹芦笙。有的侗寨不在七月中旬举行这种活动，而是在阴历八月十五开展这项活动。秋天在芦笙场上对歌，只对一天。

1981年6月17日

与杨宗福同志离开“上皮林”石屏姣同志家，在从江与黎平交界部，与黎平文化馆的刘昌洪、吴定国（侗族）两同志会合，共同前往黎平县“纪堂”侗寨调查。

“纪堂”包含三个小寨子：塘明、新塘、宰告，每个寨子都各有一座鼓楼、戏楼和歌坪。塘明鼓楼，又叫“下寨鼓楼”，密檐式十一重檐八角攒尖顶木结构，通高23米许。顶层檐下，置如意斗拱。正面第一至第三级屋檐间彩塑“二龙戏珠”。各级檐口的封檐板，施彩画，翼角起翘，戗脊上彩塑人物或动物。顶层内悬挂牛皮木鼓。楼内石板铺墁，中间修建火塘。塘明鼓楼，柱础古老，立柱较新，说明利用原来的柱础重建过。

新塘鼓楼在“文化大革命”中，被迫将小青瓦下掉，保留一个空架子。1980年，村民集资修复，花了1800多块钱。鼓楼柱子上有对联：“修复荣堂千家贺；喜盖华楼万众兴。”新塘鼓楼，又叫“上寨鼓楼”，底层平面呈方形，密檐式九重檐四角攒尖顶木结构，通高20米许。一二级屋檐平面方形，三至八级屋檐平面为八边形。四角攒尖顶檐下，置如意斗拱，斗拱下装漏窗。正面第一至第三级屋檐间，彩塑“二龙戏珠”。各级檐口之封檐板，施彩画，翼角起翘，戗脊上彩塑人物或动物。雷公柱下悬挂牛皮木鼓。楼内石板铺墁，中间修建火塘。宰告鼓楼，占地面积45平方米许，通高12米许。顶层檐下，置如意斗拱，正面第一至第三级屋檐间彩塑“二龙戏珠”。各级檐口之封檐板，施彩画，翼角起翘，戗脊上彩塑人物或动物。楼内石板铺墁，中间修建火塘。

纪堂的几座鼓楼对面，都修建有戏楼，有的戏楼还巧妙地修建在水塘上。侗族村民非常喜欢侗戏。据称侗戏是著名戏师吴文彩创立的。吴文彩（1798～1845 年），侗族，黎平腊洞人，20 岁开始编唱《叙旧歌》，继而编唱《酒色财气》《乡老贪官》等侗族民歌。道光七年（1827 年），根据《幼学琼林》编成《开天辟地》等叙事长歌，一举成为遐迩闻名的侗族歌师。道光八年至十八年（1828～1838 年），将《二度梅》《薛刚反唐》等编译成《梅良玉》《凤姣李旦》等侗族戏剧，深受侗族村民欢迎，很快传到邻县从江、榕江及湖南通道、广西三江等地，迅速形成少数民族少有的一个新剧种——侗戏。由于侗戏是在侗族民歌和民间故事的基础上诞生的，群众基础好，很容易普及，故而大批戏楼应运而生。都柳江畔，大小村寨，戏楼比比皆是，仅黎平县目前即有戏楼 300 多座。侗寨的戏楼，是用优质杉木穿斗修建成的，楼顶多盖杉树皮，有的也盖小青瓦。盖瓦的楼脊上，正中彩塑“二龙抢宝”，脊端彩塑鸱吻鳌鱼，翼角高翘，潇洒轻盈，别具一格。戏台一般面阔 14 米许，进深 7～8 米。台面两侧及台中后部，用杉木板装修，上部饰以木雕花窗，或三面环以直棂栏杆，通明透亮，清爽明快。戏台后部，横装一道木板壁，两边各留一道圆拱门，供演员出入及戏师提示戏词用。台前照面枋上，多有木雕装修，彩绘龙凤呈祥、历史故事、花鸟虫鱼，五颜六色，琳琅满目，富有浓郁的民族风格。戏楼修建于鱼塘之上，楼上演戏，楼下养鱼，人欢鱼跃，相映成趣。

在“纪堂”侗寨，我们还看见一块乡规民约碑，青石方首，高 1.6 米，宽 0.64 米，厚 0.06 米。额题“永世芳规”四字，每字 0.08 米见方。碑文楷书阴刻，25 行，满行 40 字，共计 835 字。记严禁“内攘家室、资财、货物，外盗田园、鱼谷、蔬果并杉、茶、竹笋、古树、山林”诸项，“违禁赌博、妄讼”，分别罚钱“十二千文”。纪堂、登江、弄邦、朝洞 4 寨侗族村民，公立于清光绪十八年（1892 年）。

晚上，与杨宗福、刘昌洪、吴定国三同志在黎平肇兴调查。

肇兴有 600 多户，号称“千家肇洞”，姓“陆”的村民居多，行政上，分为前进、民主、红星三个大队。有 5 个芦笙队，以及男女歌队各 5 个，但戏班子只有 3 个。芦笙队，由许多支芦笙组成。大芦笙，有两丈长，立在地上吹；中等芦笙，六七尺长，用手捧着吹奏；小芦笙，只有一两尺长，吹高音，一个队一支，作“领吹”用。大芦笙，三四支，不是很多，在中间吹。另外还有莽筒，配合演奏。秋收以后，活动频繁，集中在鼓楼前面的“歌坪”上练习。“歌坪”，得名于村民在此手拉着手、顿地为拍、边跳边唱，在此“踩歌堂”，侗族称“多耶”，即“唱耶”。为何称“唱耶”？因为合声都唱“耶合耶”。“歌坪”就在鼓楼前面，因此也称“鼓楼坪”。一头是鼓楼，另一头是戏楼，演戏时，众人就在“歌坪”“鼓楼坪”上看戏。因此，这地方又被称为“戏坪”。

侗寨的芦笙，不是一年四季都可以随便吹奏的。谷种播下去之后，一直到插秧，直至“吃新节”，不能吹芦笙。而且，要用棉花或白皮纸，将芦笙的所有管子塞住，不使漏气，高高地放置在鼓楼上，不准任何人接触，否则，得罪农神，当年“谷子不饱米”。农历七八月“过吃新节”时，才能取下来开封，在芦笙场上纵情吹奏。

肇兴，原有5座鼓楼，有的在“破四旧”时被拆除了，一时还恢复不起来。在一座鼓楼遗址上，人们用杉木搭建一个临时构筑物，权当鼓楼用，春节期间，众人身着节日盛装，在此手拉着手“踩歌堂”。

晚上，刘昌洪、吴定国二同志带领我们走访了一对他们熟悉的双胞胎姑娘，今年18岁，一个叫陆龙香，一个叫陆龙秀，两人都读到初中一年级，然后就辍学回家做农活了，如今是肇兴侗寨的著名歌手。在她们家，一位47岁的老歌手陆锦奇，为我们表演叙事琵琶歌。他一边弹琵琶，一边唱歌，据说唱的是《单身腊罕多快活》：“大家侧耳听我唱支单身腊罕自夸歌，我的日子过得很快活。仓里装满稻谷缸里装满酒，碗装满肉黄花粉丝摆满桌。别人有崽早晨起来哭饿饭，妈去舂米在床上把尿屙。别人有崽衣裳脏臭要得洗，单身夜晚好睡白天好干活。上山打鸟全身都得吃，下河捕鱼汤也全得喝。你如不信就请来看看，不是我在夸口把笑话说。”一会儿又演唱《单身腊罕不快活》，大意是：单身汉不好，单身汉不好，衣服破了没人补，房子脏了没人扫，水缸干了没人挑……

1981年6月18日

与杨宗福、刘昌洪、吴定国三同志，从肇兴经龙额，前往“下地坪”。太阳很大，天气很热，刘昌洪同志感叹“像是晒强盗”。据说从前侗族村民抓到强盗，不打不骂，绑在太阳下，让太阳暴晒，以示惩罚。好在我们是沿着一条小河沟往下走，在酷热难耐的时候，下河“洗农民澡”。杨宗福同志忘了脱下手表，就迫不及待下水，“哎”的一声，触电似地猛然高举左手，引来一阵欢笑。

这条小河沟，人称“南江河”，流往“下地坪”（另外还有一个地方叫“上地坪”），是都柳江的支流，最后流到广州。溪流两岸有许多村寨，住的都是侗族。村民在溪沟两岸修建有许多水碓，不停地为侗族村民“舂米”。为了不让下雨淋湿大米，村民在水碓上修建有简易小屋。水碓舂米，不用人看守，早上将稻谷倒进去，中午或晚上，做饭之前，各自撮走就是了。

到了“下地坪”，首先看风雨桥，村民称为“花桥”，坐落在侗族高度聚居的黎平县东南隅下地坪寨。清澈见底的南江河，从寨子脚潺潺流过，逶迤注入都柳江，而后穿山越谷，奔向南海。桥建于光绪八年（1882年），东西向，为两跨石墩伸臂式梁桥，长 57 米许，宽 5.2 米。桥墩与桥墒间，最大净跨为 34 米许，下离正常水位 11 米许。桥面上建长廊二十三间，高 4 米许。长廊两端设八字门，内置栏杆坐凳，以供休憩。护栏外设置“腰檐”，以保护桥梁。

在地坪“花桥”上，绘有《侗姑纺纱》《侗姑织锦》《侗姑插秧》《吹笙打鼓》《琵琶弹唱》《芦笙比赛》《行歌坐月》《牯牛角斗》《激流放排》《南江小景》等 20 多幅侗乡风俗画，诚为侗族村寨的一个“艺术橱窗”。逢年过节，村民在此迎宾送客，对唱侗歌，情深意切。劳作之余，人们在此休息纳凉，远望重重青山，近观淙淙流水，令人心旷神怡。桥上凉亭挂有三副对联：一为“国泰民安，白虎头上多彩艳；风调雨顺，青龙江岸换新颜”。二为“旭日东升，四面荣华新美景；红霞西照，五色彩云显豪光”。三为“沧海桑田，四庶黎民景星见；龙蟠凤逸，社稷升平庆云生”。

特别有趣的是，在地坪风雨桥宽敞明亮的桥面长廊中央，修建鼓楼式亭子，形成鼓楼与“花桥”结为一体的建筑形制，有人将其称为“鼓楼式花桥”，或称“花桥式鼓楼”。桥上“鼓楼”立于楼墩之上，为五重檐四角攒尖顶结构。因为修在桥面长廊上，“鼓楼”下部还有两层檐，既美化了桥梁，又保护了桥体，还加固了桥墩，使整体建筑更为稳固、美观、凝重、协调，但由于年久失修，显得十分破旧。

考察了地坪风雨桥，刘昌洪、吴定国二同志带领我们去见公社干部。公社办公室，修建在一座不是很高的土山上，可鸟瞰地坪“花桥”，风景很美。进入公社办公室，要跨过一条阳沟。沟上盖着一块巨大的长方形青石板。我弯下腰，伸手从水沟中摸了摸石头的覆面，感觉既光滑又有些凹凸不平，怀疑是块碑。请来公社干部，众人将大石板翻过来，果然是清代镌刻的古碑。碑上首题“严禁土司勒收兵谷及一切规费”。青石质，方首，高 1.2 米，宽 0.93 米，厚 0.06 米。我建议公社干部好好保护这块碑，他们表示：“要得，把它搬到桥头立起来！”

我们四人在一家农民开的小饭店吃晚饭。只有大米饭，没有下饭菜，用开水泡饭吃。睡觉也在这家小饭店子里，床在低矮的木楼上，闷热得要死。虽有蚊帐，但不敢放下，因为放下更热。可不放蚊帐，蚊子要咬，宁愿让它咬，也不能热死。床上没有枕头，只好用随身带的小书包当枕头用。杨宗福同志用录音机当枕头。那录音机很大个，是日本出产的“三洋”牌。坐长途汽车时，他偶尔放一段录音，招来许多目光。看得出来，他很得意。想不到，这玩意，还可以作枕头。

1981 年 6 月 19 日

与杨宗福、刘昌洪、吴定国三同志，从“下地坪”步行回龙额，路过六甲寨，那里有一座壮观的风雨桥和一座非同寻常的“圣母祠”。风雨桥，位于龙额乡岑岜村六甲寨，小地名“六约”，横跨于都柳江在黎平境内的一条小支流上，为悬臂式两孔木梁桥，桥面建长廊。廊的中部修建面阔三间的重檐悬山顶“桥屋”，西头修建三重檐歇山顶“桥楼”。廊两侧安装坐凳和栏杆。外部造型仿照六甲“圣母祠”修建，其功能除沟通两岸外，还有纪念“圣母”的用意。

“圣母”，是被侗族村民神化了的一位农家妇女。相传她本是古州三宝（即今榕江县车江）螺蛳村人，名字叫“碾想”，有的称“杏尼”。“碾想”为人正直，多次除暴安良，深受村民敬重，土匪对她恨之入骨。因被匪徒诬告，遭到官府追杀。“碾想”率众奋力反抗，屡屡挫败官军。后来，终因寡不敌众，丈夫、儿子相继阵亡，她只身逃至黎平地界，藏身于“龙额”地方的“马尾滩”。不久，又被土匪探知，再度引来官军。她面对强敌，视死如归，纵身跳下万丈深潭。由于得到神灵保佑，幸免于死，顺水漂流到龙额。之后，得人搭救，装扮成贫穷农妇，靠乞讨度日，蜗居于深山岩洞中。“碾想”去世后，村民为其造坟、设坛，尊称她为“圣母”。每年正月初八至初十，备办祭品，虔诚祭祀。清康熙年间，村民在“碾想”归天处，修建木结构神祠，称“圣母祠”，祠内雕塑“圣母”像，视为保佑一方平安的神灵。

黎平、从江、榕江一带的广大侗族村民，笃信祖先崇拜，特别是女性崇拜，方方面面都有女性守护神：守护山坳的女神叫“萨对”；守护桥头的女神叫“萨高桥”；守护床头的女神叫“萨高降”；守护一方生灵因而地位最高的女神叫“萨玛”或“萨岁”。六甲一带侗寨则称“碾想”，都是能够保境安民、使六畜兴旺的侗寨最高女神。这位最高女神的住处，或者叫“然萨”，或者叫“萨玛”，汉语称为神坛、社稷坛、“圣母祠”或“宁威祠”。六甲称为“圣母堂”“圣母祠”。此类建筑有露天的，有室内的。露天者，以石头砌成圆丘形，丘上种植一株四季常青的黄杨树，其旁插上一把伞。室内者，有屋遮挡风雨，周边围以院墙，其中心部位以白石垒成石堆，其上插一把伞，周围设置 12 根或 24 根小木桩或小石堆，据称是“萨玛”的守将。在黎平、从江、榕江一带侗寨，“圣母祠”有专人管理，闲人不得入内。每逢正月，全寨举行祭祀活动，由管理人员“登萨”将特制盛服置于坛前，每户一男一女，携带茶水菜肴、香蜡纸烛，前往祭祀，鸣锣吹笙，“哆耶”踩堂，歌颂先人品德，祝她“健康长寿”，望她保佑村民。

数百年来，六甲“圣母祠”历经变迁，屡建屡毁，屡毁屡建。其造型基本保持原样，前为重檐歇山顶木楼，后为悬山顶木屋。木楼形状类似“鼓楼”，木屋形同“桥廊”，是鼓楼与花桥的结合。模仿六甲“圣母祠”修建的“六约风雨桥”，同样体现侗寨村民的传统建筑思想，使一座原本平常的风雨桥，平添几分文化价值。

侗寨村民十分重视在公共建筑物上悬挂对联，显然是受汉族文化的影响。六甲“圣母祠”挂有一副长联，充分反映侗汉文化的交流：“水有源，树有根，青石底下，仙人藏穴，保佑四方，六畜兴旺，永作千秋祯祥主；事依证，言依据，白骨长埋，显圣通灵，荫蔽六甲五谷丰登，祠为万事福德灵。”每年农历八月十六，附近侗寨村民，群集六甲，欢度芦笙节。按照祖规，各寨芦笙队，必先围绕“圣母祠”转圈，以表祭祀，而后才能进入芦笙堂表演。是日，“六约风雨桥”成了未婚青年男女“行歌坐月”的特殊“月堂”。

从“下地坪”返回龙额这天，天气依然很热，一路走来，口渴得很。好在路边多有泉水，村民用石头打制一个水瓢形水枧，路人不必弯腰，就可饮用“瓢”中凉水。这种井水，被称为“瓢儿井”。泉水长流，甘洌清洁，很有特点。

晚上，龙额区委秘书给我们介绍情况。他说，龙额区，少数民族很多，有3万多人，侗族占70%，苗族占30%。汉族极少，多是干部。古邦原来有汉族，后来都变成少数民族了。少数民族村民，喜欢娱乐。上面发的文艺材料不够用，他们自己搞自己的活动。前几年，他们两年搞一次。从阴历八月开始吹芦笙。一定要谷子出线以后才能吹。晚上吹，寨子与寨子之间进行比赛。到了节日，有大比，有小比。三中全会以后，每逢春节、二月“春社节”、三月三，演唱侗戏。平时学习，节日演出。特别是腊月学习，春节演出。龙额大队有3个戏班子，全公社有7个戏班子。古邦，有个“桂戏班子”。桂戏，又叫“大戏”“大班子”。古邦公社还有6个侗戏班子，岑岜公社也有6个侗戏班子，全区有21个侗戏班子。高岑公社和另外一个公社是苗族，没有戏班子，但有“踩芦笙”活动。苗族、侗族都有芦笙队，全区49个大队，个个都有芦笙队，有的寨子还不止一个。全区大约有60多个芦笙队，究竟有多少，要到比赛的时候才晓得。侗族芦笙队，以鼓楼为单位组织，如古邦有上鼓楼芦笙队、中鼓楼芦笙队、下鼓楼芦笙队。歌队多得很，一般在春节演唱，寨子与寨子比，这个鼓楼与那个鼓楼比，男子歌队与女子歌队比，要比出输赢。师傅是请来的，都是中老年人。师傅唱，众人合，一问一答，“盘歌”形式，很有意思。有时把对方难住了，大家打“呜呼”，庆祝胜利。

端午节、六月六，也过，但不对歌。对歌主要在春节、春社节、三月三。三月三，很热闹，白天在广西过，晚上回来对歌、演戏。

搞活动，各级党委是支持的。但一个寨子吃一个寨子，有些浪费。规模越来越大，浪费越来越多。过去只吃油茶，喝甜酒，现在要杀猪宰羊，钱由大家凑。区里开会时，得说一说，“注意节约，不要浪费”。

1981年6月20日

从龙额坐班车回到黎平。再向刘昌洪、吴定国二同志了解侗族节日活动情况。他们补充介绍道：侗寨阴历八月过“中秋节”，称为“八月芦笙节”，有的村寨，又称为

“芦笙会”“吃新节”“赶坪节”“对歌节”。黎平县的古帮一带侗族村民过“赶坪节”，开展吹芦笙、唱侗歌比赛；纪堂、皮林一带侗族村民过“芦笙节”，开展吹芦笙、唱侗歌比赛；新化一带侗族村民过“芦笙会”，开展吹芦笙、唱侗歌比赛。同样是农历八月十五，从江县的洛香一带侗族村民过“芦笙节”，开展吹芦笙、唱侗歌比赛；小黄一带侗族村民过“芦笙节”，开展吹芦笙、唱侗歌比赛。而在榕江则有所不同：八月初八，腊亮、栽麻等地侗族村民过“吃新节”，开展吃新米、吹芦笙、唱侗歌等活动。

侗寨八月“芦笙节”“芦笙会”，吹芦笙比赛，与别的民族村寨大不相同。

在黎平、从江、榕江等南部侗族村寨，每个寨子，甚至每个寨子中的每个“房族”，都有自己的鼓楼和芦笙队，相应地还有自己的戏班和斗牛。在八月十五“芦笙节”“芦笙会”上，各个侗寨的芦笙队披红挂绿、浩浩荡荡来到芦笙场，兴高采烈地各吹各的曲调。每个芦笙队，由许多支芦笙组成，芦笙长长短短，参差不齐，音量音阶都不一样。内中有一支是“指挥笙”。“指挥笙”很短，声音很尖锐，有利于辨别。“指挥笙”吹奏什么曲调，本队的芦笙手们便跟着吹奏什么曲调。芦笙比赛时，众多芦笙队在同一地点吹奏，而被选为“裁判”的寨老，则在看不见芦笙队的地方悉心辨听，以声音最大而且吹得最整齐的芦笙队为胜利者。据说，有的芦笙队被别的“指挥笙”所“俘虏”，跟着别队使劲吹奏，到头来，本队则在震耳欲聋的嘈杂声中被掩埋了。

当芦笙手们一个个吹得口干舌燥时，穿着节日盛装的侗族姑娘，用红木桶挑着甜米酒前来慰劳。不是慰劳本寨子的芦笙队，而是慰劳别的寨子的芦笙队。其实“慰劳”是借口，目的在于对歌，通过对歌交朋友。侗族多为聚族而居，族内不能通婚，因此不能“慰劳”自己的芦笙队，而必须“慰劳”别的寨子的芦笙队。

当姑娘们手举着伞、用鱼尾扁担挑着红色米酒桶来到芦笙场上时，与其有婚姻关系的芦笙队便将姑娘们团团围住，借口是“讨酒喝”。姑娘们乘机与小伙子们对唱侗歌，一问一答，答对了才得到甜酒喝。小伙子们喝了姑娘们的甜酒，多少要给一点钱或者别的什么东西作“念想”。“念想”，只是思念之物，还达不到“信物”的高度。

甜酒喝完了，小伙子们还是不让送酒的姑娘们走，围着姑娘们对歌。芦笙场上，歌声此起彼伏，直至月华东升，有情人通过芦笙节对歌，找到了意中人。

晚上，回到黎平县城，住县政府招待所，撰写《黎平从江侗族群众集资献料维修鼓楼》新闻稿。

1981 年 6 月 21 日

与杨宗福同志从黎平坐班车回到凯里。临走时，黎平文化馆的同志赶到车站送行，又补充介绍道：黎平县双江区银朝公社银朝大队，200 多户，1000 多人，有 24 个歌队，其中男子歌队 11 个（少年 2 个、青年 5 个、中年 2 个、老年 2 个），女子歌队 13 个（少年 5 个、青年 5 个、中年 2 个、老年 1 个）。一个歌队中，关键人物是记歌词和唱高音，缺了不行，其他成员，多少无所谓。“起歌”即领唱，起定调子、速度和提示的作用。

坐在班车上，与杨宗福同志交谈，深切感到，这次深入侗寨调查，接触不少人和事，收获太丰富了。有的材料有重复，作为田野调查材料，应予保留。有的材料有矛盾，作为田野调查材料，允许有差别，不必一统化。

晚上，在旅馆草拟《汇报提纲》。

附录二：与村寨保护有关的要事记

1984年10月11～15日

与省文物管理委员会委员、省博物馆党支部书记韩庆霖同志前往侗寨调查，途经雷山县郎德上寨，考察后，夜宿郎德上寨。此后，相继考察从江县的高增侗寨、信地侗寨、平楼侗寨，黎平县的肇兴侗寨。

1984年12月12～22日

陪同文化部文物保护科学技术研究所杜仙洲、张放同志，北京民族文化宫匡世昭、史海波同志，光明日报社何东平同志，民族画报社韩煌准同志，中南民族学院王保前、赵培中同志，先后考察雷山县的郎德苗寨，榕江县的车江侗寨，从江县的增冲侗寨、信地侗寨、平楼侗寨，黎平县的肇兴侗寨、龙额侗寨、地坪侗寨，为来年在北京民族文化宫举办“贵州侗族建筑及风情展览”做准备。

1985年2月10～18日

陪同北京民族文化宫赵玉池、王勇、王书灵、高进丽同志，先后考察雷山县的郎德苗寨，从江县的高增侗寨、增冲侗寨、信地侗寨，黎平县的肇兴侗寨、地坪侗寨、纪堂侗寨，榕江县的车江侗寨，并进行录像，为今年6月在北京民族文化宫举办“贵州侗族建筑及风情展览”做准备。

1985年2月19～20日

陪同中宣部宣传局局长王树人同志、综合处处长陆宁同志，文化部文物局局长吕济民同志、文物处处长黄景略同志、博物馆处处长胡骏同志、研究资料室主任彭卿云同志，民族画报社、民族团结杂志社、中央民族学院、中国社会科学院民族研究所、中国历史博物馆的同志，北京民族文化宫赵玉池、王勇、王书灵、高进丽同志，考察从江县的高增侗寨、龙图侗寨，黎平县的地坪侗寨、肇兴侗寨。这两日，时逢大年三十、新年初一，侗族村民欢天喜地开展丰富多彩的节日活动。

1985年2月23日

陪同中宣部宣传局局长王树人同志、综合处处长陆宁同志，文化部文物局局长吕济民同志、文物处处长黄景略同志、博物馆处处长胡骏同志、研究资料室主任彭卿云同志，民族画报社、民族团结杂志社、中央民族学院、中国社会科学院民族研究所、中国历史博物馆的同志，北京民族文化宫赵玉池、王勇、王书灵、高进丽同志，考察施秉县菜花湾苗寨。

1986 年 7 月 15 日

安排中央民族学院民族学系来贵州实习的学生下村寨调查，11 人去雷山郎德上寨（苗族村寨），11 人去关岭滑石哨（布依族村寨），5 人去从江高增寨（侗族村寨）。

1986 年 8 月 2 日

在吉林省长春市参加全国博物馆学会召开的学术讨论会。散会后，应我们的要求，中国博物馆学会秘书长、国家文物局博物馆处处长胡骏同志，召集知名博物馆学家座谈贵州文博工作，重点是建立村寨博物馆。南开大学教授冯承伯、中国革命博物馆研究员王宏钧、安徽省博物馆朱世力等同志参加，一致赞成贵州从实际出发开展民族文物工作。

1986 年 8 月 21 日

参加省人大常委会主任会议。会议讨论省文化出版厅安排我执笔起草的《贵州省文物保护管理办法（草案）》，原则同意。

1986 年 8 月 25 日

参加省委书记、省人大常委会主任胡锦涛同志主持召开的会议。会议审议《贵州省文物保护管理办法（草案）》，副省长罗尚才、省军区政委焦斌、省文物管理委员会主任秦天真等领导同志参加，原则同意。胡锦涛同志宣布：交省人大常委会讨论公布。

1986 年 8 月 29 日

参加省人大常委会议。会议审议《贵州省文物保护管理办法（草案）》，全票通过，公布施行。

1986 年 11 月 13 日

陪同故宫博物院研究员单士元、北京市建筑设计院总建筑师张开济、文化部文物保护科学技术研究所高级工程师杜仙洲、文化部文物保护科学技术研究所高级工程师祁英涛、故宫博物院副院长于坚、中国革命博物馆副研究员罗歌、中国革命博物馆副研究员苏东海、中国革命博物馆副研究员施力行、中央民族学院副教授索文清等同志，考察施秉菜花湾苗寨。

1987 年 6 月 25 日

在雷山向同济大学城市规划学院实习师生介绍情况，安排他们前往郎德上寨、关岭滑石哨布依族村寨和毕节彝族大屯土司庄园，测绘民族建筑。

1987年10月2日

陪同应邀到贵州为古建培训班讲学的文化部文物保护科学技术研究所高级工程师祁英涛同志前往黎平考察侗族建筑。当天考察了肇兴侗寨的5座鼓楼、戏楼、“花桥”（风雨桥），夜宿肇兴。次日考察地坪“花桥”（风雨桥）。他除了拍照、画图外，还向我了解侗族建桥习俗。第三日，前往从江增冲，考察“增冲鼓楼”。他特别向“掌墨师”了解鼓楼修建过程。

1987年10月5日

陪同祁英涛同志考察郎德上寨。他对郎德上寨的保护工作大加赞赏。

1987年11月11～21日

与中国对外文物展览公司摄影师樊申炎同志，在郎德上寨考察民族风情，系统拍摄照片，为出国举办展览做准备。

1988年1月7日

陪同国家文物局博物馆处副处长王宜、中国对外文物展览公司经理张庸、中央民族学院民族学系教授吴恒、中国革命博物馆杨华、湖南省文物局曹砚农、陕西省文物局李智等同志，考察郎德上寨，为在国内外巡回举办民族民俗文物展览做准备。

1988年3月21日

陪同前来洽谈举办“贵州民族节日文化展览”的西安半坡遗址博物馆教育部主任王月华同志，考察郎德上寨，挑选表演人员。

1988年7月21日

陪同新华社、中新社、人民日报社、中央电视台、人民画报社、中国文化报社等来自北京的10位记者，考察郎德上寨，为在国内外巡回举办民族民俗文物展览做准备。

1988年11月26日

陪同在贵阳召开的全国文物宣传工作座谈会代表，在郎德上寨过苗年，夜宿郎德。

1989年4月18日

陪同前来贵州筹备在美国华盛顿州斯波坎市举办“中国贵州苗族节日盛装展览”的唐·汉米尔顿及其妻子罗娜，考察郎德上寨，夜宿郎德。

1989年8月21日

与李明老厅长、钱荫瑜副厅长陪同文化部的张扬、中国文化报社的于文涛、刘德伟等同志，考察郎德上寨，夜宿郎德。

1989年9月21日

前往郎德上寨，布置村干部准备即将在贵阳举办的“汇报展览”所需的照片。晚上，香港一个摄制组在此拍摄电影，据说每天场地费100元，充当群众演员的村民每人每天劳务费 5 元。

1989 年 12 月 10 日

在郎德上寨参加一年一度的“扫寨”活动。“扫除火鬼，火不烧寨，水不冲田，家家打谷 120 仓，人人活到 120 年”。夜宿郎德。

1990 年 3 月 10 日

陪同国家文物局博物馆处负责人张羽新同志带领的一个调查组，考察郎德上寨，适逢“招龙”最后一天，热闹非凡。夜宿郎德。

1990 年 6 月 23 日

上午接待日本外宾，会上决定参观郎德上寨。王恒富厅长安排我打前站。11 点过，与张诗莲等同志前往郎德上寨，5 点过到达。夜宿苗寨，安排明天接待外宾事宜。

1990 年 8 月 10 日

全天在郎德上寨拍摄酒礼、酒俗照片，为配合亚运会在北京举办“贵州酒文化展览”做准备。

1990 年 11 月 12 日

陪同在凯里召开的贵州省民族文化学会学术讨论会代表，考察郎德上寨。

1991 年 3 月 23 日

陪同文化部计财司曾司长、张主任考察郎德上寨，夜宿郎德。

1991 年 3 月 27 日

与娄清、刘耀等前往郎德上寨“吃鼓藏”。一到郎德，立即上山拍摄“接龙”。次日上午采访巫师陈玉辉，了解“吃鼓藏”等风俗并在他家吃饭。后应邀到两户人家“闹寨”。下午与村民“踩铜鼓”，并同他们照相留念。

1991 年 7 月 1 日

为给省文化艺术旅行社接待的一个美国旅行团打前站，与周德海、娄清等前往郎德上寨做安排。

1991 年 12 月 27 日

1991 年秋，我被借调到中国少数民族文化艺术基金会工作，任副秘书长、学术部主任，在北京光华西里上班。12 月 27 日下午，来自香港的在美国西雅图华盛顿大学攻读人类学博士的张兆和，前来造访，询问贵州保护民族村寨开展文化旅游诸事。谈得很晚，与我夜宿光华里。

1992 年 1 月 18 日

临近春节，从北京回到贵阳。1 月 18 日晚，张兆和来家造访，再谈保护民族村寨开展文化旅游问题。一是为什么要保护民族村寨；二是怎样保护民族村寨；三是保护民族村寨开展文化旅游对村民有何益处。他向我借阅已发表有关保护民族村寨的文章。

1992 年 1 月 19 日

下午，张兆和来家退还借阅的文章，再拿一些文章。

1992 年 1 月 20 日

上午到省文化厅文物处办公室，给张兆和拿保护民族村寨的文章。中午，张兆和又来家拿文章。下午，播放贵州保护民族村寨开展文化旅游的录像给张兆和看。

1992 年 2 月 10 日

上午，张兆和来家拜年，感谢我无保留地给他提供那么丰富的资料。他认为，贵州的民族村寨保护、文化旅游工作，在世界上处于领先地位，对于他撰写博士毕业论文帮助太大了。

1992 年 3 月 8 日

陪同省文化厅计划财务处处长王荫辉等同志前往郎德上寨观光 12 年一度的“吃鼓藏”。次日与村民上山“接龙”，拍了不少照片。

1993 年 3 月 31 日

陪同河北省涞水县旅游局副局长马树起等同志考察郎德上寨，挑选到全国风景名胜区“野三坡”苗寨表演苗族歌舞的演员，夜宿郎德。

1993 年 11 月 17 日

陪同青海省海南州博物馆申静同志前往郎德上寨，与村民“过苗年”。今为“虎”日，村民“杀年猪”。次日为“卯”日，村民打糍粑，与申静同志先后应邀到 8 户人家吃饭。第三日属“龙”，为“苗年”大年初一，全天在郎德，不知吃了多少家。

1994 年 2 月 13 日

陪同在我母校中央民族大学攻读民族学硕士的韩国留学生孙明熹，前往郎德上寨考察，为她搜集资料撰写毕业论文提供帮助。

1994 年 5 月 16 日

陪同国家文物局彭常新、李向平等同志考察郎德上寨，夜宿郎德。

1994 年 12 月 7 日

与省广播电台记者赵建科同志前往郎德上寨考察。次日恰逢“扫寨”，苗语称“沙昂”，即“洗寨子”。晚上在河滩上野炊。第三天同村干部研究村寨建设与管理问题，赵建科同志拟写一篇《郎德巨变》的广播稿。

1996 年 1 月 30 日

到郎德上寨考察，向旅游接待组了解去年接待情况，索取彭珮云副委员长到郎德上寨视察时穿苗族服装拍摄的照片。晚上回到贵阳，起草《去年郎德旅游收入 30 万元》。

1996年11月15日

陪同原在中国对外文物展览公司工作、现任美国斯坦福大学坎特视觉艺术中心亚洲主任，并担任美国埃德加·斯诺基金会董事的杨晓能考察郎德上寨。

1997年3月17日

日本一教授来到省博物馆找我了解郎德上寨情况，除口头向他介绍外，还给他几份材料。

1997年6月8日

带领省博物馆的20多位同志到郎德上寨考察，打算帮助郎德上寨修改文物陈列室。

1997年9月27日

与省文物局局长侯天佑、省博物馆业务骨干张伟琴前往郎德上寨考察，夜宿郎德。次日在郎德选展品，为举办“郎德开放成就展”搜集资料和展品。

1997年11月8日

陪同参加全国考古工作汇报会的部分代表前往郎德上寨考察，夜宿郎德。次日，侯天佑同志陪国家文物局博物馆处处长罗伯健同志和朱晓东同志来到郎德上寨考察，夜宿郎德。第三天，同在郎德上寨“过苗年”。

1997年11月22日

与承担“郎德开放成就展”内容设计的张伟琴同志前往郎德上寨搜集资料。适逢郎德附近的乌流村“吃鼓藏”，前往观看“踩木鼓”，场面非常壮观，拍了不少照片。次日召集村干部开会，安排会计统计数字。第三天，国家民委及一日本旅行团来到郎德。与此同时，为贵阳电视台雷于进等同志摄制《民族学人吴正光》素材。

1998年3月18日

与省博物馆张伟琴同志、黔南州文化局陈家祥同志考察三都水族自治县的怎雷寨。下寨为苗族，中寨以水族为主，亦有苗族，上寨为水族，建筑和用具都很有特点，拍了不少照片，为中国民俗学会组织编写、将在山西人民出版社出版的《中国民族民俗文物辞典》搜集水族文物资料。

1998年3月19日

与省博物馆张伟琴同志、黔南州文化局陈家祥同志考察荔波县的水浦水寨、瑶麓瑶寨。水浦是邓恩铭烈士故里，村后有许多“石板墓”。瑶麓是“黑裤瑶”聚居地，民居有“谈婚房”，村外有“崖洞葬”。

1998年5月16日

与省博物馆张伟琴、曾嵘同志和石阡县文物管理所所长龙佑铭同志考察花桥仡佬族村寨，为编写《中国民族民俗文物辞典》搜集仡佬族文物资料。

1998年8月21日

“郎德开放成就展”于上午10时开幕，郎德上寨20多位苗族村民身着节日盛装，吹着芦笙，载歌载舞，以“拦路酒”“拦路歌”迎接观众，别开生面。省领导龙志毅等出席开幕式。开幕式后几位记者座谈，确定8月24日前往郎德上寨参观考察。

1998年8月24日

陪同中国文物报社记者张双敏、《贵州都市报》记者谢倩颖、《贵阳晚报》记者高嵩等前往郎德上寨考察。

1998年9月5日

下午，省文化厅领导陪同文化部部长孙家正参观“郎德开放成就展”。孙部长在座谈会上说：“通过文物保护开展文化扶贫，很有贵州特点。随着社会的发展，民族服饰、生活用具、生活习惯逐步现代化，在此过程中，原地保护民族文物，并做到保护恢复与协调发展相统一，很不容易。郎德的经验在于抢救保护了民族文物并使之更加优美和完善，这种经验值得很好推广。”

1998年9月6日

将“郎德开放成就展”的展品送到郎德上寨，作为郎德文物陈列室的新展览，夜宿郎德。

1998年10月18日

陪同中国文物展览中心樊申炎、台湾文化学者林明华等一行5人前往郎德上寨考察，拟组织队伍到高雄市举办苗族文物展览，表演苗族节日歌舞。

1998年10月21日

陪同在贵阳召开的“中国南方及东南亚地区古代铜鼓和青铜文化第四次国际学术讨论会”的中外学者前往郎德上寨考察。观看歌舞表演后，在铜鼓坪上用餐。

1998年11月23日

与贵州大学艺术学院教师杨宗福前往郎德上寨，挑选赴台表演人员，夜宿郎德。

1998年12月23日

与娄清同志考察安顺市万云山屯村，为研究“屯堡文化圈”搜集资料。

1999年4月25日

接到中国文化报社记者陈耕同志来电，撰写《郎德苗寨博物馆建成苗文化之窗》，给他传去。

1999年11月11日

带领贵州大学艺术学院的40多位师生前往郎德参观考察，夜宿郎德。今日属兔，村民打糍粑，筹备“过苗年”。次日从支书陈明勇处获得一份管理条例，上有禁止打鸟等条款，进而写了一篇报道《郎德寨的鸟文化》。

2000年4月5日

与同为《中国文物地图集·贵州分册》编委的遵义会议纪念馆原副馆长费侃如同志在松桃苗族自治县文化局领导同志带领下前往寨英镇寨英村考察，为编写《地图集》搜集资料。

2000年4月19～20日

在天柱县中共县委宣传部干部吴厚征、县文化局乐书记、县文管所姚所长带领下，考察“三门塘”侗寨。一般认为，黔东南苗族侗族自治州锦屏县铜鼓镇以南的黎平、从江、榕江三县为“南侗”，以北的天柱、三穗、镇远等县为“北侗”。“南侗”“北侗”主要是个地理观念，同时也有语言、风俗方面的差异。仅就建筑而言，“北侗”的种类、数量及文化内涵甚至更为丰富。

2000年11月30日~12月8日

陪同《中外文化交流》杂志记者陈培一等一行前往郎德上寨考察，适遇“扫火星”，夜宿郎德。此后多次到地处月亮山区的榕江县计划乡加去村观光苗族村民“吃鼓藏”。“加去”苗寨，此次“吃鼓藏”，杀了70多头“鼓藏牛”。

2001年8月21日

省纪委主办的《贵州党风廉政》杂志记者朱海波来电约我写《郎德上寨》稿子。旋即撰写《铜鼓声声郎德寨》传给他。

2001年8月25日

陪同中国文化报社记者前往郎德上寨考察，适逢村民过“吃新节”，夜宿郎德。

2002年3月11日

与省文物局张勇、王江等同志前往郎德上寨，检查郎德上寨古建筑群保护标志说明碑。碑文由我起草，已通过省文物局审查，刻碑时被修改，要求重刻。

2002年4月28日

陪同深圳特区报社负责人吕延涛同志的妻子邹小辛前往郎德上寨考察，夜宿郎德。次日带邹小辛串寨考察，介绍有关情况，为她与其丈夫撰写有关郎德苗寨的文章提供帮助。其间碰到3个旅游团来访，场面热烈。

2002年7月22日

接到郎德上寨电话，告知6月份接待25个旅游团队，住宿100人，其中美国50人，日本10人，加拿大20人，孟加拉国10人。

2003年1月22日

陪同省文物局局长侯天佑同志前往郎德上寨，处理“旅游厕所”问题。县旅游局在醒目处修建砖混结构的“旅游厕所”，准备外贴马赛克。修了一半，村干部来电反映，于是前去处理。要求旅游局在隐蔽处修建木结构厕所，外表与当地建筑相协调，内装修可以“现代化”。

2003年9月4日

与参加编写《中国文物地图集·贵州分册》的几位同志前往郎德上寨考察。晚上雷山县常务副县长陈正锋赶到郎德，研究保护开发问题。次日测量建筑物的有关数据。

2003年11月7日

与参加编写《中国文物地图集·贵州分册》的几位同志前往郎德上寨考察，补充郎德材料中的苗语称谓。

2003年11月10日

晚上，郎德上寨村支书吴俊来电告知，中纪委书记贺国强同志今日到郎德视察。

2004年2月22日

应邀与娄清同志前往郎德上寨“吃鼓藏”，省电视台派记者录像。到了凯里，接黔东南州文化局文物科原科长杨通河同志一同前往郎德。到了郎德，发现有车四五十部。我们按照苗寨礼俗给村里赠送公鸭、鲤鱼等礼品。次日凌晨，5点过起床，先向省电视台记者介绍“吃鼓藏”，接着跟随“鼓藏头”到“鼓藏坪”杀猪。天亮后回到村寨，补充调查“吃鼓藏”资料。下午下大雨，人们上山“接龙”，我留在寨子里了解情况。第三天，全天“闹寨”。第四天上午，到新寨子巫师家。后到原支书陈明勇家吃饭。下午2点，“送龙”队伍欢送我们回家，村支书挑着两腿猪肉为我们送行，其中一腿带尾巴的送给我，另一腿送给娄清。回到家，立即撰写《郎德上寨杀猪四百头欢度鼓藏节》。

2004年6月22日

与开阳县文物管理所所长何先龙同志考察禾丰布依族苗族乡布依族村寨马头寨，为申报全国重点文物保护单位搜集资料。

2004年7月3日

与省文物局局长侯天佑同志、遵义市文化局副局长周必素同志考察务川仡佬族苗族自治县大坪镇龙潭村仡佬族民居，为申报全国重点文物保护单位搜集资料。

2004年9月9日

与松桃苗族自治县文物保护管理所所长吴国瑜同志考察正大乡新寨苗寨、夯来苗寨，为即将在清华大学出版社出版的《屋里屋外话苗家》充实资料。

2004年9月11日

与松桃苗族自治县文物保护管理所所长吴国瑜同志考察正大乡“边墙”苗寨。“边墙”筑于明万历年间，现在被人称为“南长城”。

2004年10月19日

陪同国家文物局古建专家组组长罗哲文同志考察开阳县的布依族村寨马头寨，为申报全国重点文物保护单位做准备。

2005年11月20日

陪同《中国文物地图集》总编委的专家黄景略、叶学明、叶小燕、吴梦龄、王凌云等前往郎德上寨考察。

2006年3月27日

上午，雷山县常务副县长陈正锋来电话，谈购买我自费出版的《郎德上寨的苗文化》一事，并邀我改天到郎德。

2006年9月10～15日

受省文物局局长侯天佑的派遣，陪同清华大学教授陈志华、李秋香考察雷山县的郎德苗寨、西江苗寨，榕江县的宰荡侗寨、高传侗寨，从江县的增冲侗寨，黎平县的肇兴侗寨、堂安侗寨，丹寨县的石桥苗寨。他俩受国家文物局派遣，来贵州考察苗族侗族村寨，为修改世界遗产推荐名单搜集资料。

2007年2月6日

雷山县常务副县长陈正锋来电，决定购买400本我自费出版的《郎德上寨的苗文化》。

2007年2月15日

将400本《郎德上寨的苗文化》送到雷山县，按书价出售，每本28元。将440本送到郎德上寨，交村民代售，每售出一本，村民留下8元。

2007年8月25日

与省博物馆研究馆员谭用中、梁太鹤、胡进等同志，考察凤冈县的官田寨、响水岩寨等村寨，应邀为凤冈县旅游局编写《玛瑙山官田寨》搜集资料。

2007年11月8日

郎德上寨原党支部书记陈明勇来电，邀请我到郎德“过苗年”，还说再要100多本《郎德上寨的苗文化》，告知此书很好卖。

2007年11月23日

陪同文物出版社张晓曦同志到郎德上寨考察，她将与郎德上寨村委会签订《郎德苗寨博物馆》出版合同。次日，恰逢郎德“过苗年”，一天吃了七八家。

2008年1月17日

与省文物局张勇、陈顺祥同志前往郎德上寨，处理新建房屋问题。与村干部座谈，并考察现场，提出“不准修建砖房”的硬性意见。

2009 年 7 月 16 日

与三都水族自治县文物保护管理所梁卫民同志考察水族村寨怎雷寨，为申报全国重点文物保护单位搜集资料。

2012 年 10 月 26 日～11 月 4 日

此为第 10 次进入侗寨（第 1 次是 1981 年夏），探望 31 年前在侗族村寨结识的朋友，了解 31 年来的变化，为撰写《十进侗寨》一书搜集资料，在清华大学出版社出版。与退休多年的贵州大学艺术学院副教授杨宗福同志、贵州省博物馆研究馆员胡进同志先后考察了黎平县的茅贡侗寨、宰南侗寨，黎平县的纪堂侗寨、肇兴侗寨、地坪侗寨、龙额侗寨、腊洞侗寨、地扪侗寨、铜关侗寨，从江县的增冲侗寨、平江侗寨，榕江县的顶洞侗寨、高增侗寨、朗洞侗寨、车江侗寨。

2013 年 1 月 17 日

与安顺市博物馆郭秉红同志考察安顺市西秀区云山屯村、鲍家屯村“屯堡文化”，为撰写《中国传统村落·贵州卷》搜集资料。

2014 年 7 月 9 日

与黔东南州文化局文物科原科长杨通河同志坐中巴前往郎德，补充考察苗寨婚恋习俗，为即将在清华大学出版社出版的《喝喜酒》充实资料。杨通河同志是位画家，苗族，为书稿作画。

2015 年 7 月 8 日

与镇远县政协的黄贵武、刘兴明等同志前往江古镇考察“江古屯堡”遗址、“悬幡岭”村寨，为将在清华大学出版社出版的《中华遗产·乡土建筑·镇远》搜集资料。江古原称“干古”，地势高，缺水。民谚称：“江古田大丘，三年两不收；要是哪年丰收了，狗都不吃腊肉骨头。”

2017 年 4 月 21 日

陪同清华大学出版社文泉书局总经理徐颖等同志考察雷山县郎德苗寨。徐颖曾为我在清华大学出版社出版的《屋里屋外话苗家》《十进侗寨》《喝喜酒》《中华遗产·乡土建筑·镇远》担任责任编辑。

2017 年 4 月 22 日

与铜仁市碧江区文物局詹艳军、田晓东同志和清华大学出版社文泉书局总经理徐颖同志等，考察土家族村寨茶园山，为将在清华大学出版社出版的《中华遗产·乡土建筑·铜仁》搜集资料。“茶园山”，原称“察院山”，据说因明代一位“都察院”官员不愿为清政府服务隐居此地而得名。村民姓徐，自称徐福后代，但现在都是土家族。

后记

编完书稿之后，久久难以忘怀：著名专家学者，文博部门领导，对贵州保护村寨文化的工作，分外关注，热情鼓励，谆谆教导，言犹在耳——

原文化部文物局文物保护科学技术研究所高级工程师杜仙洲先生说：“随着生活方式的变化，居住方式也在变化。要有这个预见性。要做好民族村寨的保护工作。如果现在不注意保护，将来就来不及了。贵州的同志有远见，注意了这个问题，做了许多工作，成绩不小。”

原中央民族学院民族学系主任金天明教授说：“调查保护少数民族村寨，有选择地办一些露天民族民俗博物馆，这很有远见。费孝通先生一定十分赞赏。我们愿意为贵州培训民族文物工作干部，带学生到贵州去实习。”

原中央民族学院著名民族学家林耀华教授说：“贵州的民族村寨博物馆，本身就是一种类型的文化村。它是典型的文化村，但不是‘模型’，而是‘实地’。真实的地点，真实的人物，真实的生活，真实的风情。这种实地民族文化村，在当今世界，只有在中国，也只有在贵州才能见到。贵州办成了前人所没有做过的事情。中国民族文化村的事业是在贵州大地上起步的。”

中国文物学会原会长、中国文物报社原社长彭卿云研究员说:“郎德上寨古建筑群，是一处现存的苗寨民居村落建筑。2001 年被公布为全国重点文物保护单位乃是文物保护对象的新突破，是文物保护工作与时俱进的体现。自郎德上寨古建筑群等民居村落公布为全国重点文物保护单位之后，村落文化、乡土建筑逐渐引起人们的关注，越来越多的专家学者把注意力转入对古村文化的保护和研究，并取得了可喜的成果。郎德上寨的成功先例，在拓开人们眼界和思路，扩展文物保护新对象、新品类、新领域等方面所发挥的示范和推动作用日渐显著，令人鼓舞。”

国家文物局原副局长马自树说：“开展文物工作，要考虑共性与个性的关系，普遍性与特殊性的关系。陕西搞周秦汉唐文化，湖北搞楚文化，贵州就要搞民族文化。贵州文物管理部门开办了 10 多个专题博物馆，方向是对的，很有前途。从全国来看，发展的重点不是大而全的博物馆，而是专题或专业博物馆，这也是世界博物馆事业的发展趋势。”

国家文物局原局长吕济民说：“贵州省的博物馆有特色，50 多个博物馆中，社会历史类、民族民俗类、革命纪念类等都有，而以民族民俗类居多。这种发展方向是正确的，可以在全国推广。”

原文化部副部长郑欣淼说：“郎德实际上是一个自然村寨博物馆，展厅就是整个村寨，展品既有民居建筑，又有生活习俗，歌舞，服饰等。我冒着细雨在石块铺成的人字形小路上穿楼串户，看到郎德人引为自豪的吊脚楼保护得很好，10 年间新修的 20 多栋民居，不仅在整体布局上风格谐和，而且每栋建筑物的式样也严格遵循统一要求，村寨与青山绿水浑然一体。这种卓有成效的保护使我受到了鼓舞。”

原文化部部长孙家正说：“通过文物保护开展文化扶贫，很有贵州特点。随着社会的发展，民族服饰、生活用具、生活习惯逐步现代化，在此过程中，原地保护民族文物，并做到保护恢复与协调发展相统一，很不容易。郎德的经验在于抢救保护了民族文物并使之更加优美和完善，这种经验值得很好推广。”

这些绘声绘色的教诲，在见诸报刊时，许多配有插图，且为彩色照片，今汇编成册，为降低成本，未予转载。但文尾注明出处，欲观赏插图，可查看原文。由此给读者带来不便，致以诚挚的歉意。

作者谨记